쓰기 · 말하기 능력 향상을 위한

모든 한국어의 문형

쓰기 · 말하기 능력 향상을 위한

모든 한국어의 문형

고영근 · 구본관

집문당

쓰기·말하기 능력 향상을 위한 모든 한국어의 문형

2018년 7월 20일 1판 1쇄
2022년 3월 10일 1판 2쇄

저자 | 고영근·구본관
발행인 | 임동규
발행처 | **(주)집문당**
등록 | 1971. 3. 23. 제2012-000069호
주소 | 03134 서울시 종로구 돈화문로 82, 5층
전화 | +82-1811-7567
이메일 | sale@jipmoon.com
홈페이지 | www.jipmoon.com

편 집 | 장이지

ISBN 978-89-303-1793-1 93700

가격 30,000원

이 도서의 국립중앙도서관 출판시도서목록(CIP)은 e-CIP홈페이지(http://www.nl.go.kr/ecip)와
국가자료공동목록시스템(http://www.nl.go.kr/kolisnet)에서 이용하실 수 있습니다.
(CIP제어번호: CIP2018016956)

(주)집문당 이순신돋움체B (저작권자 아산시, 무료글꼴)

머리말

우리나라의 노년층은 대체로 영어를 잘하지 못한다. 중학교 이래로 오랜 시간 동안 영어를 배웠고 심심찮게 외국에들 나가지만, 영어를 잘하는 사람은 흔하지 않다. 특별히 듣기와 말하기에 대해서는 더 그렇다. 그런데 노년층들도 읽기와 쓰기는 어느 정도 잘한다. 우리나라의 노년층들이 영어의 듣기와 말하기를 잘하지 못하고 읽기와 쓰기를 잘하는 것은 다른 이유도 있겠지만 이른바 문법 번역식과 청각 구두식 영어 교수법으로 영어를 배웠기 때문이기도 하다.

요즘 우리나라의 젊은 층은 영어를 잘한다. 특히 듣기와 말하기는 더 잘한다. 그런데 개인에 따라 차이는 있지만 젊은 층들도 읽기와 쓰기는 듣기와 말하기만큼 잘하지는 못한다. 요즘 젊은 층들이 영어, 특히 듣기와 말하기를 잘하는 것은 다양한 매체 환경을 통해 영어를 접할 기회가 많아졌고, 외국과의 교류가 확대되었다는 점이 크게 작용했겠지만, 의사소통 중심 영어 교수법의 영향도 있을 것이라 생각된다.

한국어를 배우는 젊은 외국인 학습자들 중에도 한국어 듣기와 말하기를 잘하는 사람을 심심찮게 볼 수 있다. 이들 중 상당수는 한류 드라마, 영화 등을 통해 한국어 듣기와 말하기를 자연스럽게 익힌 사람들이 많다. 그들은 듣기와 말하기는 잘하지만 상대적으로 읽기와 쓰기는 못하는 경우가 많다. 이 책은 한국어 듣기와 말하기를 잘하지만, 읽기와 쓰기를 잘하지 못하는 외국인들에게 특히 도움이 되는 책이다.

이 책은 청각 구두식 교수법의 시대에 흔히 그랬던 것처럼 반복적으로 문형을 제시하고 있다는 점에서 복고적이다. 반복이 비효율적이어서 문제가 되기만 하는 것은 아니다. 복고적이기는 하지만 외국어 교육에서 반복은 여전히 유효한 학습 전략의 하나이다. 이런 점에서 이 책은 한국어를 제대로 배우려는 학습자에게 좋은 길잡이가 될 것이라 믿는다.

이 책은 크게 3부로 구성되어 있다. 제1부는 단순한 문장(기본 문장)들을 익히게 하고 있으며, 제2부는 조금 복잡한 문장(기본 문장의 확장)을 익히게 하고 있고, 제3부에서는 매우 복잡한 문장(기본 문장의 결합)을 다루고 있다. 구성 요소에 따른 기본 문장과 문장의 확장을 다루고 있을 뿐만 아니라, 하십시오체, 해요체 등 상대 높임의 등분에 따른 문장 유형, 평서문, 의문문 등과 같은 문장의 종류에 따른 문장 유형 등을 모두 포괄하고 있다. 주로 쓰기를 위한 것이므로 문어체적인 표현을 많이 담고 있지만, 말하기에 도움이 되는 구어체적인 표현들도 상당수 포함되어 있다. 현재 흔히 쓰이는 표현이 대부분이지만 하오체나 하게체처럼 흔히 볼 수 없는 표현들도 부분적으로 포함하고 있다. 그러므로 외국인 학습자가 이 책에 제시된 순서에 따라 하나씩 한국어 문장을 익혀 가면 말 그대로 거의 '모든 한국어의 문형'을 익히게 되어 있다. 이렇게 문장을 따라가면서 각각의 문형에 대한 설명들을 읽어 나가면 따로 문법을 공부할 필요도 없이 한국어 문법도 저절로 익힐 수 있게 되어 있다.

따라서 이 책은 쓰기 · 말하기를 잘 하기 위해 한국어 문장을 스스로 익히려는 외국인에게 가장 적합한 책이다. 교사가 쓰기 수업 시간에 모두 다룰 수 없는 다양한 한국어 문장들을 교수하기 위한 보조 교재로도 훌륭하게 쓰일 수 있을 것이다. 학생들의 한국어 수준에 맞추어 필요한 부분을 발췌해서 가르칠 수도 있으며, 필요하면 학생들에게 과제물로 제시할 수도 있을 것이다.

이 책은 저자의 한 사람인 고영근이 1960년대 말 서울대학교 어학연구소(현 언어교육원)에서 재일교포 유학생들에게 한국어를 가르치기 위해 만든 임시 교재에서 출발하였다. 그런데 이 책과 같은 쓰기와 말하기를 위한 한국어 문형 연습은 수십 년이 지난 지금도 여전히 유효하다고 생각된다. 그리하여 저자들은 이를 현재 상황에 맞는 한국어 문형 교재로 펴내고자 하였다. 책의 편찬 과정에서 가급적 지금의 젊은 층의 언어 직관을 많이 반영하려 노력하였다. 그런 점에서 현재 쓰이는 한국어의 예를 제시해 준 서울대학교 대학원 국어교육과의 유민애, 김풀잎, 최선희, 이승지, 김범진, 강지영의 도움은 절대적이었다. 또한 이 책의 출판을 기꺼이 맡아 준 집문당의 임동규 사장님, 복잡한 원고 하나하나를 깔끔하게 편집해 준 장이지 님에게도 감사를 드린다. 한국어를 배우려는 많은 외국인들이 이 책을 활용하여 한국어를 자유롭게 말할 뿐만 아니라 자유롭게 쓸 수 있게 되기를 희망한다.

2018. 7. 1.
지은이 적음

▮차 례

제1부 단순한 문장(기본 문장)

제2부 조금 복잡한 문장(기본 문장의 확장)

제3부 매우 복잡한 문장(기본 문장의 결합)

제1부

단순한 문장(기본 문장)

제1과 이것이 책이다.
—'서술격 조사(이다)'문—

이 단원은 N은(이) N이다 문형을 연습하는 단원이다. 서술격 조사 '이다'는 문장 안에서 체언이나 체언 구실을 하는 말 뒤에 붙어 서술어 자격을 가지게 하는 격 조사이다.

☝ 주목하기

조사	주격 조사 '이/가', 보조사 '은/는', '도'
문장의 종류	평서문, 의문문
상대 높임법	해라체, 하십시오체, 해요체, 해체

(1) 이것이 책이다. → 이것이 책이냐?
(2) 저것이 공책입니다. → 저것이 공책입니까?
(3) 여기가 교실이야. → 여기가 교실이야?
(4) 저기가 남산이에요. → 저기가 남산이에요?

기본 문장 ❶

해라체의 평서문과 의문문, 주격 조사 '이'

이것이 책이다.

이것이 책이냐?

잠깐! 어미 '-다'와 '-냐'에 주의하세요.

평서문	의문문
이것이 책이다.	이것이 책이냐?
그것이 연필이다.	그것이 연필이냐?
저것이 의자다.	저것이 의자냐?

알아보기

1. 이것, 그것, 저것은 일이나 물건을 가리키는 말이다. '이것'은 말하는 사람과 듣는 사람에게 가까운 곳에 있을 때 쓰고, '그것'은 말하는 사람에게 멀고 듣는 사람에게 가까울 때 쓴다. '저것'은 말하는 사람과 듣는 사람 모두에게 멀리 있을 때 쓴다.
2. '이'는 받침 있는 말 다음, '가'는 받침이 없는 말 다음에 쓰는 주격 조사의 하나다.

- **예: 이것이, 그것이, 저것이, 빌리가, 나무가, 사과가**

3. '이다'와 '다'는 체언 다음에 쓰여 그 체언을 서술어로 만든다(서술격 조사). '이다'는 받침 있는 말 다음에 쓰고, '다'는 받침 없는 말 다음 쓰인다.

- **예: 책이다, 연필이다, 의자다**

정리하기 ▌ 위의 문형은 서술격 조사 '이다'가 쓰인 해라체의 문형이다. 해라체는 청자의 지위가 화자보다 낮을 때 쓰이는 상대 높임법 중 하나이다. 체언을 용언화할 때는 서술격 조사 '이다'나 '다'를 첨가한다. 평서문에는 '다'를 쓰고 의문문에는 '냐'를 쓴다.

<연습 1> 다음 평서문을 의문문으로 바꾸세요.

(보기) 저것이 책이다. → 저것이 책이냐?

1. 이것이 텔레비전이다. →
2. 그것이 의자다. →
3. 저것이 책이다. →
4. 그것이 연필이다. →
5. 저것이 창문이다. →
6. 이것이 무궁화다. →

<연습 2> 다음 의문문을 평서문으로 고치세요.

(보기) 이것이 연필이냐? → 이것이 연필이다.

1. 그것이 책이냐? →
2. 저것이 의자냐? →
3. 이것이 분필이냐? →
4. 이것이 무궁화냐? →
5. 저것이 칠판이냐? →
6. 이것이 공책이냐? →

기본 문장 ❷

하십시오체의 평서문과 의문문, 보조사 '은/는'

저것은 공책입니다.

저것은 공책입니까?

잠깐! 어미 '-(으)ㅂ니다'와 '-(으)ㅂ니까'에 주의하세요.

평 서 문
이것이 책입니다. 그것이 의자입니다. 저것은 공책입니다.

의 문 문
이것이 책입니까? 그것이 의자입니까? 저것은 공책입니까?

▪ 알아보기

1. 기본 문장 ❶의 '이것이 책이다.'를 하십시오체로 바꾼 것이 '이것이 책입니다.'이다. '이다, 이냐'는 해라체로서 청자가 화자보다 지위가 낮을 때 쓰지만, '입니다, 입니까'는 청자의 지위가 화자보다 높을 때 쓴다.
2. 기본 문장의 문형에서는 체언의 받침이 없으면 '이'를 일반적으로 쓰지 않으나 받침이 있으면 '이'를 쓴다.

• 예: 의자다(←의자이다).

3. '은/는'은 어떤 대상이 다른 것과 대조됨을 나타내는 보조사, 문장 속에서 어떤 대상이 화제임을 나타내는 보조사, 강조의 뜻을 나타내는 보조사이다. '은'은 받침 있는 말 다음에 쓰고 '는'은 받침 없는 말 다음에 쓴다.
4. '은/는'은 주제나 화제를 나타내고, '이/가'는 주어를 나타낸다. 자기소개를 할 때는 '저는 줄리앙입니다'와 같이 '은/는'을 사용하지만 '누가 줄리앙입니까?'에 대한 대답으로는 '제가 줄리앙입니다'와 같이 '이/가'를 사용한다.

정리하기 ▌ 위의 문형은 체언이 용언화한 문형을 다시 하십시오체로 바꾼 것이다. 하십시오체의 평서문에는 해라체와 같이 '-(으)ㅂ니다'를 쓰고, 의문문에는 '-(으)ㅂ니까'를 쓴다. 또 보조사 '은/는' 용법도 보였다.

<연습 1> 다음 평서문을 의문문으로 바꿔 보세요.

(보기) 그것이 돌입니다. → 그것이 돌입니까?

1. 이것이 분필입니다. →
2. 그것이 연필입니다. →
3. 저것이 칼입니다. →
4. 그것이 시계입니다. →
5. 저것이 지우개입니다. →
6. 이것이 무궁화입니다. →

<연습 2> 다음 의문문을 평서문으로 바꿔 보세요.

(보기) 저것이 사과입니까? → 저것이 사과입니다.

1. 이것이 모자입니까? →

2. 그것이 옷입니까? →

3. 저것이 만년필입니까? →

4. 저것이 책상입니까? →

5. 이것이 가위입니까? →

6. 그것이 교과서입니까? →

<연습 3> 아래 문장의 밑줄 그은 '이' 대신에 '은'을 넣어서 문장을 만들어 보세요.

(보기) 사과입니다. → 그것은 사과입니다.

1. 이것이 길입니다. →

2. 이것이 모자입니까? →

3. 저것이 옷입니다. →

4. 이것이 연필입니다. →

5. 그것이 농구공입니다. →

6. 저것이 지우개입니다. →

<연습 4> 아래 해라체의 문장을 하십시오체로 바꿔 보세요.

1. 이것이 모자다. →

2. 그것이 의자냐? →

3. 저것이 무궁화다. →

4. 그것은 지우개냐? →

5. 저것은 교과서다. →

6. 저것은 시계냐? →

▪ 기본 문장 ❸

해라체의 평서문과 의문문, 보조사 '도'

여기가 교실이다.↘

여기가 교실이냐?↗

> **잠깐!** 억양이 다름에 주의하세요.
>
> | 평서문 | 의문문 |
> |---|---|
> | 여기가 교실이야.↘ | 여기가 교실이야?↗ |
> | 저기가 학교야.↘ | 저기가 학교야?↗ |
> | 저기도 정원이야. ↘ | 저기도 정원이야?↗ |

▪ 알아보기

1. '여기, 거기, 저기'는 장소(처소)를 표시하는 말을 대신해서 가리키는 지시 대명사이다.
2. '가'는 '이'와는 달리 받침 없는 말 다음에 쓰여서, 앞의 말을 문장의 주어가 되게 하는 주격 조사의 하나다.
3. '여기가 교실이야.'는 해라체 '여기가 교실이다.'를 해체로 바꾼 것이다. 해라체는 상대편을 아주 낮추는 종결형이고 해체는 상대편을 높이지 않는 뜻을 나타내는 종결형이다. 해체는 격식체인 '해라체'와 '하게체'를 쓸 자리에 두루 쓰는 비격식체이다.
4. '이야'는 받침 있는 말 다음에, '야'는 받침 없는 말 다음에 쓴다.
   - **예: 교실이야, 정원이야, 학교야.**
5. '도'는 이미 어떤 것이 포함되고 그 위에 더함의 뜻을 나타내는 보조사다. '저기'도 다른 곳과 마찬가지로 정원이라는 뜻을 표시하는 것이다.

정리하기 ▌ 해체는 평서문이나 의문문이나 형식이 같으나 억양이 다르다. 평서문에서는 끝을 낮추고 의문문에서는 끝을 높인다. 또 보조사 '도'의 용법도 보였다.

<연습 1> 다음 평서문이 의문문이 되도록 억양을 높여서 읽어 보세요.

(보기) 저기가 연못이야.↘ → 저기가 연못이야?↗

1. 여기가 극장이야.↘
2. 저기가 운동장이야.↘
3. 저기가 학교야.↘
4. 거기가 정원이야.↘
5. 저기가 교문이야.↘
6. 여기가 식당이야.↘

<연습 2> 아래의 의문문이 평서문이 되도록 억양을 낮추어서 읽어 보세요.

(보기) 여기가 복도야?↗ → 여기가 복도야.↘

1. 저기가 화장실이야?↗
2. 저기가 휴게실이야?↗
3. 여기가 교문이야?↗
4. 여기가 바다야?↗
5. 저기가 산이야?↗
6. 거기가 개울이야?↗

<연습 3> 아래 문장의 밑줄 친 '가' 대신에 '도'를 넣어서 문장을 만들어 보세요.

(보기) 여기가 꽃밭이야. → 여기도 꽃밭이야.

1. 저기가 강의실이야? →
2. 저기가 복도야. →
3. 여기가 정원이야. →
4. 거기가 극장이야. →
5. 저기가 화장실이야? →
6. 여기가 한강이야. →

<연습 4> 아래 해라체의 문장을 해체로 바꾸세요.

(보기) 여기는 학교다. → 여기는 학교야.

1. 여기는 정원이다. →
2. 저기도 바다다. →
3. 여기가 복도다. →

기본 문장 ❹

해요체의 평서문과 의문문, 주격 조사 '가', 보조사 '는'

저기가 남산이에요.

저기가 남산이에요?

저기는 남산이에요.

저기는 남산이에요?

잠깐! 어조가 다름에 주의하세요.

평 서 문
여기가 서울이에요.↘
저기가 종로예요.↘
저기는 남산이에요.↘

의 문 문
여기가 서울이에요.↗
저기가 종로예요.↗
저기는 남산이에요.↗

알아보기

1. '서울, 종로, 남산'은 '장소'를 의미하는 고유 명사이다. 한편, 앞에 나온 '교실, 학교'는 같은 의미의 보통 명사이다.
2. '여기가 서울이에요.'는 하십시오체 '여기가 서울입니다.'를 해요체로 바꾼 것이다. 하십시오체는 격식적인 상황에서, 해요체는 비격식적인 상황에서 사용한다.
3. '이에요'는 받침 있는 말 다음에 쓰고, '예요'는 받침 없는 말 다음에 쓴다.

정리하기 ▌ 위의 문형은 서술격 조사 '이다' 구문의 하십시오체이다. 평서문에서는 끝을 낮추고 의문문에서는 끝을 높인다. 또 보조사 '는'의 용법도 보였다.

<연습 1> 아래의 평서문이 의문문이 되도록 억양을 높여서 읽어 보세요.

(보기) 저기가 창덕궁이에요.↘ → 저기가 창덕궁이에요?↗

1. 여기가 경복궁이에요.↘ →
2. 거기가 창경원이에요.↘ →
3. 저기가 광화문이에요.↘ →
4. 여기가 부산이에요.↘ →
5. 저기가 대구예요.↘ →

<연습 2> 아래의 의문문이 평서문이 되도록 억양을 낮추어서 읽어 보세요.

(보기) 여기가 남산이에요?↗ → 여기가 남산이에요.↘

1. 저기가 관악산이에요?↗ →
2. 거기가 서울대학교예요?↗ →
3. 저기가 신림동이에요?↗ →
4. 여기가 언어 교육원이에요?↗ →
5. 거기가 화장실이에요?↗ →

<연습 3> 아래 문장의 밑줄 그은 '가' 대신에 '는'을 넣어서 문장을 만들어 보세요.

(보기) 저기가 창덕궁이에요. → 저기는 창덕궁이에요.

1. 여기가 봉은사예요. →
2. 저기가 덕수궁이에요? →
3. 거기가 경복궁이에요. →
4. 여기가 동대문이에요? →
5. 저기가 종로예요. →
6. 거기가 강남역이에요? →

<연습 4> 아래 하십시오체의 문장을 해요체로 바꿔 보세요.

1. 여기는 을지로입니다. →
2. 저기가 퇴계로입니다. →

3. 거기는 청계로입니다. →
4. 여기는 충무로입니다. →
5. 거기는 율곡로입니다. →
6. 저기가 올림픽경기장입니다. →

단원마무리

이 단원에서는 서술격 조사 '이다' 구문을 해라체, 하십시오체, 해체, 해요체에 걸쳐 평서문과 의문문을 살펴보았다. 해체와 해요체에서는 억양의 차이에 의해 구별된다. 또 주격 조사 '이/가'와 보조사 '은/는, 도'의 용법도 알아보았다.

1. 아래 평서문을 의문문으로 바꿔 보세요.

(1) 저것이 책상이다. →

(2) 여기가 학교입니다. →

(3) 그것은 칼이야. →

(4) 거기도 화장실이에요. →

(5) 그것이 가위야. →

(6) 저기는 북한산입니다. →

2. 아래 해라체의 문장을 하십시오체로 바꿔 보세요.

(1) 저것은 지우개다. →

(2) 그것도 사탕이다. →

(3) 여기가 연구소다. →

(4) 거기는 인사동이다. →

(5) 여기는 남산이다. →

3. 아래 해라체의 문장을 해체로 바꿔 보세요.

(1) 그것도 의자다. →

(2) 저것도 책상이다. →

(3) 여기는 서울역이다. →

(4) 거기는 도서실이다. →

(5) 저기가 북한산이다. →

(6) 여기가 인왕산이다. →

4. 아래 하십시오체의 문장을 해요체의 문장으로 바꿔 보세요.

(1) 이것이 만년필입니다. →

(2) 저것이 태극기입니다. →

(3) 거기는 정부종합청사입니다. →

(4) 저기가 청와대입니다. →

(5) 여기는 우체국입니다. →

(6) 저기가 한강입니다. →

5. 아래에 제시한 상대 높임법의 문형이 서술격 조사 '이다' 구문이 되도록 문장을 만드세요.

(보기) 해라체의 평서문 → 이것이 책이다.

(1) 해라체의 의문문 →

(2) 하십시오체의 평서문 →

(3) 하십시오체의 의문문 →

(4) 해체의 평서문 →

(5) 해요체의 의문문 →

6. 아래의 문장들은 서술격 조사 '이다' 구문입니다. 상대 높임법과 문장의 종류를 써 보세요.

(보기) 이것은 책이냐? (해라체) (의문문)

(1) 이것은 무엇입니까? (　　　) (　　　)

(2) 여보세요. 거기가 삼성 병원이에요? (　　　) (　　　)

(3) 응. 내가 스칼렛이야. (　　　) (　　　)

(4) 이게 뭐예요, 어머니? 태극기 아니에요? (　　　) (　　　)

(5) 할머니, 그것은 과자가 아니고 초콜릿이에요. (　　　) (　　　)

제2과 산이 높다.

—형용사문—

이 단원은 형용사문의 평서문과 의문문을 연습하는 단원이다. 한국어의 기본 문형인 형용사문은 형용사 서술어인 '어떠하다'와 그 상태를 나타내는 대상인 주어 '무엇이'로 이루어진 문장을 말한다.

☝ 주목하기

조사	주격 조사 '이/가', 보조사 '은/는', '만'
문장의 종류	평서문, 의문문
상대 높임법	해라체, 하십시오체, 해체, 해요체

(1) 산이 높다. → 산이 높으냐?
(2) 나무가 많습니다. → 나무가 많습니까?
(3) 꽃이 붉어. → 꽃이 붉어?
(4) 진달래가 아름다워요. → 진달래가 아름다워요?

기본 문장 ❶

해라체의 평서문과 의문문, 주격 조사 '이'와 보조사 '은'

산이 높다.

산이 높으냐?

잠깐! 어미 '-다'와 '-(으)냐'의 차이에 주의하세요.

평 서 문
산이 높다. 물이 맑다. 꽃이 예쁘다.

의 문 문
산이 높으냐? 물이 맑으냐? 꽃이 예쁘냐?

알아보기

1. '높다, 맑다, 예쁘다'는 산, 물, 꽃의 성질과 상태를 표시하는 형용사 서술어이다. 한국어에서는 동사 이외에도 형용사나 서술격 조사 '이다'가 서술어가 될 수 있다.
2. 의문문에서는 받침이 있을 때 '으'가 더 들어간다.

정리하기 ▌ 형용사가 서술어로 쓰였을 때도 제1과에서 배운 바와 같이 평서문에서는 '-다'를 쓰고, 의문문에서는 '-(으)냐'를 쓴다.

<연습 1> 다음 평서문을 의문문으로 바꾸어 보세요.

(보기) 꽃이 붉다. → 꽃이 붉으냐?

1. 하늘이 푸르다. →
2. 책이 많다. →
3. 물이 맑다. →
4. 하늘이 흐리다. →
5. 책이 적다. →

<연습 2> 다음 의문문을 평서문으로 바꾸어 보세요.

(보기) 하늘이 맑으냐? → 하늘이 맑다.

1. 꽃이 많으냐? →
2. 물이 흐리냐? →
3. 집이 크냐? →
4. 교실이 넓으냐? →
5. 칠판이 검으냐? →

<연습 3> 아래 문장의 밑줄 그은 '이' 대신에 '은'을 넣어서 문장을 만드세요.

(보기) 언덕이 낮다. → 언덕은 낮다.

1. 잎이 푸르다. →
2. 얼굴이 희냐? →
3. 꽃이 적으냐? →
4. 얼굴이 예쁘냐? →
5. 강의실이 좁으냐? →

<연습 4> 아래 각 문장의 밑줄 그은 말 대신에 괄호 속에 제시한 단어를 넣어 봄으로써 주격 조사 '이'의 용법을 정확히 익히세요.

(보기) 책이 있다.(공책) → 공책이 있다.

1. 꽃이 많다. (물, 만년필, 교실, 잎, 분필)
2. 얼굴이 희다. (옷, 손, 꽃, 책, 밥)
3. 교실이 넓으냐? (강의실, 운동장, 방, 부엌, 길)
4. 하늘이 푸르다. (강물, 산, 잎, 옷, 들)
5. 꽃이 붉으냐? (잎, 옷, 빛, 얼굴, 책)
6. 빛이 검다. (옷, 얼굴, 책, 만년필, 손)

기본 문장 ❷

하십시오체의 평서문과 의문문, 보조사 '만, 는'

나무가 많습니다.

나무가 많습니까?

잠깐! 어미 '-습니다'와 '-습니까'의 차이에 주의하세요.

평 서 문
나무가 많습니다.
호수가 넓습니다.
키만 작습니다.

의 문 문
나무가 많습니까?
호수가 넓습니까?
키만 작습니까?

알아보기

1. 기본 문장 ❶의 '산이 높다.'를 하십시오체로 바꾼 것이 위의 문형이다. '높다, 높으냐'를 말하는 사람은 이 말을 듣는 사람보다 지위가 높거나 나이가 많으며, '많습니다, 많습니까'를 말하는 사람은 이 말을 듣는 사람보다 지위가 낮거나 나이가 적다.
2. '만'은 '이/가'와 같이 그 문장의 주어임을 나타낸다. 그러나 '이/가'와 달리 '키만 작습니다.'에서 오직 '키' 이외에 다른 것을 제외하는 의미를 나타낸다.

정리하기 ▌위의 문형은 형용사의 문형으로서 다시 하십시오체로 바꾼 것이다. 하십시오체의 평서문에서는 '-ㅂ니다/-습니다'를 쓰고, 의문문에서는 '-ㅂ니까/-습니까'로 쓴다. 또 보조사 '만'의 용법도 살펴보았다.

<연습 1> 다음 평서문을 의문문으로 바꾸어 보세요.

(보기) 사람이 많습니다. → 사람이 많습니까?

1. 바다가 넓습니다. →
2. 키가 큽니다. →
3. 날씨가 덥습니다. →

4. 날씨가 춥습니다. →

5. 바람이 시원합니다. →

<연습 2> 다음 의문문을 평서문으로 바꾸어 보세요.

(보기) 먼지가 많습니까? → 먼지가 많습니다.

1. 키가 작습니까? →
2. 날씨가 춥습니까? →
3. 경치가 아름답습니까? →
4. 귀가 아픕니까? →
5. 코가 예쁩니까? →

<연습 3> 아래의 밑줄 그은 '가' 대신에 '만'을 넣어 문장을 만들어 보세요.

(보기) 나무가 많습니다. → 나무만 많습니다.

1. 학교가 큽니다. →
2. 나리가 아픕니다. →
3. 사과가 많습니다. →
4. 이마가 넓습니까? →
5. 국어가 어렵습니까? →

<연습 4> 아래 하십시오체의 문장을 해라체로 바꾸어 보세요.

1. 꽃이 많습니다. →
2. 날씨가 흐립니다. →
3. 정원이 좁습니다. →
4. 키가 큽니다. →
5. 경치가 좋습니다. →

<연습 5> 아래 각 문장의 밑줄 그은 말 대신에 괄호 속에 제시한 단어를 넣어 봄으로써 보조사 '는'의 용법을 정확히 익히세요.

(보기) 나무는 푸릅니다. (바다) → 바다는 푸릅니다.

1. 다리는 아픕니다. (이마, 머리, 귀, 코, 이)

2. 경치는 아름답습니까? (무궁화, 진달래, 국화, 장미, 매화)

3. 돼지는 있습니까? (소, 고양이, 개, 의자, 지우개)

4. 지우개는 없습니까? (나무, 의자, 호랑이, 낙타, 타조)

5. 국어는 어렵습니다. (영어, 일어, 독어, 불어, 중국어)

6. 고양이는 많습니다. (숙제, 파리, 자리, 개미, 구두)

기본 문장 ❸

해체의 평서문과 의문문, 보조사 '만, 은'

꽃이 붉어.

꽃이 붉어?

잠깐! 평서문과 의문문의 억양에 주의하세요.

평서문	의문문
꽃이 붉어.↘	꽃이 붉어?↗
달이 밝아.↘	달이 밝아?↗
얼굴만 희어.↘	얼굴만 희어?↗

알아보기

1. 'ㅏ, ㅗ' 다음에는 '아'가 붙고, '하' 다음에는 '하'와 합쳐져서 '해'가 되고, 이외의 모음 다음에는 '어'가 붙는다.

• 예: 밝아, 편리해, 붉어

2. '만'은 앞의 기본 문장 ❷에서 본 바와 같이 문장의 주어가 되게 하지만, 표시하는 뜻은 '오직'(單獨) '얼굴' 그것이 '희다'라는 뜻이다. '만'은 '은/는'과 달리 받침이 있을 때나 없을 때나 같다.
3. '산이 높아.'는 해라체 '산이 높다.'를 해체로 바꾼 것이다. 해라체는 문어에서나 정중한 상황에서 많이 쓰이고, 해체는 친한 친구끼리 말을 주고받을 때 쓰인다.

정리하기 ▌ 위 문형은 형용사 서술어의 해체이다. 평서문에서는 끝을 낮추고 의문문에서는 끝을 높인다.

<연습 1> 다음 평서문이 의문문이 되도록 억양을 높여서 발음해 보세요.

(보기) 길이 좁아.↘ → 길이 좁아?↗

1. 정원이 넓어. →
2. 꽃이 붉어. →
3. 달이 밝아. →
4. 방이 넓어. →
5. 낮이 길어. →

<연습 2> 다음 의문문이 평서문이 되도록 억양을 낮추어서 발음해 보세요.

(보기) 날씨가 좋아?↗ → 날씨가 좋아.↘

1. 연필이 적어? →
2. 사람이 많아? →
3. 운동장이 좁아? →
4. 방이 어두워? →
5. 강물이 깊어? →

<연습 3> 아래 밑줄 그은 '은/는' 대신에 '만'을 넣어서 그 뜻이 어떻게 다른지를 살펴보세요.

(보기) 책은 많아. → 책만 많아.

1. 사람은 많아. →
2. 정원은 넓어. →
3. 얼굴은 예뻐. →
4. 키는 작아. →
5. 먼지는 많아. →

<연습 4> 아래 해라체의 문장을 해체로 바꾸어 보세요.

1. 옷이 검으냐? →
2. 시간이 늦다. →
3. 날씨가 좋다. →
4. 바다가 깊다. →
5. 날씨가 따뜻하냐? →

<연습 5> 아래 각 문장의 밑줄 그은 말 대신에 괄호 속에 제시한 단어를 넣어 봄으로써 보조사 '은'의 용법을 정확히 익히세요.

(보기) 산은 높아. (언덕) → 언덕은 높아.

1. 연필은 많다. (공책, 밥, 반찬, 그릇, 잎)

2. 학생은 적어. (옷, 물, 꽃, 돌, 잎)

3. 얼굴은 예쁘다. (손, 눈, 옷, 턱, 입)

4. 운동장은 넓다. (방, 부엌, 길, 화장실, 식당)

5. 언덕은 낮다. (산, 책상, 칠판, 천정, 집)

6. 꽃은 아름답다. (한국, 얼굴, 눈, 금강산, 서울)

기본 문장 ❹

해요체의 평서문과 의문문, 주격 조사 '가'

진달래가 아름다워요.

진달래가 아름다워요?

잠깐! 평서문과 의문문의 억양에 주의하세요.

평 서 문
진달래가 아름다워요↘
얼굴이 예뻐요.↘
산도 높아요.↘

의 문 문
진달래가 아름다워요?↗
얼굴이 예뻐요?↗
산도 높아요?↗

알아보기

1. 'ㅏ, ㅗ' 다음에는 '아요'가 붙고, '하' 다음에는 '해요'가 되고, 이외의 모음 다음에는 '어요'가 붙는다.

- **예: 밝아요, 편리해요, 붉어요**

2. '도'는 제1과 기본 문장 ❸에서 본 바와 같이 '산'이 '역시' 다른 것과 마찬가지로 '높다'는 것이다. '도'는 받침이 있거나 없거나 항상 '도'이다.

- **예: 진달래도, 산도**

3. '진달래가 아름다워요.'는 하십시오체 '진달래가 아름답습니다.'를 '해요체'로 바꾼 것이다.

정리하기 ▌ 위 문형은 형용사 서술어의 '해요체'이다. 해요체는 해체에 '요'를 더하여 만든다. 평서문에서는 끝을 낮추고, 의문문에서는 끝을 높인다.

<연습 1> 아래에서 평서문은 의문문으로, 의문문은 평서문이 되도록 억양을 바꾸어서 읽어 보세요.

(보기) 돈이 많아요.↘ → 돈이 많아요?↗

꽃이 붉어요?↗ → 꽃이 붉어요.↘

1. 벚꽃이 예뻐요. →
2. 장미꽃이 붉어요. →
3. 진달래가 아름다워요? →
4. 얼굴이 예뻐요. →
5. 호수가 좁아요? →

<연습 2> 아래 밑줄 그은 '도' 대신에 '은/는'을 넣어 그 뜻이 어떻게 다른지를 살펴보세요.

(보기) 머리도 좋다. → 머리는 좋다.

1. 다리도 짧다. →
2. 물도 맑다. →
3. 진달래도 아름다워요. →
4. 봉선화도 예뻐요. →
5. 잎도 많아요. →

<연습 3> 아래 하십시오체의 문장을 해요체로 바꾸어 보세요.

1. 설악산은 아름답습니다. →
2. 도로가 넓습니까? →
3. 경치가 좋습니까? →
4. 산이 높습니까? →
5. 돈이 많습니다. →

<연습 4> 아래 문장의 밑줄 그은 말 대신에 괄호 속에 제시한 단어를 대신함으로써 주격 조사 '가'의 용법을 익히세요.

1. 한국어가 어려워요. (영어, 중국어, 일어, 독어, 프랑스어)

2. 역사가 쉬워요. (지리, 미술, 음악, 수학, 물리)

3. 경치가 아름다워요. (진달래, 장미, 국화, 매화, 무궁화)

4. 이마가 아파요. (머리, 다리, 귀, 코, 배)

5. 지우개가 있어요. (종이, 구두, 휴지, 숙제, 바다)

6. 학교가 커요. (키, 운동장, 방, 옷, 머리)

단원마무리

이 단원에서는 형용사의 문형을 해라체, 하십시오체, 해체, 해요체에 걸쳐 평서문형과 의문문형에 대해 알아보았다. 해체와 해요체에서는 억양의 차이에 의해서 문형이 구별된다. 또 제1과에서 배운 주격 조사 '이/가', 보조사 '은/는'과 '만'의 용법을 살펴보았다.

1. 다음 평서문을 의문문으로 바꾸어 읽어 보세요.

(1) 언덕이 낮다. →

(2) 강물이 맑다. →

(3) 꽃이 아름답습니다. →

(4) 정원은 넓어. →

(5) 머리도 아파요. →

2. 다음 하십시오체의 문장을 해요체로 바꾸어 읽어 보세요.

(1) 먼지도 많습니다. →

(2) 꽃이 흽니다. →

(3) 고양이만 있습니다. →

(4) 국어는 쉽습니다. →

(5) 서울은 아름답습니다. →

3. 아래에 제시한 각 상대 높임법의 문형이 형용사문이 되도록 문장을 만들어 보세요.

※주의 1. 주어에 붙는 조사는 '이/가, 은/는, 도, 만'에 한정한다.

2. 문장을 만들 때 어미만 바꾸지 말고 다른 단어를 사용한다.

(보기) 해라체의 평서문 → 꽃이 아름답다.

(1) 해라체의 의문문 →

(2) 하십시오체의 평서문 →

(3) 하십시오체의 의문문 →

(4) 해체의 평서문 →

(5) 해요체의 의문문 →

4. 밑줄 그은 말에 주의하면서 아래 문장을 읽어 보고 상대 높임법과 문장의 종류를 넣어 보세요.

(1) 난 싫어, 아파. (   ) (   )

(2) 지금 어디 있니? (   ) (   )

(3) 여기 앉아 있을 수도 없어. (   ) (   )

(4) 아니, 나는 이 기차도 좋아요. (   ) (   )

5. 아래 문장을 (보기)와 같이 써 보세요.

(보기) 눈이 예쁘다. (시우) → 시우는 눈이 예쁘다.

(1) 산이 많다. (우리나라) →

(2) 물이 맑다. (한강) →

(3) 얼굴이 희냐. (니나) →

(4) 색이 검다. (칠판) →

(5) 키만 작습니다. (지영) →

(6) 날씨가 덥습니다. (오늘) →

(7) 다리가 아프다. (나) →

(8) 정원이 넓어. (이 집) →

(9) 코가 예쁘다. (스칼렛) →

(10) 돈도 많습니까? (저 사람) →

(11) 옷이 깨끗합니다. (빌리) →

(12) 키가 크다. (나) →

(13) 모양이 둥글다. (달) →

(14) 빛이 노랗다. (금) →

제3과 줄리앙이 간다.

—해라체의 자동사문—

이 단원은 해라체의 자동사[1]문과 현재형 및 과거형의 문형을 연습하는 단원이다. 해라체는 상대 높임법 중 격식체로 상대를 아주 낮출 때 쓰인다.

☝ 주목하기

조사	아/야, 부터
문장의 종류	평서문, 의문문, 명령문, 청유문
상대 높임법	해라체
시제	현재, 과거

(1) 해가 뜬다. → 해가 뜨느냐?
(2) 철수가 간다. → 철수야, 가거라.
(3) 지영이가 앉는다. → 지영아, 앉자.
(4) 오늘은 비가 온다. → 어제는 비가 왔다.

1) 자동사는 동사가 나타내는 동작이나 작용이 주어에만 미치는 동사로, 흔히 목적어를 필요로 하지 않는 동사를 말한다.

▪ 기본 문장 ❶

평서문과 의문문

해가 뜬다.

해가 뜨느냐?

> **잠깐!** '-는/ㄴ다'와 '-느냐'에 주의하세요.
>
> | 평 서 문 |
> |---|
> | 해가 뜬다. |
> | 꽃이 핀다.(피ㄴ다) |
> | 범진이가 온다. |
>
> | 의 문 문 |
> |---|
> | 해가 뜨느냐? |
> | 꽃이 피느냐? |
> | 범진이가 오니? |

▪ 알아보기

1. 위의 문형은 자동사의 해라체의 평서문과 의문문이다. 형용사나 서술격 조사 '이다' 문형과는 달리 평서문에서 '-는/ㄴ다', 의문문에서 '-느냐/으냐/냐'를 쓰는 것이 특징이다. 동사에는 '-는/ㄴ다'가 붙고, 형용사에는 '-다'가 붙는다.

• 예: <u>된다</u>, <u>앉는다</u>(동사), <u>희다</u>, <u>붉다</u>(형용사).

2. 평서문의 '-는다'는 받침이 있는 말 다음에 쓰이고 '-ㄴ다'는 받침이 없는 말 다음에 쓰인다. 의문문의 '-느냐'는 '있다', '없다', '계시다'의 어간, 동사 어간 또는 어미 '-으시-', '-었-', '-겠-' 뒤에 쓰인다. 또한 '-으냐'는 'ㄹ'을 제외한 받침 있는 형용사 어간 뒤에 쓰인다.[2)]

• 예: <u>듣는다</u>, <u>된다</u> ; <u>듣느냐</u>, <u>되느냐</u>.

3. '내가'는 '나'에 주격 조사 '가'가 붙어서 만들어진 것이다. '나가'가 아니라 '내가'로 쓴다.

4. '-니'도 해라체에서 물음의 뜻을 나타내는 종결 어미다. '-느냐/으냐/냐'에 비해 친밀하고 부드러운 느낌을 준다.

---

2) 구어에서 서술격 조사 '이다', 동사, 형용사에 관계없이 '-냐'를 붙여 쓰기도 한다.

정리하기 ▌ 위의 문형은 동사가 목적어를 요구하지 않는 자동사 문형이다. 평서문에서는 '-는/ㄴ다'를 쓰고 의문문에서는 '-느냐'를 쓴다.

<연습 1> 다음 평서문을 의문문으로 바꾸어 보세요.

(보기) 비가 온다. → 비가 오느냐?

1. 물이 흐른다. →
2. 해가 뜬다. →
3. 날씨가 갠다. →
4. 눈이 내린다. →
5. 동생이 엎드린다. →

<연습 2> 다음 의문문을 평서문으로 바꾸어 보세요.

(보기) 아기가 우느냐? (울느냐) → 아기가 운다.

1. 바람이 부느냐? (불느냐) →
2. 아기가 웃느냐? →
3. 비가 오느냐? →
4. 동생이 우느냐? (울느냐) →
5. 아이들이 노느냐? (놀느냐) →

<연습 3> 아래의 의문문의 어미 '-느냐' 대신에 '-니'를 넣어 그 느낌이 어떻게 다른지 생각해 보세요.

1. 아기가 웃느냐? →
2. 빌리도 가느냐? →
3. 비가 개느냐? →
4. 토끼가 뛰느냐? →
5. 나나만 오느냐? →

▪ 기본 문장 ❷

명령문, 호격 조사 '아/야'와 보조사 '부터'

철수가 간다.

철수야, 가거라.

잠깐! '-는/ㄴ다'와 '-아라/어라' 등에 주의하세요.

평서문	명령문
철수가 간다.(가ㄴ다)	철수야, 가거라.
범진이가 온다.(오ㄴ다)	범진아, (네가) 오너라.
시우부터 공부한다.(하ㄴ다)	시우부터 공부해라(하여라).
지영이가 웃는다.	지영아, 웃어라.

▪ 알아보기

1. '철수, 범진, 시우, 지영'은 사람의 이름이다. 주로 구어에서, '철수, 시우'와 같이 받침이 없는 사람의 이름 뒤에는 아무것도 붙지 않지만 '범진, 지영'과 같이 받침이 있는 사람의 이름 뒤에는 어조를 고르는 접미사 '이'가 붙는다.

• **예: 범진이, 지영이**

2. '아/야'는 부르는 말 다음에 쓰는 호격 조사인데, '야'는 받침 없는 말 다음에 쓰이고, '아'는 받침이 있는 말 다음에 쓰인다. 호격 조사 다음에는 쉼표를 붙이는 것이 보통이다.

• **예: 승지야, 가거라.**

3. '-아라/어라, -거라, -너라, -여라'는 모두 명령의 뜻을 표시하는 어미다. 끝 음절의 모음이 'ㅏ, ㅗ'이면 '-아라'가 쓰이고, 끝 음절의 모음이 'ㅏ, ㅗ'가 아니면 '-어라'가 쓰인다. '거라'와 '너라'는 약간 예스러운 느낌을 준다. '-거라'는 거의 모든 동사에 쓰이고, '-너라'는 '오다'에만 쓰이고, '-여라'는 '하'로 된 동사 다음에만 쓰인다. '-여라'가 '하'에 연결되면 '하여라'보다 줄어진 '해라'가 더 보편적이다.

4. '범진아' 다음에 '네가'를 넣을 수도 있고, '범진아'를 생략하고 '네가'만 쓸 수

도 있다. '네가'는 앞의 '내가'와 같이 '너'와 (주격 조사) '가'가 붙은 것이다. '너'는 해라체에 호응해서 쓰는 이인칭 대명사다.

5. '부터'는 앞의 말이 어떤 일이나 상태 등의 시작임을 나타내는 보조사다. 그 뜻은 '시우'가 누구보다 '먼저'(시작) '공부하라'는 것이다.

정리하기 ▌ 위의 문형은 자동사의 명령문인데, 평서법의 '-ㄴ다' 대신에 '-아라/어라, -거라, -너라, -여라'를 붙인다. 또 호격 조사 '아/야'와 보조사 '부터'의 용법도 살펴보았다.

<연습 1> 다음 평서문을 명령문으로 바꾸어 보세요.

(보기) 빌리가 온다. → 빌리야, 오너라.

1. 시우가 일어난다. →
2. 범진이가 잔다. →
3. 승지가 달려온다. →
4. 철수가 뛴다. →
5. 지영이가 선다. →

<연습 2> 다음 명령문을 평서문으로 바꾸어 보세요.

(보기) 우영아, 오너라. → 우영이가 온다.

1. 유석아, 오너라. →
2. 선혜야, 가거라. →
3. 승지야, 청소해라.(하여라) →
4. 시우야, 공부해라.(하여라) →
5. 우진아, 자거라. →

<연습 3> 아래 밑줄 그은 '도' 대신에 '부터'를 넣어서 그 뜻이 어떻게 다른가를 살펴보세요.

(보기) 범진이도 선다. → 범진이부터 선다.

1. 진우도 일어난다. →

2. 선혜도 가거라. →
3. 고은이도 오너라. →
4. 지영이도 자거라. →
5. 유석이도 뛰어라. →

▪ 기본 문장 ❸

청유문, 보조사 '도'

지영이가 앉는다.

지영아, 앉자.

잠깐! '-는/ㄴ다'와 '-자'에 주의하세요

평서문
지영이가 앉는다.
승지가 간다.(가ㄴ다)
선혜도 눕는다.

청유문
지영아, (같이) 앉자.
승지야, (같이) 가자.
선혜도 (같이) 눕자.

▪ 알아보기

1. 청유문은 상대방에게 같이 행동하기를 권유할 때 쓴다.
2. '선혜도 눕자'의 '도'는 '선혜, 너' '역시' 나와 같이 '눕자'는 뜻의 보조사다.

정리하기 ▌ 청유문은 '-는/ㄴ다' 대신에 받침이 있거나 없거나 상관없이 '자'를 붙인다. 경우에 따라서는 부르는 말이 생략될 수도 있고, 또 '같이'(함께)를 넣어서 말하는 것이 보통이다. 명령문과 같이 호격 조사 '아/야'가 쓰인다.

<연습 1> 다음 평서문을 청유문으로 바꾸어 보세요.

(보기) 선희가 선다. → 선희야, (같이) 서자.

1. 지영이가 잔다. →
2. 우영이가 운동한다. →

3. 범진이가 앉는다. →
4. 진욱이가 엎드린다. →
5. 승지가 논다(놀ㄴ다). →

<연습 2> 다음 명령문을 청유문으로 바꾸고 그 뜻이 어떻게 달라지는가를 살펴 보세요.

(보기) 승지야, 가거라. → 승지야, (같이) 가자.

1. 지영아, 자거라. →
2. 영수야, 일어나거라. →
3. 고은아, 앉아라. →
4. 시우야, 서라. →
5. 선희야, 걸어라. →

<연습 3> 아래 밑줄 그은 '아/야' 대신에 '도'를 넣어서 문장을 만들어 보세요.

(보기) 민영아, 앉자. → 민영이도 (같이) 앉자.

1. 시우야, 앉자. →
2. 범진아, 놀자. →
3. 승지야, 이야기하자. →
4. 우영아, 남자. →
5. 지영아, 뛰자. →

기본 문장 ❹

현재형과 과거형

오늘은 비가 온다.

어제는 비가 왔다.

잠깐! '-는/ㄴ다' 등과 '-았다/었다' 등에 주의하세요.

현 재	과 거
오늘은 비가 온다.(오ㄴ다)	어제는 비가 왔다(오았다).
오늘은 비가 오느냐?	어제는 비가 왔느냐(오았느냐)?
철수는 지금 공부한다.(하ㄴ다)	철수는 벌써 공부했다(하였다).
철수는 지금 공부하느냐?	철수는 벌써 공부했느냐(하였느냐)?
지금 아이가 웃는다.	벌써 아기가 웃었다.
지금 아이가 웃느냐?	벌써 아기가 웃었느냐?

알아보기

1. 현재형의 평서문에서는 '-는/ㄴ다'가 붙고, 의문문에서는 '-는/ㄴ-'이 떨어지고, 그 자리에 '-았/었-' 등이 대치되나, 의문문에서는 평서문과는 달리 '느'가 떨어지지 않고 '-았/었-' 등이 붙는다.

• 예: <u>온다</u>. <u>왔다</u> ; <u>오느냐</u>. <u>왔느냐</u>.

2. 과거형 '-았-'은 양성 모음 다음에 쓰이고 '-었-'은 음성 모음 다음에 쓰이고, '-였-'은 '하' 다음에 쓰인다.

• 예: <u>왔다</u>, <u>웃었다</u>, <u>하였다</u>.

3. 현재형은 '오늘, 지금'과 같이 현재와 관련 있는 시간 부사와 함께 쓰이고, 과거형은 '어제, 벌써'와 같이 과거와 관련 있는 시간 부사와 함께 쓰이는 것이 보통이다.

정리하기 ▌ 위의 문형은 현재형과 과거형이다. 현재형은 '-는/ㄴ다'를 쓰고 과거형에는 '-았/었-' 등이 붙으며, 시간 부사가 호응된다.

<연습 1> 다음 현재형을 과거형으로 바꾸어 보세요.

(보기) 철수가 운다.(울ㄴ다) → 철수가 울었다.

1. 바람이 분다. →
2. 날씨가 갠다. →
3. 나나가 말한다. →
4. 구름이 낀다. →
5. 달이 솟는다. →

<연습 2> 다음 과거형을 현재형으로 바꾸어 보세요.

(보기) 달이 졌다. → 달이 진다.

1. 물이 흘렀다. (흐르었다) →
2. 철수는 벌써 갔다. (가았다) →
3. 꽃이 피었다. →
4. 범진이만 남았다. →
5. 물이 끓었다. →

단원마무리

이 단원에서는 자동사의 해라체의 평서문, 의문문, 명령문, 청유문과 현재형, 과거형을 살펴보았다. 또 호격 조사 '아/야', 보조사 '부터'의 용법을 살펴보았다.

1. 아래 평서문을 의문문으로 바꾸어 보세요.

(1) 비가 온다. →

(2) 바람이 분다. →

(3) 해가 돋는다. →

(4) 비행기가 뜬다. →

2. 아래 평서문을 명령문으로 바꾸어 보세요.

(1) 지영이도 웃는다. →

(2) 범진이도 쉰다. →

(3) 우영이는 일한다. →

3. 아래 평서문을 청유문으로 바꾸어 보세요.

(1) 시우가 일어선다. →

(2) 민영이도 간다. →

(3) 우영이만 논다.(놀ㄴ다) →

(4) 승지가 선다. →

4. 아래 평서문을 명령문으로 고칠 때, 사람 이름에 호격 조사만 붙이지 말고 대명사도 넣어 보세요.

(보기) 시우도 앉는다. → 시우야, 너도 앉아라.

(1) 고은이부터 선다. →

(2) 지영이만 눕는다. →

(3) 승지도 생각해라. →

(4) 범진이는 여기 있다. →

(5) 선희부터 말한다. →

5. 아래의 현재형의 문장을 과거형으로 바꾸어 보세요.

(1) 달이 돋는다. →

(2) 해가 진다. →

(3) 바람이 분다. →

(4) 나뭇잎이 흔들린다. →

(5) 진혁이도 돕는다. →

6. 아래 문형에 해당하는 문장을 만들어 보세요.

※주의 1. 주어에 붙는 조사는 '이/가, 은/는, 도, 만, 부터'만 쓴다.

(보기) 자동사의 해라체의 의문문 → 비가 오느냐?

(1) 자동사의 해라체의 명령문 →

(2) 자동사의 해라체의 평서문 →

(3) 자동사의 해라체의 평서문의 과거형→

(4) 자동사의 해라체의 의문문의 과거형→

(5) 서술격 조사 '이다'의 해라체의 평서문의 과거형 →

(6) 서술격 조사 '이다'의 해라체의 의문문의 과거형 →

7. 밑줄 그은 말에 주의하면서 아래의 문장을 읽어보고 상대 높임법과 문장의 종류를 알아보세요.

(1) 얘들아, 어서 가. (　　　　) (　　　　)

(2) 얘들아, 나오너라. (　　　　) (　　　　)

(3) 빨리 빨리 숨어라. 어서 빨리 숨어라. (　　　　) (　　　　)

(4) 그러면 시우야, 네가 먼저 뛰어라. (　　　　) (　　　　)

(5) 승지야, 이리와 내 앞에 서라. (　　　　) (　　　　)

(6) 얘, 지영아, 가자 어서 가자. (　　　　) (　　　　)

(7) 산토끼야 어디를 가느냐? (　　　　) (　　　　)

(8) 그래, 어머니와 동생들도 다 잘 있느냐? (　　　　) (　　　　)

(9) 범진아, 잘 잤니? (　　　　) (　　　　)

(10) 너 공부하고 싶은 마음은 없니? (　　　　) (　　　　)

제4과 아버님이 가십니다.
—하십시오체의 자동사문—

이 단원은 하십시오체의 자동사문에서 주체를 높였을 경우의 문형을 연습하는 단원이다. 자동사문은 동사가 나타내는 동작이나 작용이 주어에만 미치는 동사인 자동사가 사용된 문장이다. 하십시오체는 청자를 가장 높이는 등급의 상대 높임 표현으로서 자신보다 상위자가 아닌 사람에게는 쓰지 않는 것이 원칙이다.

☝ 주목하기

조사	도, 만, 부터
문장의 종류	평서문, 의문문, 명령문, 청유문
상대 높임법	하십시오체
주체 높임법	-(으)시-

(1) 비가 옵니다. → 비가 옵니까?
(2) 아버님이 갑니다. → 아버님이 가십니다.
(3) 선생님이 가십니다. → 선생님, 가십시오.
(4) 어머님이 가십니다. → 어머님, (같이) 가십시다.

기본 문장 ❶

평서문과 의문문, 보조사 '까지'

비가 옵니다.

비가 옵니까?

잠깐! 어미 '-ㅂ(습)니다'나 '-ㅂ(습)니까'에 주의하세요.

평서문	의문문
비가 옵니다.	비가 옵니까?
해가 돋습니다.	해가 돋습니까?
비까지 내립니다.	비까지 내립니까?
제가 앉습니다.	제가 앉습니까?

알아보기

1. 위의 문형은 하십시오체의 평서문과 의문문이다. 하십시오체란 청자가 화자보다 높을 때 사용하는 상대 높임법이다. 여기서 하십시오체의 표지가 되는 요소는 'ㅂ'과 '습'이다. 'ㅂ'은 받침 없는 말 다음에 쓰인다.
2. '제가'는 '저'에 '가'가 붙었을 때 만들어진 형식이다. '저'는 '나'의 겸사말로 청자에 대하여 자기를 낮추는 말이다.
3. '까지'는 현재의 상태나 정도에서 그 위에 더함을 나타내는 보조사이다.

정리하기 ▌ 하십시오체의 평서문은 '-ㅂ니다/-습니다'를 쓰고 의문문은 '-ㅂ니까/-습니까'를 쓴다. 의문문으로 바꾸는 데는 '-다'를 '-까'로만 대치하면 된다. 또 보조사 '까지'의 용법도 살펴보았다.

<연습 1> 다음 평서문을 의문문으로 바꾸어 보세요.

(보기) 달이 졌습니다. → 달이 졌습니까?

1. 비가 많이 내렸습니다. →
2. 벌써 눈이 왔습니다. →
3. 시냇물이 졸졸 흘러갑니다. →
4. 개가 짖었습니다. →
5. 강물이 얼었습니다. →

<연습 2> 다음 의문문을 평서문으로 바꾸어 보세요.

(보기) 달이 떴습니까? → 달이 떴습니다.

1. 꽃이 피었습니까? →
2. 잎이 떨어집니까? →
3. 얼음이 업(얼ㅂ)니까? →
4. 시우도 벌써 떠났습니까? →
5. 땀이 납니까? →

<연습 3> 다음 밑줄 그은 '도' 대신에 '까지'를 넣어서 뜻이 어떻게 다른가를 살펴보세요.

(보기) 비도 내립니다. → 비까지 내립니다.

1. 눈도 내립니다. →
2. 바람도 붑(불ㅂ)니다. →
3. 동생도 웃습니다. →
4. 앞집 개도 짖습니다. →

기본 문장 ❷

주체 높임법과 접미사 '-님'

아버님이 갑니다.

아버님이 가십니다.

잠깐! 오른쪽 문형에는 '-(으)시-'가 삽입되었음에 주의하세요.

아버님이 갑니다.	아버님이 가십(시ㅂ)니다.
아버지가 웃습니다.	아버지가 웃으십(시ㅂ)니다.
어머님이 간다.	어머님이 가신(시ㄴ)다.
동생이 잔다.	어머니가 주무신(시ㄴ)다.

알아보기

1. 왼쪽의 '갑니다, 웃습니다'는 하십시오체로서 청자가 화자보다 높음을 표시하고, '간다, 잔다'는 해라체로서 청자가 화자보다 낮음을 의미한다. 그러나 오른쪽은 '-(으)시-'가 삽입되어 있다. 이것은 청자의 신분이나 지위와는 상관없이 주체를 높이는 요소이다. 동시에 주체는 높임의 대상이 되는 '아버님, 어머님' 등으로서 반드시 '-(으)시-'와 함께 나타난다. 앞의 말에 받침이 있으면 '-시-' 대신 '-으시-'를 쓴다.
2. '-님'은 높임의 뜻을 표시하는 접미사다. 어떤 명사에 높임의 뜻을 부여하고자 할 때는 '-님'을 붙여야 한다. 그러나 높임의 대상이 되는 말일지라도, 편지와 같은 정중한 표현이 요구되는 경우를 제외하고는, '-님'을 쓰지 않기도 한다.

• **예: 하느님(하늘님), 선생님, 따님(딸님), 아드님(아들님)**

3. '주무신다'는 '잔다'를 높여서 말하는 주체 높임 특수 어휘 중 하나이다.

정리하기 ▌ 주체가 높임의 대상이 되는 인물일 때는 화자가 주체를 높이기 위하여 동사에 '-(으)시-'를 삽입한다. 또 접미사 '-님'의 용법도 살펴보았다.

<연습 1> 다음 동사에 '-(으)시-'를 넣어서 주체를 높여 보세요.

(보기) 아버지가 웃었습니다. → 아버지가 웃으셨습니다.

1. 누님이 온다. →
2. 형님이 갔습니다. →
3. 선생님이 왔습니다. →
4. 아버지가 간다. →
5. 어머니가 운다. →

<연습 2> 다음 문장에는 '-님'과 '-(으)시-'가 빠져 있습니다. 이를 써 넣어서 문장을 완성해 보세요.

(보기) 이모가 갔다. → 이모님이 가셨다.

1. 누나가 울었다. →
2. 선생이 말했다. →
3. 형이 웃는다. →
4. 고모가 운다. →
5. 숙모가 앉습니다. →
6. 사장이 웃었다. →

기본 문장 ❸

명령문, 보조사 '도, 만, 부터'

선생님이 가십니다.

선생님, 가십시오.

잠깐! 어미 '-(으)십니다'와 '-(으)십시오'에 주의하세요.

평서문	명령문
선생님이 가십니다.	선생님, 가십시오.
아버지가 웃으십니다.	아버지, 웃으십시오.
형님도 말씀하십니다.	형님도 말씀하십시오.

알아보기

1. 위의 문형은 동사의 하십시오체의 명령문형이다. 주체나 청자가 같은 인물이므로 '-(으)ㅂ시오' 만으로도 충분하지만, 지금은 거의 쓰이지 않는다. 대신에 명령형 어미 '-(으)ㅂ시오'에 높임의 '-시-'가 붙은 '-(으)십시오'가 많이 쓰인다.

• **예: 갑시오. 가십시오.**

2. 해라체의 명령문에서는 부름의 뜻을 나타내는 호격 조사 '아/야'를 붙였으나, 하십시오체에서는 이런 조사를 쓰는 일이 없다. 다만 여러 가지 격을 두루 표시하는 보조사의 경우, '도, 만, 부터' 등을 붙일 수 있다. 보조사 '도, 는'은 주어의 의미를 표시하는 '께서'와 함께 쓰이기도 한다(제11과 기본 문장 ❶을 보세요).

3. '말씀'은 '말'의 높임말이다.

정리하기 ▌ 위의 문형은 하십시오체의 명령문형이다. 평서문의 '-(으)십니다' 대신에 '-(으)십시오'를 쓰고, 부름의 대상이 되는 말에는 조사가 붙지 않는 것이 원칙이다.

<연습 1> 다음 평서문을 명령문으로 바꾸어 보세요.

(보기) 형님이 앉으십니다. → 형님, 앉으십시오.

1. 어머니가 들어오십니다. →

2. 선생님이 밖으로 나가십니다. →
3. 아버지가 자리에 앉으십니다. →
4. 아저씨가 일어나십니다. →
5. 아주머니가 들어오십니다. →

<연습 2> 다음 밑줄 그은 말에 '은/는, 도, 만, 부터' 등의 조사를 붙여 이들의 뜻이 어떻게 다른지를 살펴보세요.

(보기) 누님, 들어오십시오.

1. 누님은 들어오십니다.
2. 누님도 들어오십니다.
3. 누님만 들어오십니다.
4. 누님부터 들어오십시오.

1. 아버지, 가십시오.

   1.
   2.
   3.
   4.

2. 어머니, 오십시오.

   1.
   2.
   3.
   4.

3. 선생님, 앉으십시오.

   1.
   2.
   3.
   4.

기본 문장 ❹

청유문, 보조사 '도, 만, 부터'1)

어머님이 가십니다.

어머니, 가십시다.

잠깐! 어미 '-(으)십니다'와 '-(으)십시다'에 유의하세요.

평서문
어머님이 가십니다.
아버지가 가십니다.
김선생이 들어갑니다.(가ㅂ니다)
형님도 갑니다.(가ㅂ니다)

청유문
어머님, (같이) 가십시다.
아버지, (같이) 가십시다.
김선생, (같이) 들어갑시다.(가ㅂ시다)
형님도 (같이) 갑시다.(가ㅂ시다)

알아보기

1. 위의 문형은 하십시오체의 청유문형이다. '-(으)십시다'는 '-(으)ㅂ시다'에 존경의 '-(으)시-'가 붙은 것으로서 '아버지, 어머니'와 같이 화자에 비하여 지위가 높은 사람에 대하여 함께 하기를 청할 때 쓰인다. 이와 달리 '-(으)ㅂ시다'는 화자와 지위가 비슷하지만, 친소관계나 나이 차이로 인해 사이가 친숙하지 않을 때 쓴다.
2. 청유문은 상대방의 행동 변화를 요구한다는 점에서 명령문과 유사하다. 하십시오체의 청유문과 명령문을 살펴보면, 명령적인 의미를 표시하는 요소가 따로 발견된다. '가십시오'와 '가십시다'의 '오'와 '다' 앞에 나오는 '-시-'가 그것이다. 그리고 앞의 '-(으)시-'는 존경의 요소이다.
3. 하십시오체의 청유문에도 부름을 표시하는 호격 조사가 붙지 못한다. 단지 여러 가지 격에 두루 쓰이는 보조사 '도'나 '만, 부터' 등은 붙을 수 있다.

---

1) 하십시오체의 명령문과 청유문에서 청자를 높이는 것은 평서문과 의문문에 비해 그 높임의 정도가 다소 약한 것으로 보인다. 즉 형태상으로는 하십시오지만, 실제 높임의 등급은 그 정도로 높지 않은 것으로 볼 수 있다. 실제로 어미 '-십시다'를 하오체의 청유형 어미 '-(으)ㅂ시다'에 높임의 선어말 어미 '-(으)시-'가 붙은 형태로 보기도 한다.

정리하기 ▌ 위의 문형은 하십시오체의 청유문형이다. 평서문의 '-(으)십니다' 대신에 '-(으)십시다'와 '-(으)ㅂ시다'를 쓰고 부름의 대상이 되는 말에는 조사가 잘 붙지 않는다.

<연습 1> 다음 명령문을 청유문으로 고쳐서 그 뜻이 어떻게 다른지를 살펴보세요.

(보기) 고모님, 일어서십시오. → 고모님, 저하고 같이 일어서십시다.

1. 아버지 가십시오. →
2. 어머니도 앉으십시오. →
3. 선생님 웃으십시오. →
4. 할아버지부터 나가십시오. →
5. 할머니만 들어가십시오. →

<연습 2> 아래 밑줄 그은 말에 '도, 만, 부터'를 붙여 문장을 만들어 보세요.

(보기) 어머니, 앉으십시오. →
- 1. 어머니도 앉으십시오.
- 2. 어머니만 앉으십시오.
- 3. 어머니부터 앉으십시오.

1. 선생님, 어서 들어가십시다. →
   - 1.
   - 2.
   - 3.

2. 우리, 다 같이 노래합시다. →
   - 1.
   - 2.
   - 3.

3. 아버지, 빨리 일어나십시다. →
   - 1.
   - 2.
   - 3.

단원마무리

이 단원에서는 자동사의 하십시오체의 평서문, 의문문, 명령문, 청유문형과 그리고 '-(으)시-'가 삽입되는 주체 높임법을 살펴보았다.

1. 다음 해라체의 문장을 하십시오체로 바꾸어 보세요.

(1) 물이 흐른다. →

(2) 비가 온다. →

(3) 눈이 온다. →

(4) 단풍이 든다.(들ㄴ다) →

(5) 할머니가 웃으셨다. →

2. 다음 평서문을 의문문으로 바꾸어 보세요.

(1) 새가 납니다.(날ㅂ니다) →

(2) 바람이 붑니다.(불ㅂ니다) →

(3) 시우가 웃습니다. →

(4) 밥이 식었습니다. →

(5) 옷이 젖었습니다. →

3. 다음 밑줄 그은 말에 '-(으)시-'를 넣어 주어를 높여 보세요.

(1) 어머니가 <u>들어온다</u>. →

(2) 할머니도 <u>왔습니다</u>. →

(3) 아주머니만 <u>갔습니다</u>. →

(4) 아저씨도 <u>갔습니다</u>. →

(5) 선생님만 <u>남았습니다</u>. →

4. 다음 평서문을 명령문으로 바꾸어 보세요.

(1) 어머니가 웃으십니다. →

(2) 아저씨만 일어서십니다. →

(3) 할아버지도 나가십니다.→

(4) 선생님도 앉으십니다. →

(5) 아버지부터 들어오십니다. →

5. 다음 평서문을 청유문으로 바꾸어 보세요.

(1) 할머니도 나가십니다. →

(2) 아버지만 올라오십니다. →

(3) 최 선생도 내려갑니다. →

(4) 이모님이 앉으십니다. →

(5) 고모님이 서십니다. →

6. 다음 문장은 하십시오체의 문장인데 그 종류를 말해 보세요.

(1) 안 <u>됩니다</u>. 다쳐요. (   )

(2) '너는 무엇 때문에 그렇게 울고 있느냐? '도끼를 물에 빠뜨려서 <u>그럽니다</u>.'
(   )

(3) 선생님 어디로 <u>떠나십니까</u>? (   )

(4) 다 왔습니다. 어서 <u>내리십시오</u>. (   )

(5) 형님, 어서 집으로 <u>돌아갑시다</u>. (   )

(6) 자동차가 왔습니다. 어서 <u>가십시다</u>. (   )

(7) 오늘밤, 보름달이 떠오르거든 연못으로 가 <u>보십시오</u>. (   )

(8) 실례했습니다. 그럼 안녕히 <u>계십시오</u>. (   )

제5과 내일은 비가 오겠어.

—해체의 자동사문—

이 단원은 해체의 자동사문과 미래형의 문형을 연습하는 단원이다. 해체는 상대 높임법 중 비격식체로 빈말체라고도 하며 상대를 두루 낮추는 데 쓰인다.

주목하기

조사	조차
문장의 종류	평서문, 의문문, 명령문, 청유문
상대 높임법	해체
시제	미래

(1) 바람이 불어. → 바람이 불어?
(2) 철수가 앉아. → 철수야, 앉아.
(3) 영희가 서. → 영희야, (같이) 서.
(4) 오늘은 눈이 온다. → 내일은 눈이 오겠다.
(5) 그는 벌써 왔다. → 그는 벌써 왔겠다.

기본 문장 ❶

평서문과 의문문, 보조사 '조차'

바람이 불어.

바람이 불어?

잠깐! 억양이 다름에 주의하세요.

평서문
바람이 불어. ↘
눈 내려. ↘
서리조차 왔어. ↘

의문문
바람이 불어? ↗
눈 내려? ↗
서리조차 왔어? ↗

알아보기

1. 주어를 표시하는 조사는 생략될 수 있다.[1] '눈 내려'에서 '눈'은 아무런 조사가 붙지 않은 채 주어로 쓰여 있다.
2. '조차'는 주어가 될 수 있음은 분명하지만, '이/가'와는 달리 '서리'가 '따라서'(더함) '내렸음'을 강조하는 보조사다.[2]

정리하기 ▌ 위의 문형은 자동사의 해체의 평서문과 의문문형이다. 평서문에서는 억양을 낮추고, 의문문에서는 억양을 높인다. 또 보조사 '조차'의 용법도 보였다.

<연습 1> 아래의 평서문은 의문문이, 의문문은 평서문이 되도록 억양을 바꾸어 읽어 보세요.

(보기) 비가 와.↘ → 비가 와.↗

1. 이슬이 맺혔어. →
2. 소나기도 와. →

---

1) 조사의 생략은 보조사가 아닌 격 조사에서 나타난다. 격 조사 중에서도 주격, 목적격, 관형격에서 많이 나타난다. 또한 문어보다는 구어에서, 긴 문장보다는 짧은 문장에서 조사 생략이 많이 나타난다.

2) '도', '까지', '마저', '조차'는 '포함'으로 의미가 비슷하지만, '조차'는 화자에게 불리한 일에 주로 사용된다.

3. 구름이 끼어? →
4. 연기가 나? →
5. 서리도 내렸어? →

<연습 2> 아래 밑줄 그은 조사 대신 '조차'를 넣어서 그 뜻이 어떻게 다른지를 살펴보세요.

(보기) 철수만 울어. → 철수조차 울어.

1. 연기부터 나. →
2. 구름은 끼었어. →
3. 이슬부터 맺혔어. →
4. 바람은 불어? →
5. 비도 내려? →

<연습 3> 아래 밑줄 그은 주격 조사를 생략하여 생략되지 않은 것과 비교해 보고 어느 것이 자연스러운지 살펴보세요.

(보기) 아버지가 오셨어. → 아버지 오셨어.

1. 바람이 붑니다. →
2. 비가 옵니다. →
3. 철수가 울어? →
4. 어제는 눈이 왔어? →
5. 소나기가 와. →

<연습 4> 아래 해라체의 문장을 해체로 바꾸어 보세요.

1. 달이 떴다. →
2. 동생이 웃는다. →
3. 아기가 울었니? →
4. 해가 졌느냐? →
5. 날이 저물었다. →

기본 문장 ❷

명령문

철수가 앉아.

철수야, 앉아.

> **잠깐!** 명령문에서는 억양이 바뀜에 주의하세요.
>
> | 평서문 | 명령문 |
> | --- | --- |
> | 철수가 앉아. ↘ | 철수야, 앉아.↘→ |
> | 오빠는 웃어. ↘ | 오빠는 웃어.↘→ |
> | 언니도 서. ↘ | 언니도 서.↘→ |

알아보기

평서문을 명령문으로 바꿀 때는 주격 조사만 호격 조사로 바꾸고 보조사는 그대로 두어야지 호격으로 바꾸면 안 된다.

- **예: 언니는 가.(평서문) → 언니야, 가(명령문)**

정리하기 ▮ 위의 문형은 자동사의 해체의 명령문형이다. 명령문은 억양을 낮추면서 힘을 준다. 이것이 평서문과 다른 점이다.

<연습 1> 아래의 평서문이 명령문이 되도록 억양을 바꾸어서 발음해 보세요.

(보기) 현철이가 누워.↘ → 현철아 누워.↘→

1. 지영이가 누워. →
2. 언니도 앉아. →
3. 범진이만 서. →
4. 오빠도 어서 와. →
5. 승지는 공부해. →

<연습 2> 아래 해라체의 명령문을 해체로 바꾸어 보세요.

1. 줄리앙만 빨리 가라.. →
2. 나나는 공부해라. →
3. 시우는 놀아라. →
4. 빌리야 어서 일어서라. →
5. 승지도 여기 앉아라. →

<연습 3> 아래 평서문을 해체의 명령문으로 바꾸되 대명사도 넣어 보세요.

(보기) 범진이가 잔다. → 범진아, 네가 자.

1. 시우는 공부한다. →
2. 지영이만 일어난다. →
3. 나나도 간나. →
4. 철수부터 나간다. →
5. 승지는 노래한다. →

▪ 기본 문장 ❸

청유문

영희가 서.

영희야, (같이) 서.

잠깐! 억양이 바뀜에 주의하세요.

평서문
영희가 서. ↘
인수도 남아. ↘
오빠만 앉아. ↘

청유문
영희야, (같이) 서. ⤷
인수도 (같이) 남아. ⤷
오빠만 (같이) 앉아. ⤷

▪ 알아보기

청유문은 화자가 청자에게 어떤 행동을 함께할 것을 요청하는 문장이다. 청유문은 청유형 종결 어미 혹은 문말 억양에 의해 실현된다.

정리하기 ▌ 위의 문형은 청유문이다. 청유문은 명령문과는 달리, 끝을 낮추어 끌면서 발음한다. '같이(함께)'를 넣으면 청유문의 뜻이 분명해지기도 한다.
(보기) 영희가 서. → 영희야, 같이 서.

<연습 1> 아래의 평서문과 명령문을 청유문으로 바꾸어서 읽어 보세요.

(보기) 범진이가 가.↘ → 범진아, (같이) 가. ↘

1. 언니만 누워. →
2. 스칼렛도 어서 일어나. →
3. 오빠, 서. →
4. 시우야, 앉아. →
5. 나나도 자. →

<연습 2> 아래 해라체의 청유문을 해체로 바꾸어 보세요.

(보기) 지영아, 함께 앉자. → 지영아, 함께 앉아.

1. 범진아, 같이 놀자. →
2. 빌리야, 함께 쉬자. →
3. 지영아, 함께 청소하자. →
4. 승지야, 함께 자자. →
5. 나나야, 같이 나가자. →

기본 문장 ❹

미래형

오늘은 비가 온다.

내일은 비가 오겠다.

잠깐! 어미 '-는/ㄴ다' 등이 '-겠다'로 바뀜에 주의하세요.

현 재 형
오늘은 비가 온다.(오ㄴ다)
오늘은 비가 오느냐.
지금 동생이 앉느냐?
지금 동생이 앉는다.

미 래 형
내일은 비가 오겠다.
내일은 비가 오겠느냐?
곧 동생이 앉겠느냐?
곧 동생이 앉겠다.

알아보기

1. 미래형의 평서문에서는 현재형의 '-는/ㄴ다' 대신에 '-겠다'가 붙고, 의문문에서는 '-느-' 앞에 '-겠-'이 붙는다.

• 예: <u>온다</u>. → <u>오겠다</u>. / <u>오느냐</u>. → <u>오겠느냐</u>.

2. 미래형 '-겠-'은 '내일, 곧'과 같이 미래와 관련이 있는 시간 부사와 함께 쓰일 때가 많다.

3. '-겠-'은 미래 시제를 표시하는 것이라고 하나, '추측'의 의미도 들어 있다. 그것은 미래라는 시간 개념이 미지의 사실에 속하기 때문이다. 미래 시제는 또 다른 방법에 의해서 표시되기도 한다.(제22과 기본 문장 ❶을 보세요).

정리하기 ▌ 미래형의 '-겠-'은 현재형의 평서문에서 '-는/ㄴ-' 대신에 붙고, 의문문에서는 '-느-' 앞에 붙는다.

<연습 1> 다음 현재형을 미래형으로 바꾸어 보세요.

※ 주의 현재 관련의 시간 부사에 대립되는 미래 시간 부사를 잘 생각해야 한다.

(보기) 지금 눈이 온다. → 곧 눈이 오겠다.

1. 나는 오늘 부산으로 떠난다. →
2. 올해에는 눈이 많이 온다. →
3. 지금 비가 내린다. →
4. 오늘 떠나느냐? →
5. 지금 국이 끓는다. →

<연습 2> 아래 미래형을 현재형으로 바꾸어 보세요.

(보기) 곧 소나기가 오겠다. → 지금 소나기가 온다.

1. 내일은 우박이 쏟아지겠다. →
2. 곧 가겠습니다. →
3. 내일은 눈이 내리겠어. →
4. 이것이 무엇이겠어요? →
5. 그것은 책이겠어요. →
6. 나는 저것이 더 좋겠어. →

기본 문장 ⑤

과거 추측형

그는 벌써 왔다.

그는 벌써 왔겠다.

> **잠깐!** '-았/었다'가 '-았/었겠다' 등으로 바뀜을 주의하세요.
>
> | | |
> |---|---|
> | 그는 벌써 왔다.(오았다)
달이 벌써 떴다.(뜨었다)
철수는 벌써 복습했다.(하였다) | 그는 벌써 왔겠다.(오았겠다)
달이 지금 떴겠다.(뜨었겠다)
철수는 벌써 복습했겠다.(하였겠다) |

알아보기

1. 과거의 '-았/ 었' 등과 미래의 '-겠-'이 결합하면 의미가 달라진다. '-겠-'이 단독으로 쓰일 때는 미래의 의미를 나타내지만, '-았/-었' 등과 결합이 되면 미래의 의미는 사라져 버리고, 단순한 추측의 의미만 띄게 된다. 그러므로 위의 오른쪽의 문장이 나타내는 뜻은 '과거 추측' 또는 '완료 추측'이다.
2. 따라서 이 문형에는 과거 내지 현재와 관련 있는 시간 부사 '벌써, 지금쯤'이 주로 함께 쓰인다.

정리하기 ▌ 평서문에 쓰인 '-았-, -었-, -였-'의 뒤에 '-겠-'을 붙이고 시간 부사에 유의한다.

<연습 1> 다음 과거형의 문장을 과거 추측형으로 바꾸어 보세요.

(보기) 서울은 벌써 얼음이 얼었느냐? → 서울은 벌써 얼음이 얼었겠느냐?

1. 거기는 벌써 비가 왔느냐? →
2. 벌써 해가 떴습니다. →
3. 아버지는 어제 부산에 도착했습니다. →
4. 철수도 집에 갔어. →
5. 비가 그쳤어. →
6. 벌써 극장에는 사람들이 다 찼어. →

<연습 2> 아래 과거 추측형의 문장을 과거형으로 바꾸어 보세요.

1. 벌써 해가 떴겠다. →
2. 나나도 아팠겠다. →
3. 그 사이 학생이 많이 늘었겠습니까? →
4. 연필이 부러졌겠습니다. →
5. 의자가 넘어졌겠다. →

<연습 3> 아래 과거 추측형의 문장을 미래형으로 바꾸어 보세요.

1. 벌써 얼음이 녹았겠느냐? →
2. 인수도 꽤 좋았겠다. →
3. 지은이는 시험에 떨어졌겠습니까? →
4. 찌개가 벌써 끓었겠다. →
5. 빵이 좀 남았겠어? →

단원마무리

이 단원에서는 자동사의 해체의 평서문, 의문문, 명령문, 청유문형 그리고 미래형과 미래 추측형에 대해 알아보았다. 각 문형은 억양에 의해서 구별된다. 또 보조사 '조차'의 용법도 살펴보았다.

1. 아래 평서문을 의문문으로 바꾸어 읽어 보세요.

(1) 지금 비가 와. →

(2) 그래. 바람도 불어. →

(3) 게다가 눈도 내려. →

(4) 지영이도 지금 공부해. →

(5) 범진이만 여기 있어. →

(6) 스칼렛도 같이 뛰어. →

2. 다음 평서문을 명령문으로 바꾸되 대명사도 넣어 보세요.

(1) 시우가 거기 가. →

(2) 범진이도 여기 와. →

(3) 바둑이(개 이름)도 이리 와. →

(4) 승지만 거기서 놀아. →

(5) 나나가 여기 와. →

3. 다음 명령문을 청유문으로 바꾸어 보세요.

(1) 범진아, 네가 거기 누워. →

(2) 지영아, 너도 여기 앉아. →

(3) 빌리야, 너는 저기 서. →

(4) 바둑아, 너도 저리 가. →

(5) 나나야, 너만 밖에 나가. →

4. 다음 현재형을 미래형으로 바꾸어 보세요.

(1) 기차가 지금 떠난다. →

(2) 벌써 날이 밝는다. →

(3) 이미 닭이 운다. →

(4) 오늘은 태풍이 불어. →

(5) 날씨가 흐리다. →

(6) 얼굴이 붓는다. →

5. 다음 과거형의 문장을 과거 추측형으로 바꾸어 보세요.

(1) 벌써 비가 갰다. →

(2) 꽃이 피었다. →

(3) 냇물이 줄었습니다. →

(4) 진달래가 졌어. →

(5) 지영이는 예뻤다. →

(6) 어제는 날씨가 맑았습니다. →

6. 아래에 제시한 각 상대높임법의 문형이 자동사문이 되도록 문장을 만들어 보세요.

(보기) 해라체의 의문문 → 비가 오느냐?

(1) 해라체의 평서문 →

(2) 해라체의 청유문 →

(3) 하십시오체의 명령문 →

(4) 해라체의 의문문 →

(5) 하십시오체의 청유문 →

7. 다음은 자동사의 해체의 문장으로 그 종류를 알아보세요.

(1) 다들 어디 갔어? (　　　)

(2) 언니 나 여기 있어. (　　　)

(3) 입을 다물고 가만히 있어. (　　　)

(4) 싸운 이야기하면 안 돼. (　　　)

(5) 아무 소리도 안 나? (　　　)

(6) 영길아, 같이 가. (　　　)

(7) 언니, 우리 내일 나물 캐러 가. (　　　)

제6과 아이가 웃어요.
—하오체와 해요체의 자동사문—

이 단원은 하오체와 해요체의 자동사문을 연습하는 단원이다. 하오체는 한국어에서 상대방을 보통으로 높이는 종결형 상대 높임법 중 하나이지만 현대 한국어 구어에서는 거의 쓰이지 않는다.

☝ 주목하기

조사	조차, 마저
문장의 종류	평서문, 의문문, 명령문, 청유문
상대 높임법	하오체, 해요체
시제	미래

(1) 이분이 가오. → 이분이 가오?
(2) 김 선생이 가오. → 김 선생, (당신이) 가오.↘
(3) 어머니가 웃어요. → 어머니가 웃어요?
(4) 김 대리가 앉아요. → 김 대리, 앉아요.↘
(5) 어머니가 가요. → 어머니, (같이) 가요.

기본 문장 ❶

하오체의 평서문과 의문문

이분이 가오.

이분이 가오?

잠깐! 억양이 달라짐에 주의하세요.

평 서 문	의 문 문
이분이 가오.↘	이분이 가오?↗
그분이 가시오.↘	그분이 가시오?↗
저분이 앉으오.↘	저분이 앉으오?↗

알아보기

1. '이분', '그분', '저분'은 각각 '이 사람', '그 사람', '저 사람'을 아주 높여 이르는 삼인칭 대명사이다.
2. '오' 앞에 받침이 있는 말이 올 때는, 사이에 '으'가 추가된다.

• 예: 앉 + 오 → 앉 + (으) + 오 → 앉으오

3. '가오'보다 여기에 '-시-'가 삽입된 '가시오'가 구어에서 더 보편적으로 쓰인다.

정리하기 ▌ 위의 문형은 자동사의 하오체의 평서문과 의문문이다. 하오체란 상대방을 보통으로 높이는 상대 높임법인데 '하오'보다 '-시-'가 삽입된 '하시오'가 더 보편적이다. 평서문에서는 억양을 낮추고 의문문에서는 억양을 높인다.

<연습 1> 아래 평서문에 '-시-'를 넣어 의문문이 되도록 억양을 바꾸어 보세요.

(보기) 이분이 가오. → 이분이 가시오?

1. 그분이 나가오. →
2. 저분이 앉으오. →
3. 이분이 서오. →
4. 선생님이 오오. →
5. 어느 분이 가오. →

<연습 2> 아래 하십시오체의 문장을 하오체로 바꾸어 그 뜻이 어떻게 달라지는지 살펴보세요.

1. 바람이 붑니다. →
2. 눈이 내립니다. →
3. 아기가 웁니다. →
4. 나뭇가지가 흔들립니다. →
5. 하늘이 맑습니다. →
6. 바람이 시원합니다. →

기본 문장 ❷

하오체의 명령문

김 선생이 가오.

김 선생, (당신이) 가오.

잠깐! 억양이 달라짐에 주의하세요.

평서문	명령문
형님이 가오. 김 씨가 이리 오오. 이 선생이 여기 앉으시오. 아내가 들어오오.	형님, (당신이) 가오. 김 씨, 그대는 이리 오오. 이 선생, 여기 앉으시오. 여보, 당신이 들어오오.

알아보기

1. '당신, 그대'는 듣는 이를 가리키는 이인칭 대명사이다. '그대'는 문어와 같은 특수한 상황에 쓰이고 구어에서는 거의 안 쓰인다.
2. 하오체는 남을 보통으로 높이는 상대 높임법이므로, '김 형', '김 씨', '김 선생'처럼 성 다음에 '형, 씨, 선생' 등의 말을 붙인다(제11과 기본 문장 ❷를 보라).
3. '씨'는 그 사람을 높이거나 대접하여 부르거나 이르는 말이다. 공식적·사무적인 자리가 아닌 한 윗사람에게는 쓰기 어려운 말로, 대체로 동료나 아랫사람에게 쓴다.

4. 명령문에서도 보통 '-(으)시-'를 넣는다.

• 예: 앉으오. → 앉으시오.

정리하기 ▮ 명령문에서는 억양을 낮추면서 힘을 준다. 부르는 말에 '형, 씨, 선생' 등의 말을 붙인다.

<연습 1> 다음 평서문을 명령문으로 고쳐 보세요.

(보기) 안 선생도 나가오.↘ → 안 선생, 당신도 나가오.⤷

1. 김 형도 여기 앉으시오. →
2. 여러분들이 모두 일어서시오. →
3. 김 씨도 나가 보오. →
4. 박 선생이 말씀하시오. →
5. 김 씨만 먼저 나가오. →

<연습 2> 아래 하십시오체의 명령문을 하오체로 고쳐서 뜻이 어떻게 다른지 살펴보세요.

(보기) 이리 옵시오. → 이리 오오. / 이리 오십시오. → 이리 오시오.

1. 방으로 들어오십시오. →
2. 모두들 일어나십시오. →
3. 어서 이리 오십시오. →
4. 저기 서십시오. →
5. 이리 와서 앉으십시오. →

기본 문장 ❸

해요체의 평서문과 의문문, 보조사 '마저, 든지'

어머니가 웃어요.

어머니가 웃어요?

잠깐! 억양이 달라짐에 주의하세요.

평서문
어머니가 웃어요.↘
어머니가 웃으세요.↘
동생마저 앉아요.↘
누구든지 다 울어요.↘

의문문
어머니가 웃어요?↗
어머니가 웃으세요?↗
동생마저 앉아요?↗
누구든지 다 울어요?↗

알아보기

1. 해요체에서는 주체를 높일 때, '-(으)시-'를 삽입한다. 예를 들어, '웃어요'는 '시'가 삽입되어 '웃으시어요'가 되고, 이것이 줄어들어 '웃으셔요'가 된다. '-셔요'는 '-세요' 라고도 발음하며, '-세요'를 더 보편적으로 사용한다. 즉, '웃으셔요'보다는 '웃으세요'가 더 보편적으로 사용되는 표현이다.
2. '마저'는 지금까지 가만히 있었던 '동생'이 '마지막'(최종)으로 '웃었다'는 뜻이다.
3. '든지'는 '누구'를 '가리지 않고' 다 '운다'는 뜻이다.

정리하기 ▌ 위의 문형은 자동사의 해요체이다. 평서문에서는 억양을 낮추고 의문문에서는 억양을 높인다. 주체를 특히 높이고자 할 때는 '해요'보다 '하세요'를 써야 한다. 또 보조사 '마저, 든지'의 용법도 알아보았다.

<연습 1> 아래 평서문이 의문문이 되도록 억양을 높여서 발음해 보세요.

(보기) 비행기가 날아요.↘ → 비행기가 날아요.↗

1. 바람이 많이 불어요. →
2. 기차가 빨리 달려요. →

3. 눈이 제법 내렸어요. →
4. 빨래가 말랐어요. →
5. 내일은 비가 오겠어요. →

<연습 2> 아래 평서문이나 의문문에 '-(으)시-'를 넣었을 때, 문장의 의미가 어떻게 달라지는지 살펴보세요.

(보기) 아버지가 갔겠어요. → 아버지가 가셨겠어요.

1. 손님이 왔어요. →
2. 아저씨가 떠났어요. →
3. 할아버지가 돌아갔어요. →
4. 누님이 왔어요. →
5. 지분이 갔어요. →

<연습 3> 아래 하십시오체의 평서문을 해요체의 의문문으로 바꿔 보세요.

1. 번개가 칩니다. →
2. 천둥이 울립니다. →
3. 우박이 쏟아집니다. →
4. 비행기가 날아갑니다. →
5. 서리가 내렸습니다. →

<연습 4> 아래 밑줄 그은 조사 '도' 대신에 '마저'를 넣으면 뜻이 어떻게 달라지는지 살펴보세요.

(보기) 동생도 앉아요. → 서있던 동생마저 앉아요.

1. 인수도 떠났습니다. →
2. 옷도 없어졌습니다. →
3. 김 군도 나갔습니다. →
4. 인순이도 웃었습니다. →
5. 돈도 떨어졌습니다. →

<연습 5> 아래 '든지'가 쓰인 문장을 의문문으로 바꾸세요.

(보기) 어느 분이든지 다 가십시다. → 어느 분이든지 다 가십니까?

1. 누구든지 다 웃습니다. →
2. 누구든지 와도 좋습니다. →
3. 어느 분이든지 가셔도 좋습니다. →
4. 누구든지 다 마찬가지입니다. →
5. 얼마든지 좋다. →

기본 문장 ❹

해요체의 명령문

김 대리가 앉아요.

김 대리, 앉아요.

잠깐! 어조가 달라짐에 주의하세요.

평 서 문	명 령 문
김 대리가 앉아요.↘	김 대리, 앉아요.↳
아버지가 앉으세요.↘	아버지, 앉으세요.↳
누님이 오세요.↘	누님, 오세요.↳
선생님만 가세요.↘	선생님만 가세요.↳

알아보기

1. '앉아요'보다 '앉으세요'가 주체를 높이는 데 있어서 보편적이다.

정리하기 ▌ 위의 문형은 자동사의 해요체의 명령문이다. 끝을 낮추어 힘을 주면 명령문이 된다.

<연습 1> 다음 평서문을 명령문으로 고치고 억양을 바꾸어 발음해 보세요.

(보기) 아버지가 오세요. → 아버지, 오세요.

1. 할아버지가 주무셔요. →
2. 선생님도 가셔요. →
3. 할머니만 나가셔요. →
4. 아저씨부터 들어오셔요. →
5. 아주머니도 떠나셔요. →

<연습 2> 아래 명령문에 '-(으)시-'를 넣어서 주체를 높여 보세요.

(보기) 어머니도 웃어요. → 어머니도 웃으세요.

1. 누님도 여기 앉아요. →
2. 아주머니만 누워요. →
3. 아저씨부터 서요. →
4. 할머니만 거기 앉아요. →
5. 형님도 들어와요. →

<연습 3> 아래 하십시오체의 명령문을 해요체의 명령문으로 바꾸세요.

1. 할머니는 주무십시오. →
2. 할아버지는 여기 계십시오. →
3. 선생님도 가십시오. →
4. 어머니도 앉아 계십시오. →
5. 아저씨도 말씀하십시오. →

기본 문장 ❺

해요체의 청유문

어머니 가요.

어머니, (같이) 가요.

잠깐! 억양이 달라짐에 주의하세요.

평서문	청유문
어머니가 가요.↘	어머니, (같이) 가요. ⤷
어머니가 가세요.↘	어머니, (같이) 가세요. ⤷
아저씨만 서세요.↘	아저씨만 서세요. ⤷

알아보기

1. '가세요'가 '가요'보다 주체를 높일 때, 더 보편적으로 쓰인다.
2. 청유문에서도 명령문과 같이 보조사 '만, 부터, 도'가 쓰인다.

정리하기 ▌ 위의 문형은 자동사의 해요체의 청유문형이다. 해요체의 청유문은 끝을 길게 끌면서 발음한다. 문장에 따라 '같이'(함께)를 넣으면 청유문의 뜻이 분명하게 되기도 한다.

<연습 1> 다음 명령문을 청유문으로 바꾸세요.

(보기) 아버지 서세요.↘ → 아버지 (함께) 서세요. ⤷

1. 선생님 가세요.↘ →
2. 고모님도 앉으세요.↘ →
3. 이모님만 오세요.↘ →
4. 형님부터 먼저 가세요.↘ →
5. 아주머니는 여기 계세요. →

<연습 2> 아래 청유문을 하십시오체에서 해요체로 바꾸어 보세요.

1. 김 선생님 같이 갑시다. →
2. 여보 어서 잡시다. →
3. 추운데 방으로 들어가십시다. →
4. 더운데 밖으로 나가십시다. →
5. 저쪽으로 가봅시다. →

단원마무리

본과는 자동사의 하오체의 평서문, 의문문, 명령문과 해요체의 평서문, 의문문, 명령문, 청유문형을 보인 것이다. 각 문형은 억양에 의해서 구별된다. 또 보조사 '마저, 든지'의 용법도 알아보았다.

1. 다음 평서문을 의문문으로 바꾸어 읽어 보세요.

(1) 저분이 앉으오. →

(2) 선생님이 앉으세요. →

(3) 철수가 지금 가오. →

(4) 바람이 많이 부오. →

(5) 하늘이 맑소. →

(6) 날씨가 흐리오. →

2. 다음 평서문을 명령문으로 바꾸어 읽어 보세요.

(1) 김 선생이 가시오. →

(2) 선생님만 오세요. →

(3) 당신만 가요. →

(4) 이 선생부터 먼저 들어가시오. →

(5) 김 선생도 이리 오시오. →

(6) 여보 빨리 가 보오. →

3. 다음 명령문을 청유문으로 바꾸어 읽어 보세요.

(1) 아버지부터 앉으세요. →

(2) 아저씨만 서세요. →

(3) 형님도 누우세요. →

(4) 아버지만 먼저 나가셔요. 나가세요.→

(5) 형님도 이야기하셔요. 이야기하세요. →

(6) 어머니는 저기 앉으셔요. 앉으세요. →

4. 아래 문장이 하오체인지 해요체인지 구분하고, 문장의 종류가 무엇인지 써 보세요.

(1) 그저 지나가던 사람이오. 이름을 알려 드릴 만한 사람이 못 되오.
( ) ( )

(2) 어딜 가오? ( ) ( )

(3) 바람 좀 쐬겠소. ( ) ( )

(4) 여보시오. ( ) ( )
아무리 짐승이지만 두 사람이나 타고 간단 말이오.
( ) ( )

(5) 비행기보다 재미있는 장난감이 무어요(무엇이오).
( ) ( )

(6) 지금 몇 시쯤 됐어요? ( ) ( )

(7) 그럼 우리 집에 와 주시겠어요? ( ) ( )

(8) 선생님 제 신발이 없어졌어요. ( ) ( )

제7과 줄리앙이 밥을 먹는다.
—해라체의 타동사문—

이 단원은 해라체의 타동사문을 연습하는 단원이다. 타동사문은 서술어 앞에 목적어를 필요로 하는 문장을 말한다.

☝ 주목하기

조사	목적격 조사 '을/를', 보조사 '은/는, 도, 마다, 부터'
문장의 종류	평서문, 의문문, 명령문, 청유문
상대 높임법	해라체

(1) 그가 밥을 먹는다. → 그가 밥을 먹느냐?
(2) 시우가 사과를 깎는다. → 시우가 사과를 깎아라.
(3) 지영이가 물을 마신다. → 지영아, 물을 마시자.

기본 문장 ❶

평서문과 의문문, 목적격 조사 '을', 보조사 '은, 마다'

그가 밥을 먹는다.

그가 밥을 먹느냐?

> **잠깐!** 어미 '-는/ㄴ다'와 '-느냐'의 차이에 주의하세요.
>
> | 평서문 |
> | --- |
> | 그가 밥을 먹는다. |
> | 그이가 하늘을 쳐다본다. |
> | 저이가 닭을 쫓는다. |
> | 이이가 떡은 먹는다. |
> | 사람마다 그분을 칭찬한다. |
>
> | 의문문 |
> | --- |
> | 그가 밥을 먹느냐? |
> | 그이가 하늘을 쳐다보느냐? |
> | 저이가 닭을 쫓느냐? |
> | 이이가 떡은 먹느냐? |
> | 사람마다 그분을 칭찬하느냐? |

알아보기

1. '이이, 그이, 저이'는 '이분, 그분, 저분'과 짝을 이루는 인칭대명사의 하나이다. '그이'는 '그'로 쓰이는 일이 많다.
2. '을'은 받침 있는 말 다음에 쓰이고, 뒤에 오는 타동사의 목적어가 되게 하는 것이다.

• **예: 밥을, 하늘을, 닭을**

3. '은'은 '을'과 같이 받침 있는 말 다음에 붙어 앞의 말을 뒤에 오는 타동사의 목적어가 되게 한다. 그러나 보조사 '은'은 '이이'가 '떡'을 '먹는다'고 특별히 '지적'하는 의미를 더한다. 곧 보조사는 주어와 목적어로 두루 쓰인다.

• **예: 떡은**

4. '마다'는 앞의 말을 뒤에 오는 타동사의 주어가 되게 한다. 그러나 그 뜻은 '사람'들이 '골고루'(균일) '그분'을 칭찬한다는 의미의 보조사다.

정리하기 ▌ 위의 문형은 목적어를 요하는 해라체의 타동사의 문형이다. 자동사의 문형과 같이 평서문에서는 '-는/ㄴ다'가, 의문문에서는 '-느냐'가 쓰인다. 그러나 다른 점은 목적어가 수반된다는 것이다. 또 목적격 조사 '을', 보조사 '마다'의 주어적 용법과, 보조사 '은'의 목적어적 용법도 살펴보았다.

<연습 1> 다음 평서문을 의문문으로 바꾸어 읽어 보세요.

(보기) 나나가 책을 읽는다. → 나나가 책을 읽느냐?

1. 시우는 감을 딴다. →
2. 아버지가 닭을 쫓는다. →
3. 농부가 밭을 간다. →
4. 언니가 계란을 삶는다. →
5. 아이들이 윷을 논다. →

<연습 2> 다음 의문문을 평서문으로 바꾸어 보세요.

(보기) 아버지가 신문을 보시느냐? → 아버지가 신문을 보신다.

1. 아이가 물을 마시느냐? →
2. 동생이 책을 읽느냐? →
3. 지영이는 얼굴을 씻느냐? →
4. 김 선생님도 떡을 잡수시느냐? →
5. 범진이는 연필을 깎았느냐? →

<연습 3> 다음 밑줄 그은 '을' 대신에 '은'을 넣어 문장을 만들어 보세요.

(보기) 인숙이가 걸레질을 한다. → 인숙이가 걸레질은 한다.

1. 아버지가 신문을 읽으신다. →
2. 언니가 그림을 그린다. →
3. 할아버지가 죽을 잡수신다. →
4. 왜 그것을 가져왔니? →
5. 아버지가 귤을 좋아하신다. →

<연습 4> 아래 밑줄 그은 조사 대신에 보조사 '마다'를 넣어 봄으로써 그 뜻이 어떻게 달라지는지 살펴보세요.

(보기) 사람들이 그가 좋다고 한다. → 사람마다 그가 좋다고 한다.

1. 선생들이 다 좋다. →
2. 학교는 다 전통을 가지고 있다. →
3. 사람들이 서로 의심을 한다. →
4. 학생들이 각각 의견이 다르다. →
5. 여자들이 다 흰옷을 입고 있다. →

<연습 5> 아래 각 문장의 밑줄 그은 말 대신에 괄호 속에 제시한 단어를 넣어 봄으로써 목적격 조사 '을'의 용법을 정확히 익히세요.

(보기) 나는 책을 샀다.(연필) → 나는 연필을 샀다.

1. 나는 얼굴을 씻었다. (손, 발, 쌀, 콩나물)

2. 너는 무슨 책을 읽었느냐? (신문, 소설, 수필, 잡지)

3. 그는 술을 마셨느냐? (물, 국, 약, 커피, 저것)

4. 빌리도 떡을 먹었다. (밥, 점심, 송편, 아침, 저녁)

5. 어머니는 옷을 사셨다. (장난감, 신발, 우산, 반찬, 그릇)

<연습 6> 아래 밑줄 그은 조사 '을' 대신에 보조사 '은'을 넣음으로써 문장의 뜻이 어떻게 달라지는지를 살펴보세요.

(보기) 언니가 밥을 짓는다. → 언니가 밥은 짓는다.

1. 나나가 위인전을 읽는다. →
2. 아버지가 신문을 읽으신다. →

3. 동생이 얼굴을 씻는다. →
4. 내가 술을 먹는다. →
5. 네가 운동을 하느냐? →

기본 문장 ❷

명령문, 목적격 조사 '를', 보조사 '는, 도'

시우가 사과를 깎는다.

시우야, 사과를 깎아라.

잠깐! 어미 '-는/ㄴ다'를 '-아라/어라'로 바꾸어 보세요.

평 서 문	명 령 문
시우가 사과를 깎는다.	시우야, 사과를 깎아라.
범진이가 고기를 낚는다.	범진아, 고기를 낚아라.
지영이가 과자는 먹는다.	지영아, 과자는 먹어라.
승지가 배도 먹는다.	승지야, 배도 먹어라.

알아보기

1. '를'은 받침 없는 말 다음에 쓰여서 그 말을 문장의 목적어가 되게 한다. 그러므로 목적격 조사에는 '을/를'의 두 가지가 있다.
2. '는'은 '인순이'가 '과자'를 '먹는다'고 특별히 '지적'하는 목적어적인 보조사다. 받침 없는 말 다음에 쓰이는 '는'은 '은'의 다른 형체이다.
3. '도'는 '승지'가 '배'를 '역시', '먹는다'는 뜻을 표시하는 목적어적인 보조사다. '도'는 주격으로도 쓰인다(제3과 기본 문장 ❸을 보세요).
4. 'ㅏ, ㅗ' 다음에는 '-아라'가 붙고, '하' 다음에는 '-해라'가 붙고, 이외의 모음 다음에는 '-어라'가 붙는다.

• **예: 깎아라, 먹어라, 공부해라.**

정리하기 ▌ 위는 해라체의 타동사 명령문이 양성이냐 음성이냐에 따라 '-아라' 또는 '-어라'가 쓰이게 되는 문형들이다. 목적어 앞에 대명사를 넣을 수도 있고 호격 조사가 붙은 말을 생략할 수도 있다(제3과 기본 문장 ❷를 보세요).
(보기) 철수야, 네가 사과를 깎아라. 네가 사과를 깎아라.
또 목적격 조사 '을/를'과 보조사 '은/는, 도'의 목적어적 용법도 살펴보았다.

<연습 1> 다음 평서문을 명령문으로 바꾸어 보세요.

(보기) 범진이가 과자를 먹는다. → 범진아, 과자를 먹어라.

1. 시우가 바다를 바라본다. →
2. 승지도 공부를 한다. →
3. 민우는 배를 먹는다. →
4. 시영이는 빨래를 한다. →
5. 수미도 시(詩)를 읽는다. →

<연습 2> 아래 평서문을 명령문으로 바꾸되 목적어 앞에 대명사를 넣어 보고 넣지 않았을 때와 뜻이 어떻게 다른지 살펴보세요.

(보기) 범진이는 공부를 한다. → 범진아, 너는 공부를 해라.

1. 인수는 다리를 씻는다. →
2. 시우도 머리를 감는다. →
3. 나나부터 시조를 외운다. →
4. 지영이만 사과를 딴다. →
5. 수미는 종이를 접는다. →

<연습 3> 아래 밑줄 그은 조사 '를' 대신에 보조사 '는'을 넣어 봄으로써 문장의 뜻이 어떻게 달라지는지 살펴보세요.

1. 내가 쇠고기를 먹는다. →
2. 네가 돼지를 보았느냐? →
3. 내가 토끼를 구경했다. →

4. 승지가 사자를 무서워한다. →
5. 시우가 호랑이를 보았다. →

<연습 4> 다음 밑줄 친 '을/를' 대신에 '도'를 넣어서 문장을 만들어 보세요.

(보기) 인호야, 운동을 해라. → 인호야, 운동도 해라.

1. 철수야, 배를 먹어라. →
2. 인수야, 공부를 해라. →
3. 범진아, 손을 들어라. →
4. 민수야, 너는 태극기를 달아라. →
5. 지영아, 너는 꽃을 심어라. →

▪기본 문장 ❸

청유문, 보조사 '만, 부터'

지영이가 물을 마신다.

지영아, (같이) 물을 마시자.

잠깐! 어미 '-는/ㄴ다'를 '-자'로 바꾸어 보세요.

평서문	청유문
지영이가 물을 마신다.	지영아, (같이) 물을 마시자.
시우는 배만 먹는다.	시우야, (같이) 배만 먹자.
범진이는 저것부터 본다.	범진아, (같이) 저것부터 보자.

▪알아보기

1. '만'은 앞의 말을 목적어가 되게 한다는 점은 '을/를'과 같지만 오직 '배' 그것을 '먹는다'는 목적어적인 보조사다. '만'은 주어적으로도 쓰인다.
2. '부터'도 앞의 말을 목적어가 되게 하지만 그 뜻은 무엇보다 '저것'을 '먼저 본다'는 목적어적인 보조사다. '부터'는 주어적으로도 쓰인다.

정리하기 ▌ 위의 문형은 타동사의 해라체의 청유문이다. 자동사에서와 같이 '-아라/어라' 대신에 '자'를 붙인다. '같이'를 넣으면 청유의 뜻이 분명해진다. 또 보조사 '만, 부터'의 목적어적 용법도 살펴보았다.

<연습 1> 다음 명령문을 청유문으로 바꾸고, 그 뜻이 어떻게 다른지를 살펴보세요.

(보기) 현수야, 떡을 먹어라 → 현수야, 떡을 먹자.

1. 인석아, 물을 마셔라. →
2. 영철아, 밥을 먹어라. →
3. 지영아, 그림을 그려라. →
4. 수정이도 머리를 감아라. →
5. 인철이만 공부를 해라. →

<연습 2> 아래 밑줄 그은 '을/를'에 '만'을 넣어 문장을 만들어 보세요.

1. 영수야, 밥을 먹자. →
2. 수미야, 약을 먹자. →
3. 유나야, 글짓기를 하자. →
4. 시우도 모자를 쓰자. →
5. 지윤이는 밥을 짓자. →

<연습 3> 아래 밑줄 그은 '을/를' 대신에 '부터'를 넣어 문장을 만들어 보세요.

(보기) 현수야, 국어를 배우자. → 현수야, 국어부터 배우자.

1. 범진아, 사과를 깎자. →
2. 철민아, 과자를 먹자. →
3. 지영아, 옷을 빨자.→
4. 지윤아, 공부를 하자. →
5. 시우도 노래를 부르자. →

단원마무리

이 단원에서는 타동사의 해라체의 평서문, 의문문, 명령문, 청유문을 살펴보았다. 또 보조사 '마다'가 주어로 쓰이는 용법과 '은/는, 도, 마다, 부터'가 목적어로 쓰이는 용법도 알아보았다.

1. 다음 평서문을 의문문으로 바꾸어 보세요.

(1) 동생이 과자를 먹는다. →

(2) 아버지가 진지를 잡수신다. →

(3) 학생들이 책을 읽는다. →

(4) 사람들이 고기를 낚는다. →

(5) 인수가 가위를 가져온다. →

2. 다음 평서문을 명령문으로 바꾸어 보세요.

(1) 현수가 떡을 먹는다. →

(2) 인숙이가 마루도 닦는다. →

(3) 인철이가 마당도 쓴다. →

(4) 지영이가 유리를 닦는다. →

3. 다음 평서문을 청유문으로 바꾸어 보세요.

(1) 범진이가 줄넘기를 한다. →

(2) 인수가 공을 찬다. →

(3) 지윤이가 빨래를 한다. →

(4) 윤아가 김 선생님을 만난다. →

4. 밑줄 그은 말에 주의하면서 아래 문장을 읽어보고 상대 높임법과 문장의 종류를 말해 보세요.

(1) 돼지가 꿀꿀 노래를 한다. ( ) ( )

(2) (몸을 튼튼히 하려면) 반찬을 골고루 먹어야 한다. ( ) ( )

(3) 어떻게 알았니? ( ) ( )

(4) 너 벌써 그런 걸 다 아니? ( ) ( )

(5) 너는 뭘 찾니? ( ) ( )

(6) 그걸 누가 만들었니? ( ) ( )

(7) 사뿐사뿐 넘어라, 줄을 넘어라. ( ) ( )

(8) 영이야, 우리도 비행기 만들자. ( ) ( )

(9) 영숙아, 네 것도 좀 보자. ( ) ( )

(10) 그래, 같이 만들자. ( ) ( )

5. 아래 밑줄 그은 보조사가 주어적, 목적어적의 어느 용법으로 쓰였는지 알아 보세요.

(1) 낮말은 새가 듣고 밤말은 쥐가 듣는다. (속담) ( )

(2) 아이도 그 집에 갔다. ( )

(3) 백지장도 맞들면 낫다. (속담) ( )

(4) 영숙아, 네 것도 좀 보자. ( )

(5) 괜히 돈만 들어서 걱정이다. ( )

(6) 네 마음대로 하나만 골라라. ( )

(7) 너는 어느 것부터 먹겠니? ( )

제8과 인수가 밥을 먹네.

—하게체의 문형들—

이 단원은 하게체의 문형과 의미를 연습하는 단원이다. 한국어의 하게체는 보통으로 낮추면서 상대를 어느 정도 높여서 말하는 상대 높임법으로, 어느 정도 나이가 든 화자가 나이가 든 손아랫사람이나 같은 연배의 친숙한 청자에게 쓴다. 그러나 지금은 많이 쓰이지 않는다.

☝ 주목하기

문장의 종류	평서문, 의문문, 명령문, 청유문
상대 높임법	하게체

(1) 인수가 밥을 먹네. → 인수가 밥을 먹는가?
(2) 꽃이 붉으이. → 꽃이 붉은가?
(3) 이것이 책일세. → 이것이 책인가?
(4) 인수가 가네. → 인수, 가게.
(5) 이 군도 책을 읽네. → 이 군도 같이 책을 읽세.

기본 문장 ❶

동사의 평서문과 의문문

인수가 밥을 먹네.

인수가 밥을 먹는가?

잠깐! 어미 '-네'와 '-는가'에 주의하세요.

평서문
인수가 밥을 먹네.
학생들이 책을 읽네.
오늘은 바람이 부네.

의문문
인수가 밥을 먹는가?
학생들이 책을 읽는가?
오늘은 바람이 부나?

알아보기

1. 위의 문형은 하게체의 문형이다. 하게체는 해라체보다 청자를 조금 낮추는 상대 높임법으로 어느 정도 나이가 든 화자가 나이가 든 손아랫사람이나 같은 연배의 친숙한 청자에게 쓴다. 그러나 일부의 노년층을 제외하고는 잘 쓰이지 않는다.
2. 하게체의 대명사로는 해라체의 '너'에 대하여 '자네'가 쓰인다(본과 기본문장 ❹를 보세요).

- **예: 자네가 가는가?**

3. '-네'는 해라체의 평서문 '-는/ㄴ다'와 같은 뜻으로 쓰이는 경우도 있다. 이때는 화자의 태도가 부드러워진다.

- **예: 벌써 저녁때다. 저녁 준비를 해야겠네.**

4. '-나'는 해라체의 '-느냐'나 해체와 같은 뜻으로 쓰이는 경우가 많다.

- **예: 지금 비가 오나? 지금 비가 오느냐? 지금 비가 와?**

정리하기 ▌ 하게체의 동사의 평서문은 '-네'를 붙이고 의문문은 '-는가'를 붙인다.

<연습 1> 다음 평서문을 의문문으로 바꾸어 보세요.

(보기) 지금 눈이 내리네. → 지금 눈이 내리는가?

1. 내일은 비가 오겠네. →
2. 어제는 눈이 왔네. →
3. 지영이도 책을 읽었네. →
4. 벌써 진달래꽃이 피었네. →
5. 아이들이 즐겁게 노네. →

<연습 2> 아래 의문문을 평서문으로 바꾸어 보세요.

1. 김 군은 밖으로 나갔는가? →
2. 이 군은 아직 돌아오지 않았는가? →
3. 손님이 나를 찾아왔는가? →
4. 날씨가 곧 개겠는가? →
5. 정 군도 내일 떠나는가? →

<연습 3> 아래 해라체의 문장을 하게체로 바꾸어 보세요.

(보기) 철수는 운동을 한다. → 철수는 운동을 하네.

1. 인수는 공부를 하느냐? →
2. 밥이 다 되었다. →
3. 방학이 끝났다. →
4. 기차가 언제 떠나느냐? →
5. 누가 나를 찾아왔느냐? →

<연습 4> 아래 하게체의 의문문 '-는가'를 '-나'로 바꾸어서 문장을 만들어 보세요.

(보기) 자네는 어디로 가는가? → 너는 어디로 가나?

1. 자네 집 식구는 다 잘 있는가? →
2. 자네는 지금 무엇을 하는가? →
3. 자네도 그 사람을 본 일이 있는가? →

4. 자네만 쉬는가? →
5. 수업이 시작되었는가? →

<연습 5> 아래 해라체의 평서문을 하게체로 바꾸면 그 뜻이 어떻게 달라지는지 알아보세요.

(보기) 언니 비가 온다. → 언니 비가 오네.

1. 산에는 꽃이 핀다. →
2. 우리 지영이는 그림도 잘 그리겠다. →
3. 학생들이 다 돌아가 버렸다. →
4. 날씨가 맑게 개었다. →
5. 저기 강이 흐른다. →

▪기본 문장 ❷

형용사의 평서문과 의문문

꽃이 붉으이.
꽃이 붉은가?

잠깐! 어미 '-(으)이'와 '-(으)ㄴ가'에 주의하세요.

평 서 문
꽃이 붉으이.
물이 맑으이.
빛이 희이.

의 문 문
꽃이 붉은가?
물이 맑은가?
빛이 희ㄴ가?

▪알아두기

1. 위의 문형은 하게체의 형용사 문형이다. 평서문 '-(으)이'는 1920~30년대에는 에는 많이 쓰였지만 지금은 거의 쓰이지 않고 대체로 '-네'로 쓰이고 있다.
2. 형용사 어간에 붙는 '-(으)이, -(으)ㄴ가'는 과거 및 미래 표시의 '-았/었-, -겠-' 뒤에서는 쓰일 수 없다.

• **예: 붉으이 → 붉겠네, 붉었네. 붉은가 → 붉겠는가, 붉었는가.**

정리하기 ▌ 하게체의 형용사는 '-(으)이'를 쓰고 의문문에서는 '-(으)ㄴ가'를 쓴다.

<연습 1> 아래 형용사를 하게체의 평서문으로 바꾸어 보세요.

(보기) 하늘이 맑다. → 하늘이 맑으이.

1. 하늘이 푸르다. →
2. 경치가 좋다. →
3. 나도 기분이 나쁘다. →
4. 이 옷은 너무 작다. →
5. 그 구두는 검다. →

<연습 2> 다음 평서문을 의문문으로 바꾸어 보세요.

(보기) 방안이 깨끗하이. → 방이 깨끗한가?

1. 진달래가 고우이(곱으이). →
2. 배가 고프이. →
3. 집안이 깨끗하이. →
4. 날씨가 흐리이. →
5. 달이 매우 밝으이. →

<연습 3> 아래 하게체의 '-(으)이'를 '-네'로 바꿈으로써 어느 것이 자연스러운지 살펴보세요.

1. 자네 책은 이것과 같으이. →
2. 그것은 저것과 다르이. →
3. 자네한테 미안하이. →
4. 자네를 만나니 매우 기쁘이. →
5. 배가 매우 부르이. →

기본 문장 ❸

서술격 조사의 평서문과 의문문

이것이 책일세.

이것이 책인가?

잠깐! 어미 '-ㄹ세'와 '-ㄴ가'에 주의하세요.

평서문	의문문
이것이 책일세. 그것이 소일세. 저것은 책이 아닐세.	이것이 책인가? 그것이 소인가? 저것은 책이 아닌가?

알아보기

1. 위의 문형은 서술격 조사가 쓰인 하게체이다. '아니다'는 서술격 조사로 볼 수는 없으나, '이다'와 반대의 의미를 가지기 때문에 함께 다룬다.
2. 서술격 조사 '이다'는 하게체의 평서문에서는 '-ㄹ세'를 사용한다. 그런데 '-ㄹ세'는 점점 '-네'로 쓰이고 있다.

- **예: 책일세. → 책이네.**

정리하기 ▌ 하게체의 서술격 조사 뒤에는 평서문에서는 '-ㄹ세'를 붙이고, 의문문에서는 '-(으)ㄴ가'를 붙인다.

<연습 1> 아래의 문장을 하게체로 바꾸어 보세요.

(보기) 이것은 책이다. → 이것은 책일세.

1. 저이는 학생이다. →
2. 그이는 선생이다. →
3. 이이는 의사이다. →
4. 그것은 가위다. →
5. 저것은 연필이다. →

<연습 2> 다음 평서문을 의문문으로 바꾸어 보세요.

(보기) 이것은 의자일세. → 이것은 의자인가?

1. 저것은 연필이 아닐세. →
2. 그것은 말일세. →
3. 그것은 소일세. →
4. 여기는 법원일세. →
5. 거기는 도서관일세. →

기본 문장 ❹

동사의 명령문

인수가 가네.

인수, 가게.

잠깐! 어미 '-네'가 '-게'로 바뀜에 주의하세요.

평서문	명령문
인수가 가네. 형진이는 책을 보네. 영철 군만 지금 서네.	인수, 가게. 형진이 자네는 책을 보게. 영철 군, 지금 서게.

알아보기

1. '자네'는 하게체에 쓰이는 2인칭 대명사의 하나이다. '너'는 해라체에 쓰이는 2인칭 대명사이다.
2. 하게체의 명령문에서는 해라체와는 달리 호격 조사를 붙이지 않고 청자의 이름을 그대로 쓴다.

- **예: 인수.**

또 이름을 생략하고 대명사만으로도 쓸 수 있다.

- **예: (형진이) 자네는 책을 보게.**

대명사 '자네'를 생략하고 이름 아래 군(君)이란 명사를 붙이기도 한다.

- **예: 영철 군, 지금 서게.**

정리하기 ▮ 위의 문형은 하게체의 동사의 명령문이다. 평서문의 '-네'를 '-게'로 바꾸면 하게체의 명령문이다. 하게체의 대명사로는 '자네'의 쓰임에 유의해야 한다.

<연습 1> 아래 평서문을 명령문으로 바꾸어 보세요.

(보기) 범진이도 눕네. → 범진이 눕게.

1. 인철이는 앉네. →
2. 영식이가 신문을 읽네. →
3. 민수도 거기 가네. →
4. 형진이가 밖으로 나가네. →
5. 지영이부터 들어오네. →

<연습 2> 아래 해라체의 명령문을 하게체로 바꾸어 보세요.

(보기) 너는 밥을 먹어라. → 자네는 밥을 먹게.

1. 너는 빨리 가거라. →
2. 너도 열심히 공부해라. →
3. 인철아 어서 이리 오너라. →
4. 철수야 너도 나를 믿어라. →
5. 너는 그것을 잘 생각해 보아라. →

<연습 3> 아래 해라체의 평서문을 하게체의 명령문으로 고칠 때 이름 다음에 '군'을 붙이세요.

(보기) 인철이가 말을 한다. → 인철 군, 말을 해 보게.

1. 인국이도 밥을 먹는다. →
2. 성재가 영화도 본다. →
3. 형진이만 거기 앉는다. →
4. 상진이도 여기 선다. →
5. 시우가 문을 닫는다. →

<연습 4> 아래 해라체의 명령문을 하게체의 명령문으로 바꾸어 보세요.

(보기) 인수야, 이불을 덮어라. → 인수, 이불을 덮게.

1. 현식이도 술을 들어라. →
2. 주는 것을 받아라. →
3. 지영아, 한번 뛰어 보아라. →
4. 저기를 잘 밟아라. →
5. 이것도 한번 들어 보아라. →

기본 문장 ❺

동사의 청유문

이 군도 책을 읽네.

이 군도 같이 책을 읽세.

잠깐! 어미 '-네'가 '-세'로 바뀜에 주의하세요.

평서문	청유문
이 군도 책을 읽네. 박 군도 신문을 보네. 우리는 간다.	이 군도 같이 책을 읽세. 박 군 자네도 신문을 같이 보세. 우리는 같이 가세.

정리하기 ▌ 하게체의 청유문은 평서문의 '-네'를 '-세'로 바꾸면 된다. 다른 상대 높임법과 같이 부사 '같이, 함께'를 넣으면 청유의 뜻이 분명해진다.

<연습 1> 아래 해라체의 청유문을 하게체로 바꾸어 보세요.

1. 인철아, 밖에 함께 나가자. →
2. 너도 같이 일하자. →
3. 다 같이 술 한 잔 들자. →
4. 불국사에 구경가자. →
5. 공부를 열심히 해 보자. →

단원마무리

이 단원에서는 하게체의 평서문, 의문문, 명령문, 청유문을 살펴보았다.

1. 아래 평서문을 의문문으로 바꾸어 보세요.

(1) 선생님은 독서를 좋아하시네. →

(2) 하늘이 매우 맑으이. →

(3) 저것은 의자일세. →

(4) 거기는 종로일세. →

(5) 날씨가 매우 추우이. →

2. 아래 평서문을 명령문으로 바꾸어 보세요.

(1) 인수는 바다를 바라보네. →

(2) 경숙이도 하늘을 쳐다보네. →

(3) 너희들도 오네. →

(4) 인식이부터 책을 덮네. →

(5) 형진이만 밥을 드네(들네). →

3. 아래 문장의 '-네'의 뜻은 단순한 하게체가 아닙니다. 그 뜻을 생각하며 읽어 보세요.

(1) 저걸 좀 봐. 빙그레 웃네. 움직이네.

(2) 참, 저기 비행기가 있네. 아버지 저 비행기 가지고 싶어요.

(3) 아차! 벌써 다 먹어 버렸네.

(4) 아, 저기 토끼가 낮잠을 자고 있네.

(5) 생선도 맛도 있고 구운 고기도 있네.

제9과 빌리가 밥을 먹습니다.
—하십시오체의 타동사문—

이 단원은 하십시오체의 타동사문 문형을 연습하는 단원이다. 하십시오체는 청자를 아주 높여서 말하는 상대 높임법이다. 타동사문은 목적어를 필요로 하는 동사가 쓰인 문장을 말한다.

☝ 주목하기

조사	는, 도, 부터, 까지, (이)나, (이)든지
문장의 종류	평서문, 의문문, 명령문, 청유문
상대 높임법	하십시오체

(1) 빌리가 밥을 먹습니다. → 빌리가 밥을 먹습니까?
(2) 아버지가 진지를 드십니다. → 아버지, 진지를 드십시오.
(3) 우리는 일을 합니다. → 우리 (같이) 일을 합시다.

▪ 기본 문장 ❶

평서문과 의문문, 보조사 '는, 도'

빌리가 밥을 먹습니다.

빌리가 밥을 먹습니까?

잠깐! 어미 '-ㅂ니다/습니다'와 '-ㅂ니까/습니까'에 주의하세요.

평 서 문	의 문 문
빌리가 밥을 먹습니다.	빌리가 밥을 먹습니까?
고양이가 쥐를 잡습니다.	고양이가 쥐를 잡습니까?
지영이가 머리는 빗습니다.	지영이가 머리를 빗습니까?
사람은 오리도 기릅니다.	사람은 오리도 기릅니까?

▪ 알아보기

1. '는'은 어떤 대상이 다른 것과 대조가 되거나 화제임을 나타내는 보조사이다. '도'는 이미 어떤 것이 포함되고 그 위에 더함의 뜻을 나타내는 보조사이다. 보조사는 격조사 뒤에 올 수 있는데, 보조사가 있으면 주격 조사와 목적격 조사는 생략된다.

정리하기 ▌ 위는 하십시오체의 문장이다. 평서문에서는 '-ㅂ니다/습니다'를 쓰고 의문문에서는 '-ㅂ니까/습니까'를 쓴다.

<연습 1> 아래 평서문을 의문문으로 바꾸어 보세요.

(보기) 어머니가 밥을 짓습니다. → 어머니가 밥을 짓습니까?

1. 어머니가 김치를 담급니다. →
2. 나무꾼이 나무를 벱니다. →
3. 코끼리는 사과도 먹습니다. →
4. 아버지가 꽃을 심습니다. →
5. 형님은 시계를 사셨습니다. →

<연습 2> 아래 의문문을 평서문으로 바꾸어 보세요.

(보기) 철수는 책을 읽습니까? → 철수는 책을 읽습니다.

1. 한국 사람들은 무궁화를 좋아합니까? →
2. 아이들이 꽃을 꺾습니까? →
3. 소가 풀을 먹습니까? →
4. 어머니가 불을 켭니까? →
5. 아버지도 불을 끕니까? →

기본 문장 ❷

명령문, 보조사 '부터, 까지'

아버지가 진지를 드십니다.

아버지, 진지를 드십시오.

잠깐! 어미 '-십니다'를 '-십시오'로 바꾸세요.

평서문	명령문
아버지가 진지를 잡수십니다.	아버지, 진지를 잡수십시오.
어머니가 말씀을 하십니다.	어머니, 말씀을 하십시오.
아저씨가 약주부터 드십니다.	아저씨, 약주부터 드십시오.
할아버지가 돈까지 주십니다.	할아버지, 돈까지 주십시오.

알아보기

1. '진지, 말씀, 약주'는 '밥, 말, 술'의 공대말이고 '잡수시다'는 '먹다'의 공대말이다. 공대말이란 사람이나 사물을 높여서 이르는 말이다.

- **예: 말 → 말씀**

2. '부터'는 어떤 일이나 상태 따위에 관련된 범위의 시작임을 나타내는 보조사이다.
3. '까지'는 어떤 일이나 상태 따위에 관련된 범위의 끝임을 나타내는 보조사이다.

정리하기 ▌ 위는 하십시오체의 문장이다. 평서문의 '-십니다' 대신에 '-십시오'를 붙이면 명령문이 된다. 또 보조사 '부터, 까지'의 쓰임도 살펴보았다.

<연습 1> 다음 평서문을 명령문으로 바꾸어 보세요.

(보기) 아버지가 신문을 읽으십니다. → 아버지, 신문을 읽으십시오.

1. 선생님만 말씀을 하십니다. →
2. 아저씨가 진지도 드십니다. →
3. 어머니가 동생부터 찾으십니다. →
4. 아주머니가 마당까지 쓰십니다. →
5. 어머니가 그림을 그리십니다. →

<연습 2> 다음 문장을 공대의 문장으로 바꾸어 보세요.

(보기) 아버지가 말을 한다. → 아버지가 말씀을 하신다.

1. 할아버지가 잔다. →
2. 아버지가 병이 났습니다. →
3. 어머니가 밥을 먹었다. →
4. 큰아버지는 교회에 갔다. →

<연습 3> 아래 밑줄 그은 '도' 대신에 '부터'를 넣음으로써 문장의 뜻이 어떻게 달라지는지 살펴보세요.

1. 인숙이는 글씨도 잘 씁니다. →
2. 범진이는 피리도 잘 붑니다. →
3. 나는 파우스트도 읽었습니다. →
4. 인철이는 싸움도 잘 합니다. →

<연습 4> 아래 밑줄 그은 '까지' 대신에 '부터'를 넣어 문장을 만들어 그 뜻이 어떻게 달라지는지 살펴보세요.

1. 범진이는 과자까지 다 먹었다. →

2. 아버지는 양말<u>까지</u> 벗으셨다. →

3. 형님은 내의<u>까지</u> 입으셨다. →

4. 내 이름<u>까지</u> 불렀습니다. →

5. 아버지는 술<u>까지</u> 잡수셨다. →

기본 문장 ❸

청유문, 보조사 '(이)나, (이)든지'

우리들이 일을 합니다.

우리들이 (같이) 일을 합시다.

잠깐! 어미 '-ㅂ니다/습니다'를 '-ㅂ시다/읍시다'로 바꾸세요.

평 서 문	청 유 문
우리들이 일을 합니다.	우리들이 (같이) 일을 합시다.
우리는 무엇이든지 합니다.	우리는 무엇이든지 (같이) 합시다.
우리는 아무것이나 합니다.	우리는 아무것이나 (같이) 합시다.
우리는 아무나 좋아합니다.	우리는 아무나 좋아합시다.

알아보기

1. '(이)든지'는 어느 것이 선택되어도 차이가 없는 둘 이상을 나열함을 나타내는 보조사이다.
2. '(이)나'는 흡족하지는 않지만 현재 상황에서는 최상의 선택임을 나타내는 보조사이다.

정리하기 ▮ 위는 하십시오체의 문장이다. '-ㅂ니다/습니다' 대신 '-ㅂ시다/읍시다'를 붙이면 청유문이 된다. 주어가 높임의 대상일 때는 '-십니다'를 '-십시다'로 바꾼다(제4과 기본 문장 ❹를 보세요). 또 보조사 '(이)나, '(이)든지'의 용법도 살펴보았다.

<연습 1> 아래 평서문을 청유문으로 바꾸어 보세요.

(보기) 어머니가 밥을 지으십니다. → 어머니, 밥을 (같이) 지으십시다.

1. 우리는 저기까지 걷습니다. →
2. 우리도 그것부터 시작합니다. →
3. 아버지가 그림도 구경하십니다. →
4. 어머니가 이야기부터 하십니다. →
5. 아저씨가 동화책도 사십니다. →

<연습 2> 아래 밑줄 그은 조사 대신에 '(이)나'를 넣어서 문장을 만들어 보세요.

(보기) 김 군이 와야 알겠습니다. → 김 군이나 와야 알겠습니다.

1. 심심한데 과자를 먹자. →
2. 철수를 오라고 해라. →
3. 다 같이 떡부터 먹자. →
4. 다른 것을 먹지 말고 밥만 먹어라. →
5. 잠을 잘 수밖에 없다. →

<연습 3> 아래 밑줄 그은 조사 대신에 '(이)든지'를 넣어서 문장을 바꾸어 보세요.

(보기) 무엇을 보내어라. → 무엇이든지 보내어라.

1. 누구를 보내시오. →
2. 무엇을 가져오너라. →
3. 아무것을 먹어라. →
4. 어떤 데를 가도 좋다. →
5. 어디도 다 가겠다. →

단원마무리

이 단원에서는 하십시오체의 평서문, 의문문, 명령문, 청유문을 살펴보았다. 또 보조사 '부터, 까지, (이)나, (이)든지'의 쓰임도 살펴보았다.

1. 다음 평서문을 의문문으로 바꾸어 보세요.

(1) 학생들이 책을 읽습니다. →

(2) 아버지가 담배는 피우십니다. →

(3) 철수는 농구도 합니다. →

(4) 인철이는 꽃을 꺾었습니다. →

(5) 형님도 모자를 쓰셨습니다. →

2. 다음 평서문을 명령문으로 바꾸어 보세요.

(1) 아저씨가 말씀(을) 하십니다. →

(2) 할아버지도 진지를 잡수십니다. →

(3) 큰아버지는 차를 드십니다. →

(4) 큰어머니는 떡국도 잡수십니다. →

(5) 작은아버지는 누워서 쉬십니다. →

3. 다음 평서문을 청유문으로 고치라.

(1) 우리들은 바둑을 둡니다. →

(2) 저희들은 운동을 합니다. →

(3) 아버지도 진지를 드십니다. →

(4) 어머니부터 먼저 주무십니다. →

(5) 김선생이 이야기를 나눕니다. →

(6) 정선생도 바둑을 둡니다. →

4. 아래 문장은 하십시오체의 문장인데 그 종류를 말하라.

(1) 우리 주인은 친절하니까 누구든지 반가워합니다. (   )

(2) 예! 사람들을 찾아가서 행복을 나누어주려고 합니다. (   )

(3) 이사를 하시렵니까? (   )

(4) 여보시오, 나를 좀 살려주시오. (   )

(5) 배가 고프니 먹을 것을 좀 주시오. (   )

(6) 괜찮아요. 나만 좀 탑시다. (   )

(7) 이번에는 재미있는 놀이를 합시다. (   )

(8) 갈 곳을 의논합시다. (   )

제10과 빌리가 춤을 춰.

—해체의 타동사문—

이 단원은 해체의 타동사문 문형을 연습하는 단원이다. 이때 해체는 상대높임법 중 비격식체로 반말체라고도 하며 상대를 두루 낮추는 데 쓰인다. 타동사문은 목적어를 필요로 하는 동사가 쓰인 문장을 말한다.

☝ 주목하기

조사	(이)나마
문장의 종류	평서문, 의문문, 명령문, 청유문
상대높임법	해체
시제	'-았었-/-었었-'

(1) 나나가 빵을 먹어. → 나나야, 빵을 먹어.↘
(2) 승지가 책을 읽어. → 승지가 책을 읽어?
(3) 지영이가 주스를 마셔. → 지영아, (같이) 주스를 마셔.↘
(4) 철수는 학교에 다녔다. → 철수는 전에 학교에 다녔었다.

▪ 기본 문장 ❶

평서문과 의문문

나나가 빵을 먹어.

나나가 빵을 먹어?

잠깐! 억양이 다름에 주의하세요.

평 서 문	의 문 문
나나가 빵을 먹어.↘	나나가 빵을 먹어?↗
지영이가 옷을 사.↘	지영이가 옷을 사?↗
철수만이 공부를 해.↘	철수만이 공부를 해?↗
철수만은 공부를 안 해.↘	철수만은 공부를 안 해?↗

▪ 알아보기

1. 주어를 표시하는 조사가 생략되는 것과 같이(제5과 기본 문장 ❶을 보세요) 목적어를 표시하는 조사도 생략될 수 있다. '빵 먹어'는 '빵을 먹어'에서 '을'이 생략된 것이다.
2. 조사끼리 결합하기도 한다. '철수만이'는 '철수만'에 주격 조사 '이'가 첨가되었으나, '철수만'으로도 주어임이 명확하기 때문에 큰 의미의 변화가 일어나지 않는다. 그러나 여러 격에 두루 쓰이는 보조사 '만'과 '은'의 결합은 의미가 달라져서 타동사가 부정적인 표현으로 바뀌기도 한다.

- **예: 철수만은 공부를 안 해.**

정리하기 ▌ 위의 문형은 타동사의 해체의 평서문과 의문문이다. 평서문에서는 억양을 낮추고 의문문에서는 억양을 높인다.

<연습 1> 아래 평서문이 의문문이 되도록 억양을 높여서 발음해 보세요.

(보기) 철수가 안경을 써.↘ → 철수가 안경을 써?↗

1. 나나가 운동화를 신어. →

2. 스칼렛이 자전거를 타. →

3. 동생이 과자도 먹었어. →

4. 아버지가 신문을 읽으셨어. →

<연습 2> 아래 의문문이 평서문이 되도록 억양을 낮추어서 발음해 보세요.

(보기) 영이가 과자를 먹어?↗ → 영이가 과자를 먹어.↘

1. 아버지가 동생을 불러? →

2. 언니가 배만 깎았어? →

3. 범진이는 축구만 해? →

4. 지영이는 컴퓨터를 껐어? →

<연습 3> 아래 밑줄 그은 조사 다음에 주격 조사를 붙여 문장을 만들어 보세요.

1. 승지만 갔다. →

2. 보슬비만 내리고 있다. →

3. 하늘만 푸르다. →

4. 나만 동생을 좋아한다. →

5. 시우만 배를 먹는다. →

<연습 4> 아래 밑줄 그은 조사에 '은/는'을 붙여서 문장이 어떻게 달라지는가를 살펴보세요.

(보기) 자네만 가게. → 자네만은 가지 말게.

1. 너만 가거라. →

2. 승지만 운동을 해. →

3. 이 집만 들어가겠다. →

4. 거기만 가 보아라. →

5. 너만 꼭 부르겠다. →

기본 문장 ❷

명령문, 보조사 '(이)나마'

승지가 책을 읽어.

승지야, 책을 읽어.

잠깐! 억양이 다름에 주의하세요.

평 서 문	명 령 문
승지가 책을 읽어.↘	승지야, 책을 읽어.↳
범진이도 노래를 불러.↘	범진이도 노래를 불러.↳
철수부터 모자를 벗어.↘	철수부터 모자를 벗어.↳
죽이나마 먹어.↘	죽이나마 먹어.↳

알아보기

'(이)나마'는 만족스럽지는 않지만 아쉬운 대로 만족해야 할 때 쓰는 보조사이다. 즉, '죽이나마 먹어'는 불만족스럽지만 '죽'을 '먹는다'는 뜻이다. 받침이 있는 말 다음에 '이나마'가 붙고, 받침이 없는 말 다음에 '나마'가 붙는다.

정리하기 ▌ 위의 문형은 타동사의 해체의 명령문이다. 억양을 낮추어 힘을 주면 명령문이 된다. 또 '(이)나마'의 목적어적 용법도 살펴보았다.

<연습 1> 아래의 평서문을 명령문으로 바꾸어 억양을 다르게 발음해 보세요.

(보기) 지영이가 문을 열어.↘ → 지영아, 문을 열어.↳

1. 범진이는 동생을 귀여워해. →
2. 승지도 시우를 생각해. →
3. 고은이부터 그림을 그려. →
4. 선희는 손을 씻어. →

<연습 2> 아래 해라체의 명령문을 해체로 바꾸어 보세요.

(보기) 고은아, 너는 책만 보고 있어라. →고은아, 너는 책만 보고 있어.

1. 우영아, 너도 이 약을 먹어 보아라. →
2. 재호야, 너만 영어를 배워라. →
3. 지영아, 노래를 멋있게 불러라. →
4. 범진아, 그것도 잘 생각해라. →
5. 시우야, 너는 방을 청소해라. →

<연습 3> 아래 밑줄 그은 조사 대신에 보조사 '(이)나마'를 넣어 문장을 만들어 보세요.

(보기) 된장을 먹겠어요. → 된장이나마 먹겠어요.

1. 내일 축구를 잘 해야 할 텐데.→
2. 매일 천 원을 저금합니다. →
3. 밥을 많이 먹어라. →
4. 김치가 더 있었으면 좋겠어요. →

기본 문장 ❸

청유문

지영이가 주스를 마셔.

지영아, (같이) 주스를 마셔.

잠깐! 억양이 바뀜에 주의하세요.

평서문
지영이가 주스를 마셔.↘
철수가 옷을 입어.↘
범진이가 공을 던져.↘

청유문
지영아, (같이) 주스를 마셔. ⤷
철수야, (같이) 옷을 입어. ⤷
범진아, (같이) 공을 던져. ⤷

▪ 알아보기

청유문은 상대방에게 같이 행동하기를 권유할 때 쓴다.

정리하기 ▌ 위의 문형은 타동사의 해체의 청유문이다. 억양을 낮추어 끌면서 발음한다. '같이(함께)'를 넣으면 청유의 의미가 분명해진다.

<연습 1> 아래 명령문을 청유문으로 바꾸어 억양을 다르게 발음해 보고 뜻이 어떻게 다른지를 살펴보세요.

(보기) 철수야, 공부를 해.↘ → 철수야, 공부를 (같이) 해. ↳

1. 지영아, 책도 읽어. →
2. 범진아, 영화를 봐(보아). →
3. 우진이도 밥을 먹어. →
4. 시우만 세수를 해. →

<연습 2> 아래 해라체의 청유문을 해체로 바꾸어 보세요.

(보기) 우리 같이 공부도 하자. → 우리 같이 공부도 해.

1. 우리 함께 산책도 하자. →
2. 우진아, 나와 같이 꽃을 심자. →
3. 범진아, 나와 함께 볼펜을 사자. →
4. 승지야, 우리 함께 차를 타자. →
5. 시우야, 나하고 같이 점심을 먹자. →

기본 문장 ❹

'-았었/었었-'

철수는 학교에 다녔다.

철수는 전에 학교에 다녔었다.

잠깐! '았다/었다'와 '았었다/었었다'에 주의하세요.

-았/었-	-았었/었었-
철수는 학교에 다녔다(다니었다). 인수도 거기 갔다(가았다). 작년은 풍년이었다.	철수는 전에 학교에 다녔었다(다니었었다). 인수도 옛날 거기에 한번 갔었다(가았었다). 재작년은 풍년이었었다.

알아보기

과거형 '-았/었-'은 말하는 시점보다 앞선 시점에 이미 일어난 동작이나 상태를 나타내는 시간 표현이며(제3과 기본 문장 ❹를 보세요), '-았었/었었-'은 과거의 어떤 일이 현재에는 더 이상 일어나지 않음을 강조하여 표현할 때 사용한다.

따라서 '옛날, 재(작년)'과 같은 말이 붙는 것이 보통이다. '철수도 학교에 다녔다.'는 현재와는 가까운 시간에 일어난 행동이며, '철수가 전에 학교에 다녔었다'는 더 이상 학교에 다니지 않음을 강조하고 싶을 때 쓴다.

정리하기 ▌ 과거형 '-았/었-'에 '-었-'을 더하고 '전, 재작년, 옛날' 등의 시간 부사를 삽입하여 과거보다 앞서 일어난 동작이나 상태를 나타낼 수 있다.

참고 ▌ '-았었/었었-'에 추측의 '-겠-'을 붙이면 과거보다 앞선 일에 대한 추측을 나타낼 수 있다.
(보기) 철수는 옛날에 우등생이었었다. → 철수는 옛날에 우등생이었었겠다.

<연습 1> 아래 과거형 '-았/었-'을 '-았었/었었-'으로 바꾸어 보세요.

(보기) 그도 어제 나와 같이 갔다. → 그도 며칠 전에 그와 같이 갔었다.

1. 내가 여기 그것을 두었습니다. →
2. 그도 동의하였어. →
3. 나는 몸이 튼튼했다. →
4. 저 나무에 꽃이 피었다. →

<연습 2> 아래 '-았었/었었-'이 쓰인 문장을 추측을 나타내는 문장으로 바꾸어 보세요.

1. 봄이 오기 전에 꽃이 피었었다. →
2. 어제 그 집에 손님이 있었었다. →
3. 그는 어렸을 때 몸이 약하였었다. →
4. 바람이 불기 전에 잎이 졌었습니다. →

단원마무리

이 단원에서는 타동사의 해체의 평서문, 의문문, 명령문, 청유문을 살펴보았다. 각 문형은 억양의 차이에 의해서 구별된다. 또 보조사 '(이)나마'의 목적어적 용법과 과거보다 앞선 일을 나타내는 '-았었/었었-'도 살펴보았다.

1. 아래 평서문을 의문문으로 바꾸어 읽어 보세요.

(1) 지영이가 잠을 자.

(2) 선희는 국만 먹어.

(3) 범진이는 운동도 해.

(4) 승지는 책을 사왔어.

2. 아래 평서문을 명령문으로 바꾸되 대명사 '너'를 넣어 보세요.

(1) 시우가 새를 잡아.

(2) 나나는 종이도 접어.

(3) 범진이는 뜨개질만 해.

(4) 지영이는 피아노를 쳐(치어).

3. 아래 평서문을 청유문으로 바꾸어 보세요.

(1) 경원이가 농구도 해.

(2) 우진이가 꽃을 심어.

(3) 지영이가 점심을 먹어.

(4) 재인이가 산책을 해.

4. 아래 해체의 타동사문의 문장의 종류를 알아보세요.

(1) 아니야. 난 그런 생각이라곤 조금도 안 해. (　　)

(2) 언니, 이것 봐. 달걀을 낳았어. (　　)

(3) 그럼 영주, 네 것도 가져와. (　　)

(4) 무얼 그만 둬? (　　)

(5) 뭐, 말하는 장난감을 만들어? (　　)

(6) 그럼 안 가지고 와? (　　)

제11과 승지가 책을 읽어요.
—하오체와 해요체의 타동사문—

이 단원은 하오체와 해요체의 타동사문 문형을 연습하는 단원이다. 하오체는 상대 높임법 중 격식체로 상대를 보통으로 높이는 데 쓰이며, 해요체는 상대 높임법 중 비격식체로 상대를 두루 높이는 데 쓰인다. 하오체는 구어로는 거의 쓰이지 않는다.

☝ 주목하기

조사	조차, 복합 조사 '부터 + 가, 는, 도, 만…'
문장의 종류	평서문, 의문문, 명령문, 청유문
상대 높임법	하오체, 해요체

(1) 저분이 일을 하오. → 저분이 일을 하오?
(2) 김 선생이 의견을 말하오. → 김 선생, 의견을 말하오.
(3) 아버지가 자전거를 타요.→ 아버지가 자전거를 타요?
(4) 어머니가 말씀을 해요. → 어머니, 말씀을 해요.
(5) 어머니가 노래를 불러요. → 어머니, (같이) 노래를 불러요.

■ 기본 문장 ❶

하오체의 평서문과 의문문, 복합 조사

저분이 일을 하오.

저분이 일을 하오?

잠깐! 억양이 다름에 주의하세요.

평서문	의문문
저분이 일을 하오.↘	저분이 일을 하오?↗
그분께서 말씀을 하시오.↘	그분께서 말씀을 하시오?↗
이분께서는 글씨를 쓰시오.↘	이분께서는 글씨를 쓰시오?↗
당신부터가 먼저 가시오.↘	당신부터가 먼저 가시오?↗
저분은 글씨만을 쓰오.↘	저분은 글씨만을 쓰오?↗
그분이 글씨만은 못 쓰오.↘	그분이 글씨만은 못 쓰오?↗

■ 알아보기

1. '께서'는 주격 조사 '이/가'의 높임말로, 모든 격에 두루 쓰이는 보조사 '도, 는'이 붙을 수 있다.

• 예: 께서는, 께서도.

2. 보조사 '부터' 다음에는 주격 조사가 붙을 수 있다. 주격 조사를 붙이지 않아도 주격의 의미가 나타나지만, 붙이면 주격의 의미가 분명해진다.

• 예: 너부터 → 너부터가……

'부터'에는 또 목적격조사도 붙을 수 있다.

• 예: 인수는 저 책부터 읽어라. → 인수는 저 책부터를 읽어라.

또 보조사 '부터'에는 다른 보조사가 붙어 복합 조사를 만들기도 한다.

• 예: 어제부터 비가 왔다. → 어제부터는 비가 왔다.
오늘부터 갈 수 있다. → 오늘부터도 갈 수 있다.
너부터 먼저 가거라. → 너부터만 먼저 가거라.

3. '만'에 '을'이 붙으면 격의 의미가 뚜렷해진다는 것 이외에는 의미 변화가 없지만, '만'에 '은'이 붙으면 타동사가 부정적인 표현으로 바뀌기도 한다(제10과 기

본 문장 ❶을 보세요).

정리하기▌ 위의 문형은 타동사의 하오체의 평서문과 의문문이다. 평서문은 억양을 낮추고 의문문은 억양을 높인다. 또 복합 조사의 예도 살펴보았다.

<연습 1> 아래 평서문에 '-(으)시-'를 넣어 보고, 의문문이 되도록 억양을 바꾸어 보세요.

(보기) 그분이 상을 타오.↘ → 그분이 상을 타오?↗

1. 저분이 신문을 읽으오. →
2. 그분이 책을 보오. →
3. 이분이 낚시를 하오. →
4. 당신이 개를 좋아하오. →
5. 그분은 내일 떠나오. →

<연습 2> 아래 보조사 '부터'에 괄호 속에 제시한 보조사를 넣어 문장을 만들어 보세요.

(보기) 너부터 이렇게 생각하느냐? (도) → 너부터도 이렇게 생각하느냐?

1. 나부터 먼저 그것을 읽어보겠다. (가) →
2. 철수부터 갈 필요는 없다. (는) →
3. 당신부터 잘못한 것이 아니오? (도) →
4. 사과부터 먼저 먹지 말아라. (는) →

<연습 3> 아래 높임의 주격 조사 '께서'에 괄호 속에 제시한 보조사를 덧붙여 문장을 만들어 보세요.

1. 할아버지께서 좋다고 하셨습니다. (도) →
2. 어머니께서 가신다고 하셨습니다. (만) →
3. 아버지께서 안 오신다고 하셨다. (는) →
4. 어머니께서 밖으로 나가셨습니다. (만) →

<연습 4> 아래 밑줄 그은 보조사 '만'에 '은'을 붙여 부정적인 문장으로 바꾸어 보세요.

(보기) 나는 그 책만 읽겠다. → 나는 그 책만은 읽지 못하겠다.

1. 아버지, 저도 국만 마시겠습니다. →
2. 이것만 기억해라. →
3. 저기만 바라보아라. →
4. 여기만 밟아라. →

기본 문장 ❷

하오체의 명령문

김 선생이 의견을 말하오.

김 선생, 의견을 말하오.

잠깐! 억양이 바뀜에 주의하세요.

평서문	명령문
김 선생이 의견을 말하오.↘	김 선생, 의견을 말하오.↳
형님도 술을 드시오.↘	형님, (당신도) 술을 드시오.↳
김 씨가 책을 가져오시오.↘	김 씨, 책을 가져오시오.↳
아내가 밥을 먹으오.↘	여보, (당신이) 밥을 먹으오.↳

알아보기

1. '당신'은 하오체에 호응하여 쓰이는 이인칭 대명사다(제6과 기본 문장 ❷를 보세요). 해라체에 호응하여 쓰이는 대명사는 '너'이고 하게체에 호응하여 쓰이는 대명사는 '자네'이다.
2. 하오체는 하게체보다는 높고 하십시오체보다는 약간 낮은 상대 높임법이어서 예의를 지켜야 하는 동료나 친구 사이, 그리고 부부 간에 많이 쓰인다. 따라서 부르는 말에도 특별히 존경하는 요소를 붙이지 않는다.[1]

1) 요즘에는 하오체를 거의 사용하지 않으며, 배우자 사이에서도 하오체를 거의 쓰지 않는다.

• 예: 김 선생, 김 씨, 여보

<연습 1> 아래 평서문을 명령문으로 바꾸어 보세요.

(보기) 아내가 빨래를 하오. → 여보, 빨래를 하오.

1. 조 선생은 책을 읽으오. →
2. 형님도 말씀을 하시오. →
3. 정 씨는 저것을 보오. →
4. 최 선생도 책을 펴시오. →

<연습 2> 아래 명령문에 '-(으)시-'를 넣어 주어를 높여 보세요.

(보기) 당신도 저곳을 보오. → 당신도 저곳을 보시오.

1. 여러분, 모두 깨끗이 청소하오. →
2. 자, 한잔씩 드오. →
3. 그대도 그 책을 한 권 사오. →
4. 당신은 그 일을 해 보오. →

▪기본 문장 ❸

해요체의 평서문과 의문문, 보조사 '조차'

아버지가 자전거를 타요.

아버지가 자전거를 타요?

> **잠깐!** 억양이 다름에 주의하세요.
>
> | 평서문 |
> |---|
> | 아버지가 자전거를 타요↘ |
> | 어머니가 기침조차 하세요.↘ |
> | 아기들이 진달래를 꺾어요.↘ |
>
> | 의문문 |
> |---|
> | 아버지가 자전거를 타요?↗ |
> | 어머니가 기침조차 하세요?↗ |
> | 아이들이 진달래를 꺾어요?↗ |

▪알아보기

1. 해요체는 상대를 두루 높이며, '-(으)시-'가 들어가면 동시에 주어도 높이게 된다(제4과 기본 문장 ❷를 보세요).
2. '조차'는 이미 어떤 것이 포함된 것에 더함을 나타내는 보조사로, 목적격 조사가 쓰이는 자리에 쓰이기도 한다. 곧 '어머니'가 '감기'나 '두통'에 이어서 '기침'을 더함을 의미한다(제5과 기본 문장 ❶을 보세요).

정리하기▐ 위의 문형은 타동사의 해요체의 평서문과 의문문이다. 평서문에서는 억양을 낮추고 의문문에서는 억양을 높인다. 또 보조사 '조차'의 목적어적 용법도 살펴보았다.

<연습 1> 아래 평서문이 의문문이 되도록 어조를 높여서 읽어 보세요.

(보기) 철수가 문을 닫아요.↘ → 철수가 문을 닫아요?↗

1. 비행기가 하늘을 날아요. →
2. 매미가 노래를 불러요. →
3. 상인들이 물건을 팔아요. →
4. 시우는 기차를 놓쳤어요. →
5. 아이들이 줄넘기를 해요. →

<연습 2> 아래 평서문이나 의문문에 '-(으)시-'를 넣어서 의미가 어떻게 달라지는지 살펴보세요.

(보기) 어머니가 무슨 옷을 샀어요? → 어머니가 무슨 옷을 사셨어요?

1. 아버지가 담배를 피워요. →
2. 김 선생님이 저를 불렀어요? →
3. 아버지가 자전거를 사 주었어요. →
4. 할머니가 나를 업어 주었어요? →

<연습 3> 아래 밑줄 그은 조사 대신에 보조사 '조차'를 넣어 문장을 만들어 보세요.

(보기) 너를 때렸단 말이냐? → 너조차 때렸단 말이냐?

1. 인제는 좋아하던 술을 못 먹게 되었다. →
2. 며칠 안 있으면 밥도 굶게 되겠다. →
3. 집도 타 버리고 식구도 잃었어요. →
4. 나는 너도 못 믿겠다. →

기본 문장 ❹

해요체의 명령문

어머니가 말씀을 해요.

어머니, 말씀을 해요.

잠깐! 억양이 바뀜에 주의하세요.

평서문	명령문
어머니가 말씀을 해요.↘	어머니, 말씀을 해요.└→
아저씨가 이야기를 하세요.↘	아저씨, 이야기를 하세요.└→
할아버지가 진지를 잡수세요.↘	할아버지, 진지를 잡수세요.└→
형님부터 말씀을 하세요.↘	형님부터 말씀을 하세요.└→

알아보기

'해요'보다 '하세요'가 주체를 높이는 데 보편적이다.

정리하기 ▌ 위의 문형은 타동사의 해요체의 명령문이다. 끝을 낮추어 힘을 주면 명령문이 된다.

<연습 1> 다음 평서문을 명령문으로 바꾸어 억양을 다르게 읽어 보세요.

(보기) 아저씨가 책을 사세요.↘ → 아저씨, 책(을) 사세요.↳

1. 할아버지만 옛날이야기를 해 주세요. →
2. 어머니가 과자를 사 주세요. →
3. 아주머니가 문을 여세요. →
4. 할머니도 저를 따라 오세요.→

<연습 2> 아래 평서문에 '-(으)시-'를 넣어서 주체를 높여 보세요.

(보기) 할머니도 진지를 들어요. › 할머니도 진지를 느세요.

1. 아버지, 신문을 보아요. →
2. 어머니도 이야기를 해요. →
3. 아저씨, 지를 믿어요. →
4. 선생님, 우리를 꼭 불러요. →
5. 아저씨, 이 옷을 입어요. →

▪ 기본 문장 ❺

해요체의 청유문

어머니가 노래를 불러요.

어머니, (같이) 노래를 불러요.

잠깐! 억양이 달라짐에 주의하세요.

평서문
어머니가 노래를 불러요.↘
아버지가 식사를 하세요.↘
어머니가 영화를 보세요.↘

청유문
어머니, (같이) 노래를 불러요. ↳
아버지, (같이) 식사를 하세요. ↳
어머니, (같이) 영화를 보세요. ↳

▪알아보기

'하세요'가 '해요'보다 주체를 높이는 데 더 보편적이다.

정리하기 ▌ 위의 문형은 타동사의 해요체의 청유문이다. 억양을 낮추어 끌면서 발음한다. '같이'를 넣으면 청유문의 뜻이 분명해진다.

<연습 1> 다음 명령문이 청유문이 되도록 억양을 바꾸어 보세요.

(보기) 아버지, 꽃을 심어요. → 아버지, 꽃을 (저하고 같이) 심어요. ↘

1. 아버지, 등산을 가요. →
2. 어머니도 노래를 불러요. →
3. 할아버지, 사과를 드세요. →
4. 서울을 구경하세요. →

<연습 2> 아래 하십시오체의 청유문을 해요체로 바꾸어 보고 의미의 차이를 잘 살펴보세요.

(보기) 저녁 식사나 같이 합시다. → 저녁 식사나 같이 해요.

1. 우리 다 함께 찾아봅시다. →
2. 선생님, 같이 일을 하십시다. →
3. 아버지, 같이 운동을 하십시다. →
4. 팥빙수를 먹읍시다. →

단원마무리

이 단원에서는 타동사의 하오체의 평서문, 의문문, 명령문과 해요체의 평서문, 의문문, 명령문, 청유문을 살펴보았다. 각 문형은 억양의 차이에 의해서 구별된다. 또 목적격의 성격을 띤 보조사 '조차'와 복합 조사의 용법도 살펴보았다.

1. 다음 평서문을 의문문으로 바꾸어 보세요.

(1) 저분만 말씀을 하시오. →

(2) 그분이 책을 사시오. →

(3) 이분이 사과를 파시오. →

(4) 아저씨가 글씨를 쓰세요. →

2. 다음 평서문을 명령문으로 바꾸어 보세요.

(1) 최 선생은 그것만 사오. →

(2) 형님부터 이야기를 하세요. →

(3) 아주머니가 사과를 사세요. →

(4) 선생님이 글씨를 쓰세요. →

3. 다음 평서문을 청유문으로 바꾸어 보세요.

(1) 아버지가 신문을 보세요. →

(2) 아저씨도 구경을 하세요. →

(3) 어머니도 소설을 읽어요. →

4. 아래 타동사의 하오체와 해요체의 문장을 보고 상대 높임법과 문장의 종류를 알아보세요.

(1) 아버지, 이것 보세요. (　　　　) (　　　　)

(2) 여보, 당신도 들었소? (　　　　) (　　　　)

(3) 내 실력을 못 믿겠소? (　　　　) (　　　　)

(4) 누군가 알아맞혀 봐요. (　　　　) (　　　　)

(5) 같이 점심이나 먹어요. (　　　　) (　　　　)

5. 아래 밑줄 그은 보조사가 주격과 목적격 중 어느 것으로 사용되었는지 알아보세요.

(1) 범진이는 꿈 이야기까지 하였습니다. (　　　　)

(2) 그것조차 뜻대로 되지 않았다. (　　　　)

(3) 그것은 아무나 쓸 수 있는 말이 아니다. (　　　　)

(4) 반찬은 없지만 밥이나 한 그릇 드리죠. (　　　　)

(5) 우리 오늘은 아침 놀이로 술래잡기나 할까! (　　　　)

(6) 어서 하세요. 구경이나 하게요. (　　　　)

(7) 학년마다 소풍을 가기로 했습니다. (　　　　)

(8) 우체부가 집집마다 찾아다니면서 편지를 전해준다. (　　　　)

(9) 누구든지 행복한 생활을 원하고 있다. (　　　　)

제12과 나나가 수영을 하지요.
—하지체와 하지요체의 문형들—

이 단원은 하지체와 하지요체의 문형을 연습하는 단원이다. 이때 '-지'는 청자 또는 화자가 이미 알고 있는 사실에 대해 말할 때 쓰인다. 하지체는 해체와 같이 상대를 두루 낮출 때 쓰며 하지요체는 해요체와 같이 상대를 두루 높일 때 쓰인다.

☝ 주목하기

조사	복합 조사 '까지가, 까지를, 까지는, 까지도, 까지만'
문장의 종류	평서문, 의문문, 명령문, 청유문
상대 높임법	하지체, 하지요체

(1) 내가 공부를 하지. → 네가 공부를 하지?
(2) 어머니가 말씀을 하시지요. → 어머니, 말씀을 하시지요.
(3) 내가 가지. → 너도 같이 가지.

기본 문장 ❶

평서문과 의문문, 복합 조사

내가 공부를 하지.

네가 공부를 하지?

잠깐! 억양이 다름에 주의하세요.

평서문	의문문
네가 공부를 하지.↘	네가 공부를 하지?↗
우리들도 노래를 부르지요.↘	우리들도 노래를 부르지요?↗
제가 노래를 부르지요.↘	제가 노래를 부르지요?↗
저희들까지 공부를 하지요.↘	저희들까지가 공부를 하지요?↗

알아보기

1. '내가, 제가, 네가'는 1인칭 대명사 '나, 저, 너'가 주격 조사 '가'와 합쳐서 만들어진 것이다. '저'는 '나'의 겸사말로, 청자에 대하여 자기를 낮추는 말이다. '저희들'은 '저희'로도 쓰이는데, '저'의 복수이다. '우리들'은 '우리'로도 쓰이는데 '나'의 복수이다.
2. 위의 문형은 '하지체'와 '하지요체'이다. 이들은 청자 또는 화자가 이미 알고 있는 사실에 대해 말할 때 쓰는 '-지'가 붙은 것이다. '네가 가지?'는 네가 간다는 것을 알고 있으면서 확인하기 위해 다시 한번 질문하는 것이다.
3. '하지'는 상대를 두루 낮출 때 쓰이고, '하지요'는 상대를 두루 높일 때 쓰인다.
4. 보조사 '까지'에는 '부터'와 같이(제11과 기본 문장 ❶을 보세요) 주격 조사, 목적격 조사, 보조사가 붙을 수 있다.

- **예: 까지가, 까지를, 까지는, 까지도, 까지만**

정리하기▐ 위의 문형은 '하지체'와 '하지요체'의 평서문과 의문문이다. 억양을 낮추면 평서문이 되고 억양을 높이면 의문문이 된다. 또 복합 조사 '까지가' 등의 용례도 살펴보았다.

<연습 1> 아래 평서문이 의문문이 되도록 억양을 바꾸어서 발음해 보세요.

(보기) 해가 뜨지.↘ → 해가 뜨지?↗

1. 눈이 내리지. →
2. 비가 오지요. →
3. 저기가 경복궁이지. →
4. 날씨가 매우 맑지. →
5. 오늘은 날씨가 흐리지. →

<연습 2> 아래 '해체', '해요체'를 '하지체', '하지요체'로 바꾸어 보고 이들의 뜻이 어떻게 다른지를 생각해 보세요.

(보기) 날씨가 맑아. → 날씨가 맑지. / 저것이 진달래야. → 저것이 진달래지.

1. 오늘은 비가 와. →
2. 저기가 남산이야? →
3. 철수도 학교를 갔어. →
4. 꽃이 피어요. →

<연습 3> 아래 보조사 '까지'에 괄호 속에 제시한 조사를 넣어 문장을 써 보세요.

(보기) 너까지 우등생이다. 너까지가 우등생이다.

1. 후식까지 먹을 수 있어요. (는) →
2. 그것까지 나도 좋아하고 있어. (는) →
3. 이것까지 다 하고 가요. (만) →
4. 나까지 거기 가야 하나? (도) →

기본 문장 ❷

명령문

어머니가 말씀을 하시지요.

어머니, 말씀을 하시지요.

잠깐! 억양이 바뀜에 주의하세요.

평서문	명령문
지영이도 앉지.↘	지영이도 앉지.↳
현수도 손을 들지.↘	현수도 손을 들지.↳
아버지도 가시지요.↘	아버지도 가시지요.↳
어머니가 말씀을 하시지요.↘	어머니, 말씀을 하시지요.↳

알아보기

'하지요체'에서도 '해요체'에서와 같이 주체를 특별히 높이고자 할 때는 '-시-'를 삽입한다.

- 예: 하지요. → 하시지요.

정리하기 ▌ 위의 문형은 '하지체, 하지요체'의 명령문이다. 억양을 낮추어 힘을 주면 명령문이 된다.

<연습 1> 다음 평서문을 명령문으로 바꾸어 보세요.

(보기) 철수가 이리 오지. → 철수야, 이리 오지.

1. 범진이도 과일을 먹지. →
2. 철수만 공을 던지지. →
3. 선생님이 말씀을 하시지요. →
4. 아버지가 나가시지요. →

<연습 2> 아래 명령문의 '해체, 해요체'를 '하지체, 하지요체'로 바꾸어 보고 그 뜻이 어떻게 다른지를 생각해 보세요.

(보기) 어머니, 앉으세요. → 어머니, 앉으시지요.

1. 할머니, 빨리 가세요. →
2. 철수야, 어서 와. →
3. 아버지, 여기 앉으세요. →
4. 할아버지도 진지를 잡수세요. →
5. 어머니도 방으로 들어가세요. →

▪기본 문장 ❸

청유문

내가 가지.

너도 같이 가지.

잠깐! 억양이 바뀜에 주의하세요.

평서문	청유문
내가 가지.↘	너도 (같이) 가지. ↳
철수도 먹지.↘	철수도 (같이) 먹지. ↳
박 선생님만 책을 보시지요.↘	박 선생님만 (같이) 책을 보시지요. ↳
아주머니가 가시지요.↘	아주머니만 (같이) 가시지요. ↳

정리하기 ▮ 위의 문형은 '하지체, 하지요체'의 청유문이다. 끝을 낮추어 끌면서 발음하면 청유문이 된다. '같이'를 넣으면 청유문의 뜻이 분명해진다.

<연습 1> 아래 명령문을 청유문으로 바꾸어 억양을 다르게 읽어 보세요.

(보기) 현수도 밥 먹지. → 현수도 (같이) 밥 먹지. ↳

1. 스칼렛도 점심 먹지. →
2. 할아버지, 어서 가시지요. →

3. 나나야, 어서 학교에 가지. →

4. 승지야, 빨리 밥을 먹지. →

<연습 2> 아래 '해체, 해요체'의 청유문을 '하지체, 하지요체'의 청유문으로 바꾸어 보고 그 뜻이 어떻게 다른지 살펴보세요.

(보기) 나나야, 우리 함께 줄넘기도 해. → 나나야, 우리 함께 줄넘기도 하지.

1. 선생님, 같이 식사를 해요. →
2. 우진아, 너도 나와 같이 청소를 해. →
3. 시우야, 너만 나와 같이 커피를 마셔. →
4. 우리 같이 이야기도 해. →
5. 할머니는 저희들과 여기 계세요. →

단원마무리

이 단원에서는 하지체와 하지요체의 평서문, 의문문, 명령문, 청유문을 알아보았다. 각 문형은 억양의 차이에 의해 구별된다. 또 복합 조사 '까지가' 등의 예도 살펴보았다.

1. 다음 평서문을 의문문으로 바꾸어 읽어 보세요.

(1) 지금 비가 오지. →

(2) 눈이 많이 내렸지요. →

(3) 어제는 날씨가 매우 흐렸지. →

2. 다음 의문문을 명령문으로 바꾸어 보세요.

(1) 어머니도 앉으시지요? →

(2) 철수가 노래를 부르지? →

(3) 시우도 오지? →

(4) 나나가 열심히 학교에 다니지? →

(5) 범진이도 세수를 깨끗이 하지? →

3. 다음 평서문을 청유문으로 바꾸어 읽어 보세요.

(1) 고은이만 가지. →

(2) 아버지도 진지를 잡수시지요. →

(3) 승지 씨도 영화관에 가시지요. →

(4) 유진이는 도서관에 가지. →

4. 아래 하지체와 하지요체의 문장을 보고 상대 높임법과 문장의 종류를 알아 보세요.

(1) 아니야. 제자리에 두어야지. (　　　) (　　　)

(2) 그 까짓것쯤이야 어렵지 않지. (　　　) (　　　)

(3) 당신이 가시면 누구든지 환영하겠지요. (　　　) (　　　)

(4) 올해 너 몇 살이 되었지? (　　　) (　　　)

(5) 어머니, 진지 많이 잡수시지요. (　　　) (　　　)

5. 아래에 제시한 문형에 높임의 의미를 표시하는 '-(으)시-'를 사용하여 문장을 만들어 보세요.

(보기) 자동사의 해라체의 평서문 → 아버지가 가신다.

(1) 자동사의 해라체의 의문문 →

(2) 타동사의 하십시오체의 명령문 →

(3) 자동사의 하십시오체의 청유문 →

(4) 타동사의 하십시오체의 평서문 →

(5) 자동사의 해요체의 의문문 →

6. 아래에 제시한 문형에 '미래'나 '추측'의 의미를 표시하는 '-겠-'을 넣어 문장을 만들어 보세요.

(보기) 자동사의 해체의 평서문 → 곧 해가 뜨겠어.

(1) 자동사의 해라체의 평서문 →

(2) 자동사의 하십시오체의 의문문 →

(3) 자동사의 하십시오체의 평서문 →

7. 아래에 제시한 문형에 과거 추측의 '-었겠-/-았겠-'을 넣어서 문장을 만들어 보세요.

(보기) 자동사의 해라체의 의문문 → 거기는 벌써 비가 왔겠느냐?

(1) 자동사의 하십시오체의 평서문 →

(2) 타동사의 해체의 평서문 →

(3) 자동사의 해라체의 평서문 →

(4) 타동사의 해요체의 의문문 →

(5) 자동사의 해체의 평서문 →

8. 아래에 제시한 문형에 대과거의 '-았었-/-았었-'을 넣어서 문장을 만들어 보세요.

(보기) 하지요체의 타동사의 평서문 → 우영이는 전에 운동을 잘 하였었지요.

(1) 하지체의 자동사의 의문문 →

(2) 하게체의 타동사의 의문문 →

(3) 하십시오체의 자동사의 의문문 →

(4) 해라체의 자동사의 의문문 →

제13과 이것이 책이로구나.
—감탄문—

이 단원은 서술격 조사 '이다', 형용사, 동사의 감탄문형을 연습하는 단원이다. 감탄문은 화자가 청자를 별로 의식하지 않거나 거의 독백하는 상태에서 자신의 느낌을 표현하는 문장을 말한다.

☝ 주목하기

조사	은/는커녕, (이)나
문장의 종류	감탄문
상대 높임법	해라체

(1) 이것이 책이다. → 이것이 책이로구나.
(2) 꽃이 붉다. → 꽃이 붉구나.
(3) 새가 운다. → 새가 우는구나.
(4) 몸이 아프다. → 아이구. 몸이 아파라.

기본 문장 ❶

서술격 조사 '이다'의 감탄문

이것이 책이다.

이것이 책이로구나.

잠깐! 어미 '-다'가 '-로구나'로 바뀌는 것에 주의하세요.

평서문
이것이 책이다.
저것이 의자다.
여기가 창경원이다.
거기가 비원이다.
저기가 종묘다.

감탄문
이것이 책이로구나.
저것이 의자로구나.
여기가 창경원이로구나.
여기가 비원이로구나.
저기가 종묘로구나.

알아보기

위의 문형은 서술격 조사 '이다'의 감탄 문형이다. 감탄문에서는 '-다' 대신에 '-로구나'를 씀이 보통이나 '로'가 생략될 수도 있다.

- **예: 종묘로구나. → 종묘구나.**

그리고 '-로구나'를 줄여서 '-로군', '-구나'를 줄여서 '-군'으로도 쓸 수 있다.

- **예: 종묘로군, 종묘군**

'아니다'도 '이다'와 같이 활용하므로 '로구나'를 취할 수 있다. '이다'의 경우와 마찬가지로 '로'가 생략될 수 있으며, '-로구나'를 줄여 '-로군', '-구나'를 줄여 '-군'으로 쓸 수 있다.

- **예: 저것은 책이 아니로구나.**
  저것은 책이 아니구나.
  저것은 책이 아니로군.
  저것은 책이 아니군.

정리하기 ▌ 위의 문형은 서술격 조사 '이다'의 해라체의 감탄문형이다. 평서문의 '-다'를 '-로구나'로 바꾸면 감탄문형이 된다.

<연습 1> 다음 평서문을 감탄문으로 바꾸어 보세요.

(보기) 저것이 의자다. → 저것이 의자로구나.

1. 저것이 공책이다. →
2. 이것도 책상이다. →
3. 여기는 경복궁이다. →
4. 거기는 덕수궁이다. →
5. 여기가 한강이다. →

<연습 2> 다음 감탄문의 '로'를 생략해 보고, 생략하지 않은 것과 비교하여 어느 것이 보다 자연스러운지 생각해 보세요.

(보기) 이것이 가위로구나. → 이것이 가위구나.

1. 저것이 성냥이로구나. →
2. 여기가 병원이로구나. →
3. 여기는 극장이로구나. →
4. 여기는 운동장이로구나. →

기본 문장 ❷

형용사의 감탄문

꽃이 붉다.

꽃이 붉구나.

잠깐! 어미 '-다'가 '-구나'로 바뀌는 것에 주의하세요.

평 서 문	감 탄 문
꽃이 붉다. 옷이 희다. 산이 높다.	꽃이 붉구나. 옷이 희구나. 산이 높구나.

▪ 알아보기

위의 문형은 형용사의 감탄문형이다. 형용사의 감탄문에서는 '-구나'를 씀이 보통이나 특수한 문형의 감탄문도 존재한다(본과의 기본 문장 ❹를 보세요). 그리고 '-구나' 대신에 '-군'으로도 쓸 수 있다.

- **예: 붉구나 → 붉군**

정리하기 ▌ 위의 문형은 형용사의 해라체의 감탄문이다. 평서문의 '-다'를 '-구나'로 바꾸면 감탄문이 된다. '-구나' 대신에 '-군'을 쓸 수도 있다.

<연습 1> 다음 평서문을 감탄문으로 바꾸어 보세요.

(보기) 꽃이 아름답다. → 꽃이 아름답구나.

1. 영화관에 사람이 적다. →
2. 우물이 흐리다. →
3. 수돗물이 차다. →
4. 여기는 길이 좁다. →
5. 스칼렛은 키가 크다. →

<연습 2> 다음 감탄문의 '-구나'를 '-군'으로 바꾸어 보고, 바뀌기 전과 비교하여 어떤 차이가 있는지 생각해 보세요.

(보기) 오늘은 날씨가 매우 맑구나. → 오늘은 날씨가 매우 맑군.

1. 지영이도 옷이 깨끗하구나. →
2. 가방이 너무 무겁구나. →
3. 형광등이 너무 흐리구나. →
4. 오늘은 달이 매우 밝구나. →

기본 문장 ❸

동사의 감탄문, 보조사 '은/는커녕, (이)나'

새가 운다.

새가 우는구나.

잠깐! 어미 '-는/ㄴ다'가 '-는구나'로 바뀌는 것에 주의하세요.

평서문	감탄문
새가 운다(울ㄴ다).	새가 우는구나.
꽃이 핀다(피ㄴ다).	꽃이 피는구나.
밥은커녕 죽도 못 먹는구나.	밥은커녕 죽도 못 먹겠구나.
그는 사흘이나 굶는구나.	그는 사흘이나 굶었구나.
벌써 간다(가ㄴ다).	벌써 가는구나.
문을 닫는다.	문을 닫는구나.

알아보기

1. 위의 문형은 동사의 감탄문형이다. 서술격 조사 '이다'나 형용사와는 달리 '-는-'이 첨가되었다. 평서문에서는 받침이 있고 없음에 따라 '-는/ㄴ-'의 두 가지로 나누어 쓰지만(제3과 기본 문장 ❶을 보세요) 감탄문에서는 모두 '-는-'으로 쓰면 된다. 또 '-는구나'는 '-는군'으로 바꾸어 말하기도 한다.

- 예: <u>우는구나</u>. → <u>우는군</u>.

2. '은/는커녕'은 앞의 말을 강조하여 부정하는 뜻을 나타내는 보조사로, '밥'은 '물론'이고 '죽도 못 먹는다'는 의미를 나타낸다.
3. '(이)나'는 수량이 예상되는 정도를 넘거나 꽤 크거나 많음을 강조하는 보조사로, '그'가 '사흘' 이상을 굶었다는 의미를 나타낸다. '선택'의 뜻을 의미하는 '(이)나'와는 어형은 같지만 뜻이 다르다(제9과 기본 문장 ❸을 보세요). 전자의 '(이)나'는 반드시 수량표시의 말 다음에 쓰인다.

- 예: 이틀이나, 둘이나 세 사람이나.

4. 감탄문의 현재형을 과거형이나 미래형으로 바꿀 때는 '-는-'의 자리에 '-었-, -겠-'을 넣는다.

• **예: 굶는구나 → 굶었구나, 먹는구나 → 먹겠구나**

5. 위의 문형에는 주어가 생략된 것이 있다. 말을 주고받을 때 서로 잘 알 수 있을 경우에는 주어뿐 아니라 목적어들도 생략할 수 있다.

• **예: 인수가 문을 닫는구나. → (인수가) 문을 닫는구나.**

정리하기 ▌ 위의 문형은 동사의 해라체의 감탄문형이다. 평서문의 '-는/ㄴ다'가 감탄문에서는 '-는/ㄴ구나'가 된다. '-는/ㄴ구나'를 '-는/ㄴ군'으로 줄이기도 한다. 또 보조사 '은/는커녕, (이)나'의 용법도 살펴보았다.

<연습 1> 다음 평서문을 감탄문으로 바꾸어 보세요.

(보기) 벌써 해가 진다. → 해가 지는구나.

1. 지금 비가 온다. →
2. 아기가 빵긋 웃는다. →
3. 벌써 일어선다. →
4. 빌리도 공을 던진다. →

<연습 2> 다음 감탄문의 '-는구나'를 '-는군'으로 바꾸어 보고, 바뀌기 전과 비교하여 어느 것이 자연스러운지 생각해 보세요.

(보기) 밥이 끓는구나. → 밥이 끓는군.

1. 국이 식는구나. →
2. 승지는 뜨개질을 하는구나. →
3. 줄리앙이 그림을 그리는구나. →
4. 농부들이 벼를 베는구나. →
5. 아이들이 막 싸우는구나. →

<연습 3> 다음 감탄문의 현재형을 과거형으로 바꾸어 보세요.

(보기) 아이들이 지금 돌아가는구나. → 아이들이 벌써 돌아갔구나.

1. 학생들이 등교를 하는구나. →

2. 벌써 낙엽이 지는구나. →

3. 무궁화가 많이 피는구나. →

4. 나나는 혼자서 연필을 깎는구나. →

5. 바람이 한바탕 부는구나. →

<연습 4> 다음 감탄문의 현재형을 미래형(추측형)으로 바꾸어 보세요.

(보기) 지금 눈이 오는구나. → 곧 눈이 오겠구나.

1. 벌써 서리가 내리는구나. →

2. 범진이도 이제 학교에 가는구나. →

3. 우리 동생도 밥을 먹는구나. →

4. 거기도 집을 짓는구나. →

5. 날씨가 풀리는구나. →

<연습 5> 다음 문장의 괄호 속에 제시한 말에 보조사 '은/는커녕'을 넣어 문장을 만들어 보세요.

(보기) 십 원도 못 받겠다. (백 원) → 백 원은커녕 십 원도 못 받겠다.

1. 꾸중을 들었습니다. (칭찬) →

2. 벌을 받았어요. (상) →

3. 짐승도 없다. (사람) →

4. 이틀 해도 다 못하겠어요. (하루) →

5. 하나도 안 준다. (열) →

<연습 6> 다음 밑줄 그은 조사 대신에 보조사 '(이)나'를 넣어 문장을 만들어 보세요.

1. 벌써 두 시가 되었다. →

2. 다섯 사람이 다녀갔습니다. →

3. 사과를 다섯 개를 먹겠다합니다. →

4. 어떻게 열흘을 기다려? →

5. 앞으로 얼마를 살겠니? →

기본 문장 ❹

형용사의 특수한 감탄문

몸이 아프다.

아이구! 몸이 아파라.

잠깐! 어미 '-다'가 '-아라/어라' 등으로 바뀌는 것에 주의하세요.

평서문	감탄문
몸이 아프다.	아이구! 몸이 아파라(아프어라).
맛도 쓰다.	아이구! 맛도 써라(쓰어라).
배(가) 고프다.	아이구! 배(가) 고파라(고프어라).
참 좋다.	아이구! 좋아라.

알아보기

1. 위의 문형은 형용사의 특수한 감탄문형이다. '-아라/어라'가 동사에 쓰이면 보통 명령문의 뜻이 되는데 형용사에 쓰이면 감탄문의 뜻이 된다. '-구나'에 비하여 화자의 감정적 요소가 많이 개입된다.
2. 앞에서도 보았지만 주어 표시의 조사는 생략될 수도 있다.

• **예: 눈이 아파라. → 눈 아파라.**

정리하기 ▌ 위의 문형은 형용사의 해라체의 감탄문형이다. 양성모음 다음에는 '-아라'를 쓰고, 음성모음 다음에는 '-어라'를 쓴다. 그리고 보통 '아이구'와 같은 감탄사가 함께 온다.

<연습 1> 다음 평서문을 감탄문으로 바꾸어 보세요.

(보기) 달도 밝다. → 아이구! 달도 밝아라.

1. 산이 높다. →
2. 맛도 달다. →
3. 반갑다. →
4. 인생은 외롭다. →

5. 기쁘다. →

<연습 2> 다음 형용사의 감탄문을 '-아라/어라' 형의 감탄문으로 바꾸어 보고, 의미의 차이를 비교해 보세요.

(보기) 참 맵구나. → 아이구! 참 매워라.

1. 달도 밝구나. →
2. 바람도 시원하구나. →
3. 날씨가 따뜻하구나. →
4. 춥구나. →
5. 덥구나. →

단 원 마 무 리

이 단원에서는 감탄문형을 서술격 조사 '이다', 형용사, 동사에 걸쳐 살펴보았다. 그리고 보조사 '은/는커녕, (이)나'의 용법도 알아보았다.

1. 다음 평서문을 감탄문으로 바꾸어 보세요.

(1) 저것은 낫이다. →

(2) 거기는 연못이다. →

(3) 하늘이 푸르다. →

(4) 날씨가 갠다. →

(5) 바람도 분다. →

(6) 좋다. →

2. 밑줄 그은 말에 주의하면서 다음 문장을 읽어보고 서술격 조사 '이다', 형용사, 동사 중 어느 것에 붙은 감탄형인지 말해 보세요.

(1) 흠, 이거 재미있는 문제로구나. (　　　　　　)

(2) 편지를 받았을 때 퍽 기뻤겠구나. (　　　　　　)

(3) 어제 구두 집어간 게 너였구나. (　　　　　　)

(4) 네가 현주라지? 너무 걱정했나 보구나. (　　　　　　)

(5) 오랜만에 우리 집에 웃음꽃이 피는구나. (　　　　　　)

(6) 이 케이크가 무척 맛있구나. (　　　　　　)

3. 다음 밑줄 그은 말이 현재, 미래(추측), 과거 중 어디에 속하는지 알아보세요.

(1) 너는 그렇게 아프고도 아름다운 노래를 가슴에 지니고 있었구나. (　　　　)

(2) 아차, 너무 잤구나. (　　　　)

(3) 한강의 야경은 언제 보아도 참 예쁘구나. (　　　　)

(4) 일기예보를 보니 내일은 날씨가 좋지 않겠구나. (　　　　)

(5) 빌리가 열심히 공부하는 것을 보니 나중에 한국어 실력이 부쩍 오르겠구나. (　　　　)

(6) 아이구! 더워라. 한국의 여름은 참으로 습하군. (　　　　)

제14과 너는 누구를 찾아?

—의문사를 가진 의문문—

이 단원은 의문사를 가진 의문문형을 연습하는 단원이다. 의문문은 일반적으로 화자가 청자에게 질문하여 대답을 요구하는 문장을 말한다.

☝ 주목하기

문장의 종류	의문문
의문사	체언적인 의문사(의문 대명사), 부사적인 의문사(의문 부사), 관형사적인 의문사(의문 관형사)

(1) 너는 어머니를 찾아? → 너는 누구를 찾아?
(2) 아버지, 오늘 가세요? → 아버지, 언제 가세요?
(3) 이런 일이 있었어요? → 무슨 일이 있었어요?
(4) 네가 오늘 가느냐? → 너는 언제 가느냐?

▪ 기본 문장 ❶

체언적인 의문사를 가진 의문문

너는 어머니를 찾아?

너는 누구를 찾아?

잠깐! 억양이 다른 것에 주의하세요.

너는 어머니를 찾아?↗	너는 누구를 찾아?↘
당신은 저분을 보았소?↗	당신은 어느 분을 보았소?↘
선생님은 분필을 찾으세요?↗	선생님은 무엇을 찾으세요?↘
너는 그것을 먹었어?↗	너는 어느 것을 먹었어?↘
너는 덕수궁으로 가지?↗	너는 어디로 가지?↘
너도 오십 원을 가졌니?↗	너도 얼마를 가졌니?↘

▪ 알아보기

1. 오른쪽의 문형에 쓰인 '누구, 어느 분, 무엇, 어느 것, 어디, 얼마'는 사실을 잘 몰라 청자에게 설명해 주기를 요구하는 체언적인 의문사이다.
2. '누구'는 사람에 대한 의문을 나타낼 때 쓰며, '어느 분'은 둘 이상의 사람 가운데 대상이 되는 사람이 누구인지 물을 때 쓴다. '무엇'은 사실이나 사물에 대한 의문을 나타낼 때 쓰며, '어느 것'은 둘 이상의 것 가운데 대상이 되는 것이 무엇인지 물을 때 쓴다. '어디'는 장소, '얼마'는 수량이나 정도에 대한 의문을 표현하고자 할 때 사용한다.

정리하기 ▌ 의문사가 쓰이지 않는 왼쪽의 문형에서는 문말 억양이 높아지지만 의문사가 쓰인 오른쪽의 문형에서는 문말 억양이 낮아진다.

<연습 1> 다음 의문문의 밑줄 그은 말에 체언적인 의문사를 넣어 문장을 만들어 보고, 억양을 낮추어 읽어 보세요.

(보기) 선생님은 지금 학생들을 가르치십니까?↗ → 선생님은 누구를 가르치십니까?↘

1. 자네는 책을 읽어? →
2. 선생님이 그분을 만나셨어요? →
3. 그가 이것을 샀어요? →
4. 아버지 이태원으로 가시지요? →
5. 어머님 사과를 사셨어요? →

<연습 2> 다음 체언적인 의문사를 가지고 문장을 만들어 보세요.

1. 누구 →
2. 어느 분 →
3. 무엇 →
4. 어느 것 →
5. 어디 →
6. 얼마 →

▪기본 문장 ❷

부사적인 의문사를 가진 의문문

아버지, 오늘 가세요?

아버지, 언제 가세요?

잠깐! 억양이 다른 것에 주의하세요.

아버지, 오늘 가세요?↗ 네가 밥을 잘 지어?↗ 너는 잘 하겠어?↗ 금강산이 매우 아름다워요?↗	아버지, 언제 가세요?↘ 네가 밥을 어떻게 지어?↘ 너는 어찌하겠어?↘ 금강산이 얼마나 아름다워요?↘

▪알아보기

1. '언제, 어떻게, 어찌'는 부사적인 의문사이다.
2. '언제'는 시간에 대한 의문, '어떻게'와 '어찌'는 이유, 방법, 관점 등에 대한 의문을 나타낼 때 사용한다.
3. '얼마'는 원래 체언적인 의문사이나 보조사 '나'가 붙으면 부사로 변한다.

정리하기 ▌ 의문사가 없는 왼쪽의 문형에서는 문말 억양을 높이지만 의문사가 있는 오른쪽의 문형에서는 문말 억양을 낮춘다.

<연습 1> 다음의 밑줄 그은 말에 부사적인 의문사를 넣어서 문장을 만들어 보고, 억양을 낮추어 읽어 보세요.

(보기) 너는 곧 가겠어?↗ → 너는 언제 가겠어?↘

1. 범진아, 너 지금 밥 먹었어? →
2. 이분이 일을 잘 하시겠어요? →
3. 압록강은 매우 깊어요? →
4. 선생님은 내일 떠나셔요? →
5. 백두산 천지는 매우 넓어요? →

<연습 2> 다음 부사적인 의문사를 가지고 문장을 만들어 보세요.

1. 언제 →
2. 어떻게 →
3. 어찌 →
4. 얼마나 →

기본 문장 ❸

관형사적인 의문사를 가진 의문문

이런 일이 있었어요?

무슨 일이 있었어요?

잠깐! 억양이 다른 것에 주의하세요.

이런 일이 있었어요?↗ 새 책을 샀어요?↗ 분홍 꽃이 피었지요?↗	무슨 일이 있었어요?↘ 어떤 책을 샀어요?↘ 어떠한 꽃이 피었지요?↘

알아보기

1. '무슨, 어떤, 어떠한'은 관형사적인 의문사이다.
2. '무슨'은 무엇인지 모르는 일이나 대상, 물건 등을 물을 때, 사물을 특별히 정하여 지목하지 않고 이를 때 쓴다. 또한, 예상 밖의 못마땅한 일을 강조할 때나 반의적인 뜻을 강조할 때도 사용한다. '어떠한(어떤)'은 사람이나 사물의 특성, 내용, 상태, 성격이 무엇인지 물을 때, 주어진 여러 사물 중 대상으로 삼는 것이 무엇인지 물을 때 쓴다.
3. '어떤'은 '어떠한'의 준말이다.

정리하기 ▌ 의문사가 없는 왼쪽의 문형에서는 억양을 높이고 의문사가 있는 오른쪽의 문형에서는 억양을 낮춘다.

<연습 1> 다음 의문문의 밑줄 그은 말에 관형사적인 의문사를 넣어서 문장을 만들어 보고, 억양을 낮추어 보세요.

(보기) 너는 저 사람을 보았지? → 너는 어떤 사람을 보았지?

1. 그런 일을 감당하겠어요? →
2. 그 사람을 보았어요? →
3. 맑은 물이 흐르지요? →
4. 헌책을 팔았지요? →
5. 붉은 연필이 갖고 싶어? →

<연습 2> 다음 관형사적인 의문사를 가지고 문장을 만들어 보세요.

1. 어떤 →
2. 어떠한 →

▪ 기본 문장 ❹

평서문과 의문문의 형식이 다를 때의 의문사를 가진 의문문

네가 오늘 가느냐?

너는 언제 가느냐?

> **잠깐!** 억양이 다른 것에 주의하세요.
>
> | | |
> |---|---|
> | 네가 오늘 가느냐?↗
자네가 책을 보는가?↗
선생님께서 집으로 가십니까?↗ | 너는 언제 가느냐?↘
자네는 무엇을 보는가?↘
선생님께서는 어디로 가십니까?↘ |

▪ 알아보기

1. 왼쪽 문형은 의문사가 쓰이지 않았고 오른쪽 문형은 의문사가 쓰였다.
2. 앞에서 본 ❶, ❷, ❸의 문형은 의문문과 평서문의 형식이 같은 해체, 해요체, 하지체, 하지요체인데 대해서 위의 문장은 평서문과 형식이 다르다.

정리하기 ▌위의 세 문형은 의문문과 평서문의 형식이 다른 문형들로, 앞의 문형들과 마찬가지로 의문사가 있을 때와 없을 때의 문말 억양이 각각 다르다.

<연습 1> 다음 의문문의 밑줄 그은 말에 의문사를 넣어 문장을 만들어서 읽어 보세요.

(보기) 아버지가 지금 오셨느냐? → 아버지는 언제 오셨느냐?

1. 승지가 어제 갔느냐? →
2. 자네가 집을 샀는가? →
3. 빌리가 작년에 한국에 왔습니까? →
4. 시우가 공을 차고 있습니까? →

단원마무리

이 단원에서는 의문사를 가진 의문문에 대해 알아보았는데, 보통의 의문문에서는 문말의 억양이 높아지지만 의문사를 동반한 의문문에서는 억양이 낮추어지는 것을 확인할 수 있었다.

1. 다음 의문문의 밑줄 그은 말에 의문사를 넣어 문장을 만들어 본 후, 소리 내어 읽어 보세요.

(1) 너는 아버지를 만났어? →

(2) 선생님도 거기 가셔요? →

(3) 너는 새 책을 샀지? →

(4) 저분은 어제 도착했느냐? →

(5) 아버지가 만년필을 사 주시겠습니까? →

(6) 어머니는 외가댁에 가시겠어요? →

제15과 내일은 비가 오리라.
—특수한 활용문(추측문, 회상문, 약속문 등)—

이 단원은 특수한 의미를 표현하는 어미가 사용되는 문형을 연습하는 단원이다. 추측의 '-(으)리라', 회상의 '-더라', 약속의 '-(으)마', 허락의 '-(으)려무나', 원칙의 '-느니라', 간섭의 '-(으)라' 등의 어미를 살펴본다.

☝ 주목하기

조사	(이)ㄴ들, (이)야
양태	'-(으)리-'(추측), '-더-'(회상), '-니-'(원칙), '-(으)려무나'(허락)
문장의 확장	인용 부사절을 안은 문장

(1) 오늘은 비가 온다. → 내일은 비가 오리라.
(2) 나나가 오늘 그곳에 간다. → 나나가 어제 그곳에 가더라.
(3) 내가 그림을 그린다. → 내가 그림을 그리마.
(4) 범진아, 책을 읽어라. → 범진아, 책을 읽으렴(려무나).
(5) 사람은 죽는다. → 사람은 죽느니라.
(6) 아버지: '지영아, 이리 들어오너라.' → 아버지가 지영이에게 (방으로) 들어오라고 하신다.

기본 문장 ❶

추측문

오늘은 비가 온다.

내일은 비가 오리라.

> **잠깐!** 어미 '-는/ㄴ다' 등이 '-리라' 등으로 바뀌는 것에 주의하세요.
>
> | | |
> |---|---|
> | 오늘은 비가 온다.(오ㄴ다) | 내일은 비가 오리라. |
> | 여기는 물이 맑다. | 저기는 물이 맑으리라. |
> | 그분은 틀림없이 학자이다. | 그분은 아마 학자이리라. |
> | 내가 지금 밥을 먹는다. | 내가 곧 밥을 먹으리라. |
> | 빌리가 떡을 먹는다. | 빌리가 떡을 먹으랴? |
> | 오늘도 날이 흐리다. | 오늘도 날이 흐릴까?(흐리ㄹ까) |
> | 시운들(시우인들) 별수 없다. | 시운들(시우인들) 별수 있으랴? |
> | 승지야 그럴 리 없다. | 승지야 그럴 리 있으랴? |

알아보기

1. 왼쪽의 '-는/ㄴ다'나 '-다'는 동사, 형용사, 서술격 조사 '이다'의 현재형이다. 오른쪽의 '-리라, -랴, -ㄹ까'는 받침 없는 말 다음에 '-으리라, -으랴, -을까'는 받침 있는 말 다음에 쓰인다.

• 예: <u>오리라</u>, <u>(학자)이리라</u>, <u>가랴</u>; <u>맑으리라</u>, <u>먹으랴</u>, <u>먹을까</u>, <u>있으랴</u>

2. '(이)ㄴ들'은 어떤 조건을 인정한다고 하여도 그 결과로서 기대되는 내용이 부정적임을 나타내는 보조사다. 곧 '시운들 별수 없다'는 '시우라 할지라도 별것 아니라 똑같다'는 것이다. 뒤에 반드시 반어(反語)가 온다.

3. '(이)야'는 '(이)ㄴ들'과는 반대로 '과연 특수함'을 의미하는 보조사다. '승지야 그럴 리 없다'는 '승지는 과연 특별하게도 그럴 리가 없다'는 뜻이다. '(이)야'는 '(이)야말로'로도 쓰인다.

• 예: <u>승지야말로 그럴 리 없다</u>.

4. 오른쪽의 '내일은 비가 오리라.'는 미래의 일을 추측하는 것이고, '맑으리라, 학자이리라'는 현재의 일을 막연히 추측하는 것이요, '먹으리라'는 가까운 장래에

화자(나)가 스스로 하겠다는 의지를 의미하는 것이다.

5. '-(으)리라'는 구어에서는 잘 쓰이지 않고, 보통 '-(으)ㄹ 것이다, -겠다'로 바뀌어 쓰인다.
6. '-(으)랴'는 어떤 일이 일어날 리 없다고 판단하여 반문할 때 쓴다. '빌리가 떡을 먹으랴'는 다시 말하면 '빌리가 떡을 먹을 리가 없다'는 것이다.
7. '-(으)ㄹ까'는 현재나 미래의 일을 의심하여 추측하는 의미를 나타낸다. '오늘도 날이 흐릴까'는 '오늘 날씨가 흐리지 않을까?' 하고 의심하는 것이다.

정리하기 ▌ 현재 및 미래의 사실을 추측해서 말할 때는 현재형의 '-는/ㄴ다'를 '-(으)리라(단순 추측), -(으)랴(반어 추측), -(으)ㄹ까(의심 추측)'로 바꾸면 된다. '지금, 여기' 등이 '내일, 저기' 등으로 바뀌기도 한다. 또 보조사 '(이)ㄴ들, (이)야'의 용법도 살펴보았다.

<연습 1> 다음 '-는/ㄴ다'형을 '-(으)리라'형으로 바꾸어 보세요.

(보기) 저분은 예술가다. → 저분은 예술가(이)리라.

1. 내가 지금 너를 돕는다. →
2. 지금 눈이 온다. →
3. 오늘은 하늘이 흐리다. →
4. 그는 틀림없이 학생이다. →
5. 너에게는 그 일이 어렵다. →

<연습 2> 다음 '-(으)리라'형을 '-겠다, -(으)ㄹ 것이다'로 바꾸어서 그 뜻이 어떻게 다른지 생각해 보세요.

(보기) 오늘은 눈이 오리라. → 오늘은 눈이 오겠다. 오늘은 눈이 올 것이다.

1. 오늘은 날씨가 개리라. →
2. 한강에는 눈이 많으리라. →
3. 저 사람은 도둑이리라. →
4. 내가 그를 힘껏 도와주리라. →
5. 내일은 날씨가 더우리라. →

6. 우리도 저기 한번 가 보리라. →

<연습 3> 다음 현재형에 '-(으)ㄹ까'를 넣어 문장을 만들어 보세요.

(보기) 오늘은 비가 온다. → 오늘은 비가 올까.

1. 그것은 시계다. →
2. 저 산이 매우 높다. →
3. 내일은 날씨가 맑겠다. →
4. 금강산은 매우 아름답다. →
5. 압록강은 가장 길다. →

<연습 4> 다음 밑줄 그은 조사 대신에 '-(이)ㄴ들'을 넣고, 반문하는 문장으로 만들어 보세요.

(보기) 형님도 별수 없어요. → 형님인들 별수 있겠어요?

1. 그것이 어렵다. →
2. 네가 시험에 떨어진다. →
3. 그대가 기분이 나쁘다. →
4. 우리는 그것이 좋지 않다. →

<연습 5> 다음 밑줄 그은 조사 대신에 '(이)야'를 대치하여 문장을 만들어 보세요.

(보기) 나는 없어도 좋지? → 나야 없어도 좋지?

1. 그것은 버릴 수 없지. →
2. 일편단심은 꺾을 수 없다. →
3. 승지는 뭐든 잘하지. →

▪ 기본 문장 ❷

회상문

나나가 오늘 그곳에 간다.

나나가 어제 그곳에 가더라.

> **잠깐!** '-는/ㄴ다' 등이 '-더라' 등으로 바뀌는 것에 주의하세요.
>
> | | |
> |---|---|
> | 나나가 오늘은 그곳에 간다.(가ㄴ다) | 나나가 어제 그곳에 가더라. |
> | 여기는 물이 맑다. | 저기는 물이 맑더라. |
> | 그분은 훌륭한 자선가이다. | 그분은 훌륭한 자선가이더라. |
> | 사람들이 이야기를 합니다.(하ㅂ니다) | 사람들이 이야기를 합디다.(하ㅂ디다) |

▪ 알아보기

'-는/ㄴ다'는 화자의 눈앞에 전개되고 있는 사실을 직접 상대방에게 말하는 것이고, '-더라' 등은 화자가 과거에 경험한 것을 회상하여 상대방에게 전달하는 것이다. 경험한 때가 과거이므로 과거 시제와 관계있는 부사가 보통 함께 쓰인다.

- 예: <u>어제</u>, <u>저기</u>

> **정리하기 ▌** '-더라'는 해라체에 쓰이고 '-(으)ㅂ디다'는 하십시오체에서 쓰인다. '어제, 거기'와 같이 화자가 말하고 있는 때나 장소와 거리가 있는 부사를 사용하는 경우가 많다.

<연습 1> 다음 '-는/ㄴ다'형을 '-더라', '-(으)ㅂ디다'형으로 바꾸어 그 의미가 어떻게 다른지 살펴보세요.

(보기) 여기는 날씨가 <u>맑다</u>. → 저기는 날씨가 <u>맑더라</u>.

1. 너는 지금 책을 본다. →
2. 너는 목소리가 크다. →
3. 저 학생은 우등생이다. →
4. 두 분이 이런 말씀을 하십니다. →
5. 인수는 지금 여기 있다. →

<연습 2> 다음 '-더라'형을 '-는/ㄴ다'형으로 바꾸어 그 의미가 어떻게 달라지는지 살펴보세요.

(보기) 그 호수는 넓더라. → 이 호수는 넓다.

1. 금강산은 경치가 아름답습디다. →
2. 동해의 바닷물은 매우 맑더라. →
3. 범진이도 공부하고 있더라. →
4. 그 지방에는 쌀이 많이 나더라. →
5. 그 집에는 어제 도둑이 들었습디다. →

기본 문장 ❸

약속문

내가 그림을 그린다.

내가 그림을 그리마.

잠깐! 어미 '-는/ㄴ다' 등을 '-(으)마'로 바꾸어 보세요.

내가 거기 간다. (가ㄴ다) 내가 책을 본다. (보ㄴ다) 나는 연필을 깎는다.	내가 거기 가마. 내가 책을 보마. 나는 연필을 깎으마.

알아보기

1. '-(으)마'는 화자가 상대방에게 어찌하겠다고 약속하는 것으로 '-겠다'로 바꿔어 쓰이기도 한다.
2. '-으마'는 받침 있는 말 다음에 쓰이고 '-마'는 받침 없는 말 다음에 쓰인다.

정리하기 ▌ 이 문형은 해라체의 동사에만 쓰이는데, '-는/ㄴ다'를 '-(으)마'로 바꾸면 된다. 1인칭 '나'가 주어가 되어 '-(으)마'와 호응해서 쓰인다.

<연습 1> 다음 '-는/ㄴ다'형을 '-(으)마'로 바꾸어 보세요.

(보기) 나는 공부를 한다. → 나는 공부를 하마.

1. 내가 간다. →
2. 우리는 집을 지킨다. →
3. 나는 새를 잡는다. →
4. 우리도 곧 따라간다. →
5. 나만 피리를 분다. →

<연습 2> 다음 '-(으)마'형을 '-겠다'로 바꾸어 그 뜻이 어떻게 다른지를 살펴보세요.

(보기) 나도 책을 보마. → 나도 책을 보겠다.

1. 나는 문을 닫으마. →
2. 내가 거기에 가마. →
3. 그것은 너한테 주마. →
4. 도착하는 즉시 편지를 부치마. →
5. 합격 선물로 시계를 사주마. →

▪기본 문장 ❹

허락문

범진아, 책을 읽어라.

범진아, 책을 읽으렴.(려무나)

> **잠깐!** 어미 '-어라' 등이 '-(으)렴'으로 바뀌는 것에 주의하세요.
>
> | | |
> |---|---|
> | 범진아, 책을 읽어라.
철수야, 그림을 그려라.
인수야, 이리 오너라. | 범진아, 책을 읽으렴.
철수야, 그림을 그리려무나.
인수야, 이리 오렴. |

▪알아보기

1. '읽어라'는 직접 책을 읽으라고 시키는 데 비해, '읽으렴'은 읽을 것을 실제로 허락하는 것이다.
2. '-으렴'은 받침 있는 말 다음에, '-렴'은 받침 없는 말 다음에 쓰인다. '-(으)렴'은 '-(으)려무나'가 줄어든 것이다.

정리하기▐ 위의 문형은 해라체의 허락적인 명령문이다. '-어라, -아라, -거라, -너라'를 '-(으)렴'으로 바꾼다.

<연습 1> 다음 '-어라'형을 '-(으)렴'으로 바꾸어 두 가지의 뜻이 어떻게 다른지를 살펴보세요.

1. 지영아, 네가 가거라. →
2. 시우야, 네가 신문을 읽어라. →
3. 줄리앙, 글씨를 써라(쓰어라). →
4. 빌리도 여기 한번 오너라. →
5. 그것은 나나에게 주어라. →

기본 문장 ❺

원칙 평서문

사람은 죽는다.

사람은 죽느니라.

잠깐! '-는/ㄴ다'가 '-느니라' 등으로 바뀌는 것에 주의하세요.

사람은 죽는다. 인심은 변하기 쉽다. 보름에는 달이 밝다. 잘 사는 것도 제 팔자다.	사람은 죽느니라. 인심은 변하기 쉬우니라(쉽으니라). 보름에는 달이 밝으니라. 잘 사는 것도 자기 팔자니라.

알아보기

1. 위의 문형은 원칙적인 사실을 상대방에게 설명하여 주의를 환기시키는 역할을 한다. 실제 언어 사실에서는 잘 쓰이지 않고 주로 '-는/ㄴ다'로 바뀌어 쓰인다.
2. '-느니라'는 동사 다음, '-(으)니라'는 받침 있는 형용사 다음에 쓰이고, '-니라'는 받침 없는 형용사나 서술격 조사 '이다' 다음에 쓰인다.

- **예: 죽느니라, 쉬우니라(쉽으니라), 밝으니라, 희니라, 팔자니라.**

정리하기 ▌ 위의 문형은 해라체에 쓰이는 원칙적인 사실을 알려주어 주의를 환기하는 문형이다. '-는/ㄴ다, -다'를 '-느니라, -(으)니라'로 바꾸면 된다.

<연습 1> 다음 '-는/ㄴ다'를 '-느니라' 등으로 바꾸어서 그 뜻이 어떻게 달라지는지 살펴보세요.

(보기) 짐승은 은혜를 갚는다. → 짐승은 은혜를 갚느니라.

1. 큰 아이가 울면 못 쓴다. →
2. 무궁화는 빛깔이 곱다. →
3. 그는 서예가(이)다. →
4. 겨울에는 날씨가 춥다. →
5. 가을에는 하늘이 맑다. →

▪기본 문장 ❻

직접 화법과 간접 화법

아버지 : '지영아, 이리 오너라.'

아버지가 지영이에게 (방으로) 들어오라고 하신다.

잠깐! 어미 '-너라' 등이 '-라'로 바뀌는 것에 주의하세요.

직접 화법	간접 화법
아버지 : 지영아, 이리 들어오너라.	아버지가 지영이에게 (방으로) 들어오라고 하신다.
어머니 : 철수야, 공부해라(하여라).	어머니가 철수에게 공부하라고 하신다.
아저씨 : 인수야, 밥 먹어라.	아저씨가 인수에게 밥 먹으라고 하셨다.

▪알아보기

위의 왼쪽 문형은 직접 화법에 쓰이는 명령문형이고 오른쪽 문형은 간접 화법에 쓰이는 명령문형이다. 직접 화법의 명령형 어미 '-너라, -여라, -어라'가 간접 화법에서는 '-(으)라'로 바뀌어 쓰였고, '고'가 다음에 와서 함께 쓰였다. '고'는 간접 화법에 쓰이는 인용 조사다.

정리하기 ▌ 직접 화법에 쓰이는 명령형 어미 '-너라, -여라, -어라' 등은 간접 화법에 와서는 받침이 있을 때는 '-으라', 없을 때는 '-라'로 바뀐다.

<연습 1> 다음 직접 화법을 간접 화법으로 바꾸어 보세요.[2)]

(보기) 인철 : 어머니, 앉으십시오. → 인철이는 어머니에게(께) 앉으시라고 말씀드렸다.

1. 시우 : 아버지, 빨리 오십시오. →
2. 어머니 : 승지야, 빨리 자거라. →
3. 선생 : 스칼렛이 거기를 한 번 읽어 보아. →
4. 아저씨 : 줄리앙도 영화관에 가거라. →
5. 나나 : 선생님, 그것을 다시 한번 설명해 주셔요. →

---

2) 직접 화법을 간접 화법으로 바꿀 때에는, 직접 화법의 명령형 어미 '-너라, -여라, -어라' 등을 '-으라, -라'로 바꾸고 뒤에 인용 조사 '고'를 붙인다. 그리고 직접 화법의 화자를 주어로, 청자를 부사어로 설정하여 간접 화법의 문장을 만들 수 있다.

단원마무리

이 단원에서는 특수한 의미를 표현하는 어미, 즉 추측의 '-(으)리라', 회상의 '-더라', 약속의 '-(으)마', 허락의 '-(으)려무나', 원칙의 '-느니라', 간접의 '-(으)라' 등으로 만들어지는 문형을 살펴보았다.

1. 다음 '-는/ㄴ다' 형들을 ( ) 속에 제시한 어미로 바꾸어 문장을 만들어 보세요.

(1) 여기는 날씨가 덥다. (-더라) →

(2) 학생들이 의견을 발표합니다. (-ㅂ디다) →

(3) 여기는 사람이 많다. (-으리라) →

(4) 그분이 지금 책을 읽는다. (-으리라) →

(5) 내가 거기 간다. (-마) →

(6) 너부터 오너라. (-렴) →

(7) 빌리야, 그것만 읽어라. (-으렴) →

(8) 금은 귀하다. (-니라) →

(9) 봄, 가을에는 날씨가 흐리다. (-니라) →

(10) 사람은 옳게 살아야 한다. (-느니라) →

제16과 어머니가 방에 계시다.
—존재사(있다, 없다, 계시다)문—

이 단원은 '있다'와 '없다', 그리고 '있다'는 높임말인 '계시다'가 사용된 문형을 연습하는 단원이다. '없다'의 경우 형용사와 활용이 비슷해 대부분 국어사전에서 형용사로만 표시한다. '있다'의 경우 대체로 '소재'의 의미일 경우에는 동사로, '소유'의 의미일 경우 형용사로 처리한다.

☝ 주목하기

문장의 종류	평서문, 의문문
상대높임법	하십시오체, 해요체, 해라체
시제	현재

(1) 동생이 방에 있다. → 아버지가 방에 계시다.
(2) 동생이 집에 없다. → 아버지가 집에 안 계신다.
(3) 동생은 돈이 있다. → 어머니는 돈이 있으시다.
(4) 동생은 돈이 없다. → 어머니는 돈이 없으시다.

▪ 기본 문장 ❶

'계시다' 문

동생이 방에 있다.

아버지가 방에 계시다.

> **잠깐!** '있다'와 '계시다'에 주의하세요.
>
> | 동생이 방에 있다.
학생들이 교실에 있다.
아이들이 식당에 있다. | 아버지가 방에 계신다.
선생님이 교실에 계신다.
어른들이 식당에 계신다. |
> |---|---|

▪ 알아보기

'있다'와 '계시다'는 같은 뜻을 가진 말이기는 하지만 '있다'는 '동생, 학생들'과 같이 높임의 대상이 아닌 사람에 대해서 쓰고, '계시다'는 '아버지, 선생님'과 같이 높임의 대상이 되는 사람에 대해서 쓰는 말이다.

정리하기 ▌ '계시다'는 '있다'의 높임말로서 문장의 주어로 쓰이는 인물을 높일 때 쓰는 말이다. 곧 '계시다'는 항상 윗사람과 함께 쓰인다.

<연습 1> 다음 문장에서 잘못 쓰인 '있다'와 '계시다'를 맞게 고쳐 보세요.

(보기) 범진이는 마당에 <u>계신다</u>. → 범진이는 마당에 <u>있다</u>.

1. 시우는 교실에 <u>계신다</u>. →
2. 나는 집에 <u>계신다</u>. →
3. 어른들이 의자에 앉아 <u>있다</u>. →
4. 어머니가 부엌에 <u>있다</u>. →
5. 선생님이 교실에 <u>있다</u>. →

기본 문장 ❷

'안 계시다'문

동생이 집에 없다.

아버지가 집에 안 계신다.

잠깐! '없다'와 '안 계시다'에 주의하세요.

동생이 집에 없다. 동생이 방에 없다. 학생들이 강의실에 없다.	아버지가 집에 안 계신다. 어른들이 방에 안 계신다. 선생님들이 강의실에 안 계신다.

알아보기

'안 계시다'는 '없다'와 같은 뜻을 가진 말이기는 하지만, '없다'는 높임의 대상이 아닌 사람에 대해서 쓰는 말이고 '안 계시다'는 주어가 높임의 대상일 때 쓰인다.

정리하기 ▌ '안 계시다'는 '없다'의 높임말로서 윗사람과 함께 쓰인다.

<연습 1> 다음 문장에서 잘못 쓰인 '안 계시다'와 '없다'를 맞게 고쳐 보세요.

(보기) 아버지는 방에 <u>없다</u>. → 아버지는 방에 <u>안 계신다</u>.

1. 지영이는 부엌에 <u>안 계신다</u>. →
2. 어머니는 부엌에 <u>있어요</u>. →
3. 학생들은 교실에 <u>안 계세요</u>. →
4. 어른들이 카페에 <u>없습니다</u>. →
5. 아이들이 운동장에 <u>안 계십니다</u>. →

▪ 기본 문장 ❸

'있으시다'문

동생이 돈이 있다.

어머니는 돈이 있으시다.

잠깐! '있다'와 '있으시다'에 주의하세요.

동생은 돈이 있다. 철수는 실력이 있다. 저 사람은 할 말이 있다.	어머니는 돈이 있으시다. 김 선생님은 실력이 있으시다. 저분은 하실 말씀이 있으시다.

▪ 알아보기

'있으시다'는 '없다'의 반대되는 말이기는 하나, '계시다'와는 달리 주어를 직접 높이는 것이 아니고, 높임 대상의 신체의 일부분이나 소유물, 가속 등을 간접적으로 높일 때 쓰인다.

정리하기 ▌ '있으시다'는 '있다'의 높임말로서 높임 대상에 소속되어 있는 일이나 물건과 호응해서 쓰인다.

<연습 1> 다음 문장은 '계시다'와 '있으시다'가 잘못 쓰였는데 맞게 고쳐 보세요.

(보기) 아버지는 돈이 계십니다. → 아버지는 돈이 있으십니다.

1. 그분은 어디 있으십니까? →
2. 또 다른 의견이 계십니까? →
3. 아버지는 수염이 계십니다. →
4. 저분은 댁에 있으십니까? →
5. 선생님이 저기 와 있으십니다. →

기본 문장 ❹

'없으시다'문

동생은 돈이 없다.

어머니는 돈이 없으시다.

잠깐! '없다'와 '없으시다'에 주의하세요.

동생은 돈이 없다. 철수는 모자가 없다. 그 사람은 할 말이 없다.	어머니는 돈이 없으시다. 아버지는 모자가 없으시다. 그분은 하실 말씀이 없으시다.

알아보기

'없으시다'는 '없다'와 뜻이 같은 말이기는 하나, '있으시다'와 같이 윗사람과 관계되는 일이나 물건을 간접적으로 높일 때 쓰인다.

정리하기 ▌ '없으시다'는 '없다'의 높임말로서 윗사람과 관계있는 물건이나 일과 함께 쓰인다.

<연습 1> 다음 문장에서 잘못 쓰인 '안 계시다'와 '없으시다'를 맞게 고쳐 보세요.

(보기) 어머니는 돈이 안 계십니다. → 어머니는 돈이 없으십니다.

1. 아버지는 옷이 안 계시다. →
2. 어머니가 부엌에 없으시다. →
3. 그분은 댁에 없으십니까? →
4. 아저씨는 돈이 안 계셔요. →
5. 큰어머니는 핸드백이 안 계십니다. →

단원마무리

이 단원에서는 '있다, 없다, 계시다, 안 계시다, 있으시다, 없으시다' 등의 용법에 대해 알아보았다.

1. 다음의 틀린 문장을 바르게 고쳐 보세요.

(1) 선생님이 방에 있다. →

(2) 아버지가 집에 없다. →

(3) 동생은 돈이 없으시다. →

(4) 김 선생님만 가족이 없다. →

(5) 어머니는 부엌에 있습니다. →

(6) 학생들은 교실에서 공부하고 계셔요. →

(7) 동생이 물을 마시고 계셔요. →

(8) 어머니가 빨래를 하고 있어요. →

제17과 나는 책과 커피를 좋아한다.
—체언 접속문('와/과' 접속문)—

이 단원은 접속문 중 체언이 이어진 문형을 연습하는 단원이다. 체언 접속문은 접속 조사 '와/과, 며, 이나' 등을 사용하여 체언을 이어 표현하는 것이다.

☝ 주목하기

조사	와/과, (이)며, (이)나
문장의 종류	평서문
상대높임법	하십시오체, 해요체, 해라체
시제	현재, 과거, 미래

(1) 철수가 공부한다. → 철수와 영희가 공부한다.
(2) 저것은 공책이다. → 저것은 공책과 연필이다.
(3) 나는 닭을 기른다. → 나는 닭과 오리를 기른다.
(4) 영희가 왔다. → 영희며 철수며 왔다.
(5) 나는 사과를 먹겠다. → 나는 사과나 딸기를 먹겠다.

기본 문장 ❶

접속된 주어문

철수가 공부한다.

철수와 영희가 공부한다.

> **잠깐!** 조사 '와' 등에 주의하세요.
>
> | 철수가 공부한다.
닭이 모이를 먹는다.
범진이도 운동을 한다.
빌리만 달린다.
빌리도 말한다. | 철수와 영희가 공부한다.
닭과 오리는 모이를 먹는다.
범진이와 철수도 운동한다.
빌리와 범진이만 달린다.
빌리도 철수도 말한다. |
> |---|---|

알아보기

1. '과'는 받침 있는 말 아래 쓰이고 '와'는 받침 없는 말 아래 쓰인다.

- **예: 닭과, 철수와**

2. '도'는 주어와 목적어에 두루 쓰여 '역시'의 뜻을 더해 주는 것이나(제1과 기본 문장 ❸을 보세요), 두 말을 잇는 데 쓰이는 일도 있다.

- **예: 빌리도, 철수도**

3. 위의 접속된 주어문은 두 문장이 이어진 것이라 할 수 있다.[1)]

- **예: 철수와 영희가 공부한다. ← 철수가 공부한다. + 영희가 공부한다.**

> **정리하기 ▌** 위의 문장은 접속 조사 '과/와'나 '도'에 의해서 주어가 동등하게 확대된 문형이다.

<연습 1> 아래의 문장의 주어를 (   ) 속에 제시한 말을 가지고 확대해 보세요.

(보기) 책이 있다. (연필) → 책과 연필이 있다.

1. 소는 풀을 먹는다. (말) →

2. 말이 뛴다. (토끼) →

---

1) 최근에는 '철수와 영희가 공부한다'를 '주어+서술어'가 한 번만 나타난 단문으로 보는 경우가 더 많다.

3. 범진이만 집으로 갔다. (지영) →
4. 밥도 많다. (반찬) →

<연습 2> 아래 두 문장의 주어를 괄호 속에 제시한 조사로 이어 보세요.

(보기) 공책이 많다. 연필이 많다. (과) → 공책과 연필이 많다.

1. 종이가 있다. 연필이 있다. (와) →
2. 거기에 자갈이 많다. 거기에 모래가 많다. (과) →
3. 가위가 없다. 풀이 없다. (와) →
4. 마트에 과자가 없다. 마트에 음료수가 없다. (와) →
5. 줄리앙도 울었다. 스칼렛도 울었다. (과) →

기본 문장 ❷

접속된 서술격 조사 '이다'문

저것은 공책이다.

저것은 공책과 연필이다.

잠깐! 조사 '과' 등에 주의하세요.

저것은 공책이다. 이것은 바위다. 그것은 연필이다.	저것은 공책과 연필이다. 이것은 바위나 돌이다. 그것은 연필 또는 볼펜이다.

알아보기

1. 위의 접속된 서술문은 두 문장이 이어진 것이라 할 수 있다(본과 기본 문장 ❶을 보세요).
2. '또는'은 접속의 의미를 드러내기는 하나 조사가 아니고 접속 부사이다.

정리하기 ▌ 위의 문형은 접속 조사 '과/와'와 접속 부사 '또는'에 의해서 서술격 조사가 동등한 자격으로 확대된 것이다.

<연습 1> 아래 문장의 서술어를 (   ) 속에 제시한 말을 가지고 확대해 보세요.

(보기) 저것은 떡이다. (고기) → 저것은 떡과 고기다.

1. 이것은 붓이다. (물감) →
2. 저것은 자다. (색연필) →
3. 저것은 잉크다. (펜) →
4. 거기는 화장실이다. (목욕탕) →

<연습 2> 아래 두 문장의 서술어들을 괄호 속에 제시한 조사나 접속 부사로 이어 보세요.

(보기) 그것은 배다. 그것은 사과다. (와) → 그것은 배와 사과다.

1. 그것은 떡이다. 그것은 곶감이다. (과) →
2. 거기는 산이다. 거기는 계곡이다. (과) →
3. 그것은 국이에요. 그것은 밥이에요. (과) →
4. 그것은 문형이다. 그것은 발음이다. (과) →
5. 내일은 눈이 오겠다. 내일은 비가 오겠다. (또는) →

기본 문장 ❸

접속된 목적어문

나는 닭을 기른다.

나는 닭과 오리를 기른다.

잠깐! 조사 '과' 등에 주의하세요.

나는 닭을 기른다.	나는 닭과 오리를 기른다.
그가 공책을 샀다.	그가 공책과 연필을 샀다.
나는 차도 마시겠다.	나는 차와 술도 마시겠다.
나는 택시만 탔다.	나는 택시와 버스만 탔다.
그는 밥도 먹는다.	그는 밥도 반찬도 먹는다.

알아보기

'과'는 둘 이상의 사물이나 사람을 같은 자격으로 이어 주는 접속 조사이다.

정리하기 ▌ 위의 문형은 접속 조사 '와, 과, 도'에 의하여 목적어로 쓰인 체언이 동등하게 확대된 것이다.

<연습 1> 아래 문장의 목적어를 (　) 속에 제시한 말을 가지고 확대해 보세요.

(보기) 붓을 가져오세요. (물감) → 붓과 물감을 가져오세요.

1. 우리는 토끼를 잡았다. (새) →
2. 그가 공책을 가졌다. (연필) →
3. 나는 가위도 사겠다. (풀) →
4. 우리는 과자도 먹었다. (밥) →
5. 나는 빌리도 좋아한다. (철수) →

<연습 2> 아래 문장의 목적어를 괄호 속에 제시한 조사로 이어 보세요.

(보기) 지영이는 감을 좋아한다. 지영이는 밥을 좋아한다. → 지영이는 감과 밥을 좋아한다.

1. 승지는 사과를 깎는다. 승지는 배를 깎는다. (와) →
2. 아버지는 신문을 읽으신다. 아버지는 잡지를 읽으신다. (과) →
3. 줄리앙은 양말을 샀다. 줄리앙은 장갑을 샀습니다. (과) →
4. 우리는 바다를 싫어합니다. 우리는 호수를 싫어합니다. (와) →
5. 그들은 산을 좋아한다. 그들은 바다도 좋아한다. (도) →

기본 문장 ❹

특수하게 접속된 주어문

영희가 왔다.

영희며 철수가 왔다.

잠깐! 조사 '며' 등에 주의하세요.

영희가 왔다.	영희며 철수며 왔다.
철수가 가겠다.	철수나 영희가 가겠다.
범진이가 왔다.	범진이하고 지영이하고 왔다.
비가 오겠다.	비 또는 눈이 오겠다.

알아보기

1. '(이)며'와 '하고'는 '과/와'와 비슷한 의미의 접속 조사이고, '(이)나'는 접속 조사이긴 하지만, '철수'나 '영희' 중 어느 한 사람이 가겠다는 것으로 '선택'의 뜻이 있다(제9과 기본 문장 ❸을 보세요). '(이)며'와 '(이)나'는 받침이 있을 때는 '이'가 더 들어간다.

• **예: <u>붓이며</u>, <u>책이며</u>, <u>붓이나</u>, <u>책이나</u>**

2. '또는'은 접속의 의미를 지녔다는 점에서 '와/과'와 같다고 하겠으나 조사는 아니고 접속 부사다. 이는 '혹은'으로도 쓰인다(본과 기본 문장 ❷를 보세요).

정리하기 ▌ 위의 문형은 주어가 접속 조사에 의하여 동등하게 되었다는 점으로 보면 '와/과' 등과 비슷하나, 확대된 문형에서 주어 표시의 조사는 쓰이지 않고, 접속 조사가 반복되는 것이다. 조사가 아닌 접속 부사 '또는'은 그렇지 않다.
(보기) 영희며, 철수며

<연습 1> 아래 두 문장의 주어를 괄호 속에 제시한 조사로 이어 보세요.

(보기) 지영이가 갔다. 스칼렛이 갔다. (며) → 지영이며 스칼렛이 왔다.

1. 총이 많이 쌓여 있다. 칼이 많이 쌓여 있다. (며) →
2. 기차가 있을 것이다. 버스가 있을 것이다. (나) →
3. 철수가 운동한다. 영희가 운동한다. (하고) →
4. 홍차가 있습니다. 커피가 있습니다. (하고) →
5. 승지가 가야 한다. 시우가 가야 한다. (나) →

<연습 2> 아래 조사나 접속 부사를 가지고 주어를 확대시켜 문장을 만들어 보세요.

1. (이)며 →
2. (이)나 →
3. 하고 →
4. 또는 →

기본 문장 ❺

특수하게 접속된 목적어문

나는 사과를 먹겠다.

나는 사과나 딸기를 먹겠다.

잠깐! 조사 '이나' 등에 주의하세요.

나는 사과를 먹겠다.	나는 사과나 딸기를 먹겠다.
나는 배를 먹었다.	나는 배며 사과며 먹었다.
펜을 가져오세요.	펜하고 종이하고 가져오세요.
우리는 책을 사겠다.	우리는 책 혹은 연필을 사겠다.
나는 밥을 많이 먹었다.	나는 밥이랑 떡이랑 많이 먹었다.
나는 치킨을 많이 먹었다.	나는 치킨에다 술에다 많이 먹었다.

알아보기

'(이)나, (이)며, 하고'는 목적어를 연결시키는 접속 조사이며, '에다, 이랑'은 '과/와' 같이 체언을 접속시키는 것이다. '혹은'은 '또는'과 같은 접속 부사이다.

정리하기▮ 위의 문형은 목적어가 접속 조사에 의하여 동등하게 결합된 것이다. 그러나 '와/과'와는 달리 이들 조사가 반복된다. '혹은'은 그렇지 않다.

<연습 1> 아래 두 문장의 목적어를 괄호 속에 제시한 조사나 접속 부사를 가지고 이어 보세요.

(보기) 나는 소설을 읽겠다. 나는 수필을 읽겠다. (나) → 나는 소설이나 수필을 읽겠다.

1. 컵을 가져오세요. 물을 가져오세요. (하고) →
2. 떡볶이를 먹겠다. 튀김을 먹겠다. (나) →
3. 우리는 옷을 구경했다. 우리는 신발을 구경했다. (이며) →
4. 우리들은 구두를 사겠다. 우리들은 운동화를 사겠다. (혹은) →
5. 그분은 커피를 많이 팔았다. 그분은 토스트를 많이 팔았다. (랑) →

<연습 2> 아래 조사나 접속 부사를 가지고 목적어를 확대하여 문장을 만들어 보세요.

1. (이)나 →
2. 하고 →
3. (이)며 →
4. 혹은 →
5. (이)랑 →
6. 에다 →

단원마무리

이 단원에서는 주어, 서술어, 목적어에 쓰인 체언을 접속 조사나 접속 부사에 의하여 동등한 자격으로 확대하는 문형에 대해 알아보았다.

1. 아래 문장의 밑줄 그은 부분을 ( ) 속에 제시한 말로 확대해 보세요.

(1) 나는 학생이다. (너) →

(2) 이것은 의자다. (책상) →

(3) 우리는 배를 먹었다. (사과) →

(4) 그는 버스도 탄다. (택시) →

(5) 철수가 꽃밭을 만듭니다. (영희) →

(6) 지영이는 할아버지께 인사를 하였습니다. (할머니) →

2. 밑줄 그은 접속 조사에 주의하면서 아래 문장을 읽어 보세요.

(1) 흰 염소와 검은 염소는 다리 위에서 싸웠습니다.

(2) 철수와 영이는 종이배를 가지고 냇가로 갔습니다.

(3) 할아버지와 할머니와 아버지와 어머니가 모두 웃으셨습니다.

(4) 범진이는 새 책과 새 공책을 가방에 넣고 집을 나섰습니다.

(5) 시우는 새 책과 새 공책, 새 필통을 꺼내서 책상 속에 넣었습니다.

(6) 시곗바늘은 낮이나 밤이나 쉬지 않고 돌아갑니다.

(7) 이야기를 글로 쓴 것을 소설이나 동화라고 한다.

(8) 아버지도 어머니도 웃으셨습니다.

(9) 빌리하고 스칼렛하고 공원에 가서 놀았습니다.

제18과 중요 문형 연습

이 단원은 제1과부터 제17과에서 다루었던 중요한 문형을 연습하는 단원이다.

1. 이것이 책이다. → 이것이 책이냐?

(1) 그것은 공책이다. →

(2) 저것은 연필이다. →

(3) 이것만 의자다. →

2. 저것이 책입니다. → 저것이 책입니까?

(1) 이것은 잉크입니다. (잉큽니다) →

(2) 그것도 책입니다. →

(3) 저것만 기차입니다. (기찹니다) →

3. 여기가 남산이야. → 여기가 남산이야?

(1) 저기는 공원이야. →

(2) 여기도 연못이야. →

(3) 거기만 학교야. →

4. 여기가 남산이에요. → 여기가 남산이에요?

(1) 저기는 체육관이에요. →

(2) 저기도 카페예요. →

(3) 여기만 정문이에요. →

5. 저것이 책이지. → 저것이 책이지?

(1) 저것은 모자지. →

(2) 이것도 옷이지. →

(3) 그것만 볼펜이지. →

6. 여기가 버스 정류장이지요. → 여기가 버스 정류장이지요?

(1) 저기는 학교지요. →

(2) 여기도 병원이지요. →

(3) 저기만 교문이지요. →

7. 물이 맑다. → 물이 맑으냐?

(1) 바다는 넓다. →

(2) 오늘은 날씨도 흐리다. →

(3) 나나가 키만 작다. →

8. 물이 맑습니다. → 물이 맑습니까?

(1) 잎은 푸릅니다. →

(2) 스칼렛은 얼굴만 예쁩니다. →

(3) 책이 두껍습니다. →

9. 책이 얇아. → 책이 얇아?

(1) 종이는 깨끗해. →

(2) 꽃도 예뻐. →

(3) 운동장만 넓어. →

10. 키가 커요. → 키가 커요?

(1) 산이 높아요. →

(2) 얼굴도 예뻐요. →

(3) 경치만 좋아요. →

11. 길이가 짧지. → 길이가 짧지?

(1) 날씨가 춥지. →

(2) 여름은 덥지. →

(3) 봄은 따뜻하지. →

12. 겨울은 춥지요. → 겨울은 춥지요?

(1) 배가 고프지요. →

(2) 귀도 아프지요. →

(3) 눈이 어둡지요. →

13. 비가 온다. → 비가 오느냐?

(1) 아기가 웃는다. →

(2) 나나도 잔다. →

(3) 철수만 운다(울ㄴ다). →

14. 철수가 온다. → 철수야, 네가 오너라.

(1) 시우가 공부한다. →

(2) 빌리도 운동한다. →

(3) 승지만 간다. →

15. 범진이가 간다. → 범진아, 나하고 (같이) 가자.

(1) 빌리가 앉는다. →

(2) 시우도 공부한다. →

(3) 철수만 있다. →

16. 어머니가 저리 가십니다. → 어머니, 저리 가십시오.

(1) 아버지가 이리 오십니다. →

(2) 할아버지도 저기 계십니다. →

(3) 아저씨만 여기 앉으십니다. →

17. 형님이 가십니다. → 형님, 저하고 (같이) 가십시다.

(1) 아주머니가 서십니다. →

(2) 할머니도 웃으십니다. →

(3) 어머니만 누우십니다. →

18. 범신이가 놀아. → 범진아, 나와 (같이) 놀아.

(1) 나나가 잔다. →

(2) 지영이도 가. →

(3) 승지만 놀아. →

19. 철수는 신발을 신는다. → 철수야, 신발을 신어라.

(1) 시우가 글씨를 쓴다. →

(2) 빌리가 줄도 긋는다. →

(3) 지영이는 물만 마신다. →

20. 시우가 과자를 먹어. → 시우야, 과자를 먹어.

(1) 지영이가 노래는 불러. →

(2) 철수가 모자도 써. →

(3) 범진이는 나나만 생각해. →

21. 바람이 붑니다. → 바람만 붑니다.

(1) 거기가 교문입니다. →

(2) 범진이는 성적이 우수합니다. →

(3) 지영이가 신문을 읽습니다. →

22. 범진이도 일어나거라. → 범진이부터 일어나거라.

(1) 너도 이리 오너라. →

(2) 시우도 손을 들어라. →

(3) 나나도 먼저 가거라. →

23. 거기는 한라산이다. → 거기가 한라산이다.

(1) 사람은 많다. →

(2) 빌리는 앉는다. →

(3) 나는 바다를 좋아한다. →

24. 지영이부터 떠났다. → 지영이마저 떠났다.

(1) 나부터 가겠다. →

(2) 너부터 오겠느냐. →

(3) 시우부터 서라. →

25. 백 명이 모였습니다. → 백 명이나 모였습니다.

(1) 사흘이 지났습니다. →

(2) 세 시가 되었습니다. →

(3) 얼마가 왔습니까? →

26. 사과가 많으냐? → 사과나마 많으냐?

(1) 된장이 있느냐? →

(2) 연필이 있습니까? →

(3) 옷이 있어요? →

27. 나야말로 갈 수 없다. → 난들(나ㄴ들) 갈 수 있어?

(1) 그분이야말로 인격자다. →

(2) 이것이야말로 훌륭하다. →

(3) 너야말로 거기 갈 수 있다. →

28. 내가 너는 싫어한다. → 내가 너만 싫어한다.

(1) 아버지가 매일 신문은 읽으신다. →

(2) 선생님이 시우는 좋아하신다. →

(3) 아버지가 바둑은 두신다. →

29. 지영이는 책도 읽어라. → 지영이는 책만 읽어라.

(1) 동생은 밥도 먹는다. →

(2) 빌리는 운동도 한다. →

(3) 우리는 공책도 샀다. →

30. 아버지가 나부터 부르신다. → 아버지가 나까지 부르신다.

(1) 어머니는 식탁부터 닦으신다. →

(2) 아버지는 사과부터 잡수셨다. →

(3) 선생님은 이야기부터 해주셨다. →

31. 우리는 저녁조차 굶었다. → 우리는 저녁마저 굶었다.

(1) 그 애는 연필조차 잃었다. →

(2) 동생은 딸기조차 싫어했다. →

(3) 언니는 과일조차 먹지 않았다. →

32. 지영이를 부르자. → 지영이나 부르자.

(1) 떡을 먹자. →

(2) 신문을 보자. →

(3) 잠을 잡시다. →

33. 아무라도 보내시오. → 아무든지 보내시오.

<참고> '라도'는 '구별하지 아니함'을 의미하는 보조사다.

(1) 누구라도 가셔요. →

(2) 무엇이라도 잡수셔요. →

(3) 아무라도 가시오. →

34. 이것도 더 받아라. → 이것이나마 더 받아라.

(1) 저것도 먹을까? →

(2) 밥도 더 먹겠어요. →

(3) 신문도 읽겠어요. →

35. 벌을 받았어요. (상) → 상은커녕 벌을 받았다.

(1) 홀대를 받았다. (환영) →

(2) 백 원도 못 벌었다. (천 원) →

(3) 이틀도 더 걸리겠다. (하루) →

36. 나는 지금 신문을 본다. → 나는 아까 신문을 보았다.

(1) 오늘 눈이 옵니다. →

(2) 지금 시우가 갑니다. →

(3) 나는 지금 밥을 먹는다. →

37. 나는 어제 영화관에 갔다. → 나는 엊그제 영화관에 갔었다.

(1) 철수는 우등생이었다. →

(2) 작년에는 눈이 많이 왔다. →

(3) 지난 봄에 형님은 미국에 가셨다. →

38. 거기는 비가 오겠다. → 거기는 비가 왔겠다.

(1) 저기는 사람이 많이 보이겠다. →

(2) 그 쥐는 곧 죽겠다. →

(3) 그 사람은 곧 돌아오겠다. →

39. 아버지가 옵니다. → 아버지가 오십니다.

(1) 아저씨도 갔겠어요. →

(2) 어머니는 음식을 만듭니다. →

(3) 아주머니는 빨래를 합니다. →

제2부

조금 복잡한 문장(기본 문장의 확장)

제19과 예쁜 꽃이 피어 있다.

—관형사·관형사형에 의해 확대된 체언문—

이 단원은 관형사와 관형사형 어미에 의하여 확대된 체언문의 문형을 연습하는 단원이다. 관형사는 체언 앞에 놓여서, 그 체언의 내용을 꾸며 주는 품사이다. 관형사형 어미는 용언의 어간에 붙어 관형사와 같은 기능을 수행하게 하는 어미이다.

☝ 주목하기

조사	까지
관형사형 어미	-는, -(으)ㄴ, -(으)ㄹ, -던

(1) 이 사람이 합격했습니다.
(2) 흐르는 물은 썩지 않는다.
(3) 밝은 달이 솟아 있다.
(4) 저곳에도 비가 올 것이다.
(5) 예전에 자주 가던 식당의 김치찌개가 그립다.

기본 문장 ❶

관형사에 의해 확대된 것

이 사람이 합격했습니다.

> **잠깐!** 관형사의 용법에 유의하세요.
>
> [이] 사람이 합격했습니다.
> 시우가 [그] 책을 샀습니다.
> 시우가 사고 싶어 했던 책이 [저] 책이지요.
> [어떤] 학생이 찾아왔습니까?
> [저런] 학생은 공부를 잘합니다.
> [한] 사람이 [두] 아이를 데리고 왔지요.

알아보기

1. '이, 그, 저'는 사물을 지시하는 지시 관형사이다. 관형사는 활용하지 않으며, 반드시 체언 앞에 쓰인다.
2. '어떤, 저런'도 관형사의 하나이다.
3. 수사는 사물의 수량이나 순서를 나타내는 품사이고, 수관형사는 사물의 수나 양을 나타내는 관형사이다. 하나부터 넷까지는 수사와 수관형사의 형식이 다르지만, 다섯부터는 둘의 형식이 같다.

정리하기 ▮ 위의 문형은 체언 앞에 관형사를 더함으로써 문장이 확대된 것이다.
(보기) 사람 → 이 사람

<연습 1> 다음 문장을 괄호 속에 제시한 관형사를 이용하여 확대하세요.

(보기) 신발은 적다. (헌) → 헌 신발은 적다.

1. 책이 많다. (새) →
2. 사람이 모였다. (여러) →
3. 신문을 드릴까요. (어느) →

4. 학생이 찾아왔어요. (어떤) →

5. 이야기를 듣고 싶니? (무슨) →

<연습 2> 다음 밑줄 그은 관형사를 괄호 속에 제시한 수사나 관형사로 바꿔 보고 문장의 뜻이 어떻게 달라지는지 알아보세요.

(보기) 종이 두 장을 가져와라. (셋) →종이 셋을 가져와라.

1. 우리는 사과 네 개를 먹었습니다. (다섯) →

2. 새 신을 신어라. (헌) →

3. 다섯 사람이 모이면 그 일을 할 수 있다. (스물) →

4. 백지 두 장만 주세요. (셋) →

5. 나는 사과를 열두 개나 샀다. (열하나) →

<연습 3> 다음 관형사를 가지고 문장을 지어 보세요.

1. 어떤 →

2. 무슨 →

3. 모든 →

4. 한 →

5. 몇 →

6. 여러 →

▪기본 문장 ❷

관형사형 어미 '-는'에 의해 확대된 것

흐르는 물은 썩지 않는다.

잠깐! '는'의 쓰임에 유의하세요.

흐르는 물은 썩지 않는다.
오는 사람 가는 사람 다 한마디씩 한다.
믿는 도끼에 발등 찍힌다.
가는 말이 고와야 오는 말이 곱다.

▪알아보기

1. 관형사형 어미 '-는'은 '오다, 가다, 믿다'와 같은 동사에 붙어 동작이 현재 계속되고 있음을 표시하는 어미다. 이것은 체언 앞에만 쓰이므로, 앞에서 배운 관형사와 같은 기능을 하므로, 관형사형이라 이른다. 관형사는 단어 자체만 가리키는 말이나, 관형사형은 동사의 활용형을 가리키는 것이다.
2. '-는'은 앞말에 받침이 있든 없든 '-는'으로 쓰인다.

• **예: 오는, 믿는**

정리하기 ▌ 위의 문형은 동사에 관형사형 어미 '-는'이 붙어 체언이 확대된 것이다. 이것은 서술어로 쓰인 동사가 관형사적으로 모습을 바꾼 것이다.
(보기) 사람이 온다. → 오는 사람

<연습 1> 아래의 동사문을 관형사문으로 바꿔 보세요.

(보기) 아기가 운다. → 우는 아기.

1. 아기가 웃는다. →
2. 가수가 노래를 부른다. →
3. 우박이 쏟아진다. →
4. 학생들이 공부를 한다. →

5. 기차가 떠난다. →

<연습 2> 아래 문장을 괄호 속에 제시한 동사를 이용하여 확대해 보세요.

(보기) 눈이 희다. (내리다) → 내리는 눈이 희다.

1. 물이 맑다. (흐르다) →
2. 새가 많다. (날다) →
3. 돈을 받아라. (주다) →
4. 사람이 얼마나 되느냐? (듣다) →
5. 사람은 갈대다. (생각하다) →

기본 문장 ❸

관형사형 어미 '-(으)ㄴ'에 의해 확대된 것

밝은 달이 솟아 있다.

흰 꽃이 피어 있다.

> **잠깐!** 앞말에 받침이 있는지 주의하세요.
>
> 밝은 달이 솟아 있다.
> 맑은 물이 흐른다.
> 흰(희ㄴ) 눈이 내린다.
> 얻은 밥이 한 그릇이다.
> 합격한(하ㄴ) 사람은 철수뿐이다.
> 상을 받은 학생은 넷이다.

알아보기

1. '-은'은 받침 있는 말 뒤에 쓰이고, '-ㄴ'은 받침 없는 말 뒤에 쓰인다.
2. '-(으)ㄴ'이 형용사에 쓰이면 현재의 뜻을 표시하나, 동사에 쓰이면 과거의 뜻이 된다.

- **예: 밝은, 흰; 얻은, 합격한**

정리하기▌ 위의 문형은 형용사와 동사에 관형사형 어미 '-(으)ㄴ'이 붙은 것이다. 형용사에 '-(으)ㄴ'이 붙은 것은 형용사의 현재평서형과 의미가 같고 동사에 붙은 것은 동사의 과거평서형과 같다.
(보기) 달이 밝다. → 밝은 달 (현재)
밥을 얻었다. → 얻은 밥 (과거)

<연습 1> 아래 형용사문을 관형사형의 문장으로 고쳐 보세요.

(보기) 달이 밝다. → 밝은 달

1. 바람이 시원하다. →
2. 언덕이 낮다. →
3. 길이 넓다. →
4. 산이 높다. →
5. 날씨가 흐리다. →

<연습 2> 아래 문장을 괄호 속에 제시한 형용사를 이용하여 확대해 보세요.

(보기) 물이 흐른다. (맑다) → 맑은 물이 흐른다.

1. 하늘이 개었다. (흐리다) →
2. 해가 뜬다. (붉다) →
3. 비가 온다. (궂다) →
4. 눈이 내린다. (희다) →
5. 달이 솟았다. (밝다) →

<연습 3> 아래 동사문을 관형사문으로 고쳐 보세요.

(보기) 꽃이 피었다. → 핀 꽃

1. 눈이 내렸다. →
2. 새가 앉았다. →
3. 시우가 사과를 먹었다. →
4. 범진이가 술을 마셨다. →
5. 아버지가 책을 사 주셨다. →

<연습 4> 아래 문장을 괄호 속에 제시한 동사를 이용하여 확대해 보세요.

(보기) 돈이 많다. (썼다) → 쓴 돈이 많다.

1. 사람이 많다. (굶었다) →
2. 고기가 있다. (잡았다) →
3. 배가 한 광주리다. (땄다) →
4. 돈이 얼마나 되느냐? (저축했다) →
5. 사람이 누구냐? (울었다) →

기본 문장 ❹

관형사형 어미 '-(으)ㄹ'에 의해 확대된 것

저곳에도 비가 올 것이다.

> **잠깐!** 앞말에 받침이 있는지 주의하세요.
>
> 저곳에도 비가 올(오ㄹ) 것이다.
> 내일 올(오ㄹ) 사람은 누구인가?
> 자네가 떠날(나ㄹ) 날은 언제인가?
> 나는 서울 갈(가ㄹ) 때마다 경복궁을 구경을 한다.
> 달 밝을 때는 마음이 상쾌하다.
> 젖 먹을적 생각이 난다.
> 나는 그것을 할(하ㄹ) 수 없다.

알아보기

1. '-ㄹ'은 받침 없는 말 뒤에 쓰이고 '-을'은 받침 있는 말 뒤에 쓰인다.

- **예: 올, 밝을, 먹을**

2. '-(으)ㄹ'은 보통 미래의 일을 단순히 말하거나 추측하는 뜻을 표시한다. 그러나 위에 제시한 바와 같이 '때'나 '적, 수' 등의 말과 쓸 때는 시제와는 상관없이 일반적인 사실을 나타내게 된다.

정리하기 ▌ 위의 요점은 관형사형 어미 '-(으)ㄹ'로써 체언을 확대한 것이다. 미래의 일을 추측할 때는 '-리라'(제15과 기본 문장 ❶을 보세요)와 그 의미가 같다.
(보기) 오리라. → 올 것이다.

<연습 1> 아래 문장을 관형사문으로 고치세요.

(보기) 내가 공부를 하리라. → 내가 공부를 할 것이다.

1. 내일은 눈이 내리리라. →
2. 그것은 책이 아니리라. →
3. 곧 그가 오리라. →
4. 저것은 연필이리라. →
5. 인수는 대학에 합격하리라. →

<연습 2> 아래 문장을 괄호 속에 제시한 말을 이용해서 확대해 보세요.

(보기) 사람은 적다. (합격하리라) → 합격할 사람은 적다.

1. 사람이 많다. (밥을 먹으리라) →
2. 책이 적다. (보리라) →
3. 사람은 누구냐? (운동을 하리라) →
4. 아동들이 얼마 안 된다고 한다. (학교에 입학하리라) →
5. 학생들은 어학을 열심히 공부해야 한다. (외국에 유학하리라) →

<연습 3> 다음 문장에 쓰인 '-(으)ㄹ'의 용법이 어떻게 다른지 적어 보세요.
(미래 / 일반적인 사실)

1. 사람은 젊었을 때부터 부지런해야 한다. ( )
2. 오늘 저녁에 밥 먹을 사람은 얼마냐? ( )
3. 그가 거짓말을 할 까닭이 없다. ( )
4. 우리는 해 돋을 적에 왔다. ( )
5. 책을 읽을 때는 자세를 바로 가져야 한다. ( )

▪ 기본 문장 ❺

관형사형 어미 '-던'에 의해 확대된 것

예전에 자주 가던 식당의 김치찌개가 그립다.

잠깐! 어미 '-던'에 주의하세요.

예전에 자주 가[던] 식당의 김치찌개가 그립다.
어제 깊[던] 물이 오늘은 얕다.
학생이[던] 옛날을 생각한다.

▪ 알아보기

'-던'이 동사에 쓰이면 과거에 동작이 계속되다가 중단되었음을 나타내고, 형용사나 조사 아래 쓰이면 단순한 과거가 된다. 그러나 어느 것이든 모두 과거에 경험한 바를 회상하는 것이다. '-던'이 '-았/었-'과 결합되면 과거에 동작이 끝났음을 의미하는 과거완료(대과거)의 뜻이 된다.

• **예: 먹었던, 잡았던**

정리하기▮ 위의 문형은 관형사형 어미 '-던'으로써 체언을 확대한 것이다. 이것은 종결어미 '-더라'가 관형사형 어미로 바뀐 것이다.
(보기) 먹던 → 먹더라.

<연습 1> 다음 문장을 관형사형의 문장으로 바꾸어 보세요.

(보기) 철수는 공부를 하더라. → 공부를 하던 철수.

1. 김 선생님은 어제 부산으로 가시더라. →
2. 그 연못에는 옛날에 물고기가 많았다. →
3. 아까 그 여자가 찾아왔더라. →
4. 너는 우리 집에 들렀더냐? →
5. 내가 그때 그를 좋아했던가?

<연습 2> 아래 문장을 괄호 속에 제시한 말을 이용해서 확대하세요.

(보기) 인수는 일을 다 했다. (하더라) → 인수는 하던 일을 다 했다.

1. 철수는 밥을 다 먹었다. (먹어라) →

2. 날씨가 맑아졌다. (흐리더라) →

3. 그가 갑자기 작고했다. (건강하더라) →

4. 현철이가 낙제를 했다고 한다. (성적이 우수하더라) →

5. 날씨가 갑자기 흐려졌다. (맑더라) →

단원마무리

이 단원에서는 관형사 또는 용언의 관형사형을 통해 체언을 확대하는 것을 살펴보았다.

1. 아래 문장들을 관형사형의 문장으로 고쳐 쓰세요.

(1) 바람이 분다. →

(2) 동생이 문을 닫는다. →

(3) 꽃이 예쁘다. →

(4) 기분이 상쾌하다. →

(5) 인수는 영화를 구경하였다. →

2. 아래 두 문장을 보기와 같이 결합시켜 보세요.

(보기) 그이가 건강하더라. 그이가 갑자기 돌아갔다. → 건강하던 그이가 갑자기 돌아갔다.

(1) 한국어가 어렵더라. 한국어가 이제는 쉽다. →

(2) 날씨가 흐리더라. 이제는 날씨가 개었다. →

(3) 비가 오더라. 비가 이제는 그쳤다. →

(4) 꽃이 어제 피었더라. 꽃이 오늘은 떨어졌다. →

(5) 그분이 전에는 학생이더라. 그분이 이제는 선생이 되었다. →

3. 아래 관형사형 어미를 이용해서 문장을 지어 보세요.

(1) -는 →

(2) -(으)ㄴ(동사)- →

(3) -ㄴ(조사)- →

(4) -(으)ㄹ- →

(5) -던(동사)- →

(6) -던(형용사)- →

(7) -던(조사)- →

제20과 코끼리의 코는 길다.
—조사에 의해 확대된 체언문—

이 단원은 조사에 의해 확대된 체언문의 문형을 연습하는 단원이다.

☝ 주목하기

조사	관형격 조사 '의'
조사 '이다'의 관형사형	인, 이던, 일

(1) 그것은 철수의 책이다. 내 책이 여기 있다.
(2) 학생인 그가 그런 짓을 하다니?
(3) 한국의 수도는 서울이다.
(4) 우리 학교가 이겼다. 하루 일이 시작됩니다.

기본 문장 ❶

관형격 조사 '의'에 의해 확대된 것

그것은 철수의 책이다. 내 책이 여기 있다.

> **잠깐!** 조사 '의'와 'ㅣ' 등에 주의하세요.
>
> 그것은 철수[의] 책이다.
> 스칼렛[의] 공은 어디 있느냐?
> 내(나[ㅣ]) 책이 여기 있다.
> 저것이 네(너[ㅣ]) 연필이냐?
> 이것은 제(저[ㅣ]) 옷입니다.
> 저것은 뉘(누[ㅣ]) 모자냐?

알아보기

1. '의'는 체언에 붙어 그것이 뒤에 오는 체언의 소유자가 되게 하는 조사다. '의'는 보통 동물 명사에 많이 쓰인다.

- **예: 시우의, 범진이의**

2. 'ㅣ'는 '의'가 인칭대명사 '나, 너, 저' 등에 붙을 때 나타나는 것으로 '의'가 준 형태라 할 것이다.

- **예: 나의 → 내, 너의 → 네, 저의 → 제**

정리하기 ▌ 위의 문형은 체언에 관형격 조사 '의, ㅣ' 등이 붙음으로써 확대된 것이다.
(보기) 책 → 철수의 책

<연습 1> 아래 문장을 괄호 속에 제시한 체언에 조사 '의'를 붙여서 확대해 보세요.

(보기) 코는 길다. (코끼리) → 코끼리의 코는 길다.

1. 귀는 쫑긋합니다. (토끼) →
2. 몸은 튼튼하다. (범진) →
3. 손은 부드럽다. (아기) →

4. 고기를 쇠고기라고 합니다. (소) →

5. 고기를 돼지고기라고 합니다. (돼지) →

<연습 2> 아래 인칭 대명사에 'ㅣ'가 붙은 형태를 원래의 형태로 바꾸어 써 보세요.

(보기) 그것은 내 책이다. → 그것은 나의 책이다.

1. 내 옷은 어디 있느냐? →
2. 네 생각을 말해라. →
3. 제 신부터 사 주세요. →

기본 문장 ❷

서술격 조사의 관형사형에 의해 확대된 것

학생인 그가 그런 짓을 하다니?

잠깐! 조사 '이다'의 관형사형에 주의하세요.

학생인 그가 그런 짓을 하다니.
우등생이던 그가 낙방을 하다니.
나라의 보배인 청년을 보아라.
나라의 동량일 그대들은 장하다.

알아보기

'인, 이던, 일'은 서술격 조사 '이다'의 관형사형이다. '이다'의 '이'는 받침이 없을 때는 보통 생략되지만(제1과 기본 문장 ❶을 보세요), 관형사형에서는 생략되지 않는다.

- **예: 보배인**

정리하기 ▌ 위의 문형은 조사를 다시 체언 앞에 놓음으로써 문장이 확대된 것이다. 이것은 체언이 서술격 조사에 의하여 다시 관형사형으로 모습을 바꾼 것이다.
(보기) 그가 학생이다 → 학생인 그

<연습 1> 아래 문장을 괄호 속에 제시한 체언에 '이다'를 붙여 확대해 보세요.

(보기) 네가 그럴 수 있느냐? (사람) → 사람인 네가 그럴 수 있느냐?

1. 우리들은 더욱 분발해야 한다. (독립 국가의 국민) →
2. 우리가 그만한 돈은 낼 수 없겠느냐? (부자) →
3. 네가 책임을 져야 할 것이다. (반장) →
4. 그분의 의견을 좇아야 한다. (이 방면의 권위자) →
5. 시우도 같이 가게 되었다. (우리 반의 반장) →

<연습 2> 다음 문장을 관형사형문으로 바꾸어 보세요.

(보기) 충무공은 우리의 영웅이다. → 우리의 영웅인 충무공.

1. 너는 얼마 전까지 유치원생이더라. →
2. 만주벌판은 옛날에 한국의 영토였더라. →
3. 책은 마음의 벗이나. →
4. 너는 초등학교 때는 우등생이었더라. →
5. 세종대왕은 한민족이 오래도록 받들어야 할 성군이다. →

▪기본 문장 ❸

특수한 체언에 붙는 관형격 조사 '의'에 의해 확대된 것

한국의 수도는 서울이다.

잠깐! 조사 '의'가 붙은 체언의 의미에 주의하세요.

한국의 수도는 서울이다.
하루의 일이 끝났다.
이 학교의 학생은 다 얌전하다.
이 집의 식구는 얼마나 됩니까?

정리하기 ▮ '의'는 유정 명사에 붙음이 원칙이나(이 단원의 기본 문장 ❶을 보세요), 유정 명사가 아닌 일반 사물에도 붙는다.
(보기) 한국의, 하루의

<연습 1> 다음 문장을 괄호 속에 제시한 말을 이용하여 확대해 보세요.

(보기) 등불은 한국이다. (동방) → 동방의 등불은 한국이다.

1. 겨울은 따뜻하다. (제주도) →
2. 두 배는 둘이다. (하나) →
3. 정원에는 꽃이 많다. (학교) →
4. 식구들이 한자리에 모였다. (온 집안) →

기본 문장 ❹

관형격 조사 '의'를 쓰지 않고 확대된 것

우리 학교가 이겼다. 하루 일이 시작됩니다.

잠깐! 조사 '의'가 생략됐음에 주의하세요.

우리□ 학교가 이겼다.
철수□ 연필이 여기 있다.
하루□ 일이 시작됩니다.
이 책□ 주인은 누구냐?

정리하기▮ 위의 문형은 관형격 조사 '의'가 생략된 것이다. 문어에서는 '의'가 보통 생략되지 않는다. 그러나 구어에서는 위와 같이 자주 생략된다.

<연습 1> 아래 □ 속에 '의'를 넣어 보고 그 뜻이 어떻게 다른지 살펴보세요.

(보기) 토끼□ 귀는 쫑긋하다 → 토끼의 귀는 쫑긋하다

1. 이 책□ 지은이는 누구인가요? →
2. 신라□ 수도는 경주다. →
3. 인수□ 책은 어디 있느냐? →
4. 철수□ 비행기가 날아갑니다. →
5. 병아리는 어미 닭□ 다리 사이에 숨었다. →
6. 병아리□ 털은 꼭 노랑 솜 같아요. →

단원마무리

이 단원에서는 체언에 조사 '의' 등을 붙여서 문장을 확대하는 것을 살펴보았다.

1. 아래 문장의 밑줄 그은 명사 앞에 괄호 속에 제시한 말에 '의'를 붙여서 확대해 보세요.

(1) 노력은 어머니다. (성공) →

(2) 은혜는 바다보다 깊다. (어머니) →

(3) 이것은 연필이다. (너) →

(4) 오늘은 생일날입니다. (승지) →

(5) 나는 손목을 꼭 쥐었습니다. (동생) →

2. 아래 문형에 해당하는 문장을 만들어 보세요.

(1) 명사의 이름 아래 소유격 조사 '의'가 붙은 것 →

(2) 대명사 '나' 아래 '의'가 붙은 것 →

(3) 대명사 '너' 아래 '의'가 붙은 것 →

(4) 대명사 '저' 아래 '의'가 붙은 것 →

(5) 대명사 '누구' 아래 '의'가 붙은 것 →

(6) 나라 이름 아래 '의'가 붙은 것 →

(7) 명사와 명사 사이에 '의'가 붙은 것 →

제21과 줄리앙은 한국말을 잘 할 수 있어요.
—주어성 의존 명사문—

이 단원은 의존 명사가 쓰인 문형에 대해 학습하는 단원이다. 의존 명사는 문장 안에서 단독으로 쓰일 수 없고, 반드시 관형사나 그 밖의 수식어가 선행되어야만 쓰일 수 있다. 이단원에서는 특히 주어성 의존 명사문을 다루는데, 주어성 의존 명사란 '수, 리, 나위'와 같이 주로 뒤에 주격 조사가 결합하는 의존 명사이다.

☝ 주목하기

의존 명사	수, 리, 나위
관형사형 어미	-(으)ㄹ

(1) 나도 갈 수가 있다.
(2) 그가 갈 리가 없다.
(3) 그가 도둑이라는 것은 두말할 나위가 없다.
(4) 내가 너를 만난 지가 꼭 삼 년이다.

기본 문장 ❶

의존 명사 '수'가 쓰인 문장

나도 갈 수가 있다.

> **잠깐!** '수'의 용법에 주의하세요.
>
> 나도 갈 수가 있다.
> 너도 올 수는 있다.
> 그분은 책을 살 수도 없다.

알아보기

'수'는 '방법'이나 '도리'의 뜻을 표시한다. 곧 '나도 갈 수가 있다'는 '나도 갈 방법이 있다'이다. 그러나 '수'는 자립해서 쓰이지 못하고 단지 관형사형 어미 'ㄹ' 다음에만 올 수 있으며, 명사 역할을 한다. '수' 다음에는 조사가 붙기도 한다.

- **예: 갈 수도 있다. = 갈 방법도 있다.**

'수'와 같은 이런 종류의 명사를 의존 명사라 일컫는다.

정리하기 ▌ 위의 문형은 의존 명사 '수'가 주어를 표시하는 조사 '가, 는, 도'와 함께 쓰여서 뒤에 오는 '있다, 없다'의 주어가 됨을 보이는 것이다. 곧 '수'의 뒤에는 '있다, 없다'가 오고 앞에는 관형사형 어미 '-(으)ㄹ'이 온다.
(보기) -(으)ㄹ + 수 + 있다
'수'의 뒤에는 조사가 생략될 수도 있다.
(보기) 막을 수 있다.

<연습 1> 다음 문장을 괄호 속에 제시한 조사와 '있다, 없다'를 이용해서 '수'가 든 문장으로 고쳐 써 보세요.

(보기) 나도 합격했다. (는, 있다) → 나도 합격할 수는 있었다.

1. 우리는 학교에 간다. (가, 있다) →
2. 나도 그를 잊겠다. (는, 없다) →
3. 나는 저것을 잡았다. (도, 있다) →

<연습 2> 아래의 문형에 해당하는 문장을 만들어 보세요.

1. -ㄹ 수가 있다 →
2. -을 수가 있다 →
3. -(으)ㄹ 수도 있다 →
4. -(으)ㄹ 수도 있다 →
5. -(으)ㄹ 수도 없다 →

기본 문장 ❷

'리'가 쓰인 의존 명사문

그가 갈 리가 없다.

잠깐! '리'의 용법에 주의하세요.

> 그가 갈 리가 없다.
> 시우가 내 말을 들을 리가 없다.
> 그가 보았을 리는 없다.
> 잠이 들었을 리도 없다.
> 무슨 대답이 있을 리 있나?

알아보기

'리'는 '까닭'의 뜻을 나타내는 의존 명사다. 곧 '그는 갈 리가 없다'는 '그는 갈 까닭이 없다'이다. '리'도 '수'와 같이 관형사형 어미 '-(으)ㄹ' 다음에 쓰인다.

정리하기 ▌ 위의 문형은 의존 명사 '리'가 주격 조사 '가, 는, 도' 등과 함께 쓰여서 뒤에 오는 '있다, 없다'의 주어가 되는 것을 보이는 것이다. '리'의 뒤에는 '없다'만 오고 '있다'는 올 수 없다. 그러나 의문문에서는 '있다'가 올 수 있는데, 이는 '없다'의 반의적 표현으로 역시 긍정의 의미를 표시한다. 곧 '무슨 대답이 있을 리 있나'는 '있을 리 없다'의 반의적 의미이다. '리'의 뒤에도 조사가 생략될 수 있다.
(보기) 있을 리 있나.

<연습 1> 다음 문장을 괄호 속에 제시한 조사와 '있다, 없다'를 이용하여 '리'가 든 문장으로 바꾸어 써 보세요.

(보기) 그는 벌써 죽었다. (가, 없다) → 그는 벌써 죽었을 리가 없다.

1. 벌써 왔다. (가, 있다) →
2. 인순이는 온다. (도, 없다) →
3. 아버지가 가셨습니다. (는, 없다) →
4. 내일은 비가 온다. (가, 없다) →

<연습 2> 아래 문형에 해당하는 문장을 지어 보세요.

1. -ㄹ 리가 없다. →
2. -을 리가 있습니까? →
3. -ㄹ 리 없습니다. →
4. -(으)ㄹ 리도 없다. →

기본 문장 ❸

'나위'가 쓰인 의존 명사문

그가 도둑이라는 것은 두말할 나위가 없다.

잠깐! '나위'의 용법에 주의하세요.

> 그가 도둑이라는 것은 두말할 나위가 없다.
> 하늘이 맑기가 더할 나위가 없다.
> 그의 잘못을 생각할 나위도 없다.

알아보기

'나위'는 '더할 수 있는 여유나 필요'의 뜻을 나타내는 의존 명사다. 곧 '그가 도둑이라는 것은 두말할 나위가 없다'는 '…… 두말할 필요가 없다'이다. '나위'도 앞의 '수'나 '리'와 같이 관형사형 어미 '-(으)ㄹ' 다음에 쓰인다.

정리하기 ▌ 위의 문형은 의존 명사 '나위'가 조사 '가, 도'와 함께 뒤에 오는 '있다, 없다'의 주어임을 보이는 것이다. '나위'의 뒤에도 '리'와 같이 '없다'만 올 수 있으나, 의문문에서는 반의적으로 '있다'가 쓰일 수 있다.
(보기) 두말할 나위 있나?
'나위'에도 조사가 생략될 수 있다.

<연습 1> 다음 문장을 괄호 속에 제시한 조사와 '있다, 없다'를 활용하여 '나위'가 든 문장으로 바꾸어 써 보세요.

(보기) 저이가 사장이다. (도, 없다) → 저이가 사장이라는 것은 두말할 나위도 없다.

1. 한국의 하늘은 맑다. (가, 없다) →
2. 그가 착하다. (도, 없다) →
3. 저분이 선생이다. (있다) →
4. 혀숙이가 잘못했다. (도, 없다) →

<연습 2> 다음 문형에 해당하는 문장을 만들어 보세요.

1. -ㄹ 나위가 있는가? →
2. -ㄹ 나위도 없다. →
3. -ㄹ 나위 없다. →

기본 문장 ❹

'지'가 쓰인 의존 명사문

내가 너를 만난 지가 꼭 삼 년이다.

잠깐! '지'의 용법에 주의하세요.

내가 너를 만난 지가 꼭 삼 년이다.
경주에 간 지가 20년이 넘는다.
그가 죽은 지는 오래 되었다.
병들어 누운 지도 어언 삼 년이다.

알아보기

'지'는 '과거의 어느 때로부터 지금까지의 시간의 길이'를 표시하는 의존 명사다. 곧 '내가 너를 만난 때로부터 지금까지의 시간의 길이가 삼 년이라는 것'이다. '지'는 '과거'를 나타내는 관형사형 어미 '-(으)ㄴ' 다음에 쓰인다(제19과 기본 문장 ❸을 보세요).

정리하기 ▮ 위의 문형은 의존 명사 '지'가 조사 '가, 는, 도'와 함께 뒤에 오는 시간 표시어의 주어가 됨을 보이는 것이다. 곧 '지'는 '3년, 20년, 오래'와 같은 시간 표시어와 함께 쓰이는 것이다. 의존 명사 '지'의 뒤에는 조사가 생략될 수도 있다.
(보기) …… 넘은 지 오래다.

<연습 1> 다음 문장을 괄호 속에 제시한 조사와 시간 표시어를 활용하여 '지'가 든 문장으로 바꾸어 써 보세요.

(보기) 그를 만났다. (도, 5년) → 그를 만난 지도 벌써 5년이다.

1. 내가 그를 보았다. (가, 5년) →
2. 내가 갔다. (도, 석 달) →
3. 철수가 도망갔다. (는, 얼마나, 되었다) →
4. 인혁이가 전학을 왔다. (벌써, 1년이다) →
5. 내가 그이와 헤어졌다. (이미, 5년) →

단원마무리

이 단원에서는 주어로만 쓰이는 의존 명사의 문형을 살펴보았다.

1. 다음 (　) 속에 알맞은 의존 명사를 넣어 보세요.

(1) 비가 온 (　　　)가 벌써 석 달이다.

(2) 철수가 저 일을 할 (　　　) 있다.

(3) 한국의 근해에 고기가 많다는 것은 두말할 (　　　)도 없다.

(4) 그가 벌써 갈 (　　　)는 없다.

(5) 너와 헤어진 (　　　)도 어언 10년

(6) 내가 헤엄은 칠 (　　　)도 있지.

(7) 선생님이 이 문제를 모르실 (　　　)야 없겠지.

2. 밑줄 그은 의존 명사에 주의하면서 아래 문장을 읽어 보세요.

(1) 오늘도 하늘은 더할 나위 없이 맑다.

(2) 정든 학교와 사랑하는 여러분을 떠나서 이곳에 온 지도 벌써 한 달이 넘었습니다.

(3) 한국 전쟁이 일어난 지 불과 며칠 만에 서울이 짓밟혔습니다.

(4) 비와 바람에 시달린 지 천여 년을 지난 오늘에도 조금도 기울어지지 않았다.

(5) 심청은 이 세상에 난 지 이레 만에 어머니를 잃었다.

(6) 설을 쉰 지 얼마 되지 않았다.

제22과 썰매를 타는 것은 무척 재미있는 일이에요.

—보편성 의존 명사문—

이 단원은 뒤에 결합하는 조사의 제약이 없는 보편성 의존 명사 '것, 바, 데, 이, 분'이 쓰인 문장을 연습하는 단원이다. 의존 명사란 의미가 형식적이어서 다른 말 다음에 기대어 쓰이는 명사를 말한다.

☝ 주목하기

문형	의존 명사 '것, 바, 데, 이, 분'이 쓰인 문형

(1) 먹을 것이 많다.
(2) 우리의 할 바가 무엇이냐?
(3) 나는 그가 있는 데를 모른다.
(4) 부지런한 이가 성공한다.
(5) 저기 계시는 분이 선생님이시다.

▪ 기본 문장 ❶

의존 명사 '것'이 쓰인 문장

먹을 것이 많다.

> **잠깐!** '것'의 용법에 주의하세요.
>
> 먹을 것이 많다.
> 내가 읽을 것을 찾아라.
> 큰 것을 가져오너라.
> 보는 것이 믿는 것이다.
> 그것이 좋을 게야.(것이야)

▪ 알아보기

1. '것'은 '물건'의 뜻을 표시하는 의존 명사다. '먹을 것이 많다'는 의미는 곧 '먹을 음식이 많다'이다. '것'은 앞에 나온 명사를 대신한다고 할 수 있다. 그리하여 '것'은 '이, 그, 저'와 같은 지시 관형사와 더불어 대명사가 되기도 한다. '것'은 '-(으)ㄹ, -(으)ㄴ, 는'과 같은 관형사형 다음에 쓰인다.

- **예: 먹을 것, 큰 것, 보는 것**

2. 말하는 상황에서 '것'이 주격 조사 '이'와 결합하면 '게'로 바뀌는 것이 보통이다. '거'는 '것'을 구어적으로 이르는 말이 '거'이고 주격 조사 '이'가 붙을 때에는 '게'로 형태가 바뀐다.

- **예: 먹을 것이 많다. → 먹을 게 많다.**

3. '것'이 앞에 관형사형 '-(으)ㄹ'을 동반하고 뒤에 '이다'가 붙으면 단순한 추측의 의미로 바뀌어 '-(으)ㄹ 게야'가 된다.

- **예: 그것이 좋을 게야.**

정리하기 ▌ 위의 문형은 의존 명사 '것'이 주격 조사 '이', 목적격 조사 '을', 서술격 조사 '이다'와 함께 각각 문장의 주어, 목적어, 서술어가 되게 하는 것이다.

<연습 1> 다음 밑줄 그은 말 대신에 '것'을 넣어서 문장을 만들어 보세요.

(보기) 길이가 짧은 연필은 못 쓴다. → 길이가 짧은 것은 못 쓴다.

1. 저기 있는 책상이 내 책상이다. →
2. 여기 있는 의자는 네 의자다. →
3. 마음에 드는 음식을 드시오. →
4. 어느 책을 읽겠습니까? →
5. 이 옷을 사겠습니다. →

<연습 2> 아래의 문형에 맞는 문장을 하나씩 만들어 보세요.

1. -(으)ㄹ 것이 →
2. -는 것이 →
3. -(으)ㄴ 것이 →
4. -(으)ㄴ 것이다. →
5. -는 것이다. →
6. -(으)ㄹ 것이다. →

<연습 3> 다음 밑줄 그은 부분을 '게'로 바꾸어 보세요.

(보기) 내일은 날씨가 맑을 것이다. → 내일은 날씨가 맑을 게다.

1. 좋을 것이 무엇이냐? →
2. 그게 틀림없을 것이야. →
3. 내가 밖으로 나갈 것이야. →
4. 누가 집을 지킬 것이야? →

▪기본 문장 ❷

의존 명사 '바'가 쓰인 문장

우리가 할 바가 무엇이냐?

> **잠깐!** '바'의 용법에 주의하세요.
>
> 우리가 할 바가 무엇이냐
> 그것이 우리의 배울 바다.
> 그는 어찌 할 바를 모른다.
> 네가 원하는 바를 말해라.

▪알아보기

'바'는 '일' 또는 '방법'이라는 뜻의 의존 명사다. '우리의 할 바가 무엇이냐.'의 의미는 '우리의 할 일이 무엇이냐.'이고, '그는 어찌할 바를 모른다.'는 '그는 어찌할 방법을 모른다.'를 뜻한다. '바'는 주로 관형사형 '-(으)ㄹ' 다음에 많이 쓰이고 '-(으)ㄴ, -는' 다음에도 쓰인다.

- **예: 할 바, 원하는 바, 배운 바**

정리하기▐ 위의 문형은 의존 명사 '바'가 주격 '이/가', 목적어 표시의 '을/를', 서술격 조사 '이다'와 함께 각각 문장의 주어, 목적어, 서술어가 되게 하는 것이다.

<연습 1> 아래 문장의 밑줄 그은 말 대신에 '바'를 넣어 문장을 만들어 보세요.

(보기) 그것이 우리의 할 일이다. → 그것이 우리의 할 바다.

1. 네가 할 일이 무엇이냐? →
2. 우리가 할 일이 무엇이냐? →
3. 그는 하고자 하는 방법을 모른다. →
4. 네가 생각하는 방법을 말해 보아라. →

<연습 2> 아래의 문형에 맞는 문장을 하나씩 만들어 보세요.

1. -(으)ㄹ 바가 →
2. -(으)ㄹ 바 →
3. -(으)ㄴ 바다. →
4. -는 바이다. →

기본 문장 ❸

의존 명사 '데'가 쓰인 문장

나는 그가 있는 데를 모른다.

잠깐! '데'의 용법에 주의하세요.

나는 그가 있는 데를 모른다.
좋은 데가 또 어디 있나?
거기는 꽃을 파는 데다.(데이다)
네가 갈 데는 어디냐.

알아보기

'데'는 '곳'을 의미하는 의존 명사이다. 곧 '나는 그의 있는 데를 모른다.'는 '나는 그의 있는 곳을 모른다.'이다. '데'는 관형사형 '-는, -(으)ㄴ' 다음에 쓰인다.

- **예: 있는 데, 좋은 데, 갈 데**

정리하기 ▌ 위의 문형은 의존 명사 '데'가 주격 조사 '이/가', 목적격 조사 '을/를', 서술격 조사 '이다'와 함께 각각 문장의 주어, 목적어, 서술어가 되는 것이다.

<연습 1> 다음 문장의 밑줄 그은 말 대신에 '데'를 넣어 문장을 만들어 보세요.

(보기) 차를 타는 곳이 어딥니까? → 차를 타는 데가 어딥니까?

1. 너를 두고 먼 곳으로 가려 한다. →
2. 선생님은 먼 지방으로 전근하셨다. →

3. 스칼렛의 집은 우리 집 가까운 곳에 있다. →
4. 이런 장소보다 저런 장소가 더 낫다. →

<연습 2> 아래의 문형에 맞는 문장을 하나씩 만들어 보세요.

1. -는 데가 →
2. -(으)는 데가 →
3. -(으)ㄴ 데를 →
4. -(으)ㄹ 데는 →
5. -(으)ㄹ 데(이)다. →

▪ 기본 문장 ❹

의존 명사 '이'가 쓰인 문장

부지런한 이가 성공한다.

> **잠깐!** '이'의 용법에 주의하세요.
>
> 부지런한 이가 성공한다.
> 말하는 이가 누구요?
> 저기 앉아 있는 이를 잘 보세요.
> 인수는 매우 착한 이다.(이이다)

▪ 알아보기

'이'는 '사람'을 의미하는 의존 명사다. '부지런한 이가 성공한다.'는 '부지런한 사람이 성공한다.'를 의미한다. 그리하여 '이'는 본과의 '것'과 같이 지시 관형사 '이, 그, 저'와 더불어 '사람'을 표시하는 인칭 대명사가 되기도 한다.

- **예: 이이, 그이, 저이 (제7과 기본 문장 ❶을 보세요)**

'이'는 '-(으)ㄴ, -는, -(으)ㄹ' 등의 관형사형 다음에 쓰인다.

- **예: 부지런한 이, 말하는 이, 할 이**

정리하기 ▌ 위의 문형은 의존 명사 '이'가 주격 '는, 가', 목적어 표시의 '를', 서술격 조사 '이다'와 함께 각각 문장의 주어, 서술어, 목적어가 되게 하는 것이다.

<연습 1> 다음 문장의 밑줄 그은 말 대신에 '이'를 넣어 문장을 만들어 보세요.

(보기) 서울을 구경한 사람이 많다. → 서울을 구경한 이가 많다.

1. 너는 부지런한 사람을 본받아라. →
2. 착한 사람은 복을 받는다. →
3. 논밭에서 일하는 사람을 농부라 한다. →
4. 저런 사람이야말로 인격자라 할 만하다. →
5. 어떤 사람을 찾고 있습니까? →

<연습 2> 아래 문형에 맞는 문장을 하나씩 만들어 보세요.

1. -(으)ㄴ 이가 →
2. -(으)ㄴ 이를 →
3. -는 이가 →
4. -는 이를 →
5. -(으)ㄹ 이가 →

기본 문장 ❺

의존 명사 '분'이 쓰인 문장

저기 계시는 분이 선생님이시다.

잠깐! '분'의 용법에 주의하세요.

저기 계시는 분이 선생님이시다.
너는 저런 훌륭한 분을 공경하도록 해라.
식사를 하실 분이 많다.
김 선생님은 저기 서 계시는 분입니다.

알아보기

'분'은 사람을 의미하는 '이'의 공대말이다. 곧 '이'에 공경의 뜻이 더해진 것이 '분'이다. 그리하여 '분'은 앞의 '이'와 같이 관형사 '이, 그, 저'와 함께 '사람'을 의미하는 높임의 인칭 대명사를 만들게 된다.

- **예: 이분, 그분, 저분 (제6과 기본 문장 ❶을 보세요)**

'분'은 관형사형 어미'-(으)ㄴ, -ㄴ/는, -(으)ㄹ, -던' 다음에 쓰이기도 한다.

정리하기 ▌ 위의 문형은 의존 명사 '분'이 주어, 목적어, 서술어 표시의 조사와 함께 주어, 목적어, 서술어로 쓰인 것이다.

<연습 1> 다음 밑줄 그은 말 대신에 '분'을 넣어 문장을 만들어 보세요.

(보기) 저기 계시는 <u>어른</u>이 자네 아버지인가? → 저기 계시는 <u>분</u>이 자네 아버지인가?

1. 저기 앉아 계신 <u>사람</u>이 저의 아버지이십니다. →
2. 가시는 <u>어른</u>들을 모셔 오십시오. →
3. 떠나신 <u>어른</u>들이 많다. →
4. 여기 계신 <u>어른</u>이 저의 삼촌입니다. →
5. 책을 읽으시는 저 <u>사람</u>은 누굽니까? →

<연습 2> 아래의 문형에 맞는 문장을 하나씩 만들어 보세요.

1. -(으)ㄴ 분이 →
2. -(으)ㄴ 분이다. →
3. -는 분이 →
4. -는 분이다. →

단원마무리

이 단원에서는 주어, 서술어, 목적어 등의 여러 성분으로 두루 쓰이는 의존 명사가 사용된 문형을 살펴보았다.

1. 다음 ( ) 속에 알맞은 의존 명사를 넣으세요.

(1) 저기 서 계시는 (   )이 누구시냐?

(2) 여기 앉아 있는 (   )는 내 친구다.

(3) 경복궁에는 구경할 (   )이 많다.

(4) 저 먼 (   )를 바라보아라.

(5) 이것이 학생이 할 (   )다.

2. 밑줄 그은 의존 명사가 주어, 목적어, 서술어의 어느 성분으로 쓰였는지 써 보세요.

(1) 아버지는 빌리가 빨래하는 <u>것</u>을 보시고 웃으셨습니다. (   )

(2) 이제 아기 참새 삼형제는 저 혼자라도 훨훨 날아다닐 수 있게 된 <u>것</u>입니다. (   )

(3) 썰매를 타는 <u>것</u>은 무척 재미있는 일이에요. (   )

(4) 우리는 인사하는 <u>것</u>도 잊었습니다. (   )

(5) 허수아비는 무얼 하려고 서 있는 <u>것</u>일까? (   )

(6) 그것이 옳다고 생각하는 <u>바</u>입니다. (   )

(7) 군사들은 어찌할 <u>바</u>를 몰랐습니다. (   )

(8) 그는 굳게 결심한 <u>바</u>가 있었습니다. (   )

(9) 일을 할 <u>데</u>가 있어야지. (   )

(10) 나의 불평을 알아주는 <u>이</u>도 있지 않았다. (   )

제23과 비가 왔기 때문에 집에서 쉬었어요.
―서술어성 의존 명사문―

이 단원은 의존 명사 '뿐, 따름, 때문, 터'가 쓰인 문장을 연습하는 단원이다. 이 문형은 주로 서술격 조사 '이다'와 함께 쓰여 서술어로 쓰인다.

☝ 주목하기

문형	의존 명사 '뿐(이다), 따름(이다), 때문(이다), 터(이다)'가 쓰인 문형

(1) 나는 책을 좋아할 뿐이다.
(2) 누구든지 최선을 다할 따름이다.
(3) 사람이 늙는 것은 세월이 가기 때문이다.
(4) 너는 무엇을 할 터이냐?

▪기본 문장 ❶

의존 명사 '뿐'이 쓰인 문장

나는 책을 좋아할 뿐이다.

> **잠깐!** '뿐'의 용법에 주의하세요.
>
> 나는 책을 좋아할 뿐이다.
> 나도 그저 한 번 가볼 뿐이다.
> 굿만 보고 떡만 먹을 뿐이지요.
> 나만 갈 뿐 아니라 자네도 가네.
> 내가 가진 돈은 1원뿐이다.
> 그 사람의 재산은 이 집뿐이다.

▪알아보기

'뿐'은 어찌할 '따름'이라는 의미를 나타내는 의존 명사다. 곧 '나는 책을 좋아할 뿐이다.'는 '나는 책을 좋아할 따름이다.'를 의미한다. '뿐'은 관형사형 '-(으)ㄹ' 다음에만 쓰일 수 있다.

- **예: 좋아할 뿐, 볼 뿐, 먹을 뿐(관형사형 다음)**
  100원뿐, 집뿐(체언 다음)

'뿐'이 체언이나 부사어 뒤에 붙으면 '그것만이고 더는 없음' 또는 '오직 그렇게 하거나 그러하다는 것'을 나타내는 보조사이다.

정리하기 ▌ 위의 문형은 의존 명사 '뿐'이 서술격 조사 '이다'와 함께 문장의 서술어가 됨을 보이는 것이다. '뿐'은 '이다' 앞에만 놓일 뿐만 아니라 부정적 의미를 표시하는 '아니다' 앞에서도 쓰인다. (보기) 갈 뿐 아니라

<연습 1> 다음 문장의 밑줄 그은 말에 '뿐'을 넣어 문장을 만들어 보세요.

(보기) 우리는 공부도 <u>하고</u> 운동도 합니다. → 우리는 공부를 <u>할 뿐</u> 아니라 운동도 합니다.

1. 나는 너만 <u>믿는다</u>. →

2. 나는 떡도 <u>먹고</u> 김칫국물도 마신다. →

3. 우리 민족이 가장 존경하는 분은 이순신 장군이다. →
4. 나의 마음에 드는 것은 이것이다. →
5. 나는 영화도 보고 당구도 쳤다. →

▪기본 문장 ❷

의존 명사 '따름'이 쓰인 문장

누구든지 최선을 다할 따름이다.

> **잠깐!** '따름'의 용법에 주의하세요.
>
> 누구든지 최선을 다할 따름이다.
> 그저 기뻐할 따름이었다.
> 나는 자네만 믿을 따름이다.
> 그는 일만 할 따름이 아니라 책도 읽는다.

▪알아보기

'따름'은 주로 '-(으)ㄹ 따름이다' 구성으로 쓰여 오로지 그것뿐이고 그 이상은 아님을 나타내는 말이다. 곧 '누구든지 최선을 다할 따름이다.'는 '누구든지 최선을 다할 뿐이다.'이다. '따름'은 '뿐'과는 달리 체언 다음에는 쓰이는 일이 없다.

정리하기 ▌ 위의 문형은 의존 명사 '따름'이 서술격 조사 '이다'와 함께 문장의 서술어가 됨을 보이는 것이다. '따름'은 '뿐'과 마찬가지로 '이다, 아니다' 앞에서 쓰인다.

<연습 1> 아래 밑줄 그은 말에 '따름'을 넣어 문장을 만들어 보세요.

(보기) 누가 뭐라 해도 나는 간다. → 누가 뭐라 해도 나는 갈 따름이다.

1. 나는 이 책만 읽는다. →
2. 애만 쓴다. →
3. 남에게 좋은 일만 한다. →

<연습 2> 다음 문형에 해당하는 문장을 하나씩 만들어 보세요.

1. -(으)ㄹ 따름이다. →
2. -(으)ㄹ 따름이 아니다. →

기본 문장 ❸

의존 명사 '때문'이 쓰인 문장

사람이 늙는 것은 세월이 가기 때문이다.

> **잠깐!** '때문'의 용법에 주의하세요.
>
> 사람이 늙는 것은 세월이 가기 때문이다.
> 우리가 힘써 공부하는 것은 무엇 때문이냐?
> 돈이 없기 때문에 책을 사지 못한다.

알아보기

'때문'은 '어떠한 원인'이나 까닭을 의미하는 의존 명사다. '사람이 늙는다는 것은 세월이 가기 때문이다.'는 곧 '세월이 가는 사실이 늙어감의 원인이라는 것'이다. '때문'의 앞에는 명사형 어미가 오는 것이 보통이나**(예: 가기 때문)**, 관형사형 어미 '-(으)ㄴ' 다음에도 쓰이는 일이 있고 체언 다음에도 쓰이는 일이 있다**(예: 무엇 때문)**.

정리하기 ▌ 위의 문형은 의존 명사 '때문'이 서술격 조사 '이다'와 함께 문장의 서술어가 됨을 보이는 것이다.

참고 ▌ 1. '때문'은 '이다' 이외에 보통 조사 '에'와 결합하는 일이 많다.
(보기) 때문에
2. '때문'은 앞의 '따름'과 같이 '아니다' 앞에서도 쓰인다.
(보기) 때문이 아닙니다.
3. '때문'이 쓰인 문장은 두 개의 문장이 때문에 의해서 결합된 것이다.
(보기) 시간이 지났다. 기차를 놓쳤다. → 시간이 지났기 때문에 기차를 놓쳤다.

<연습 1> 다음 두 문장을 '때문'을 사용하여 결합해 보세요.

(보기) 비가 왔다 / 그 일이 틀어졌다. → 비가 왔기 때문에 그 일이 틀어졌다.

1. 기차가 없다. / 버스로 갑시다.
2. 바람이 분다. / 날씨가 서늘하다.
3. 비가 왔다. / 집에서 쉬었다.

<연습 2> 다음 문장을 괄호 속에 제시한 말을 사용하여 '때문'이 들어있는 문장으로 바꾸어 쓰세요.

(보기) 학교에 결석했다. (감기) → 감기 때문에 학교에 결석했다.

1. 잠을 못 잤습니다. (감기) →
2. 괴롭다. (너) →
3. 머리가 아프다. (담배 연기) →
4. 공기가 흐리다. (먼지) →

<연습 3> 다음 문형에 해당하는 문장을 하나씩 만들어 보세요.

1. -는 것도~ -기 때문이다. →
2. -기 때문에 →
3. -(으)ㄴ 것은 ~ -(으)ㄴ 때문이다. →
4. -는 것은 ~ -기 때문이 아니다. →

기본 문장 ❹

의존 명사 '터'가 쓰인 문장

너는 무엇을 할 터이냐?

> **잠깐!** '터'의 용법에 주의하세요.
>
> 너는 무엇을 할 터이냐?
> 나는 밥을 먹을 터이다.
> 우리도 운동을 할 테다. (터이다)
> 나도 거기 갈 테다. (터이다)
> 내가 그를 잘 아는 터에 그를 욕할 수 있느냐?

알아보기

'터'는 어미 '-(으)ㄹ' 뒤에 쓰여 예정, 추측, 의지의 뜻을 나타내는 말이다. 곧 '너는 무엇을 할 터이냐?'는 '너는 무엇을 할 예정이냐?'이다. 또한 어미 '-은', '-는', '-던' 뒤에 쓰이면 처지나 형편의 뜻을 나타낸다. '내가 그를 잘 아는 터에……'는 '내가 그를 잘 아는 처지에……'이다.

- **예: 할 터**

> **정리하기 ▮** 위의 문형은 의존 명사 '터'가 서술격 조사 '이다'와 함께 서술어가 됨을 보이는 것이다. '터'에는 조사 '에'도 붙는 일이 있다.
> (보기) 아는 터에
> '터'는 '이다'와 결합하여 '테'로 되어 보통 '-(으)ㄹ 테다'로 많이 나타나서 화자의 의도(작정)가 강하게 표시된다.
> (보기) 내가 갈 터이다. → 내가 갈 테다.

<연습 1> 다음 밑줄 그은 말에 '터'를 넣어서 문장을 만들어 보세요.

(보기) 나는 공부를 하겠다. → 나는 공부를 할 터이다.

1. 나도 이 옷을 입어보겠다. →
2. 우리도 말하겠다. →
3. 그것이 좋겠다. →
4. 나도 가겠다. →
5. 너도 오겠느냐? →

<연습 2> 다음 문형에 해당하는 문장을 하나씩 만들어 보세요.

1. -(으)ㄹ 터이다. →
2. -(으)ㄹ 테다. →
3. -(으)ㄴ 터에 →
4. -는 터에 →

단원마무리

이 단원에서는 주로 서술어로 쓰이는 의존 명사의 문형을 살펴보았다.

1. 다음 ( ) 속에 알맞은 의존 명사를 넣으세요.

(1) 너는 앞으로 어찌할 ( )이냐?

(2) 그가 병이 난 것은 과로 ( )이지요.

(3) 나도 한 번 그를 보았을 ( )이지요.

(4) 그저 슬퍼할 ( )이었다.

2. 밑줄 그은 의존 명사에 주의하면서 아래 문장을 읽어 보세요.

(1) 가랑잎 하나만 매달려 있을 뿐입니다.

(2) 그의 아내와 아들도 삼년 고개에서 넘어졌다는 말을 듣고는 어찌할 도리가 없어서 다만 같이 울기만 할 뿐이었습니다.

(3) 맑게 갠 하늘에는 흰 구름이 떠 있을 뿐이었다.

(4) 아름다운 이야기는 듣는 사람의 마음을 아름답게 할 뿐만 아니라 우리의 사회를 한층 더 맑고 아름답게 할 것입니다.

(5) 벌들은 빛깔이 고운 꽃을 보고 찾아갈 뿐 아니라 그 빛깔을 분간할 줄도 압니다.

(6) 화랑도의 정신을 살려 싸움에서 죽을 따름입니다.

(7) 우리는 자연을 이용하고 살 따름이다.

(8) 이러한 때 나에게는 평화가 있을 따름이다.

(9) 승지의 두 눈은 다시 동그래졌습니다. 캄캄한 방안에 빛이 비쳤기 때문입니다.

(10) 우리 동네는 길가에 있기 때문에 좀 시끄럽다.

제24과 하마터면 넘어질 뻔했어요.
—기타(부사어성, 목적어성) 의존 명사문—

이 단원은 부사어성 의존 명사 혹은 목적어성 의존 명사로 볼 수 있는 '듯, 체, 척, 대로, 채, 만큼, 둥, 뻔, 만'이 쓰인 문장을 연습하는 단원이다. 부사어성 의존 명사는 부사격 조사가 결합하거나 격조사 없이 부사어로 쓰이는 의존 명사이고 목적어성 의존 명사는 목적격 조사와 결합하여 목적어로 쓰이는 의존 명사이다.

☝ 주목하기

문형	의존 명사 '듯, 체, 척, 대로, 채, 만큼, 둥, 뻔, 만'이 쓰인 문형

(1) 내일은 비가 올 듯도 하다.
(2) 잘난 체하지 마라.
(3) 나는 모른 척을 하고 있었지요.
(4) 놓인 대로 두어라.
(5) 겉옷을 입은 채 자지 말라.
(6) 인제 할 만큼 했습니다.
(7) 나는 아침밥을 먹은 둥 만 둥 했다.
(8) 나는 차에 치일 뻔했다.
(9) 그것은 먹을 만하다.

기본 문장 ❶

의존 명사 '듯'이 쓰인 문장

내일은 비가 올 듯도 하다.

잠깐! '듯'의 용법에 주의하세요.

내일은 비가 올 듯도 하다.
아기가 자는 듯 마는 듯 자주 보채고 있다.
들릴 듯 말듯 한 목소리는 더욱 가늘게 떨렸다.
하늘을 찌를 듯이 솟아 있는 나무들.
시간이 벌써 끝난 듯하다.

알아보기

1. '듯'은 유사하거나 같은 정도의 뜻을 나타내는 말, 짐작이나 추측의 뜻을 나타내는 의존 명사이다. 곧 '내일은 비가 올 듯도 하다.'는 내일은 비가 옴을 미리 추측하여 말하는 것이다.
   의존 명사 '듯'의 앞에는 관형사형 어미 '-는, -(으)ㄴ, -(으)ㄹ' 등이 올 수 있다.

정리하기 ▌ 위의 문형은 의존 명사 '듯'이 조사 '도'의 도움을 받거나 단독으로 뒤에 오는 동사를 한정하는 부사어가 됨을 보이는 것이다.

<연습 1> 아래 밑줄 그은 말에 '듯'을 넣어 문장을 만들어 보세요.

(보기) 날씨가 따뜻하다. → 날씨가 따뜻한 듯도 하다.

1. 수업이 벌써 시작되었다. →
2. 동생이 간다. →
3. 내일은 눈이 오겠다. →
4. 곧 얼음이 얼겠다. →
5. 아저씨는 진지를 잡수셨다. →

<연습 2> 아래의 문형에 해당하는 문장을 각각 하나씩 만들어 보세요.

1. -는 듯도 하다. →
2. -(으)ㄴ 듯하다. →
3. -(으)ㄹ듯 말 듯하다. →
4. -는 듯 마는 듯 →

기본 문장 ❷

의존 명사 '체'가 쓰인 문장

잘난 체하지 마라.

> **잠깐!** '체'의 용법에 주의하세요.
>
> 잘난 체하지 말라.
> 무엇이든지 아는 체를 하지 말라.
> 너무 모르는 체도 해서는 안 된다.
> 아내는 남편이 하는 짓을 본체만체 하였다.
> 밥을 먹고도 안 먹은 체 하는 사람이 많다.

알아보기

'체'는 '그럴 듯하게 꾸미는 거짓 태도나 모양'을 의미하는 의존 명사다. 곧 '잘난 체하지 말라.'는 '잘나지도 못했으면서 잘난 것처럼 거짓된 태도를 취하지 말라는 것'이다. '체'의 앞에는 '-는, -(으)ㄴ'과 같은 관형사형이 온다.

> **정리하기 ▌** 위의 문형은 의존 명사 '체'가 조사 '를, 도'의 도움을 받거나 단독으로 뒤에 오는 동사를 한정하는 부사어가 됨을 보이는 것이다.

<연습 1> 다음 문장에 '체'를 넣어 문장을 만들어 보세요.

(보기) 그는 나를 보고도 인사하는 표정을 짓지 않았다. → 그는 나를 보고도 알은체도 안 했다.

1. 나나는 숙제를 하지 않았지만 했다고 말한다. →

2. 나는 파리를 쫓는 것처럼 하다가 허리를 구부렸다. →
3. 책을 읽는 것처럼 하다가 그만 잠이 들어 버렸다. →
4. 술을 먹는 것처럼 하다가 부어 버렸다. →
5. 운동을 잘하는 것처럼 하나, 사실은 못한다. →

<연습 2> 아래의 문형에 해당하는 문장을 하나씩 만들어 보세요.

1. -(으)ㄴ 체를 →
2. -는 체도 →
3. -(으)ㄴ 체 만 체 →
4. -는 체한다. →

기본 문장 ❸

의존 명사 '척'이 쓰인 문장

나는 모른 척을 하고 있었지요.

잠깐! '척'의 용법에 주의하세요.

나는 모른 척을 하고 있었지요.
그가 보통 점잖은 척은 하지만 실은 그렇지 않다.
그이는 나의 말을 들은 척도 안 했다.
우리는 모르는 척 담을 뛰어넘었지요.
그가 뭐래도 나는 못 들은 척 했다.
나는 밥을 먹는 척 마는 척 했다.

알아보기

'척'은 '체'와 의미가 같은 의존 명사다.

정리하기 ▌ 위의 문형은 의존 명사 '척'이 조사 '을, 은, 도'의 도움을 받거나 단독으로 뒤에 오는 동사를 한정하는 부사어가 됨을 보이는 것이다.

<연습 1> 아래 문형에 해당하는 문장을 하나씩 만들어 보세요.

1. -(으)은 척은 →
2. -는 척도 →
3. -는 척한다. →

▪ 기본 문장 ❹

의존 명사 '대로'가 쓰인 문장

놓인 대로 두어라.

> **잠깐!** '대로'의 용법에 주의하세요.
>
> 놓인 대로 두어라.
> 네가 본 대로 말해라.
> 되는 대로 하시오.
> 네 하고 싶은 대로 해라.
> 제 생각대로 하지 못합니다.
> 그대로는 못 한다.
> 이대로도 될 수 있다.

▪ 알아보기

'대로'는 '어떤 모양이나 상태와 같이'를 뜻하는 의존 명사다. 곧 '놓인 대로 두어라.'는 '놓인 그 모양과 같이 두라는 것'이다. 어미 '-는' 뒤에 쓰여 '어떤 상태나 행동이 나타나는 그 즉시'를 의미하기도 한다. '집에 도착하는 대로 편지를 써요'는 곧 '집에 도착하자마자 편지를 써요'라는 의미다. 또한 어미 '-는' 뒤에 쓰여 '어떤 상태나 행동이 나타나는 족족'을 의미하기도 한다. '틈나는 대로 찾아봐'는 시간이 있을 때마다 찾아보라는 뜻이다. '대로'의 앞에는 관형사형 '-(으)ㄴ, -는, -(으)ㄹ' 등이 온다.

- **예: 놓인 대로, 되는 대로, 할 대로**

그런데 '대로'가 체언 다음에 쓰이면 조사다.

- **예: 생각대로**

정리하기 ▌ 위의 문형은 의존 명사 '대로'가 단독으로 또는 조사 '는, 도'의 도움을 받아 다음에 오는 용언을 한정하는 부사어가 됨을 보이는 것이다.

<연습 1> 다음 문장을 괄호 속에 제시한 말을 사용하여 '대로'가 든 문장으로 만들어 보세요.

(보기) 그는 들었다. (말했다) → 그는 들은 대로 말했다.

1. 하고 싶다. (해라) →
2. 된다. (살자) →
3. 그가 원했다. (되었다) →
4. 내가 읽는다. (따라 읽으시오) →
5. 밥을 준다. (먹어라) →

<연습 2> 아래 문형에 해당하는 문장 하나씩 만들어 보세요.

1. -는 대로 →
2. -(으)ㄴ 대로 →
3. 체언대로 →

기본 문장 ❺

의존 명사 '채'가 쓰인 문장

겉옷을 입은 채 자지 말라.

잠깐! '채'의 용법에 주의하세요.

겉옷을 입은 채 자지 말라.
입을 다문 채 말이 없다.
밤이 달린 채 가지를 꺾어 달라.
우리는 노루를 산 채로 잡았다.
시우는 손을 주머니에 넣은 채로 서 있었다.

알아보기

'채'는 '이미 있는 상태 그대로 있다는 뜻'의 뜻을 표시하는 의존 명사다. 곧 '겉옷을 입은 채 자지 말라.'는 '겉옷을 입은 대로 그냥 자지 말라는 것'이다. '채'는 관형사형 '-(으)ㄴ', '-는-' 뒤에만 쓰인다.

- **예: 놓인 채, 넘은 채**

정리하기 ▌ 위의 문형은 의존 명사 '채'가 단독으로 또는 조사 '로'의 도움을 받아 뒤의 용언을 한정하는 부사어가 되게 하는 것이다.
(보기) 입은 채, 산 채로

<연습 1> 다음 문장을 괄호 속에 제시한 말을 사용하여 '채'가 든 문장을 만들어 보세요.

(보기) 책을 폈다. (두지 말라) → 책을 편 채 두지 말라.

1. 펜에 잉크가 묻었다. (두지 말라) →
2. 책상에 책을 폈다. (두지 말라) →
3. 그이는 웃옷을 벗었다. (들어왔다) →
4. 그는 빗자루를 들었다. (밖으로 나갔다) →
5. 스칼렛은 양말을 신었다. (뛰어나갔다) →

<연습 2> 다음 문형에 해당하는 문장을 하나씩 만들어 보세요.

1. -은 채 →
2. -는 채 →
3. -은 채로 →
4. -는 채로 →

기본 문장 ❻

의존 명사 '만큼'이 쓰인 문장

인제 할 만큼 했습니다.

잠깐! '만큼'의 용법에 주의하세요.

인제 할 만큼 했습니다.
비가 땅을 적실 만큼 왔어요.
너를 죽일 만큼 나는 잔인하지 않다.
싫증이 날 만큼 먹었다.
호랑이라도 잡을 만큼 힘세다.
나도 너만큼 바쁘다.

알아보기

'만큼'은 '같은 수량의 정도'를 의미하는 의존 명사다. 곧 '인제 할 만큼 했습니다.'는 '인제 자기의 능력이 미치는 정도까지는 했다는 것'이다. '만큼'은 관형사형 어미 '-(으)ㄹ' 다음에 쓰는 것이 보통이다.

- **예: 할 만큼, 잡을 만큼**

그런데 체언 아래에 쓰일 때는 조사로 전성한다고 한다.

- **예: 너만큼(제32과 기본 문장 ❷를 보세요)**

정리하기 ▮ 위의 문형은 의존 명사 '만큼'이 단독으로 뒤에 오는 용언의 부사어가 됨을 보이는 것이다.

<연습 1> 아래 문장의 밑줄 친 말을 '만큼'으로 바꾸어서 문장을 만들어 보세요.

1. 나는 그것을 살 정도로 돈이 많지 않다. →
2. 스칼렛은 옆에 있는 내가 들을 수 있도록 소리를 내어 울었다. →
3. 나도 이제 너에게 보답할 정도로 했다. →
4. 우리도 너 정도는 할 수 있다. →
5. 그는 산도 무너뜨릴 정도로 힘이 세다. →

<연습 2> 다음 문형에 해당하는 문장을 하나씩 만들어 보세요.

1. -을 만큼 →
2. -ㄹ 만큼 →
3. 체언 + 만큼 →

기본 문징 ❼

의존 명사 '둥'이 쓰인 문장

나는 아침밥을 먹는 둥 마는 둥 했다.

> **잠깐!** '둥'의 용법에 주의하세요.
>
> 나는 아침밥을 먹은 둥 만 둥 했지요.
> 우리는 보는 둥 마는 둥 했어요.
> 그는 이번 시험에 붙을 둥 말 둥 하다.
> 날씨가 너무 추워서 옷을 입은 둥 만 둥 하다.

알아보기

'둥'은 '무슨 일을 하는 듯도 하고 하지 않는 듯도 함을 나타내는 말'을 의미하는 의존 명사다. '추상적'인 모양을 표시하는 '듯'과는 반대의 뜻을 지니고 있다. '둥'의 앞에는 '-는, -(으)ㄴ, -(으)ㄹ' 등의 관형사형이 온다.

정리하기 ▌ 위의 문형은 의존 명사 '둥'이 조사의 도움을 받거나 혹은 단독으로 뒤에 오는 용언의 부사어가 됨을 보이는 것이다. '둥'은 '-은/는/을 둥 만/마는/말' 구성으로 쓰인다.

<연습 1> 다음 문장을 '둥'이 들어 있는 문장으로 바꾸어 보세요.

(보기) 나는 신문을 본다. → 나는 신문을 보는 둥 마는 둥 했다.

1. 나는 고국으로 떠났다. →
2. 나는 공부를 한다. →
3. 양말을 신는다. →
4. 약을 먹었다. →
5. 노래를 불렀다. →

<연습 2> 다음 문형에 해당하는 문장을 하나씩 만들어 보세요.

1. -는 둥 마는 둥 →
2. -(으)ㄴ둥 만 둥 →
3. -(으)ㄹ 둥 말 둥 →

기본 문장 ❽

의존 명사 '뻔'이 쓰인 문장

나는 차에 치일 뻔했다.

> **잠깐!** '뻔'의 용법에 주의하세요.
>
> 나는 차에 치일 뻔하였다.
> 하마터면 죽을 뻔하였지요.
> 자칫하면 지각할 뻔했다.
> 미끄러워서 넘어질 뻔했다.
> 바람에 나무가 쓰러질 뻔했다.

알아보기

'뻔'은 '어떤 일이 자칫 일어날 수 있었으나 그렇게 되지 않았다는 뜻을 나타내는 말'을 의미하는 의존 형용사다. 동사 뒤에서 '-을 뻔하다' 구성으로 쓰일 경우, 앞말이 뜻하는 상황이 실제 일어나지는 않았지만 그럴 가능성이 매우 높았음을 나타내는 말이다.

- **예: 차에 치일 뻔했다. 물에 빠질 뻔했다.**

> **정리하기 ▌** '뻔'이 단독으로 나타나는 경우보다는 '하다'와 함께 쓰는 경우가 많다. '뻔하다'는 보조 형용사이다.

<연습 1> 다음 문장을 의존 명사 '뻔'이 든 문장으로 바꾸어 쓰세요.

1. 우리는 물에 빠졌다. →
2. 나는 다쳤다. →
3. 나는 시험에 떨어졌다. →
4. 나도 웃었다. →
5. 책이 찢어졌다. →

기본 문장 ❾

의존 명사 '만'이 쓰인 문장

그것은 먹을 만하다.

> **잠깐!** '만'의 용법에 주의하세요.
>
> 그것은 먹을 만하다.
> 이 책은 참 볼 만하다.
> 나도 갈 만하다.
> 너도 올 만하다.

알아보기

'만'은 '어찌할 값어치(가치)'를 의미하는 의존 명사다. 곧 용언 뒤에서 '-(으)ㄹ 만하다'는 어떤 대상이 앞말이 뜻하는 행동을 할 타당한 이유를 가질 정도로 가치가 있음을 나타내는 말이다.

정리하기 ▮ 의존 명사 '만'이 '하다'와 결합되면 보조 형용사로 본다.
(보기) 볼 만하다, 먹을 만하다

<연습 1> 다음 문장을 '만'이 든 문장으로 고쳐 쓰세요.

(보기) 너에게는 상을 주어도 괜찮지. → 너에게는 상을 줄 만하지.

1. 너는 믿을 수 있다. →
2. 너야 그 학교에는 충분히 붙을 수 있다. →
3. 그 사람이야 상을 탈 수 있다. →
4. 그 영화는 볼 수 있다. →
5. 그 사람이라면 추천할 수 있다. →

단원마무리

이 단원에서는 용언을 한정하는 의존 명사의 문형을 살펴보았다.

1. 다음 ( ) 속에 알맞은 의존 명사를 넣으세요.

(1) 우리는 모르는 ( )을 했지요.

(2) 있는 ( ) 다 가져오너라.

(3) 저 연필은 써볼 ( ) 한데.

(4) 자칫하면 낭떠러지로 떨어질 ( ) 했지.

(5) 오후에는 눈이 내릴 ( )도 하다.

(6) 밥을 입에 넣은 ( ) 말하지 말라.

2. 밑줄 그은 의존 명사에 주의하면서 아래 문장을 읽어 보세요.

(1) 병아리는 기쁜 듯이 풀을 쪼아 먹었습니다.

(2) 여우는 그 국을 맛있는 듯이 모두 핥아 먹었습니다.

(3) 엄마 참새는 기쁜 듯이 아기 참새를 데리고 다녔습니다.

(4) 발갛게 물든 아침 바다는 자는 듯이 조용하였습니다.

(5) 우리는 모두 미친 듯이 기뻐하였습니다

(6) 꽃들아 웃지 마라. 모른 척해라.

(7) 그들은 모르는 척 징검다리를 건너기 시작했다.

(8) 시우는 언니가 하라는 대로 전화를 귀에 대 보았습니다.

(9) 네가 아저씨에게 말하고 싶은 대로 써 보아라.

(10) 빌리는 생각나는 대로 그림을 그렸습니다.

(11) 선생님이 말씀하시는 것은 될 수 있는 대로 읽어 보려고 생각합니다.

(12) 익을 대로 익은 제철의 열매가 어금니 사이에서 오도독 두 쪽으로 갈라졌다.

(13) 해녀라면 제주도를 생각할 만큼 유명해졌습니다.

(14) 팥과 콩을 아직 거두지 않은 채 밭에 있었다.

(15) 나는 책을 든 <u>채</u> 뛰어갔습니다.

(16) 화랑 관창은 뜻을 이루지 못하고 원한을 품은 <u>채</u> 세상을 떠났다.

(17) 이름을 알려 드릴 <u>만한</u> 사람이 못 되오.

제25과 너는 술을 먹을 줄을 아느냐?
—특수한 의존 명사문—

이 단원은 특수하게 쓰인 의존 명사가 포함된 문형을 연습하는 단원이다. 이러한 의존 명사로는 '줄', '통', '바람', '만', '등', '따위' 등이 있다.

☝ 주목하기

의존 명사	줄, 통, 바람, 만, 등, 따위

(1) 너는 술 먹을 줄을 아느냐?
(2) 떠드는 통에 아무 일도 못하였다.
(3) 떠드는 바람에 잠이 깨었다.
(4) 그가 떠난 지 사흘 만에 돌아왔다.
(5) 책, 연필, 지우개 등이 많다.
(6) 그런 따위의 말로 변명하지 마라.

기본 문장 ❶

'줄'이 쓰인 의존 명사문

너는 술 먹을 줄을 아느냐?

잠깐! '줄'의 용법에 주의하세요.

너는 술 먹을 줄을 아느냐?
그가 낙제할 줄은 미처 몰랐다.
네가 따라올 줄도 벌써 알았다.
나는 그가 꼭 합격할 줄로 알았다.
나는 날 새는 줄 모르고 공부했다.
그가 온 줄로 알았다.

알아보기

'줄'은 '방법'이나 '수단'을 의미하는 의존 명사이다. 곧 '너는 술 먹을 줄을 아느냐?'는 '너는 술을 먹을 수 있는 방법을 아느냐?'이다. '줄'의 앞에는 '-(으)ㄹ, -는, -(으)ㄴ' 등의 관형사형 어미가 붙는다.

- **예: 먹을 줄, 날 새는 줄, 온 줄**

정리하기▌ 위의 문형은 의존 명사 '줄'이 조사 '을, 은, 도'나 '로'의 도움을 받거나 또는 단독으로 뒤에 오는 동사의 목적어임을 나타내는 것이다. '줄'의 다음에 오는 동사는 주로 '알다, 모르다, 믿다, 생각하다'이다. '로'가 붙을 때는 '을'이 붙을 때와는 뜻이 다르다. '나는 그가 합격할 줄로 알았다.'는 '합격할 것으로 믿었는데 실제로는 합격이 되지 못했다'는 것으로 그의 생각이 '그르다'는 뜻이다.

<연습 1> 다음 문장에 '줄'을 넣어 문장을 만들어 보세요.

(보기) 나는 놀 방법을 모른다. → 나는 놀 줄을 모른다.

1. 우리는 달 뜨는 것을 알지 못했다. →
2. 그는 어찌할 방법을 모른다. →
3. 나는 떡을 먹을 방법을 안다. →

4. 그가 간 것으로 알았다. →

5. 어린이도 그것을 줄 방법을 알 것이다. →

<연습 2> 다음의 문형에 해당하는 문장을 하나씩 써 보세요.

1. -는 줄을 →
2. -(으)ㄴ 줄도 →
3. -(으)ㄹ 줄은 →
4. -는 줄로 →
5. -(으)ㄴ 줄로 →

기본 문장 ❷

'통'이 쓰인 의존 명사문

떠드는 통에 아무 일도 못하였다.

잠깐! '통'의 용법에 주의하세요.

떠드는 통에 아무 일도 못하였다.
야단치는 통에 아무 말도 못하였다.
우는 통에 정신을 차리지 못했다.
비가 오는 통에 외출하지 못했다.

알아보기

'통'은 어떤 일이 일어난 환경이나 상황을 의미하는 의존 명사이다. 곧 '떠드는 통에 아무 일도 못하였다.'는 '떠들어서 정신을 바로 가질 수 없으므로 아무 일도 못했다는 것'이다. '통'의 앞에는 주로 관형사형 어미 '-는'이 온다.

- **예: 떠드는 통에**

정리하기 ▮ 위의 문형은 의존 명사 '통'이 조사 '에'와 더불어 뒤에 오는 용언의 부사어가 됨을 보이는 것이다.

<연습 1> 아래 문장에 의존 명사 '통'을 넣어 문장을 써 보세요.

1. 떠들어서 아무 말도 듣지 못했다. →
2. 울어서 무엇을 들었는지 모르겠다. →
3. 떠들썩해서 아무 일도 못했다. →
4. 바람이 불어서 눈을 뜰 수가 없었다. →
5. 그가 울어서 나도 따라 울었다. →
6. 이야기를 해서 배고픈 것도 잊어버렸다. →

기본 문장 ❸

'바람'이 쓰인 의존 명사문

떠드는 바람에 잠이 깨었다.

> **잠깐!** '바람'의 용법에 주의하세요.
>
> 떠드는 바람에 잠이 깨었다.
> 여럿이 가는 바람에 나도 따라갔다.
> 화를 내는 바람에 할 말도 못했다.

알아보기

'바람'은 '무슨 일에 반응하여 일어나는 기세'를 의미하는 의존 명사다. 곧 '떠드는 바람에 잠이 깨었다.'는 '떠듦으로 말미암아 잠이 깼다.'는 것이다. 주로 '-는 바람에'의 구성으로 뒷말의 근거나 원인을 나타낸다.

정리하기 ▌ 위의 문형은 의존 명사 '바람'이 조사 '에'와 함께 뒤에 오는 말의 부사어가 됨을 보이는 것이다. '바람'은 '통'과 그 뜻이 비슷하다.

<연습 1> 다음 문장에 '바람'을 넣어 문장을 만들어 보세요.

(보기) 떠들어서 책을 펴지도 못했다. → 떠드는 바람에 책을 펴지도 못했다.

1. 우박이 쏟아져서 걸을 수가 없었다. →
2. 야단을 쳐서 꼼짝도 못했다. →
3. 옷이 찢어져서 더 참을 수가 없었다. →
4. 그분이 웃어서 나도 웃었다. →
5. 번개가 쳐서 잠을 잘 수가 없었다. →
6. 그이가 움직여서 나도 움직였다. →

기본 문장 ❹

'만'이 쓰인 의존 명사문

그가 떠난 지 사흘 만에 돌아왔다.

잠깐! '만'의 용법에 주의하세요.

그가 떠난 지 사흘 만에 돌아왔다.
그가 온 지 꼭 두 해 만이다.
얼마 만에 만나는 것인가?
나는 이틀 만에 그를 또 만났다.

알아보기

'만'은 '시간이 얼마나 계속되었음'을 의미하는 의존 명사이다. 곧 '그가 떠난 지 사흘 만에 돌아왔다.'는 '그가 떠난 시간이 사흘 동안'이라는 것이다. '만'의 앞에는 '사흘, 두 해, 얼마' 등과 같은 시간 부사가 온다.

정리하기 ▌위의 문형은 의존 명사 '만'이 조사 '에, 이다'의 도움을 받아 부사어가 되거나 서술어가 됨을 보이는 것이다.
※ 위의 문형의 '만'은 '오직 그것'을 의미하는 조사 '만'(보기: 밥만 먹는다)과는 다르다(제2과 기본 문장 ❷를 보세요).

<연습 1> 다음 문장에 '만'을 넣어 문장을 써 보세요.

(보기) 그가 돌아온 것은 떠나서 꼭 삼일이 지나서였다. → 그는 떠난 지 삼일 만에 돌아왔다.

1. 꼭 삼 년이로구나. →
2. 꼭 이틀이 되어 또 그와 헤어졌다. →
3. 꼭 세 시간이 되어야 기차가 다닌다. →
4. 6년이 되어서 그이와 다시 만났다. →
5. 나는 꼭 7년이 되어서 고향에 돌아갔다. →

<연습 2> 다음 문형에 해당하는 문장을 하나씩 써 보세요.

1. 만에 →
2. 만이다. →

기본 문장 ❺

'등, 따위'가 쓰인 의존 명사문

책, 연필, 지우개 등이 많다.

그런 따위의 말로 변명하지 마라.

> **잠깐!** '등'과 '따위'의 용법에 주의하세요.
>
> 책, 연필, 지우개 [등]이 많다.
> 우리는 소, 돼지, 개, 닭 [등]의 가축을 기른다.
> 그는 청소를 하고, 요리를 하고 책을 읽고 하는 [등] 모든 일을 혼자 하였다.
> 책, 연필, 잉크 [따위]가 많다.
> 너 [따위]가 무엇을 알겠느냐?
> 저 [따위]가 어떻게 알겠습니까?

알아보기

1. '등'은 '여럿'을 의미하는 의존 명사이다. '등'의 앞에는 명사나 관형사형 어미 '-는'이 올 수 있다.
2. '따위'는 '등'의 뜻을 나타내는 일도 있고 '경멸'이나 '겸손'의 뜻을 나타낼 때도 있다.

- **예: 책, 연필, 잉크 따위(등), 너 따위(경멸), 저 따위(겸손)**

정리하기 ▌ 위의 문형은 의존 명사 '등, 따위'가 조사의 도움을 받아 여러 가지 문장 성분으로 쓰이는 것이다.

<연습 1> 다음 괄호 속에 알맞은 의존 명사 '등, 따위'를 쓰세요.

1. 옷, 베개, 이불 (　　　　　　)이/가 널려 있다.
2. 감, 대추, 배, 사과 (　　　　　　)을/를 먹도록 해라.
3. 저 (　　　　　　)을/를 보내다니.
4. 나는 방을 쓸고, 닦고, 먼지를 털고 하는 (　　　　　　) 집안을 청소했다.
5. 저 (　　　　　　)이/가 어떻게 하겠습니까?
6. 너 (　　　　　　)은/는 합격하지 못한다.

<연습 2> 아래 문형에 해당하는 문장을 하나씩 써 보세요.

1. 체언 + 등을 →
2. 체언 + 등이다. →
3. -는 등 →
4. 그 따위를 →
5. 체언 + 따위도 →

단원마무리

이 단원에서는 특수한 의존 명사 '줄, 통, 바람, 만, 등, 따위' 등이 쓰인 문형을 살펴보았다.

1. 다음 ( ) 안에 알맞은 의존 명사를 써 넣으세요.

(1) 저런 ( )가 반장을 해.

(2) 십년 ( )에 그를 만났다.

(3) 전쟁 ( )에 집이 타버렸다.

(4) 싸우는 ( )에 정신을 차릴 수가 있어야지요.

(5) 의자, 책상, 책 ( )이 막 흩어져 있다.

(6) 너는 등산할 ( )을 아느냐?

2. 밑줄 그은 의존 명사에 주의하면서 아래 문장을 읽어 보세요.

(1) 이 모든 것이 쏟아져 들어올 줄을 누가 알았겠습니까?

(2) 범진이와 승우는 친구들이 말리는 바람에 싸움을 그치고 헤어집니다.

(3) 뒹굴고 넘어지는 통에 온 몸이 모래투성이가 되었습니다.

(4) 불과 며칠 만에 회사를 그만두었다.

(5) 세종대왕은 일찍이 첨성대와 측우기 따위를 발명하였다.

(6) 우리가 배우는 「말하기」 「듣기」 「읽기」 「쓰기」 등에 대한 이야기를 해봅시다.

제26과 책을 잘 읽습니다.

—부사에 의해 확대된 용언문—

이 단원은 부사에 의해 확대된 문장을 연습하는 단원이다. 부사는 용언 또는 다른 말 앞에 놓여 그 뜻을 분명하게 하는 것이다.

☝ 주목하기

부사	잘, 많이, 꽤, 아주, 조금, 빨리
보조사	는, 도, 만

(1) 이 학생은 글을 잘 읽는다.
(2) 사람들이 많이 모였다.
(3) 저 아이도 글을 꽤 잘 읽지요.
(4) 그 옷은 아주 새 옷이에요.
(5) 우리 집의 조금 앞이 시장입니다.
(6) 그 사람이 일을 빨리는 해요.

▪ 기본 문장 ❶

보편적인 부사에 의해 확대된 용언문

이 학생은 글을 잘 읽는다.

잠깐! 부사가 동사, 형용사를 꾸밈에 주의하세요.

이 학생은 글을 [잘] 읽는다.
저는 [먼저] 가겠습니다.
그 아이는 [퍽] 착하다.
저 기차는 [매우] 빠르다.
내일은 집에 [꼭] 있겠다.
낙엽이 [우수수] 떨어진다.

▪ 알아보기

'잘, 먼저, 꼭, 우수수'는 동사를 꾸며서 그 뜻을 한층 더 한정하는 부사이고, '퍽, 매우'는 형용사를 꾸며 주는 부사이다.

정리하기 ▮ 위의 문형은 부사가 동사, 형용사 앞에 쓰여서 문장이 확대된 것이다.
(보기) 이 학생은 책을 읽는다. → 이 학생은 책을 잘 읽는다.

<연습 1> 괄호 안에 제시한 부사를 용언 앞에 놓아 문장을 만들어 보세요.

(보기) 이 연못에는 고기가 없겠지. (아마) → 이 연못에는 고기가 아마 없겠지.

1. 설악산은 높지요. (꽤) →
2. 너는 가니? (안/아니) →
3. 저는 아침마다 일어납니다. (일찍) →
4. 오시오. (이리) →
5. 가시오. (어서) →
6. 시냇물이 흐른다. (졸졸) →
7. 그는 오지 않았다. (아직) →

8. 오너라. (자주) →
9. 손을 드세요. (번쩍) →
10. 날씨가 춥다. (퍽) →

기본 문장 ❷

파생 부사에 의해서 확대된 용언문

사람들이 많이 모였다.

잠깐! 접미사 '-이, -히, -리' 등에 주의하세요.[1)]

사람들이 [많이] 모였다.
비행기가 [높이] 날고 있다.
그들은 [다정히] 지냈다.
떠들지 말고 [조용히] 하시오.
기차가 [빨리] 달아난다.

알아보기

1. 위의 부사들은 형용사에 접미사 '-이, -히, -리' 등이 붙어서 전성된 것이다. 주로 '-이'는 받침 있는 말 다음에 쓰이고(**예: 많다→많이, 높다→높이**), '-히'는 '하다'가 붙은 말 아래에 쓰임이 원칙이다(**예: 다정하다→다정히, 조용하다→조용히**). 그러나 이러한 규칙에 벗어나는 일도 없지 않다(**예: 깨끗하다→깨끗이**). 그리고 'ㄹ' 받침이나 '르'로 끝난 말은 '-리'가 붙는다(**예: 멀다→멀리, 빠르다→빨리**).

정리하기 ▌ 위의 문형은 형용사에서 파생된 부사로 용언의 뜻을 꾸며서 그 뜻을 한정하는 것이다.

1) '빨리'의 경우 '빠르+-이'로 분석되지만 편의상 '-리'를 접미사로 다룬다.

<연습 1> 아래 밑줄 그은 형용사를 부사로 고쳐서 괄호 속에 제시한 동사를 꾸미도록 문장을 바꾸어 보세요.

(보기) 교실이 조용하다. (해라) → 교실 안에서 조용히 해라.

1. 요즈음은 비교적 한가해. (지내고 있어) →
2. 그는 몹시 바쁘다. (뛰어간다) →
3. 산이 높다. (솟아 있다) →
4. 정원이 깨끗하다. (쓸어라) →
5. 자동차가 빠르다. (달린다) →

<연습 2> 아래 전성 부사를 가지고 짧은 문장을 만들어 보세요.

1. 반듯이 →
2. 높이 →
3. 깊이 →
4. 멀리 →
5. 같이 →
6. 가까이 →
7. 천천히 →
8. 조용히 →

기본 문장 ❸

부사를 꾸며서 확대된 용언문

저 아이도 글을 꽤 잘 읽지요.

잠깐! 부사 앞에 또 다른 부사가 있다는 것에 주의하세요.

저 아이도 글을 꽤 잘 읽지요.
담을 좀 더 높게 쌓으셔요.
매화는 가장 일찍 피는 꽃이다.
조금 천천히 읽어라.

정리하기 ▌ 위의 문형은 부사가 다른 부사를 꾸미는 것이다. '저 아이도 글을 꽤 잘 읽지요'의 '꽤'는 '저 아이도 글을 잘 읽지요'의 '잘'의 의미를 좀 더 분명히 제한해 준다. 곧 이 문형은 '저 아이도 글을 잘 읽지요'가 '저 아이도 글을 꽤 잘 읽지요'로 확대된 것이다.

<연습 1> 다음 문장의 밑줄 그은 부사 앞에 괄호 속에 제시한 부사를 넣어 문장을 확대해 보세요.

1. 인수는 공부를 잘 합니다. (썩) →
2. 기차가 빨리 달아난다. (대단히) →
3. 그는 아침마다 일찍 일어난다. (매우) →
4. 너도 이리 오너라. (어서) →
5. 비행기가 높이 날고 있다. (매우) →
6. 제가 먼저 갔지요. (제일) →

기본 문장 ❹

관형사를 꾸며서 확대된 용언문

그 옷은 아주 새 옷이에요.

잠깐! 관형사나 관형사형 앞의 부사에 주의하세요.

그 옷은 아주 새 옷이에요.
꼭 그 사람이어야 됩니까?
금강산은 우리나라에서 가장 아름다운 산이다.
백두산은 퍽 높은 산이지요.
글씨를 잘 쓰는 사람은 누구냐?

정리하기 ▌ 위의 문형은 부사가 관형사나 용언의 관형사형 앞에 놓여서 그 의미를 좀 더 분명히 한정해 주는 것이다. '그 옷은 아주 새 옷이요'의 '아주'는 관형사 '새'를 꾸미고 있고, '금강산은 우리나라에서 가장 아름다운 산이다.'의 '가장'은 관형사형 '아름다운'을 꾸미고 있다.

<연습 1> 아래 밑줄 그은 관형사나 관형사형 앞에 괄호 속에 제시한 부사를 넣어 문장을 확대해 보세요.

(보기) 저 책은 헌 책이다. (매우) → 저 책은 매우 헌 책이다.

1. 저 옷은 헌 옷이다. (아주) →
2. 저기 떨어지는 나뭇잎을 보아라. (우수수) →
3. 그분은 건강한 듯합니다. (매우) →
4. 운동을 하는 학생이 더 좋다. (잘) →
5. 저기 흐르는 물을 보아라. (콸콸) →

기본 문장 ❺

명사를 꾸며서 확대된 용언문

우리 집의 조금 앞이 시장입니다.

잠깐! 부사가 체언 앞에 있음을 주의하세요.

> 우리 집의 조금 앞이 시장입니다.
> 저 산 너머가 바로 바다다.
> 겨우 하루 만에 없어졌지요.
> 꼭 너를 보아야 한다.

정리하기 ▌ 위의 문형은 부사가 체언 앞에서 '체언'의 뜻을 분명히 제한해 주는 것이다. '우리 집의 조금 앞이 시장입니다.'의 '조금'은 '앞'의 뜻을 제한한다.

<연습 1> 다음 밑줄 그은 말 앞에 괄호 속에 제시한 부사를 넣어서 문장을 확대해 보세요.

(보기) 우리 집 뒤가 교회당이다. (바로) → 우리 집 바로 뒤가 교회당이다.

1. 이틀 후에 떠났습니다. (겨우) →
2. 내가 첫째다. (언제나) →

3. 인수네 집 옆에 연못이 있다. (바로) →

4. 삼년 만에 졸업했습니다. (겨우) →

기본 문장 ❻

부사에 보조사가 쓰인 문형

그 사람이 일을 빨리는 해요.

잠깐! 부사 다음에 붙은 보조사의 용법에 주의하세요.

그 사람이 일을 빨리는 하오. (잘하지는 못하지만)
그 사람이 일을 빨리도 하오. (잘하기도 하지마는)
비행기가 얕이도 뜬다. (높이도 뜨지마는)
너는 이 길을 천천히만 걸어라. (더디기는 하지마는)

정리하기 ▌ 위의 문형은 부사가 특별한 뜻을 나타내는 조사의 결합으로써 문장의 뜻을 한층 더 구체화하는 것이다. '그 사람이 일을 빨리 하오'로써는 구체적인 뜻을 알 수 없으나, '는, 도, 만' 등이 붙으면 문장의 뜻이 한층 구체화된다.

<연습 1> 아래 부사 다음에 들어가야 할 조사를 써 넣으세요.

(보기) 비행기가 높이(　) 떴다. (빠르기도 하지만) → 비행기가 높이도 떴다.

1. 나는 점심을 조금(　) 먹었다. (많이는 안 먹었지만) →
2. 그이가 올는지 꼭(　) 모른다. (안 올는지도 모른다) →
3. 자주(　) 못 보아도 만나기는 해. →
4. 잘(　) 논다. (공부도 잘 하지만) →
5. 자꾸(　) 눈물이 흘러내렸다. →

단원마무리

이 단원에서는 부사가 용언을 수식하는 것과 부사에 조사가 붙는 것을 살펴보았다.

1. 괄호 속에 제시한 부사를 다음 문장의 밑줄 그은 말 앞에 놓아 문장을 만들어 보세요.

(1) 날씨가 덥다. (매우) →

(2) 내일쯤 비가 오겠다. (아마) →

(3) 남을 너무 믿지 말라. (결코) →

(4) 우리는 오래된 책을 구경했소. (매우) →

(5) 저희 집 옆이 소방서입니다. (바로) →

(6) 일찍 일어나지 말아라. (너무) →

(7) 떠들지 말고 해라. (조용히만) →

제27과 이 책을 읽어 보아라.
—보조적 연결 어미에 의해 확대된 용언문—

이 단원은 보조적 연결 어미에 의해 확대된 문장을 연습하는 단원이다. 보조적 연결 어미란 본용언에 보조 용언을 연결하는 어미로, 주로 '-아/어/여, -게, -지, -고' 등을 말한다.

☝ 주목하기

보조적 연결 어미 구성	-아/어/여 보다, -게 하다, -지 말다(않다), -고 싶다, -고 있다, -고 나다

(1) 이 책을 읽어 보아라.
(2) 저 아이에게도 책을 읽게 해라.
(3) 그 책은 읽지 말아라.
(4) 나는 거기 가고 싶지 않다.
(5) 여기에 앉아는 보았다. (눕지는 못했으나)

▪ 기본 문장 ❶

보조적 연결 어미 '-아/어/여'에 의해 확대된 용언문

이 책을 읽어 보아라.

> **잠깐!** 어미 '-아/어/여'의 용법에 주의하세요.
>
> 이 책을 읽어 보아라.
> 고기를 잡아 먹자.
> 너도 잘 생각하여 보아라.
> 산이 매우 높아 보인다.

▪ 알아보기

'-아/어/여'는 용언을 보조하는 연결 어미의 하나다. '-아'는 'ㅏ, ㅗ'와 같은 양성 모음으로 된 말 다음에 쓰이고, '-어'는 나머지의 모음 곧 음성 모음 다음에 쓰이고, '-여'는 '하' 다음에 쓰인다.

- **예: 잡아, 높아, 읽어, 생각하여**

> **정리하기 ▌** 위의 문형은 용언을 보조하는 곧 '-아/어/여'가 붙음으로써 그 말이 앞에 오는 용언을 보조하는 것이다.
> (보기) 읽어 보아라.

<연습 1> 아래 문장의 빈칸에 괄호 속에 제시한 말을 넣어 동사를 보조하는 문장을 만들어 보세요.

(보기) 그 책을 ____ 보아라. (읽다) → 그 책을 읽어 보아라.

1. 저 연필만 ______ 보아라. (쓰다) →
2. 네게 책을 ______ 주겠다. (사다) →
3. 나는 이것도 ______ 보겠다. (먹다) →
4. 그 불이 ______ 보인다. (밝다) →
5. 저 연못은 ______ 보인다. (깨끗하다) →

기본 문장 ❷

보조적 연결 어미 '-게'에 의해 확대된 용언문[1]

저 아이에게도 책을 읽게 해라.

잠깐! 어미 '-게'의 용법에 주의하세요.

저 아이에게도 책을 읽게 해라.
모든 사람이 다 밥을 먹게 하겠다.
방을 깨끗하게 청소해라.
꽃이 아름답게 피었다.

정리하기 ▌ 위의 문형은 어미 '-게'로써 용언의 의미를 보조하는 것이다. 곧 '-게'가 붙음으로써 사동문을 만들어 준다.
(보기) 읽게 해라.
한편 '-게'는 형용사와 동사에 붙어 뒤에 오는 용언의 뜻을 한정하는 부사어의 기능을 하기도 한다.
(보기) 깨끗하게 청소해라.

<연습 1> 아래 문장의 빈칸에 괄호 속에 제시한 말을 넣어 문장을 만들어 보세요.

(보기) 불이 _____ 밝다. (눈부시다) → 불이 눈부시게 밝다.

1. 나는 인제 한마디도 ______ 되었습니다. (못하다) →
2. 마음을 항상 ______ 가져라. (깨끗하다) →
3. 지금 가도 차를 ______ 될까? (타다) →
4. 왜 나를 ______ 하느냐? (못가다) →
5. 하늘이 ______ 개었다. (맑다) →

1) '-게 하다'의 사동문에서는 보조 용언의 주어와 본 용언의 주어가 다르기 때문에 '-게'를 보조적 연결 어미로 볼 수 없다는 견해도 있지만, 본 책에서는 설명의 편의상 '-게 하다'의 '-게'를 보조적 연결 어미로 처리한다.

기본 문장 ❸

보조적 연결 어미 '-지'에 의해 확대된 용언문

그 책을 읽지 말아라.

잠깐! 어미 '-지'의 용법에 주의하세요.

그 책은 읽지 말아라.
놀지 말고 부지런히 일합시다.
물이 맑지 않아.
저는 술을 마시지 못합니다.
고래는 포유류이지 물고기는 아니다.

정리하기 ▮ 위의 문형은 어미 '-지'가 용언에 붙어 뒤에 오는 용언의 뜻을 부정하는 것이다.
(보기) 읽지 말아라.
그리고 '-지'의 뒤에는 반드시 '말다, 않다, 못하다, 아니다'와 같은 부정적인 용언이 온다.

<연습 1> 다음 문장의 빈칸에 괄호 속에 제시한 말을 넣어 문장을 만들어 보세요.

(보기) 나는 지금 밥을 _____ 못한다. (먹다) → 나는 지금 밥을 먹지 못한다.

1. 너는 거기에 ______ 말라. (가다) →
2. 그는 ______ 상인은 아니다. (농부) →
3. 저 옷은 ______ 못하다. (깨끗하다) →
4. 인수는 운동을 잘 ______ 못한다. (하다) →
5. 겨울에도 제주도는 ______ 않다. (춥다) →
6. ______ 말고 부지런히 공부하시오. (쉬다) →

기본 문장 ❹

보조적 연결 어미 '-고'에 의해 확대된 용언문

나는 거기 가고 싶지 않다.

잠깐! 어미 '-고'의 용법에 주의하세요.

나는 거기 가고 싶지 않다.
공부를 더 하고 싶습니다.
우리는 지금 글을 쓰고 있다.
지금 밖에는 비가 오고 있다.
밥을 다 먹고 나서 차를 마셨다.

정리하기 위의 문형은 어미 '-고'가 용언을 보조하여 뒤에 오는 용언을 한정하는 것이다. '-고 싶다'에서는 '욕구'를, '-고 있다'에서는 '진행'을, '-고 나다'에서는 '완료'를 의미한다.

<연습 1> 다음 문장의 빈칸에 괄호 속에 제시한 용언을 넣어 문장을 만들어 보세요.

(보기) 나는 죽을 ____ 싶다. (먹다) → 나는 죽을 먹고 싶다.

1. 우리는 ______ 싶다. (걷다) →
2. 어머니가 몹시 ______ 싶어요. (보다) →
3. 나는 꽃밭을 ______ 있다. (손질하다) →
4. 창수도 책을 ______ 있다. (읽다) →
5. 일을 다 ______ 나서 쉬어라. (하다) →
6. 방부터 ______ 나서 같이 놀자. (쓸다) →

▪ 기본 문장 ❺

보조적 연결 어미에 보조사가 붙은 것

여기 앉아는 보았다. (눕지는 못했으나)

> **잠깐!** 보조사가 보조적 연결 어미에 쓰였음에 주의하세요.
>
> 여기에 앉아는 보았다. (눕지는 못했으나)
> 이 자리에 앉아도 보았다. (누워도 보고)
> 이 자리에 앉아만 보아라.
> 맛이 어떤가 먹어나 봅시다.

정리하기 ▮ 위의 문형은 앞의 부사와 마찬가지로(제26과 기본 문장 ❻을 보세요) 보조사가 용언의 연결 어미 다음에 쓰인 것이다.
(보기) 앉아는, 앉아도, 앉아만, 먹어나

<연습 1> 아래 문장의 괄호 속에 적절한 조사를 넣으세요.

(보기) 나는 이 연필을 써(도) 보았다. (깎아도 보고)

1. 그 책을 읽어(　　　) 보아라. (가지지는 말고)
2. 세월은 흘러(　　　) 간다. (돌아오지는 않는다)
3. 개나 고양이는 있어(　　　) 좋고 없어(　　　) 좋다.
4. 그 물건을 만져(　　　) 보고 안 사십니까?

단원마무리

이 단원에서는 보조 용언이 본동사를 보조하거나 한정하는 역할을 하는 것과 또 그 아래에 보조사가 붙어 쓰이는 것을 살펴보았다.

1. 아래 문장의 빈칸에 괄호 속에 제시한 말을 넣어 문장을 만들어 보세요.

(1) 이 연필을 ______ 보아라. (쓰다)

(2) 밥을 ______ 먹자. (나누다)

(3) 산이 ______ 솟았다. (높다)

(4) 제 먹을 것을 ______ 하겠다. (얻다)

(5) 서울에 ______ 싶다. (가다)

(6) 눈이 ______ 있다. (내리다)

(7) 너무 ______ 말고 정신을 차려라. (울다)

(8) 밥을 먹으면서 이야기를 ______ 말라. (하다)

제28과 이 과자를 빌리에게 주세요.
—부사격 조사(낙착)에 의해 확대된 용언문—

이 단원은 부사격 조사에 의해 확대된 용언문의 문형을 연습하는 단원이다. 부사격 조사 중에서도 '행위의 영향을 받는 대상임을 나타내는 부사격 조사'인 '에게, 한테, 께, 더러, 에, 에서'를 살펴본다.

☝ 주목하기

조사	에게, 한테, 께, 더러, 보고, 에, 에서

(1) 이 책은 철수에게 주어라.
(2) 이 책은 누구한테 줄 것이냐?
(3) 저 신문을 아버지께 갖다 드려라.
(4) 철수더러 가라고 했지요.
(5) 그 아이는 어느 집에 사니?
(6) 바로 저 건넛집에서 삽니다.

기본 문장 ❶

'에게'에 의해 확대된 용언문

이 책은 철수에게 주어라.

> **잠깐!** '에게'와 '게'의 용법에 주의하세요.
>
> 이 책은 철수에게 주어라.
> 아저씨에게는 편지를 쓰지 말아라.
> 소에게도 밥을 주어 보아라.
> 그 책은 내게(나에게) 주시오.
> 이 연필은 제게(저에게) 주십시오.
> 저 책은 네게(너에게) 주마.
> 이 과자는 누구에게(누구에게) 줄 것이냐?
> 나라의 흥망은 젊은이들에게 달려 있다.

알아보기

1. '에게'는 사람이나 동물을 나타내는 말에 붙어, 앞말이 행위의 영향을 받는 대상임을 나타낸다. '게'는 '에게'의 준말이며, '저에게, 나에게, 너에게' 등이 '제게, 내게, 네게' 등으로 쓰이기도 한다.

- **예: 철수에게, 고양이에게; 내게, 제게, 네게**

2. 조사 '에게'와 '게'에도 보조사 '는, 도'가 붙는다.

- **예: 아저씨에게는, 돼지에게도; 내게는, 제게도, 네게도**

정리하기 ▌ 위의 문형은 조사 '에게'나 '게'가 사람이나 동물을 가리키는 말에 붙어 행위의 영향을 받는 대상임을 나타냄을 보여 준다. 곧 '이 책을 철수에게 주어라.'는 주체가(생략되었음) 목적물인 '책'을 '철수'에게 '떨어뜨리게' 하는 것이다. 이 문형은 조사 '에게'에 의해 확대되었다고 할 수 있다.

<연습 1> 괄호 속에 제시한 말에 '에게'를 붙여서 문장을 확대해 보세요.

(보기) 풀을 먹이자. (토끼) → 토끼에게 풀을 먹이자.

1. 그 책은 줄 것이냐? (누구) →
2. 밥을 줘 보렴. (개) →
3. 지영아, 편지를 써 보아라. (오빠) →
4. 그 연필은 주세요. (저) →
5. 이 책도 주겠다. (너) →

<연습 2> 아래 문장의 밑줄 그은 '에게'에 괄호 속에 제시한 조사를 붙여 문장을 만들어 보세요.

(보기) 그것을 내게 달라. (도) → 그것을 내게도 달라.

1. 철수에게 그것을 주어라. (는) →
2. 아저씨에게 편지를 쓰지 말라. (도) →
3. 내게 말하여라. (만) →
4. 그것을 누구에게 줄 것이냐? (나) →
5. 범진이에게 부탁해라. (도) →

기본 문장 ❷

'한테'에 의해 확대된 용언문

이 책은 누구한테 줄 것이냐?

잠깐! '한테'의 용법에 주의하세요.

이 책은 누구한테 줄 것이냐?
그 책은 철수한테 주시오.
그 물건을 누구한테 보내시렵니까?
이것은 고은이한테도 줄 것입니다.
이 일을 그분의 아들한테 전하지.
저 아이가 개한테 물렸다.
그 사람이 나한테 무슨 일이 있나?

알아보기

'한테'는 사람이나 동물을 나타내는 말에 붙어, 앞말이 행위의 영향을 받는 대상임을 나타낸다. '에게'보다 구어에서 많이 쓰인다.

정리하기 ▌ 위의 문형은 조사 '한테'가 사람이나 동물을 가리키는 말에 붙어 행위의 영향을 받는 대상임을 나타냄을 보여 준다. '한테'는 '에게'와 비슷한 뜻이나, '에게'는 주로 문어에 쓰이며 '한테'는 주로 구어에 쓰인다.

<연습 1> 괄호 속에 제시한 말에 '한테'를 붙여서 문장을 써 보세요.

(보기) 그분이 말씀하셨습니다. (저) → 그분이 저한테 말씀하셨습니다.

1. 그 사람이 무슨 일이 있나? (나) →
2. 제가 그 일을 이야기하지요. (철수) →
3. 그 일은 물어 보아라. (나) →
4. 그것을 전할 것이냐? (누구) →
5. 잘 이야기해 두어라. (엄마) →

기본 문장 ❸

'께'에 의해 확대된 용언문

저 신문을 아버지께 갖다 드려라.

잠깐! '께'의 용법에 주의하세요.

저 신문을 아버지께 갖다 드려라.
할아버지께 자세히 말씀드리겠습니다.
선생님께 여쭈어 보았다.
그 일은 어머니께 맡겨라.

알아보기

'께'는 '에게'의 높임말이다. 문장의 주체, 곧 주어가 가리키는 대상을 높이고자 할 때 조사 '께'를 붙인다.

정리하기 ▌ 위의 문형은 조사 '께'가 '에게'의 높임말임을 보여 준다.
(보기) 아버지께, 어머니께, 할아버지께, 선생님께

<연습 1> 다음 문장의 밑줄 그은 '한테'나 '에게' 대신에 '께'를 넣어 문장을 만들어 보세요.

(보기) 아버지한테 말씀드렸지요. → 아버지께 말씀드렸지요.

1. 이것은 선생님에게 드리겠습니다. →
2. 그것은 형님한테 드릴 것입니다. →
3. 어느 분한테 보내드릴 것이냐? →
4. 저분에게 말씀드리려고 합니다. →

기본 문장 ❹

'더러'에 의해 확대된 용언문

철수더러 가라고 했지요.

잠깐! '더러'나 '보고'의 용법에 주의하세요.

철수더러 가라 했소.
나더러 오라는 거야.
이 밥을 저더러 먹으랍니다. (먹으라고 합니다)
너더러 일어서라는 것이 아니냐?
나보고 언니라 한다.
나보고 형이라 한다.

알아보기

'더러'가 '나, 저, 너'와 같은 대명사 뒤에 쓰일 때는 '나더러, 저더러, 너더러'로 쓰인다.

정리하기 ▌ 위의 문형은 '더러'나 '보고'가 사람을 의미하는 말에 붙어 어떤 행동이 미치는 대상임을 나타냄을 보여준다.

<연습 1> 아래 문장을 괄호 속에 제시한 말에 '더러'나 '보고'를 붙여서 써 보세요.

(보기) 그는 오라고 했다. (철수) → 그는 철수더러 오라고 했다.

1. 오시라고 했니? (어느 분) →
2. 철수가 밥을 먹지 말라고 했다. (나) →
3. 너는 가라고 했니? (누구) →
4. 지영이는 언니라고 한다. (나) →

▪ 기본 문장 ❺

'에'에 의해 확대된 용언문

그 아이는 어느 집에 사니?

> **잠깐!** '에'의 용법을 '에게'와 비교해서 생각해 보세요.
>
> 그 아이는 어느 집에 사니?
> 인수는 꽃밭에 물을 준다.
> 벽에 낙서를 하지 말아라.
> 기둥에 못을 박아서는 안 된다.
> 연못에 돌을 던져 보아라.
> 옷이 못에 걸렸다.
> 몇 시에 갑니까?
> 내일 두 시에 오너라.
> 둘에다가 셋을 더하면 다섯이 된다.

▪ 알아보기

1. '에게'는 사람이나 동물과 같은 유정 명사에 붙고 '에'는 사물과 같은 무정 명사에 붙는다.
2. '에다가'는 '다가'로도 쓰이고, '에다'로도 쓰인다.
   - **예: 어디다가 쓸 거냐? ; 무엇에다 쓸 거냐?**

정리하기 ▌ 위의 문형은 조사 '에'가 무정 명사에 붙어 행위의 영향을 받는 대상임을 나타냄을 보여 준다. '인수는 꽃밭에 물을 준다'는 주체인 인수가 목적물 '물'을 '꽃밭에' '미치게' 하는 것이다.

<연습 1> 괄호 속에 제시한 말에 '에'를 더하여 문장을 써 보세요.

(보기) 못을 쳐라. (벽) → 벽에 못을 쳐라.

1. 책을 꽂으세요. (책꽂이) →
2. 설탕을 넣어라. (커피) →
3. 다들 등교하라. (9시) →

4. 등교합니까? (몇 시) →

<연습 2> 괄호 속에 제시한 말에 '에다가'를 붙여 문장을 써 보세요.

1. 그것을 쓸 거냐? (어디) →
2. 둘을 더하면 얼마냐? (하나) →
3. 그것은 놓아라. (여기) →
4. 이것은 둡니까? (어디) →
5. 돌을 던지지 말아라. (연못) →

기본 문장 ❻

'에서'에 의해 확대된 용언문

바로 저 건넛집에서 삽니다.

잠깐! '에서'의 용법에 주의하세요.

바로 저 건넛집에서 삽니다.
하루 종일 공원에서 놀았다.
어젯밤 대구에서 큰 불이 일어났다.
아이들이 수영장에서 헤엄을 치고 있다.
너는 어디서 태어났느냐?
저는 서울서 났습니다.

알아보기

'에서'는 줄여서 '서'로도 쓰인다.

- **예: 어디서, 서울서**

정리하기 ▌ 위의 문형은 조사 '에서'가 장소를 표시하는 말에 붙어 주체의 동작이 정해진 장소에서 행해짐을 나타냄을 보여 준다. '바로 저 건넛집에서 삽니다.'는 주체(생략되었음)가 '건넛집'이라는 정해진 장소에서 '살고 있음'을 의미한다.

<연습 1> 괄호 속에 제시한 말에 '에서'를 붙여 문장을 써 보세요.

(보기) 너는 밥 먹었니? (어디) → 너는 어디에서 밥 먹었니?

1. 저는 내렸습니다. (부산역) →

2. 연필은 팝니다. (문구점) →

3. 국어를 공부합니까? (어디) →

4. 공부합니다. (도서관) →

<연습 2> 아래 문장의 '에서'에 괄호 속에 제시한 조사를 붙여 문장을 써 보세요.

(보기) 범진이는 서울에서 살았습니다. (도) → 범진이는 서울에서도 살았습니다.

1. 과일은 시장에서 팝니다. (도) →

2. 집에서 책을 본다. (는) →

3. 저 집에서 노랫소리가 들린다. (도) →

4. 북쪽에서 바람이 분다. (도) →

5. 여기서 헤엄을 칠 수 있다. (만) →

단원마무리

이 단원에서는 주체의 행위의 영향을 받는 대상임을 나타내는 부사격 조사 '에게, 한테, 께, 더러, 보고, 에, 에서'에 의해 확대된 용언문을 살펴보았다.

1. 아래 괄호 속에 해당하는 적당한 조사를 써 보세요.

(1) 아버지가 나( ) 연필을 주셨다.

(2) 저 집은 누구( ) 팔렸느냐?

(3) 벽( ) 낙서를 하지 말라.

(4) 어디( ) 붙일 것이냐?

(5) 누구( ) 가라고 했더냐?

(6) 나( ) 자꾸 일어서라고 한다.

(7) 저희 집( ) 불교를 믿고, 철수네 집( ) 기독교를 믿습니다.

(8) 요새 집( ) 무슨 일을 하십니까?

(9) 그 책은 아저씨( ) 갖다 드려라.

(10) 두 시( ) 만나기로 약속했습니다.

제29과 나나에게서 선물을 받았습니다.
―부사격 조사(출발)에 의해 확대된 용언문―

이 단원은 부사격 조사에 의하여 확대된 용언문의 문형을 연습하는 단원이다. 부사격 조사 중에서도 행위의 출발점을 나타내는 부사격 조사 '에게서, 한테서, 에서, (으)로, 부터, ~에서 ~까지'를 살펴본다.

☝ 주목하기

조사	에게서, 한테서, 에서, (으)로부터, ~에서 ~까지

(1) 이 말이 누구에게서 나왔느냐?
(2) 이 목걸이는 언니한테서 받았습니다.
(3) 저 사람은 어디서(어디에서) 왔니?
(4) 부산에서 서울까지는 몇 킬로미터나 되느냐?
(5) 이 어묵은 부산으로부터 왔다.

기본 문장 ❶

'에게서'에 의해 확대된 용언문

이 말이 누구에게서 나왔느냐?

잠깐! '에게서'의 용법에 주의하세요.

이 말이 누구[에게서] 나왔느냐?
그 말은 철수[에게서] 나왔다.
이 물건은 누구[에게서] 얻었니?
그 물건은 저분[에게서] 받았다.
너는 누구[에게서] 배웠느냐?
나는 저분[에게서] 배웠다.

알아보기

조사 '에게서'는 어떤 행위나 상태의 출발점을 나타낸다.

정리하기 ▌ 위의 문형은 조사 '에게서'가 사람을 의미하는 말에 붙어 어떤 행위나 상태의 출발점임을 나타냄을 보여 준다. '이 말이 누구에게서 나왔느냐?'에서 주체인 '말'의 나온 곳(출발점)은 '누구'이다. 따라서 이 조사 다음에는 '오다, 받다, 얻다' 등의 말이 온다.

<연습 1> 괄호 속에 제시한 말에 '에게서'를 붙여 문장을 써 보세요.

(보기) 그것은 받았다. (철수) → 그것은 철수에게서 받았다.

1. 나는 그것을 배웠다. (형님) →
2. 이 물건은 얻었다. (범진) →
3. 너는 그 말을 들었니? (누구) →
4. 이 책을 빌렸다. (지영) →

▪ 기본 문장 ❷

'한테서'에 의해 확대된 용언문

언니한테서 받았습니다.

> **잠깐!** '한테서'의 용법에 주의하세요.
>
> 언니[한테서] 받았습니다.
> 나는 그 말을 저 사람[한테서] 들었습니다.
> 누구[한테서] 얻었니?
> 철수[한테서] 받았다.

▪ 알아보기

조사 '한테서'는 사람을 가리키는 말에 붙어서 앞말이 어떤 행위나 상태의 출발점임을 나다낸다.

정리하기 ▮ 위의 문형은 조사 '한테서'가 '사람'을 의미하는 말에 붙어 어떤 행위나 상태의 출발점임을 나타냄을 보여 준다. 앞의 '에게'나 '한테'와 마찬가지로 '서'가 붙은 '에게서'나 '한테서'는 뜻이 같다. 단지 '한테서'는 구어에서 많이 쓰인다.

<연습 1> 괄호 속에 제시한 말에 '한테서'를 붙여서 문장을 써 보세요.

(보기) 저는 그것을 받았습니다. (아버지) → 저는 그것을 아버지한테서 받았습니다.

1. 그것은 얻었니? (어느 분) →
2. 이것은 받았습니다. (어머니) →
3. 제가 어제 들었습니다. (아버지) →
4. 이것은 선물로 받은 것입니다. (언니) →
5. 이 책은 받은 것입니다. (아버지) →

<연습 2> 다음 문장의 '에게서'나 '한테서'에 괄호 속에 제시한 조사를 붙여 문장을 만들어 보세요.

(보기) 이것은 아버지한테서 받았지요. (도) → 이것은 아버지한테서도 받았지요.

1. 그 말은 형님에게서 들었다. (도) →
2. 오빠한테서 들었다. (는) →
3. 그 이야기는 전에 할머니한테서 들었습니다. (도) →
4. 지영이한테서 선물을 받았다. (만) →

기본 문장 ❸

'에서'에 의해 확대된 용언문

저 사람은 어디서(어디에서) 왔니?

> **잠깐!** '에서'의 용법에 주의하세요.
>
> 저 사람은 어디서(에서) 왔니?
> 이 사람은 부산에서 왔습니다.
> 해는 동쪽에서 뜹니다.
> 나는 아침 일찍 잠에서 깼습니다.
> 방금 밖에서 들어왔지요.

알아보기

제28과 기본 문장 ❻의 '에서'와 용법이 다르므로 주의해야 한다.

정리하기 ▌ 위의 문형은 조사 '에서'가 '어디'와 같은 동물이 아닌 말에 붙어 어떤 행위나 상태의 출발점임을 나타냄을 보여 준다. '저 사람은 어디서 왔니?'에서 '어디'는 주체인 '사람'이 '나오는 곳'이 된다. 따라서 '에서'의 뒤에는 '오다'와 같은 동사가 온다. 그러나 앞에서 나온 '정해진 장소'에서 움직이는 '에서'(제28과 기본 문장 ❻)와는 의미가 다르다.

<연습 1> 괄호 속에 제시한 말에 '에서'를 붙여 문장을 만들어 보세요.

(보기) 잎이 떨어집니다. (나무) → 나무에서 잎이 떨어집니다.

1. 이 기차는 출발했습니다. (부산) →

2. 이 노래가 들려오느냐? (어디) →

3. 저는 어젯밤 왔습니다. (경주) →

4. 바람이 불어옵니다. (바다) →

5. 해가 뜹니다. (동쪽) →

<연습 2> 아래 문장의 '에서'에 괄호 속에 제시한 보조사를 넣어 문장을 만들어 보세요.

(보기) 바람이 서쪽에서 불어옵니다. (도) → 바람이 서쪽에서도 불어옵니다.

1. 이 강은 북쪽에서 흘러옵니다. (도) →

2. 잎이 저 나무에서 떨어집니다. (도) →

3. 저 교실에서 학생이 나옵니다. (만) →

4. 등에서 땀이 흐릅니다. (만) →

기본 문장 ❹

'~에서 ~까지' 문형

부산에서 서울까지는 몇 킬로미터나 되느냐?

> **잠깐!** '에서'와 '까지'의 관용적 용법에 주의하세요.
>
> 부산[에서] 서울[까지]는 몇 킬로미터나 되느냐?
> 4시[부터] 5시[까지] 한 시간 기다렸습니다.
> 여기[서부터] 저기[까지]가 우리 집 땅이지.

알아보기

출발점을 나타내는 '에서'가 도착점을 나타내는 '까지'와 함께 쓰여 장소 등의 범위를 나타낸다.

정리하기 ▮ 위의 문형은 '~에서 ~까지, ~부터 ~까지'가 장소나 시간의 출발점에서 도착점까지의 길이를 관용적으로 나타냄을 보여 준다.

<연습 1> 다음 괄호 속에 제시한 말에 '에서'나 '부터'를 붙여서 문장을 만들어 보세요.

(보기) 다섯 시까지 공부합시다. (네 시) → 네 시부터 다섯 시까지 공부합시다.

1. 광화문 입구까지 걷겠다. (남대문) →
2. 몇 시까지 기다렸느냐? (몇 시) →
3. 대전까지는 버스를 타겠다. (경주) →
4. 수원까지는 고속도로를 이용하겠다. (서울) →
5. 시장까지는 걸어서 5분 걸린다. (집) →

▪ 기본 문장 ❺

'(으)로부터'에 의해 확대된 용언문

이 어묵은 부산으로부터 왔다.

> **잠깐!** '(으)로부터'의 용법에 주의하세요.
>
> 이 어묵은 부산[으로부터] 왔다.
> 저는 광주[로부터] 왔습니다.
> 압록강은 백두산[으로부터] 흐르지.
> 상처[로부터] 피가 흘러내렸다.

▪ 알아보기

받침이 있는 말 다음에는 '으로부터'가 붙고, 받침이 없는 말이나 'ㄹ' 받침으로 끝나는 말 다음에는 '로부터'가 붙는다.

> **정리하기 ▌** 위의 문형은 '(으)로부터'가 붙은 말이 동작의 출발점이 됨을 보여 준다. '(으)로부터'는 앞에 나온 '에서'나 '에서부터'로 바꾸어 쓸 수 있다.

<연습 1> 다음 괄호 속에 제시한 말에 '(으)로부터'를 붙여 문장을 만들어 보세요.

1. 땀이 흘러내린다. (이마) →
2. 이 수화물은 왔습니다. (부산) →
3. 시원한 바람이 불어온다. (바다) →
4. 이 배는 왔습니다. (미국) →
5. 그 사과는 운반되었습니다. (대구) →

단원마무리

이 단원에서는 어떤 행위나 상태의 출발점을 나타내는 부사격 조사 '에게서, 한테서, 에서, ~에서 ~까지, (으)로부터'에 의해 확대된 용언문을 살펴보았다.

1. 다음 괄호 속에 알맞은 부사격 조사를 넣어 보세요.

(1) 이 돈은 언니(　　　) 얻었습니다.

(2) 이 모자는 누나(　　　) 선물로 받은 것입니다.

(3) 자네는 어느 지방(　　　) 왔는가?

(4) 저는 진주(　　　) 왔습니다.

(5) 수서(　　　) 부산까지 SRT가 개통되었습니다.

(6) 이 배는 여수(　　　) 떠나왔다.

(7) 네 시(　　　) 여섯 시(　　　) 만날 시간이 없습니다.

第30과 그 버스는 부산으로 간다.
—부사격 조사(도달)에 의해 확대된 용언문—

이 단원은 부사격 조사에 의하여 확대된 용연문의 문형을 연습하는 단원이다. 부사격 조사 중에서도 행위의 도착점을 나타내는 부사격 조사 '에게로, 한테로, (으)로, 에, 을/를'을 살펴본다.

주목하기

조사	에게로, 한테로, (으)로, 에, 을/를(보조사적 용법)

(1) 그 책임이 누구에게로 돌아갈까?
(2) 나한테로 오시오.
(3) 이 차는 대구로 갑니다.
(4) 승지야, 학교에 가자.
(5) 너는 어디를 가니?

기본 문장 ❶

'에게로'에 의해 확대된 용언문

그 책임이 누구에게로 돌아갈까?

잠깐! '-에게로'의 용법에 주의하세요.

그 책임이 누구에게로 돌아갈까?
그 책임은 나에게로 돌아오겠지.
그 허물은 너에게 돌아간다.
네 잘못을 남에게 돌리지 말라.

알아보기

'에게로'는 행위의 목적지를 나타낼 때 쓰인다. '에게'와 마찬가지로 '나에게로, 저에게로, 너에게로' 등을 '내게로, 제게로, 네게로' 등으로 줄여 쓰기도 한다.

정리하기 ▌ 위의 문형은 조사 '에게로'가 '사람'을 의미하는 말에 붙어 행위의 도착점임을 나타냄을 보여 준다. '로'가 생략되는 것이 보통이며, 뒤에는 '가다, 오다'와 같은 말이 온다. '그 책임이 누구에게 돌아갈까?'에서 주체인 '책임'이 귀착하는 것은 '누구'다.

<연습 1> 다음 괄호 속에 제시한 말에 '에게로'를 붙여 문장을 만들어 보세요.

(보기) 이 책임은 돌아갈 것입니다. (시우) → 이 책임은 시우에게로 돌아갈 것입니다.

1. 나의 잘못은 돌리지 않는다. (남) →

2. 가 볼까? (누구) →

3. 이 상품은 꼭 돌아갈 것이다. (너) →

■ 기본 문장 ❷

'한테로'에 의해 확대된 용언문

나한테로 오시오.

잠깐! '한테로'의 용법에 주의하세요.

나[한테로] 오시오.
그것은 형님[한테로] 보냈지요.
너는 누구[한테로] 가겠니?
저는 아버지[한테로] 가겠어요.
빨리 어머니[한테로] 가 보아라.

■ 알아보기

'한테로'는 '에게로'와 같이 행위의 목적지를 나타낼 때 쓰이며, 구어에서 자주 쓰인다.

정리하기 ▌ 위의 문형은 '에게로'와 같은 뜻을 표시하는 '한테로'가 사용된 것이다. '한테로'는 주로 구어에서 쓰이며, '로'가 생략되기도 한다.

<연습 1> 다음 괄호 속에 제시한 말에 '한테로'를 붙여 문장을 써 보세요.

(보기) 너는 가니? (누구) → 너는 누구한테로 가니?

1. 저는 갑니다. (언니) →
2. 네 허물을 돌리지 말라. (남) →
3. 우선 가 보아라. (철수) →

기본 문장 ❸

'(으)로'에 의해 확대된 용언문

이 차는 대구로 갑니다.

잠깐! '(으)로'의 용법에 주의하세요.

이 차는 대구로 갑니다.
너는 지금 어디로 가느냐?
저는 지금 부산으로 갑니다.
내일 우리 집으로 오십시오.
산으로 바다로 피서 다니는 사람이 많다.

알아보기

받침이 있는 말 다음에는 '으로'가 붙고, 받침이 없는 말이나 'ㄹ' 받침으로 끝나는 말 다음에는 '로'가 붙는다.

정리하기 ▌ 위의 문형은 조사 '(으)로'가 사람이나 동물 아닌 말에 붙어 그 말이 주체의 행위의 도착점임을 나타냄을 보여 준다.

<연습 1> 다음 괄호 속에 제시한 말에 '(으)로'를 붙여 문장을 써 보세요.

1. 나는 간다. (서울) →
2. 어서 오너라. (이리) →
3. 너는 가거라. (저리) →
4. 선생님, 지금 가십니까? (어디) →
5. 유학 오는 사람들이 많습니다. (한국) →

기본 문장 ❹

'에'에 의해 확대된 용언문

승지야, 학교에 가자.

> **잠깐!** '에'의 특수한 용법에 주의하세요.
>
> 승지야, 학교에 가자.
> 철수는 할아버지 댁에 갔습니다.
> 아버지가 집에 돌아오셨습니다.
> 내일 우리 집에 오너라.

알아보기

'에'는 행위의 목적지를 나타낼 때 쓰이기도 한다.

정리하기 ▌ 위의 문형은 조사 '에'가 '가다, 오다'를 동반함으로써 '(으)로'와 같이 주체의 행위의 도착점을 나타냄을 보여 준다.

<연습 1> 다음 괄호 속에 제시한 말에 '에'를 붙여 문장을 만들어 보세요.

(보기) 조금 전에 왔다. (집) → 조금 전에 집에 왔다.

1. 어머니는 가셨다. (영화관) →
2. 나는 지금 간다. (한강) →
3. 지금 갑니다. (도서관) →
4. 어제는 갔다 왔습니다. (산) →
5. 오늘 저녁 차로 가려고 합니다. (부산) →

기본 문장 ❺

'을/를'에 의해 확대된 용언문

너는 어디를 가니?

잠깐! '을/를'의 특수한 용법에 주의하세요.

너는 어디를 가니?
우리는 소풍을 간다.
같이 길을 걷자.

알아보기

받침이 있는 말 다음에는 '을'을 붙이고, 받침이 없는 말 다음에는 '를'을 붙인다.

정리하기 ▌ 위의 문형은 보통 타동사의 목적어임을 표시하는 '을/를'(제7과 기본 문장 ❶과 ❷를 보세요)이 '(으)로'와 같이 행위의 도착점을 나타냄을 보여 준다. '을'이 행위의 도착점을 나타내는 경우는 의미는 '(으)로'보다 덜 보편적으로 쓰인다.

<연습 1> 다음 괄호 속에 제시한 말에 '을/를'을 붙여 문장을 만들어 보세요.

1. 나는 간다. (부산) →
2. 어째서 오니. (여기) →
3. 빨리 가거라. (저기) →
4. 어서 오십시오. (여기) →
5. 어제 갔다 왔습니다. (여행) →

단원마무리

이 단원에서는 행위의 도착점을 나타내는 부사격 조사 '에게로, 한테로, (으)로, 에, 을/를'을 살펴보았으며, 뒤에는 주로 '가다, 오다'와 같은 말이 쓰임을 살펴보았다.

1. 다음 괄호 속에 해당하는 적당한 조사를 넣어 보세요.

(1) 그것이 나(　　　) 돌아올 것이다.

(2) 내일은 너(　　　) 가마.

(3) 오늘은 영화관(　　　) 안 가겠다.

(4) 내일은 광화문(　　　) 구경하러 가겠다.

(5) 저리(　　　) 가면 인사동이다.

제31과 도끼로 나무를 벤다.
—부사격 조사(재료, 자격, 원인, 변화)에 의해 확대된 용언문—

이 단원은 부사격 조사에 의해 확대된 용언문을 연습하는 단원이다. 부사격 조사 중에서도 도구나 재료를 나타내는 '(으)로써, (으)로', 자격을 나타내는 '(으)로서, (으)로', 원인을 나타내는 '에, (으)로', 변화를 나타내는 '이/가, (으)로'를 살펴본다.[1)]

☝ 주목하기

조사	'(으)로'(도구, 재료), '(으)로서'(자격), '에'(원인), '(으)로'(원인,변화), '이/가'(변화)

(1) 도끼로 나무를 벤다.
(2) 이 선수는 우리나라 대표로서 올림픽에 나갔었다.
(3) 바람에 나무가 쓰러졌다. 그는 병으로 결석했다.
(4) 온 재산이 삽시간에 재로 변하였다. 나는 장차 대장이 되련다.

1) 변화를 나타내는 '이/가'는 부사격 조사가 아니라 보격 조사로 보기로 한다.

기본 문장 ❶

'(으)로'에 의해 확대된 용언문

도끼로 나무를 벤다.

> **잠깐!** 조사 '(으)로' 등의 용법에 주의하세요.
>
> 도끼로 나무를 벤다.
> 쇠로 기계를 만든다.
> 한국 사람은 나무로 집을 짓는다.
> 붓으로써 글씨를 쓴다.
> 쇠로 단추를 만든다.
> 낫으로 풀을 베어라.

알아보기

'로'는 'ㄹ' 받침과 받침이 없는 말 다음에 쓰이고, '으로'는 받침이 있는 말 다음에 쓰인다.

- **예: 도끼로, 낫으로**

'(으)로'에 '써'가 붙으면 뜻을 더 분명히 나타낼 수 있지만, 실제로는 '(으)로'가 많이 쓰인다.

- **예: 쇠로써 → 쇠로**

정리하기 ▌ 위의 문장은 '(으)로'나 '(으)로써'가 목적어의 도구나 재료가 된다는 것을 표시하는 문형이다. '도끼로 나무를 벤다'는 '나무'를 베는 도구가 '도끼'이며, '쇠로 기계를 만든다'는 '기계'를 만드는 재료가 '쇠'라는 것이다.

<연습 1> 다음 괄호 안에 든 말에 '(으)로'나 '(으)로써'를 붙여 문장을 만들어 보세요.

1. 밥을 짓는다. (쌀)
2. 나무를 다듬어라. (칼)
3. 붓을 만든다. (털)
4. 글씨를 써라. (펜)

기본 문장 ❷

'(으)로서'에 의해 확대된 용언문

이 선수는 우리나라 대표로서 올림픽에 나갔었다.

> **잠깐!** '(으)로서' 등의 용법에 주의하세요.
>
> 이 선수는 우리나라 대표[로서] 올림픽에 나갔었다.
> 그는 학생[으로서] 정직하다.
> 나는 반장[으로서] 대의원회에 참석했다.
> 그는 우리들의 대표자[로] 일하고 있다.

알아보기

'로서'는 'ㄹ' 받침이나 받침이 없는 말 다음에 쓰이고, '으로서'는 받침이 있는 말 다음에 쓰인다. '(으)로서'는 보통 '서'가 생략되어 '(으)로'로 쓰이는 일이 많다.

정리하기 ▌ 위의 문장은 조사 '(으)로서'가 주체의 자격을 표시해주는 문형이다. '이 선수는 우리나라 대표로서……'는 '이 선수'의 '자격'이 '우리나라 대표'라는 것이다.

※ 주의
자격의 '(으)로서'와 도구나 재료의 '(으)로써'(본과 기본 문장 ❶을 보세요)는 '서'와 '써'가 생략되는 일이 많으므로 용법을 구별하기가 힘들다. 의미가 '~을 가지고'이면 '(으)로써'이고 '~이 되어서'이면 '(으)로서'인 경우가 많다.

<연습 1> 다음 괄호 속에 제시한 말에 '(으)로서'와 '(으)로'를 붙여 문장을 만들어 보세요.

(보기) 그는 할 일을 다 한다. (반장) → 그는 반장으로서 할 일을 다 한다.

1. 그는 청렴하다. (관리) →
2. 그분은 많은 업적을 남겼다. (학자) →
3. 그럴 수가 있나? (대학생) →
4. 그런 짓은 못한다. (사람) →
5. 그가 유엔총회에 참석했다. (한국의 대표) →

▪ 기본 문장 ❸

'에, (으)로'에 의해 확대된 용언문

바람에 나무가 쓰러졌다.

그는 병으로 쓰러졌다.

> **잠깐!** 조사 '에'와 '(으)로'의 특수한 용법에 주의하세요.
>
> 바람[에] 나무가 쓰러졌다.
> 간밤 비[에] 홍수가 났다.
> 그는 병[으로] 결석했다.
> 인수는 감기[로] 누워 있다.

▪ 알아보기

1. '에'는 '행위의 영향을 받는 대상'을 의미하는 조사이며(제28과 기본 문장 ❺를 보세요), '(으)로'는 '행위의 도착점이나 목적지'를 의미하는 조사이지만, 위 문형에서는 모두 원인의 뜻을 나타낸다.
2. '로'는 'ㄹ' 받침이나 받침이 없는 말 다음에 쓰이고, '으로'는 받침이 있는 말 다음에 쓰인다.

정리하기 ▌ 위의 문장은 조사 '에'와 '(으)로'가 원인의 뜻을 표시해 주는 문형이다.

<연습 1> 다음 괄호 속에 제시한 말에 '에'나 '(으)로'를 붙여 문장을 만들어 보세요.

(보기) 나무가 쓰러졌다. (태풍) → 태풍에 나무가 쓰러졌다.

1. 어린아이들이 떨고 있다. (추위) →
2. 김 군은 오늘 못 온답니다. (병) →
3. 다리가 끊어졌다. (홍수) →
4. 길이 막혔다. (어제 내린 눈) →
5. 저는 어제 결석했습니다. (복통) →

기본 문장 ❹

'(으)로, 이/가'에 의해 확대된 용언문

온 재산이 삽시간에 재로 변하였다.

나는 장차 대장이 되련다.

잠깐! 조사 '(으)로'와 '이/가'의 특수한 용법에 주의하세요.

온 재산이 삽시간에 재로 변하였다.
비가 금방 눈으로 변한다.
가짜가 진짜로 변했다.
나는 장차 대장이 되련다.
그는 위대한 학자가 되었다.

알아보기

'(으)로'는 '행위의 도착점이나 목적지'를 의미하는 조사이고, '이/가'는 보통 주어를 표시하는 조사이지만, 위 문형에서는 모두 변화의 뜻을 지닌다. 따라서 뒤에는 '된다, 변한다'와 같은 말이 온다.

정리하기 ▌ 위의 문장은 조사 '(으)로'와 '이/가'가 변화의 뜻을 표시해 주는 문형이다.

<연습 1> 다음 괄호 속에 제시한 말에 '(으)로'나 '이/가'를 붙여서 문장을 만들어 보세요.

(보기) 김이 된다. (구름) → 김이 구름이 된다.

1. 그는 되었다. (선생님) →
2. 얼음이 바뀌었다. (물) →
3. 육지가 변했다. (바다) →
4. 그는 후일 되었다고 합니다. (큰 부자) →

단원마무리

이 단원에서는 도구, 재료, 자격, 원인, 변화의 뜻을 표시하는 조사 '(으)로써', '(으)로서', '에', '(으)로', '이/가'가 사용된 문형들을 살펴보았다.

1. 다음 괄호 속에 알맞은 조사를 넣어 보세요.

(1) 종이(　　　) 책을 만든다.

(2) 벽돌(　　　) 집을 지어라.

(3) 우리는 국민(　　　)의 의무를 다해야 한다.

(4) 태풍(　　　) 전신주가 넘어졌다.

(5) 아버지는 복통(　　　) 앓아 누우셨다.

(6) 사막이 옥토(　　　) 되었다.

제32과 비행기가 바람처럼 빠르다.
—부사격 조사(비교)에 의해 확대된 용언문—

이 단원은 부사격 조사에 의해 확대된 용언문을 연습하는 단원이다. 특히 부사격 조사 중에서도 '처럼', '만큼', '보다', '과/와', '하고', '같이'를 살펴볼 것이다. 이 조사들은 조사가 붙은 말과 주어를 비교하여 동등하거나 비슷함, 혹은 다르거나 못함을 나타낸다.

☝ 주목하기

조사	'처럼', '만큼', '보다', '과/와', '하고', '같이'

(1) 비행기가 바람처럼 빠르다.
(2) 나도 너만큼 바쁘다.
(3) 백 번 듣는 것이 한 번 보는 것보다 못하다.
(4) 호랑이는 고양이와 비슷하다.
(5) 너의 성적이 누구하고 같으냐?
(6) 너같이 미련한 사람은 처음 보겠다.

기본 문장 ❶

'처럼'에 의해 확대된 용언문

비행기가 바람처럼 빠르다.

> **잠깐!** '처럼'의 용법에 주의하세요.
>
> 비행기가 바람[처럼] 빠르다.
> 저 애는 제 언니[처럼] 뛰어나지는 못해.
> 그는 참새[처럼] 좋아 날뛴다.
> 인숙이는 종달새[처럼] 즐겁게 노래한다.

알아보기

'처럼'은 앞의 말과 주어를 비교하여 둘이 동등하다는 의미를 나타내는 조사이다. '비행기가 바람처럼 빠르다'는 '비행기'와 '바람'의 '빠르기'가 '같다'는 것이다.

정리하기 ▌ 위의 문장은 조사 '처럼'이 '동등'의 뜻을 나타내는 경우의 문형이다.

<연습 1> 다음 괄호 속에 제시한 말에 '처럼'을 붙여 말을 만들어 보세요.

(보기) 그는 꾸준히 노력한다. (냇물) → 그는 냇물처럼 꾸준히 노력한다.

1. 범진이는 미련하다. (소) →
2. 그분은 고아들을 돌보고 있다. (친자식) →
3. 오늘 밤은 매우 밝다. (대낮) →

기본 문장 ❷

'만큼'에 의해 확대된 용언문

나도 너만큼 바쁘다.

잠깐! '만큼'의 용법에 주의하세요.

나도 너만큼 바쁘다.
그이만큼 착한 사람도 드물지.
나도 그 사람만큼 할 수 있다.

알아보기

1. 조사 '만큼'은 앞의 말과 주어를 비교하여 둘이 비슷하다는 의미를 나타낸다. '나도 너만큼 바쁘다.'는 '나'와 '너'의 '바쁘기'가 '비슷하다'는 것이다.
2. '만큼'이 관형사형 다음에 쓰일 때는 명사로 처리한다(제24과 기본 문장 ❻을 보세요).

정리하기 ▌ 위의 문장은 조사 '만큼'이 '유사'의 뜻을 나타내는 경우의 문형이다.

<연습 1> 다음 괄호 속에 제시한 말에 '만큼'을 붙여 문장을 만들어 보세요.

(보기) 나도 공부한다. (너) → 나도 너만큼 공부한다.

1. 나도 먹을 수 있다. (너) →
2. 착한 사람도 보기 힘들어. (승지) →
3. 나도 안다. (그이) →
4. 우리도 뛸 수 있다. (너희들) →
5. 시우도 공부를 잘 할 수 있다. (지영) →

기본 문장 ❸

'보다'에 의해 확대된 용언문

백 번 듣는 것이 한 번 보는 것보다 못하다.

잠깐! '보다'의 용법에 주의하세요.

백 번 듣는 것이 한 번 보는 것[보다] 못하다.
초콜릿이 사탕[보다] 달다.
배꼽이 배[보다] 크다.
철수의 성적은 인수[보다] 낫다.

알아보기

조사 '보다'는 서로 차이가 있는 것을 비교하는 경우, 비교의 대상이 되는 말에 붙어 '~에 비해서'의 차등 비교의 뜻을 나타낸다. '초콜릿이 사탕보다 달다.'는 '초콜릿'이 '사탕'에 비해 '달다'는 뜻이다.

정리하기 ▌ 위의 문장은 조사 '보다'가 '비교'의 뜻을 나타내는 경우의 문형이다.

<연습 1> 다음 괄호 속에 제시한 말에 '보다'를 넣어 말을 만들어 보세요.

(보기) 인수가 키가 크다. (철수) → 인수가 철수보다 키가 크다.

1. 뒷마당이 넓다. (앞마당) →
2. 앞산이 높다. (뒷산) →
3. 우리나라는 서쪽과 남쪽에 평야가 많다. (동쪽이나 북쪽) →
4. 사과가 더 좋다. (배) →
5. 나는 이 책이 더 좋다. (저 책) →

기본 문장 ❹

'과/와'에 의해 확대된 용언문

호랑이는 고양이와 비슷하다.

> **잠깐!** '과/와'의 용법에 주의하세요.
>
> 호랑이는 고양이[와] 비슷하다.
> 배꽃의 희기가 눈[과] 같다.
> 그 분은 사정이 너[와] 다르다.
> 미련하기가 곰[과] 같다.

알아보기

1. 조사 '과/와'는 다른 것과 비교하거나 기준으로 삼는 대상임을 나타낸다. 보통 뒤에 '같다(비슷하다), 다르다'와 같은 말이 온다.
2. '과'는 받침 있는 말 다음에 쓰이고, '와'는 받침 없는 말 다음에 쓰인다.

• **예: 눈과, 곰과; 고양이와, 너와**

정리하기 ▌ 위의 문장은 조사 '과/와'가 '비교'의 뜻을 나타내는 경우의 문형이다.

<연습 1> 다음 괄호 속에 제시한 말에 '과/와'를 붙여서 문장을 만들어 보세요.

(보기) 밝기가 같다. (대낮) → 밝기가 대낮과 같다.

1. 내 옷은 다르다. (네 옷) →
2. 펜 끝이 같다. (바늘) →
3. 늑대는 비슷하다. (개) →
4. 이탈리아는 지형이 비슷하다. (한국) →

기본 문장 ❺

'하고'에 의해 확대된 용언문

너의 성적이 누구하고 같으냐?

잠깐! '하고'의 용법에 주의하세요.

너의 성적이 누구하고 같으냐?
내 모자는 그것하고 다르다.
인수는 누구하고 닮았느냐?
인수는 아버지하고 닮았다.

알아보기

1. 조사 '하고'는 다른 것과 비교하거나 기준으로 삼는 대상임을 나타낸다.
2. 조사 '과/와'와 뜻이 유사하지만, 보통 구어체에서 '하고'가 더 많이 쓰인다.

정리하기 ▌ 위의 문장은 조사 '하고'가 '비교'의 뜻을 나타내는 경우의 문형이다.

<연습 1> 다음 괄호 속에 제시한 말에 '하고'를 붙여서 문장을 만들어 보세요.

(보기) 너의 성적이 같으냐? (누구) → 너의 성적이 누구하고 같으냐?

1. 나의 키는 같다. (철수) →
2. 이 연필은 비슷하다. (저 연필) →
3. 이 옷은 유사하다. (저 옷) →
4. 내 성격은 다르다. (네 성격) →

기본 문장 ❻

'같이'에 의해 확대된 용언문

너같이 미련한 사람은 처음 보겠다.

잠깐! '같이'의 용법에 주의하세요.

너같이 미련한 사람은 처음 보겠다.
달이 낮같이 밝다.
벼락같이 달려든다.
기적같이 왔다가 행복같이 사라진다.

알아보기

1. 조사 '같이'는 앞의 말과 특성이 서로 비슷함을 나타낸다.
2. 조사 '처럼'과 뜻이 유사하지만, '처럼'이 '같이'보다 조금 더 보편적으로 사용된다.

정리하기 ▌ 위의 문장은 조사 '같이'가 '유사'의 뜻을 나타내는 경우의 문형이다.

<연습 1> 다음 괄호 속에 제시한 말에 '같이'를 넣어서 문장을 만들어 보세요.

(보기) 느린 놈은 처음 보겠다. (너) → 너같이 느린 놈은 처음 보겠다.

1. 기차가 달린다. (번개) →
2. 비가 퍼붓는다. (억수) →
3. 쓰레기가 쌓였다. (산더미) →
4. 물이 맑다. (거울) →

단원마무리

이 단원에서는 조사가 붙은 말과 주어를 비교하여 동등하거나 비슷함, 혹은 다르거나 못함을 나타내는 '처럼', '만큼', '보다', '과/와', '하고', '같이'가 사용된 문형들을 살펴보았다.

1. 다음 괄호 속에 알맞은 조사를 넣어 보세요.

(1) 그는 제 형(　　　) 성적이 더 우수하다.

(2) 우리들도 당신들(　　　) 할 일이 많소.

(3) 늑대는 개(　　　) 비슷하다.

(4) 시우의 성적은 승지(　　　) 못하다.

(5) 우리나라의 국력은 어느 나라(　　　) 비슷하냐?

(6) 그녀는 꼭 제 어머니(　　　) 생겼다.

第33과 내일 김 군과 함께 오시오.
—부사격 조사(동반, 인용, 기타)에 의해 확대된 용언문—

이 단원은 부사격 조사에 의해 확대된 용언문을 연습하는 단원이다. 부사격 조사 중에서도 상대나 동반을 나타내는 '과/와', '하고', '(이)랑', 간접 인용을 나타내는 '고', '그것 이외에는'이라는 뜻을 나타내는 '밖에', 전체나 예외를 나타내는 '치고'를 살펴본다.

주목하기

조사	'과/와'(동반), '하고'(동반), '(이)랑'(동반), '고'(간접 인용), '밖에'(그것 이외에는), '치고'(전체나 예외)

(1) 내일 김 군과 함께 오시오.
(2) 나하고 함께 가자.
(3) 김 군이랑 함께 왔다.
(4) 그는 벌써 갔다고 합니다.
(5) 그것은 나밖에 모른다.
(6) 그는 풀치고 모르는 것이 없다.

기본 문장 ❶

'과/와'에 의해 확대된 용언문

내일 김 군과 함께 오시오.

> **잠깐!** '과/와'의 특수한 용법에 주의하세요.
>
> 내일 김 군[과] 함께 오시오.
> 범진이[와] 같이 학교에 다녀오너라.
> 시우는 동무[와] 산에 놀러갔다.
> 너[와] 한번 겨루어보겠다.

알아보기

1. 조사 '과/와'는 누군가를 상대로 하여 어떤 일을 할 때 그 상대임을 나타내거나, 어떤 일을 함께 하는 대상임을 나타낸다. '내일 김 군과 함께 오시오.'에서 '과'가 붙는 '김 군'은 주체(생략되었음)의 동반자임을 의미한다.
2. 조사 '과/와'는 비교의 뜻을 표시하기도 한다(제32과 기본 문장 ❹를 보세요).

정리하기 ▌ 위의 문장은 조사 '과/와'가 상대, 동반의 뜻을 표시해 주는 문형이다.

<연습 1> 다음 괄호 속에 제시한 말에 '과/와'를 붙여 문장을 만들어 보세요.

(보기) 오후에 가겠습니다. (누나) → 오후에 누나와 함께 가겠습니다.

1. 저녁에 오십시오. (정 선생님) →
2. 서점에 다녀오너라. (시우) →
3. 농구 한 판 하자. (나) →
4. 너는 내일 한라산에 가겠느냐? (누구) →
5. 범진이는 외가에 갔습니다. (어머니) →

기본 문장 ❷

'하고'에 의해 확대된 용언문

나하고 함께 가자.

> **잠깐!** '하고'의 용법에 주의하세요.
>
> 나하고 함께 가자.
> 친구하고 놀러 가세.
> 나는 김 군하고 다투었다.
> 지영이하고 나누어 가져라.

알아보기

1. 조사 '하고'는 누군가를 상대로 하여 어떤 일을 할 때 그 상대임을 나타내거나, 어떤 일을 함께 하는 대상임을 나타낸다.
2. 조사 '하고'는 비교의 뜻을 표시하기도 한다(제32과 기본 문장 ❺를 보세요).
3. 조사 '하고'는 조사 '과/와'와 뜻이 유사하지만, 주로 구어체에서 많이 사용된다.

정리하기 ▌ 위의 문장은 조사 '하고'가 상대, 동반의 뜻을 표시해 주는 문형이다.

<연습 1> 다음 괄호 속에 제시한 말에 '하고'를 붙여 문장을 만들어 보세요.

(보기) 오너라. (김 군) → 김 군하고 오너라.

1. 어서 거기 가 보아라. (스칼렛) →
2. 나는 같이 공부하지 않겠다. (너) →
3. 싸우지 말고 잘 지내도록 해라. (동생) →
4. 아직 인사를 못했습니다. (저 사람) →

▪ 기본 문장 ❸

'(이)랑'에 의해 확대된 용언문

김 군이랑 함께 왔다.

> **잠깐!** '(이)랑'의 용법에 주의하세요.
>
> 김 군[이랑] 함께 왔다.
> 언니[랑] 같이 놀았다.
> 너[랑] 함께 가 보겠다.

▪ 알아보기

1. 조사 '(이)랑'은 누군가를 상대로 하여 어떤 일을 할 때 그 상대임을 나타내거나, 어떤 일을 함께 하는 대상임을 나타낸다. 조사 '과/와', '하고'와 뜻이 유사하지만, 주로 구어체에서 많이 사용된다.
2. '이랑'은 받침 있는 말에 쓰이고, '랑'은 받침 없는 말에 쓰인다.

- **예: 김 군이랑, 언니랑**

정리하기 ▌ 위의 문장은 조사 '(이)랑'이 상대, 동반의 뜻을 표시해 주는 문형이다.

<연습 1> 다음 괄호 속에 제시한 말에 '(이)랑'을 붙여 문장을 만들어 보세요.

(보기) 산보를 갔다. (시우) → 시우랑 산보를 갔다.

1. 영화관에 가자. (나) →
2. 같이 놀았다. (빌리) →
3. 나는 놀이공원에 가겠다. (줄리앙) →

기본 문장 ❹

'고'에 의해 확대된 용언문

그는 벌써 갔다고 합니다.

잠깐! '고'의 용법에 주의하세요.

아버지가 빌리는 벌써 갔다**고** 합니다.
빌리는 아버지가 내일 가시겠다**고** 한다.
아버지는 곧 빌리가 온다**고** 합니다.
그는 그 꽃이 예쁘다**고** 합니다.
사람들은 이러한 사람을 위인이라**고** 합니다.
누나가 자꾸 떡을 먹으라**고** 하셨다.

알아보기

1. 조사 '고'는 앞말이 간접 인용 되는 말임을 나타낸다. '아버지가 빌리는 벌써 갔다고 합니다.'는 '아버지 : 빌리는 벌써 갔다.'라는 직접적인 말에 인용 조사 '고'를 붙여서 만들어진 문장이다.
2. '고'는 반드시 '다, 냐, 라' 다음에만 쓰인다.

정리하기 ▌ 위의 문장은 조사 '고'가 간접 인용의 뜻을 표시해 주는 문형이다.[1]

<연습 1> 다음 직접적인 말에 조사 '고'를 붙여 간접적인 문장으로 바꾸어 보세요.

(보기) 선생님 : 나나도 이리 오너라. → 선생님은 나나에게 이리 오라고 말씀하셨다.

1. 어머니 : 너(승지)도 빨리 가려무나. →
2. 승지 : 네. 빨리 가겠습니다. →
3. 아버지 : 너(범진)는 지금 무얼 하고 있어? →
4. 범진 : 저는 지금 숙제를 하고 있어요. →

1) 인용하는 조사에 대해서는 앞에서 이미 설명한 바 있다(제15과 기본 문장 ❻을 보세요).

▪ 기본 문장 ❺

'밖에'에 의해 확대된 용언문

그것은 나밖에 모른다.

> **잠깐!** '밖에'의 특수한 용법에 주의하세요.
>
> 그것은 나밖에 모른다.
> 너밖에 또 누가 있나.
> 그렇게밖에는 다른 도리가 없다.
> 나는 그만둘 수밖에 없다.

▪ 알아보기

조사 '밖에'는 '그것 말고는', '그것 이외에는', '기꺼이 받아들이는', '피할 수 없는'의 뜻을 나타내며, 반드시 뒤에 부정을 나타내는 말이 함께 온다. '그것은 나밖에 모른다.'는 '그것'을 '아는 사람'은 '나뿐'이라는 것이다.

정리하기 ▌ 위의 문장은 조사 '밖에'가 '그것 이외에는'의 뜻을 표시해 주는 문형이다.

<연습 1> 다음 괄호 속에 제시한 말에 '밖에'를 붙여 문장을 만들어 보세요.

(보기) 나는 모른다. (이것) → 나는 이것밖에 모른다.

1. 나는 가진 것이 없다. (책) →
2. 나는 너에게 주지 못하겠다. (만 원) →
3. 믿을 사람이 또 있느냐? (너) →
4. 이 문제를 아는 사람은 없습니다. (그분) →

기본 문장 ❻

'치고'에 의해 확대된 용언문

그는 풀치고 모르는 것이 없다.

> **잠깐!** '치고'의 용법에 주의하세요.
>
> 그는 풀치고 모르는 것이 없다.
> 사람치고 너 같은 놈을 처음 봤다.
> 사람치고 그것을 모를 사람이 누가 있느냐?
> 학교치고 운동장 없는 학교가 어디 있나?

알아보기

1. 조사 '치고'는 '그 전체가 예외 없이'의 뜻을 나타내며, 흔히 부정을 뜻하는 말이 함께 온다. '풀치고 모르는 것이 없다.'는 '풀'의 '전체'를 모두 '안다'는 것이다. '사람치고 그것을 모를 사람이 누가 있으랴.'는 '사람이 되어서 그것을 모를 수 있느냐.'의 의미이다.
2. '그중에서는 예외적으로'의 뜻을 나타내기도 한다.

- **예: 사람치고 너 같은 놈을 처음 봤다. 겨울 날씨치고 따뜻하다.**

정리하기 ▮ 위의 문장은 조사 '치고'가 '전체' 혹은 '예외적으로'의 뜻을 표시해 주는 문형이다.

<연습 1> 다음 괄호 속에 제시한 말에 '치고'를 붙여 말을 만들어 보세요.

(보기) 지나친 행동을 했다. (학생) → 학생치고 지나친 행동을 했다.

1. 저 사람은 못 먹는 것이 없다. (음식) →
2. 나는 안 가 본 데가 없다. (우리나라의 명승지) →
3. 이건 맛이 없다. (디저트) →
4. 듣지 않은 것이 없다. (노래) →

단원마무리

이 단원에서는 상대나 동반을 나타내는 '과/와', '하고', '(이)랑', 간접 인용을 나타내는 '고', '그것 이외에는'이라는 뜻을 나타내는 '밖에', 전체나 예외를 나타내는 '치고'가 사용된 문형들을 살펴보았다.

1. 다음 괄호 속에 알맞은 조사를 써 보세요.

(1) 오늘도 나나(　　　) 같이 왔지요.

(2) 너(　　　) 함께 가겠다.

(3) 누구(　　　) 같이 오겠느냐?

(4) 형님은 어머니가 무엇을 하시느냐(　　　) 물었다.

(5) 국어책(　　　)는 가진 것이 없다.

(6) 술(　　　) 마셔보지 않은 것이 없다.

제34과 사탕을 아이가 먹는다.
—정치된 문장과 도치된 문장—

이 단원은 한국어 어순의 유형과, 문장 성분이 도치된 문형을 연습하는 단원이다. 한국어의 문장 어순은 'SOV'이며, 의미를 강조하기 위해 문장 성분의 순서를 바꾸어 표현하기도 한다.

☝ 주목하기

문장 성분	주어, 서술어, 목적어, 부사어
문장 어순	'주어+서술어', '주어+보어+서술어', '주어+목적어+서술어' '주어+부사어+서술어', '주어+목적어+부사어+서술어'

(1) 해가 뜬다.
(2) 둥근 해가 뜬다. 산이 매우 높다.
(3) 시우가 밥을 먹는다.
(4) 여보, 내 말 좀 들어보세요.
(5) 해가 뜬다. → 뜬다, 해가.
(6) 산이 매우 높다. → 매우 산이 높다.
(7) 시우가 밥을 먹는다. → 밥을 시우가 먹는다.
(8) 나는 밥을 천천히 먹는다. → 나는 천천히 밥을 먹는다.

기본 문장 ❶

주어와 서술어의 위치

해가 뜬다.

> **잠깐!** 주어와 서술어의 위치에 주의하세요.
>
> 해가 뜬다.
> 물이 흐른다.
> 산이 높다.
> 달이 밝다.
> 그것이 연필이다.
> 저것은 공책이다.

알아보기

한국어의 어순은 'SOV'로 '주어-목적어-서술어'가 기본이다. 한국어 어순의 유형은 구체적으로 '주어+서술어', '주어+보어+서술어', '주어+목적어+서술어', '주어+부사어+서술어', '주어+목적어+부사어+서술어' 등과 같이 나눌 수 있다.

정리하기 ▌ 한국어의 문장 성분은 주어가 먼저 오고 서술어가 뒤에 온다. 주어인 '해가, 산이, 이것이'는 서술어인 '뜬다, 높다, 연필이다' 보다 앞에 놓였다.

<연습 1> 아래에 제시된 문장 성분들을 일정하게 배열하여 완전한 문장으로 만들어 보세요.

1. 분다, 바람이 →
2. 핀다, 꽃도 →
3. 맑다, 하늘이 →
4. 아름답다, 진달래도 →
5. 남산이다, 저기가 →

기본 문장 ❷

수식어의 위치

둥근 해가 뜬다. 산이 매우 높다.

잠깐! 꾸미는 말의 위치에 주의하세요.

둥근 해가 뜬다.
피는 진달래가 곱다.
보는 책이 많다.
산이 매우 높다.
빌리도 빨리 걸었다.
바람이 매우 넓다.

알아보기

한국어에서 수식어는 피수식어 앞에 온다.

- **예: 둥근 해, 피는 진달래; 매우 높다, 빨리 걸었다.**

그런데 체언을 꾸미는 말은 반드시 체언 앞에만 놓이고 체언 뒤에는 쓰일 수 없다.

- **예: 둥근 해(○), 해 둥근(×)**

정리하기 ▮ 한국어에서 꾸미는 말은 꾸밈을 받는 말 앞에 오는 것이 원칙이다.

<연습 1> 다음에 제시된 문장 성분들을 일정하게 배열하여 완전한 문장으로 만들어 보세요.

1. 너도, 생각해 봐라, 잘 →
2. 갔느냐, 몇, 사람이 →
3. 매우, 흐르는, 물이, 맑다 →
4. 학생은, 참, 이, 얌전합니다 →
5. 자동차는, 빨리, 달린다, 매우, 저 →

▪ 기본 문장 ❸

목적어의 위치

시우가 밥을 먹는다.

> **잠깐!** 목적어는 타동사 앞에 놓임에 주의하세요.
>
> 시우가 밥을 먹는다.
> 나는 새를 잡는다.
> 너는 도전을 겁내지 말라.
> 우리도 책을 읽자.

▪ 알아보기

한국어에서 목적어는 보통 목적격 조사 '을/를'에 의해 표시된다. 목적어 대상은 의미적으로 서술어의 행위나 작용의 대상 혹은 목적이나 결과를 나타내는 것이 일반적이다.

- **예: 밥을 먹는다.**

정리하기 ▌ 한국어에서 목적어는 타동사 앞에 놓이는 것이 원칙이다.

<연습 1> 다음에 제시된 문장 성분들을 일정하게 배열하여 완전한 문장으로 만들어 보세요.

1. 아이들이, 탄다, 그네를 →
2. 읽어 보세요, 책을, 저 →
3. 뜨개질을, 하신다, 어머니가 →

기본 문장 ❹

독립어의 위치

여보, 내 말 좀 들어 보세요.

> **잠깐!** 독립어의 위치에 주의하세요.
>
> 여보, 내 말 좀 들어 보세요.
> 아, 그것이 무엇인가?
> 철수야, 빨리 오너라.
> 나는 전혀 몰랐구나, 얘!
> 그게 무슨 소리냐, 응?
> 빨리 오너라, 철수야.
> 그건, 글쎄, 그럴 만도 하군요.
> 그분이, 아, 웬일일까?
> 빨리, 철수야, 오너라.

알아보기

독립어는 문장의 어느 성분과도 문법적 관련이 없는 문장 성분이다. 독립어가 문장의 어느 성분과도 문법적 관련이 없다는 것은 문법 기능적인 관련이 없다는 뜻이지 의미 · 화용적인 관련까지 없다는 뜻은 아니다.

정리하기 ▌ 독립어에는 감탄사, 호격어, 제시어 등이 있다. 독립어는 일반적으로 문장 맨 앞에 위치하지만 문장의 중간 또는 끝에 오기도 한다.

<연습 1> 다음의 밑줄 그은 독립어를 문장의 끝에 놓아 문장을 만들어 보세요.

(보기) 아! 달이 밝다. → 달이 밝다, 아!

1. 범진아, 빨리 와. →

2. 옳지, 이렇게 하면 잘되겠구나. →

3. 뭐, 그렇게 하지요. →

<연습 2> 다음의 밑줄 그은 독립어를 문장의 중간에 놓아 문장을 만들어 보세요.

(보기) 오냐, 나도 많이 먹으마. → 나도, 오냐, 많이 먹으마.

1. 글쎄, 그런 일도 될 수 있을까? →
2. 옳지, 이젠 됐어. →
3. 승지야, 그 말 진짜야? →

기본 문장 ❺

주어와 서술어의 도치

해가 뜬다. → 뜬다, 해가.

> **잠깐!** 주어와 서술어의 위치가 바뀜에 주의하세요.
>
> 해가 뜬다. → 뜬다, 해가.
> 물이 흐른다. → 흐른다, 물이.
> 덧없는 세월이 흘러간다. → 흘러간다, 덧없는 세월이.
> 날씨가 따뜻하다. → 따뜻하다, 날씨가.

알아보기

문장 안에서 정상적인 어순을 바꾸는 것을 도치라고 한다. 흔히 말하는 사람이 강조하려는 말을 문장의 앞쪽에 내세우는 것을 이른다.

정리하기 ▌ 위의 문형은 주어가 서술어의 뒤에 놓여 서술어의 뜻을 강조하는 것이다.

<연습 1> 다음 문장의 주어, 서술어의 순서를 바꾸어 보세요.

(보기) 이것이 책이냐. → 책이냐, 이것이.

1. 하늘도 푸르다. →
2. 빌리도 왔구나. →
3. 바다도 맑습니다. →
4. 시우도 오너라. →

5. 날씨도 흐리구나. →

기본 문장 ❻

주어와 부사어의 도치

산이 매우 높다. → 매우 산이 높다.

> **잠깐!** 주어와 부사어의 자리가 바뀜에 주의하세요.
>
> 산이 매우 높다. → 매우 산이 높다.
> 꽃잎이 우수수 떨어진다. → 우수수 꽃잎이 떨어진다.
> 나비가 훨훨 난다. → 훨훨 나비가 난다.
> 경치가 정말 좋다. → 정말 경치가 좋다.
> 너는 어디로 가느냐? → 어디로 너는 가느냐?
> 나무가 바람에 쓰러졌다. → 바람에 나무가 쓰러졌다.

알아보기

부사어는 수식 성분으로 부속 성분에 해당한다. 주어와 부사어의 순서를 바꾸면 부사어의 뜻을 강조하게 된다.

정리하기 ▌ 위의 문형은 주어가 부사어의 뒤에 놓여 부사어의 뜻을 강조하는 것이다.

<연습 1> 아래 문장의 주어, 부사어의 순서를 바꾸어 보세요.

(보기) 철수는 집에서 공부한다. → 집에서 철수는 공부한다.

1. 너도 빨리 가거라. →
2. 나도 너만큼 할 수 있다. →
3. 저 사람은 어디서 왔느냐? →
4. 그 사람은 늘 옵니다. →
5. 우리는 국민으로서 할 일이 많다. →

▪ 기본 문장 ❼

주어와 목적어의 도치

시우가 밥을 먹는다. → 밥을 시우가 먹는다.

> **잠깐!** 주어와 목적어의 자리가 바뀜에 주의하세요.
>
> 시우가 밥을 먹는다. → 밥을 시우가 먹는다.
> 나는 잠을 너무 많이 잔다. → 잠을 나는 너무 많이 잔다.
> 너도 그것은 알 것이다. → 그것은 너도 알 것이다.
> 나는 그 사람을 보지 못했다. → 그 사람을 나는 보지 못했다.

▪ 알아보기

주어와 목적어의 순서를 바꾸면 정상적인 어순일 때 보다 목적어의 뜻을 더욱 강조하는 문장이 된다.

정리하기 ▌ 위의 문형은 목적어를 주어 앞에 높아 목적어의 뜻을 강조하는 것이다.

<연습 1> 다음 문장의 주어, 목적어의 자리를 바꾸어 보세요.

1. 철수도 이 책을 읽어라. →
2. 누가 나를 불렀느냐? →
3. 사람들이 다리를 건넙니다. →
4. 동생이 과자를 먹습니다. →
5. 아이들이 비행기를 쳐다봅니다. →

기본 문장 ❽

목적어와 부사어의 도치

나는 밥을 천천히 먹는다. → 나는 천천히 밥을 먹는다.

잠깐! 부사어와 목적어의 위치가 바뀜에 주의하세요.

나는 밥을 천천히 먹는다. → 나는 천천히 밥을 먹는다.
이 책을 철수에게도 주어라. → 철수에게도 이 책을 주어라.
기계를 쇠로 만든다. → 쇠로 기계를 만든다.
어머니가 우유를 아기에게 먹인다. → 어머니가 아기에게 우유를 먹인다.

알아보기

한국어의 기본적인 어순으로는 '주어+목적어+부사어+서술어'가 자연스러우나 목적어와 부사어의 위치를 바꾸면 부사어의 뜻을 더욱 강조하게 된다.

- **예: 쇠로 기계를 만든다.**

정리하기 ▌ 위의 문형은 부사어를 목적어의 앞에 놓아 부사어의 뜻을 강조하는 것이다. 일반적으로 부사어와 목적어는 그 위치를 자유롭게 바꿀 수 있다. 오히려 목적어가 서술어의 뒤에 오는 것이 자연스러운 경우가 많다.

<연습 1> 아래 문장의 목적어와 부사어의 자리를 바꾸어 보세요.

(보기) 우리는 책을 차근차근히 읽었다. → 우리는 차근차근 책을 읽었다.

1. 밥을 너무 급히 먹지 말라. →
2. 그 책을 동생에게 주렴. →
3. 걸음을 천천히 걸어라. →
4. 지영이는 글씨를 연필로 쓴다. →
5. 나는 장난감을 동생에게 사 주었다. →

단원마무리

이 단원에서는 한국어의 기본적인 어순을 비롯하여 문장 성분의 순서를 바꾸어 표현하는 경우에 대해 알아보았다.

1. 다음의 문장 성분들을 일정하게 배열하여 완전한 문장으로 만들어 보세요.

(1) 벌써, 봄이, 기다리던, 왔구나 →

(2) 나비들을, 서로, 예쁜, 부른다, 꽃들이 →

(3) 저, 학생이, 어린, 누구냐? →

(4) 피었네, 많이, 곱게, 무궁화가 →

(5) 간다, 바다로, 많이, 사람들이 →

(6) 달이다, 입학의, 3월은 →

(7) 파릇파릇, 귀여운, 새싹들이, 돋아난다 →

(8) 날씨가, 매우, 오늘, 따뜻하다 →

2. 다음 문장의 밑줄 그은 말의 자리를 ( ) 속에 제시한 대로 바꾸어서 어떻게 달라지는지 살펴보세요.

(1) 그것은 좀 <u>비싸다</u>. (주어 앞으로) →

(2) <u>아마</u> 오겠지요. (서술어 뒤로) →

(3) <u>어제 없던 이런 물건이</u> 어디서 생겼니? (서술어 뒤로) →

(4) 누가 <u>대통령이</u> 될까? (서술어 뒤로) →

(5) 김 군은 <u>그럴 사람이</u> 아니야. (서술어 뒤로) →

제35과 공부들 부지런히 해라.
—복수('들')형 문장—

이 단원은 '들'이 붙어서 그 말이 복수임을 가리키는 문형을 연습하는 단원이다. 셀 수 있는 명사 뒤에 결합하는 '들'은 복수 접미사, 그 밖의 경우는 보조사로 구분하기도 한다.

☝ 주목하기

조사	들
문장의 종류	명령문, 의문문

(1) 너희들은 어디서 놀았느냐?
(2) 너희들 어서들 공부하고 놀아라.
(3) 너희들 어서들 공부들 하고 놀아라.
(4) 너희들 공부들 하고들 놀아라.

▪ 기본 문장 ❶

명사에 '들'이 붙은 복수문

너희들은 어디서 놀았느냐?

> **잠깐!** 명사에 붙은 '들'의 용법에 주의하세요.
>
> 너희들은 어디서 놀았느냐?
> 사람들이 밥을 먹고 있다.
> 선생님께서 학생들을 운동장에 집합시켰다.
> 꽃밭에는 꽃들이 모여 살지요.

▪ 알아보기

'너희'는 '너'의 복수이기는 하지만 또한 '들'이 붙어서도 복수가 된다.

- **예: 너 → 너희 → 너희들, '저희들'도 마찬가지다.**

정리하기 ▌ 위의 문형은 '들'이 명사에 붙어 명사의 수가 '여럿'임을 보이는 것이다. 곧 단수 아닌 복수의 의미를 표시하고 있다.

<연습 1> 다음 밑줄 그은 말에 '들'을 붙여 그 뜻이 어떻게 다른지 살펴보세요.

1. 우리는 해외에 사는 교포를 잊지 말아야 한다. (　　　　　　)
2. 이 거리에는 집이 많이 늘어서 있다. (　　　　　　)
3. 출근 시간이 되면 시청 앞에는 자동차가 많이 모여든다. (　　　　　　)
4. 우리는 서로 돕고 살아야 한다. (　　　　　　)
5. 저희도 그 책을 읽어는 보았습니다. (　　　　　　)

기본 문장 ❷

부사어에 '들'이 붙은 복수문

너희들 어서들 공부하고 놀아라.

> **잠깐!** '들'이 부사어에 결합한 것에 주의하세요.
>
> 너희들 어서들 공부하고 놀아라.
> 사람들이 많이들 모였다.
> 그 사람들은 부산에서들 올라왔다.
> 우리들은 어떻게들 할 것이냐?
> 이 책을 읽어들 보아라.
> 놀지들만 말고 공부들 해 보아라.

알아보기

주어가 나타나 있지 않더라도 부사어 등의 성분에 '들'이 쓰였으면 주어가 복수라는 사실이 드러난다.

- **예: 이 책을 읽어들 보아라. → 너희들 이 책을 읽어들 보아라.**

> **정리하기** ▌ 위의 문형은 복수를 표시하는 '들'이 주어뿐 아니라 부사어에 붙음으로써 주어가 복수임을 나타낸다.

<연습 1> 다음 밑줄 그은 말에 '들'을 붙여 주어의 수가 어떻게 달라지는지 살펴보세요.

(보기) 가지 말고 앉아 있거라. → 가지들 말고 앉아 있거라.

1. 그동안 어떻게 지냈습니까? →
2. 모두 너무 하시네요. →
3. 모두 바다로 산으로 찾아다닙니다. →
4. 아이들은 어디 갔느냐? →

▪ 기본 문장 ❸

추상 명사에 '들'이 붙은 복수문

너희들 어서들 공부들 하고 놀아라.

> **잠깐!** '들'이 '추상 명사'에 결합하는 것에 주의하세요.
>
> 너희들 어서들 공부들 하고 놀아라.
> 사람들이 모두들 밥들 먹고 있다.
> 마음들 똑바로 가지셔요.

▪ 알아보기

1. 추상 명사란 일반적으로 형태가 없고 추상적인 의미를 나타내는 명사를 뜻하며, 집합 명사란 사람이나 사물의 집합체를 나타내는 명사를 말한다.

• **예: 공부들, 밥들**

2. 이때의 '들'은 그것이 붙는 명사가 복수임을 말하는 것이 아니다.

정리하기 ▮ 위의 문형은 '들'이 추상 명사에 붙어 그 문장의 주어가 복수임을 표시하는 것이다.

<연습 1> 다음 밑줄 그은 말에 '들'을 붙여 주어의 수가 어떻게 달라지는지 살펴 보세요.

(보기) 일을 열심히 해요. → 일들을 열심히 해요.

1. 점심 식사를 하셨어요? →
2. 저희들은 잠을 잘 자지 못했어요. →
3. 운동을 열심히 해야 몸이 튼튼해진다. →
4. 잘 생각해 보아라. →
5. 정신을 똑바로 차려라. →

기본 문장 ❹

연결형에 '들'이 붙은 복수문

너희들 어서들 공부들 하고들 놀아라.

잠깐! '들'이 서술적인 '고' 등의 뒤에 쓰였음에 주의하세요.

너희들 어서들 공부들 하고들 놀아라.
밥을 먹지 말고들 오너라.
모두 밥을 먹으면서들 이야기한다.
이리 와서들 놀아야지.
그들은 일하면서들 노래한다.

알아보기

한국어의 경우 셀 수 있는 명사뿐 아니라 추상 명사, 부사, 심지어는 어미 뒤에도 '들'이 결합한다.

정리하기 ▌ 위의 문형은 '들'이 서술적인 뜻을 표시하는 어미 '-고, -(으)면서, -아서/어서' 등에 붙어 역시 주어가 복수임을 표시한다.

<연습 1> 다음 문장의 밑줄 그은 부분에 '들'을 붙여 주어의 수가 어떻게 달라지는지 살펴보세요.

(보기) 밥을 먹고 오너라. → 밥을 먹고들 오너라.

1. 이리 와서 이야기해 보아라. →
2. 숙제부터 하고 놀아라. →
3. 떠들지 말고 공부해라. →
4. 차를 마시면서 이야기나 하세요. →
5. 영화를 보고 오너라. →

정리하기 ▮ 위의 문형은 '들'이 서술어 뒤에 붙음으로써 주어가 복수임을 보이는 것이다.

<연습 2> 다음 문장의 밑줄 친 서술어에 '들'을 붙여 주어의 뜻이 어떻게 달라지는지 살펴보세요.

(보기) 빨리들 가거라. → 빨리들 가거라들.

1. 다들 이리들 오너라. →
2. 아이들이 놀이터에서들 웃고들 있다. →
3. 다 같이 크게 소리 내어 읽어 보아라. →

단원마무리

이 단원에서는 '들'이 셈의 대상이 되는 말에 붙어서 그 말이 복수임을 가리키는 것과 그 밖의 말에 붙어 주어가 복수임을 가리키는 것에 대해 알아보았다.

1. 다음 밑줄 그은 말에 '들'을 붙여 명사와 주어의 수가 어떻게 달라지는지 살펴보세요.

(1) 학생이 많이 찾아왔어요. →

(2) 저 집에는 개가 많이 있다. →

(3) 이리 와서 말해라. →

(4) 너희들은 어디서 놀았느냐? →

(5) 울지 말고 진정들 하세요. →

(6) 모두 하루 일을 마치고 집으로 돌아갔다. →

(7) 저리들 가서 앉아들 놀아라. →

2. 아래 문장에 나타나는 '들'이 그 말('들' 앞의 말)의 복수를 표시하는지 주어의 복수를 표시하는지 알아보세요.

(1) 밝은 달밤에 아이들이 모여서 노래를 부릅니다. (　　　　)

(2) 자 모두들 교실에 들어가야지. (　　　　)

(3) 새 교실에는 친구들이 모두 기쁜 얼굴로 서 있었습니다. (　　　　)

(4) 얘들아, 조심해서 건너야 한다. (　　　　)

(5) 돼지 열 두 마리는 '꿀꿀, 꿀꿀' 야단들을 하였습니다. (　　　　)

(6) 오늘은 너희들끼리 나가 놀다 오너라. (　　　　)

(7) 저희들끼리 꾸민 것입니다. (　　　　)

(8) 자, 나이 한 살씩 더 먹고 더 훌륭하게 되었으니 올해는 무엇들을 할까? (　　　　)

(9) 그만 울고 어서들 가거라. (　　　　)

(10) 어머니 말씀에 모두들 웃었습니다. (　　　　)

第36과 나는 과자를 다 먹어 버렸다.
—보조 동사문—

이 단원은 보조 동사가 쓰인 문형에 대해 연습하는 단원이다. 보조 동사는 문장에서 홀로 쓰이지 못하고 본동사와 함께 쓰여 본동사를 도와주는 역할을 한다.

주목하기

보조 동사	부정	못하다, 아니하다, 말다
	피동	되다, 지다
	완료	버리다, 내다
	시행	보다
	강세	대다
	당위	하다
	시인	하다(만들다)
	봉사	주다(드리다)
	보유	두다
	진행	가다(오다)
	사동	하다

(1) 그는 공부를 한다. → 그는 공부를 하지 아니한다.
(2) 나는 그곳에 갔다. → 나는 그곳에 가게 되었다.
(3) 그만 기차를 놓쳤다. → 그만 기차를 놓쳐 버렸다.
(4) 그 음식을 먹어라. → 그 음식을 먹어 보아라.
(5) 아이들이 자꾸 떠든다. → 아이들이 자꾸 떠들어 댄다.
(6) 학생들은 공부를 열심히 한다. → 학생들은 공부를 열심히 해야 한다.
(7) 나도 그것을 보았다. → 나도 그것을 보기는 했다.
(8) 우리도 그분을 돕자. → 우리도 그분을 도와 드리자.
(9) 맛있는 음식이니 많이 먹어라. → 맛있는 음식이니 많이 먹어 두어라.
(10) 일이 잘된다. → 일이 잘되어 간다.
(11) 아무라도 보느냐? → 아무라도 보게 하느냐?

기본 문장 ❶

'부정'의 보조 동사문

그는 공부를 한다. → 그는 공부를 하지 아니한다.

잠깐! '아니하다' 등의 부정적인 용법에 주의하세요.

그는 공부를 한다. → 그는 공부를 하지 아니한다.
꽃이 핀다. → 꽃이 피지 아니한다.
저이는 한국말을 잘한다. → 저이는 한국말을 잘하지 못한다.
우리는 그 책만 읽었다. → 우리는 그 책만 읽지 않았다.
너는 가거라. → 너는 가지 말아라.

알아보기

오른쪽의 밑줄 그은 말은 스스로는 두드러진 뜻을 가지지 않고 앞에 오는 동사의 뜻을 도와주는 역할을 하므로 '보조 동사'라 한다. 보조 동사의 도움을 받는 동사는 '본동사'다.

정리하기▌ 위의 문형은 보조 동사 '아니하다, 못하다, 말다' 등이 보조적 연결 어미 '-지' 아래 쓰여서 '부정'의 뜻을 나타내는 것이다.
(보기) -지 아니하다, 말다, 못하다.
왼쪽의 문형은 긍정문이고, 오른쪽의 문형은 부정문이다.

<연습 1> 아래 긍정문을 (　) 속에 제시한 보조 동사를 활용하여 부정문으로 바꾸어 보세요.

(보기) 달이 뜬다. (아니하다) → 달이 뜨지 아니한다.

1. 물이 흐른다. (아니하다) →
2. 우리는 거기에 가겠다. (못하다) →
3. 너도 아버지를 따라가거라. (말다) →
4. 시우는 의자에 앉았다. (아니하다) →
5. 너도 물을 마셔라. (말라) →

▪ 기본 문장 ❷

'피동'의 보조 동사문

나는 그곳에 갔다. → 나는 그곳에 가게 되었다.

> **잠깐!** '되다' 등의 피동적 의미에 주의하세요.
>
> 나는 그곳에 갔다. → 나는 그곳에 가게 되었다.
> 지영이가 왔다. → 지영이가 오게 되었다.
> 이 함정으로도 호랑이를 잡는다. → 이 함정에도 호랑이가 잡혀(잡아)진다.
> 그 문을 잘 닫았다. → 그 문이 잘 닫혀(닫아)졌다.

▪ 알아보기

1. '잡아진다' 등으로 쓰는 것이 원칙이지만 보통 '잡혀진다'로 쓰인다.

• **예: 먹어지다 → 먹혀지다, 낚아지다 → 낚여지다, 밟아진다 → 밟혀진다**

2. '지다'는 일반적 보조 동사와는 달리 앞의 말과 붙여 쓴다.

정리하기 ▌ 위의 문형은 '되다, 지다'가 보조적 연결 어미 '-게'나 '-아/어' 뒤에서 피동의 뜻을 나타내는 것이다.
(보기) -게 되다, -아(어)지다

<연습 1> 다음 문장을 ( ) 속에 제시한 보조 동사를 넣어 써 보세요.

(보기) 나도 공부한다. → 나도 공부하게 된다.

1. 나도 취직하였다. (되다) →
2. 우리는 우연히 만났지요. (되다) →
3. 햇볕에 빨래를 말렸다. (지다) →
4. 저도 이 대학에 들어갈까요. (되다) →
5. 문을 열었다. (지다) →

기본 문장 ❸

'완료'의 보조 동사문

그만 기차를 놓쳤다. → 그만 기차를 놓쳐 버렸다.

> **잠깐!** '버리다' 등의 완료적 용법에 주의하세요.
>
> 그만 기차를 놓쳤다. → 그만 기차를 놓쳐 버렸다.
> 끝끝내 곤란을 견뎠다. → 끝끝내 곤란을 견뎌 내었다.
> 빌리는 시우를 이겼다. → 빌리는 시우를 이겨 내었다.

알아보기

1. '버리다'는 동사 뒤에서 '-아/어 버리다' 구성으로 쓰여 앞말이 나타내는 행동이 이미 끝났음을 나타낸다. 그 행동이 이루어진 결과, 말하는 이가 아쉬운 감정을 갖게 되었거나 또는 반대로 부담을 덜게 되었음을 나타낼 때 쓴다.
2. '내다'는 동사 뒤에서 '-아/어 내다' 구성으로 쓰여 앞말이 뜻하는 행동이 스스로의 힘으로 끝내 이루어짐을 나타낸다. 주로 그 행동이 힘든 과정임을 보일 때 쓴다.

- **예: -아(어) 버리다, 내다**

> **정리하기 ▌** 위의 문형은 보조 동사 '버리다, 내다'가 보조적 연결 어미 '-아/어' 뒤에서 '완료'나 '극복'의 뜻을 나타내는 것이다.

<연습 1> 다음 문장을 (　) 속에 제시한 보조 동사를 넣어 써 보세요.

(보기) 나는 밥을 한꺼번에 두 그릇 먹었다. (버리다) → 나는 밥을 한꺼번에 두 그릇 먹어 버렸다.

1. 오늘 공책을 두 권이나 썼다. (버리다) →
2. 더워서 옷을 벗었다. (버리다) →
3. 나도 너를 이길 수 있다. (내다) →
4. 까마귀 날자 배가 떨어졌다. (버리다) →
5. 마침내 돈을 받았다. (내다) →

기본 문장 ❹

'시행'의 보조 동사문

그 음식을 먹어라. (보다) → 그 음식을 먹어 보아라.

> **잠깐!** '보다'의 시행(試行)적 용법에 주의하세요.
>
> 그 음식을 먹어라. → 그 음식을 먹어 보아라.
> 이 일부터 우선 하자. → 이 일부터 우선 해 보자.
> 문을 열어라. → 문을 열어 보아라.
> 철수부터 책을 읽어라. → 철수부터 책을 읽어 보아라.

알아보기

'보다'는 동사 뒤에서 '-아/어 보다' 구성으로 쓰여 어떤 행동을 시험 삼아 함을 나타낸다.

- **예: -아/어 보다**

> **정리하기 ▌** 위의 문형은 보조 동사 '보다'가 보조적 연결 어미 '-아/어' 뒤에 쓰여서 '시행'의 뜻을 나타내는 것이다.

<연습 1> 아래 문장에 보조 동사 '보다'를 넣어 문장을 만들어 보세요.

(보기) 여기에 앉아라. → 여기에 앉아 보아라.

1. 코끼리에게 과자를 주어라. →
2. 이 구멍부터 막자. →
3. 이곳만 파라. →
4. 여기를 디뎌라. →
5. 이 떡도 먹어라. →

기본 문장 ❺

'강세'의 보조 동사문

아이들이 자꾸 떠든다. → 아이들이 자꾸 떠들어 댄다.

> **잠깐!** '대다'의 강세적 용법에 주의하세요.
>
> 아이들이 자꾸 떠든다. → 아이들이 자꾸 떠들어 댄다.
> 왜 남을 헐뜯지? → 왜 남을 헐뜯어 대지?
> 쉬지 않고 자꾸 먹는다. → 쉬지 않고 자꾸 먹어 댄다.
> 자꾸 함부로 덤빈다. → 자꾸 함부로 덤벼 댄다.

알아보기

'대다'는 동사 뒤에서 '-아/어 대다' 구성으로 쓰여 앞말이 뜻하는 행동을 반복하거나 그 행동의 정도가 심함을 나타낸다.

- 예: -아/어 대다

정리하기 ▌ 위의 문형은 보조 동사 '대다'가 강세나 반복의 의미를 표시함을 보이는 것이다.

<연습 1> 다음 문장에 보조 동사 '대다'를 넣어 문장을 만들어 보세요.

(보기) 빌리는 자꾸 떠든다. → 빌리는 자꾸 떠들어 댄다.

1. 너무 많이 먹으면 안 돼. →
2. 시우는 같은 노래를 자꾸 부른다. →
3. 동생하고 싸우지 말아라. →
4. 그 사람한테 함부로 욕을 하지 말라. →
5. 여기를 자꾸 밟지 말아라. →

기본 문장 ❻

'당위'의 보조 동사문

학생들은 공부를 열심히 한다. → 학생들은 공부를 열심히 해야 한다.

> **잠깐!** '하다'의 당위(當爲)적 용법에 주의하세요.
>
> 학생들은 열심히 공부한다. → 학생들은 열심히 공부해야 한다.
> 연필은 네가 깎는다. → 연필은 네가 깎아야 한다.
> 지영이도 밥을 짓는다. → 지영이도 밥을 지어야 한다.
> 나도 간다. → 나도 가야 한다.

알아보기

'하다'는 동사나 형용사 뒤에서 '-게 하다' 구성으로 쓰여 앞말의 행동을 시키거나 앞말이 뜻하는 상태가 되도록 함을 나타낸다.

- **예: -아야/어야 하다.**

> **정리하기 ▌** 위의 문형은 '하다'가 보조적 연결 어미에 '야'가 붙은 '-아야/어야' 아래 쓰여 '당위'의 의미를 나타내는 것이다.

<연습 1> 다음 문장에 보조 동사 '하다'를 넣어 문장을 만들어 보세요.

(보기) 네가 온다. → 네가 와야 한다.

1. 오늘은 비가 온다. →
2. 오후에는 날씨가 갠다. →
3. 너를 꼭 만나겠다. →
4. 나는 밥부터 먹겠다. →
5. 연필과 공책부터 먼저 사겠다. →

기본 문장 ❼

'시인'의 보조 동사문

나도 그것을 보았다. → 나도 그것을 보기는 했다.

> **잠깐!** '하다'의 시인적 용법에 주의하세요.
>
> 나도 그것을 보았다. → 나도 그것을 보기는 했다.
> 날마다 일한다. → 날마다 일하기는 한다.
> 내가 거기도 갔다. → 내가 거기 가기도 했다.
> 오늘도 그가 오겠다. → 오늘도 그가 오기는 하겠다.

알아보기

보조 동사 '하다'는 앞에 나온 동사를 대신해서 가리키므로 '대용' 보조 동사라 하기도 한다.

> **정리하기 ▌** 위의 문형은 보조 동사 '하다'가 앞에 나온 동사의 동작을 '시인'함을 보이는 것이다.
> (보기) -기는(도) 하다.

<연습 1> 다음 문장에 보조 동사 '하다'를 넣어 문장을 만들어 보세요.

(보기) 사람은 옷을 입는다. (는) → 사람은 옷을 입기는 한다.

1. 사람은 한 번은 죽는다. (는) →
2. 옷을 팔았다. (도) →
3. 집을 샀다. (는) →
4. 너는 열심히 공부한다. (도) →
5. 나는 웃었다. (는) →

기본 문장 ❽

'봉사'의 보조 동사문

우리도 그분을 돕자. → 우리도 그분을 도와 드리자.

> **잠깐!** '드리다' 등의 봉사(奉仕)적 용법에 주의하세요.
>
> 우리도 그분을 돕자. → 우리도 그분을 도와 드리자.
> 저이들은 가난한 사람을 돕는다. → 저이들은 가난한 사람을 도와준다.
> 형과 나는 어머니께 선물을 했다. → 형과 나는 어머니께 선물을 해 드렸다.
> 범진이에게 이것을 보내라. → 범진이에게 이것을 보내 주어라.

알아보기

'드리다'는 '주다'의 높임말로 동사 뒤에서 '-아/어 드리다' 구성으로 쓰여 앞 동사의 행위가 다른 사람의 행위에 영향을 미침을 나타낸다.

- **예: -아/어 드리다(주다)**

정리하기 ▮ 위의 문형은 '드리다, 주다'가 보조적 연결 어미 '-아/어' 아래서 '봉사'의 뜻을 나타내는 것이다.

<연습 1> 다음 문장에 '주다, 드리다'를 넣어서 문장을 만들어 보세요.

(보기) 불우 이웃을 힘껏 도웁시다. → 불우 이웃을 힘껏 도와줍시다.

1. 할아버지를 잘 보살펴라. →
2. 나는 학교에서 선생님의 일을 거들었다. →
3. 너를 업을까? →
4. 나는 부엌에서 어머니의 일을 도왔다. →
5. 내가 철수의 일을 대신했다. →

기본 문장 ❾

'보유'의 보조 동사문

맛있는 음식이니 많이 먹어라. → 맛있는 음식이니 많이 먹어 두어라.

> **잠깐!** '두라' 등의 보유(保有)적 용법에 주의하세요.
>
> 맛있는 음식이니 많이 먹어라. → 맛있는 음식이니 많이 먹어 두어라.
> 자네도 이런 말을 잘 듣게. → 자네도 이런 말을 잘 들어 두게.
> 그이에게도 말해. → 그이에게도 말해 놓게.
> 달걀을 삶아서 가져오너라. → 달걀을 삶아 가지고 가져오너라.

알아보기

'두다'는 동사 뒤에서 '-아/어 두다' 구성으로 쓰여 앞말이 뜻하는 행동을 끝내고 그 결과를 유지함을 나타낸다. 주로 그 행동이 어떤 다른 일에 미리 대비하기 위한 것임을 보일 때 쓴다.

- 예: -아/어 두다(가지다, 놓다)

> **정리하기** ▌ 위의 문형은 보조 동사 '두다, 가지다, 놓다'가 보조적 연결 어미 '-아/어' 아래서 '보유'의 뜻을 나타내는 것이다.

<연습 1> 아래 문장에 (　) 속에 제시한 보조 동사를 넣어 문장을 만들어 보세요.

(보기) 이 책만 보아. (두다) → 이 책만 보아 두어.

1. 우선 받기나 해라. (두다) →
2. 아기를 여기다가 앉혀라. (놓다) →
3. 과자 두 봉지만 사자. (두다) →

기본 문장 ⑩

'진행'의 보조 동사문

일이 잘된다. → 일이 잘되어 간다.

잠깐! '가다'의 진행(進行)적 용법에 주의하세요.

일이 잘된다. → 일이 잘되어 간다.
나 혼자 숲속 길을 걸었다. → 나 혼자 숲속 길을 걸어 갔다.
그 집의 살림은 점점 늡니다. → 그 집의 살림은 점점 늘어 갑니다.
이 일은 어제부터 했소. → 이 일은 어제부터 해 왔소.
그때부터 이 일을 보았다. → 그때부터 이 일을 보아 왔다.

알아보기

'가다'는 주로 동사 뒤에서 '-아/어 가다' 구성으로 쓰여 말하는 이, 또는 말하는 이가 정하는 어떤 기준점에서 멀어지면서 앞말이 뜻하는 행동이나 상태가 계속 진행됨을 나타낸다.

- **예: -아/어 가다(오다)**

정리하기 ▌ 위의 문형은 보조 동사 '가다, 오다'가 보조적 연결 어미 '-아/어' 아래 쓰여서 '진행'의 뜻을 나타내는 것이다.

<연습 1> 다음 문장에 (　　) 속에 제시한 보조 동사 '가다, 오다'를 넣어 문장을 만들어 보세요.

(보기) 종점에서 집에까지 걸었다. (오다) → 종점에서 집에까지 걸어왔다.

1. 이 꽃나무는 점점 큰다. (가다) →
2. 달이 점점 밝는다. (오다) →
3. 저기까지 걸어야 한다. (가다) →
4. 집에서 학교까지 뛰었다. (오다) →
5. 성적이 점점 향상된다. (가다) →

▪기본 문장 ⓫

'사동'의 보조 동사문

아무라도 보느냐? → 아무라도 보게 하느냐?

> **잠깐!** '하다' 등의 사역(使役)적 용법에 주의하세요.
>
> 아무라도 보느냐? → 아무라도 보게 하느냐?
> 일이 잘되었다. → (그이가) 일을 잘되게 만들었다.
> 나는 어디로 가느냐? → 나는 어디로 가게 하느냐?
> 그는 우등생이 되었다. → (노력이) 그를 우등생이 되게 만들었다.

▪알아보기

'하다'의 보조 동사 용법은 기본 문장 ❻을 참고하세요.

- 예: **게 하다(만들다)**

정리하기▐ 위의 문형은 보조 동사 '하다, 만들다'가 보조적 연결 어미 '-게' 아래 쓰여서 '사동'의 뜻을 나타내는 것이다.

<연습 1> 다음 문장에 ( ) 속에 제시한 보조 동사를 넣어 문장을 만들어 보세요.

(보기) 누구가 가느냐? (하다) → 누구를 가게 하느냐?

1. 누가 밥을 먹느냐? (하다) →
2. 그는 반장이 되었다. (만들다) →
3. 일이 잘못되었다. (만들다) →
4. 나는 손을 들었다. (하다) →
5. 그는 회장이 되었다. (만들다) →

단원마무리

이 단원에서는 보조 동사가 쓰이지 않는 문형과 보조 동사가 쓰인 문형을 비교해서 제시함으로써 보조 동사의 용법에 대해 알아보았다.

1. 아래 문장에 ( ) 속에 제시한 보조 동사를 넣어 문장을 만들어 보세요.

(1) 너는 거기 가거라. (말다) →

(2) 너도 여기 온다. (못하다) →

(3) 서두르지 말고 차근차근히 읽어라. (보다) →

(4) 우리는 서로 도왔다. (되다) →

(5) 시우는 너무 고함을 지른다. (대다) →

(6) 우리들은 몸을 튼튼히 한다. (당위, 하다) →

(7) 우리도 거기에 갔다. (당위, 하다) →

(8) 나도 책을 읽었다. (시인, 하다) →

(9) 책상 위에 책을 올렸다. (놓다) →

(10) 나는 아침 일찍 남산으로 올랐다. (가다) →

(11) 누구라도 먹느냐? (사역, 하다) →

2. 아래 밑줄 그은 보조 동사의 의미를 말해 보세요.

(1) 경찰서는 우리 동네를 지켜 줍니다. ( )

(2) 이 다음에는 좀 더 재미있는 것을 보여 드리고 싶습니다. ( )

(3) 언제 편지도 그렇게 훌륭하게 쓰게 되었니? ( )

(4) 이 문제의 답을 알아내십시오. ( )

(5) 소풍 가서 할 재미있는 놀이도 생각해 두자. ( )

(6) 해가 아주 바닷속에 잠겨 버렸다. ( )

(7) 여보셔요. 하룻밤만 자고 가게 하여 주십시오. ( )

(8) 반찬을 골고루 잘 먹어야 한다. ( )

(9) 산에는 나무들이 잘들 자라고 마을에선 우리들이 모두 커 간다. (　　　　　)

(10) 해는 지고 밤이 점점 어두워 옵니다. (　　　　　)

(11) 어제 소풍 가서 본 것을 적어 보자. (　　　　　)

3. 아래 보조 동사의 문형에 해당하는 문장을 만들어 보세요.

(1) -지 아니한다. →

(2) -지 못한다. →

(3) -지 마십시오. →

(4) -게 됩니다. →

(5) -아/어 집니다. →

(6) -아/어 버렸습니다. →

(7) -아/어 내었습니다. →

(8) -아/어 보았다. →

(9) -아/어(야) 합니다. →

(10) -기는(도) 해요 →

(11) -아/어 드렸지요. →

(12) -아/어 두었다. →

(13) -아/어 가지고 →

(14) -게 하였다. →

(15) -아/어 주었습니다. →

제37과 바다에 가고 싶어요.
—보조 형용사문—

이 단원은 보조 형용사문의 문형을 연습해 보는 단원이다. 보조 형용사는 본용언과 연결되어 의미를 보충하는 역할을 하는 형용사이다.

주목하기

보조 형용사	부정	-지 (않다)
	시인	-기(는 하다). -기(도 하다)
	욕구	-(고 싶다)
	추측	-(으)ㄴ가 (보다), -는가 (보다)
	상태	-아 있(다)

(1) 저 산은 높다. → 저 산은 높지 아니하다.
(2) 그 꽃이 아름답다. → 그 꽃이 아름답기는 하다.
(3) 우리는 달나라에 가겠다. → 우리는 달나라에 가고 싶다.
(4) 저것이 동대문이다. → 저것이 동대문인가 보다.
(5) 뒤에는 산이 우뚝 솟았다. → 뒤에는 산이 우뚝 솟아 있다.

기본 문장 ❶

'부정'의 보조 형용사문

저 산은 높다. → 저 산은 높지 않다.

> **잠깐!** '않다', '아니하다'의 부정적 의미에 주의하세요.
>
> 저 산은 높다. → 저 산은 높지 아니하다.
> 물이 맑다. → 물이 맑지 않다.
> 살림이 넉넉하다. → 살림이 넉넉하지 못하다.
> 이 강은 넓다. → 이 강은 넓지 못하다.

알아보기

1. 오른편의 네모 상자 안의 말은 앞의 보조 동사와 같이 제 홀로는 두드러진 뜻을 지님이 없이 다른 말의 힘을 빌려야만 비로소 의미를 갖는 말이므로 '보조 형용사'라 한다.
2. 왼쪽은 긍정문, 오른쪽은 부정문이다.

정리하기 ▌ 위의 문형은 보조 형용사 '아니하다, 못하다' 등이 보조적 연결 어미 '-지' 다음에 쓰여서 '부정'의 뜻을 나타냄을 보이는 것이다.
(보기) -지 아니하다, 못하다, 말다.

<연습 1> 아래 긍정문을 괄호 속에 제시한 보조 형용사를 활용하여 부정문으로 바꾸어 보세요.

(보기) 땅이 기름지다. (못하다) → 땅이 기름지지 못하다.

1. 곶감이 달다. (아니하다) →
2. 경치가 아름답다. (못하다) →
3. 사람들이 많다. (아니하다) →
4. 하늘이 푸르다. (않다) →
5. 날씨가 흐리다. (않다) →

▪기본 문장 ❷

'시인'의 보조 형용사문

그 꽃이 아름답다. → 그 꽃이 아름답기는 하다.

잠깐! '하다'의 시인(是認)적 용법에 주의하세요.

그 꽃이 아름답다. → 그 꽃이 아름답기는 하다.
경치도 좋다. → 경치가 좋기도 하다.
길이 매우 넓다. → 길이 넓기는 하다.
날씨가 덥다. → 날씨가 덥기도 하다.

정리하기 ▮ 위의 문형은 보조 형용사 '하다'가 명사형 어미 '-기' 아래에 붙어 '시인'의 뜻을 나타냄을 보이는 것이다.
(보기) -기는(도) 하다.

<연습 1> 다음 문장에 보조 형용사 '하다'와 괄호 속에 제시한 조사를 넣어 문장을 만들어 보세요.

(보기) 길이 매우 좁다. (도) → 길이 매우 좁기도 하다.

1. 실이 무척 길다. (는) →
2. 손가락이 매우 짧다. (도) →
3. 먹을 사람이 적다. (는) →
4. 운동하는 사람이 많다. (도) →
5. 오늘은 날씨가 맑습니다. (는) →

▪ 기본 문장 ❸

'욕구'의 보조 형용사문

우리는 달나라에 가겠다. → 우리는 달나라에 가고 싶다.

잠깐! '싶다'의 욕구적 용법에 주의하세요.

우리는 달나라에 가겠다. → 우리는 달나라에 가고 싶다.
우리도 행복하게 살겠다. → 우리도 행복하게 살고 싶다.
나도 그것을 너에게 주겠다. → 나도 그것을 너에게 주고 싶다.
저도 그것을 받겠다. → 저도 그것을 받고 싶다.

정리하기 ▮ 위의 문형은 보조 형용사 '싶다'가 보조적 연결형 '-고' 아래서 '욕구'의 뜻을 지님을 보이는 것이다.
(보기) -고 싶다.

<연습 1> 아래 문장에 보조 형용사 '싶다'를 넣어 문장을 만들어 보세요.

(보기) 서울 가서 살겠다. → 서울 가서 살고 싶다.

1. 동생도 거기 가겠다고 했어요. →
2. 나도 너를 도와주겠다. →
3. 한국에 유학을 가겠다. →
4. 술을 한 잔 마시겠다. →
5. 담배를 한 대 피우겠다. →

기본 문장 ❹

'추측'의 보조 형용사문

저것이 동대문이다. → 저것이 동대문인가 보다.

잠깐! '보다'의 추측적 용법에 주의하세요.

저것이 동대문이다. → 저것이 동대문인가 보다.
저기가 남산이다. → 저기가 남산인가 보다.
거기는 경복궁이다. → 거기는 경복궁인가 보다.
그 사람이 온다. → 그 사람이 오는가 보다.
그 꽃이 예쁘다. → 그 꽃이 예쁜가 보다.

정리하기 ▌ 위의 문형은 보조 형용사 '보다'가 어미 '-(으)ㄴ가, -는가' 다음에 올 때 '추측'의 의미를 지님을 보이는 것이다.
(보기) -는가 보다.

<연습 1> 아래 문장에 보조 형용사 '보다'를 넣어서 문장을 만들어 보세요.

(보기) 저기가 남산이다. → 저기가 남산인가 보다.

1. 저기가 우물이다. →
2. 저곳도 공원이다. →
3. 비가 내린다. →
4. 기차가 도착한다. →
5. 머리가 아픕니다. →

▪ 기본 문장 ❺

'상태'의 보조 형용사문

뒤에는 산이 우뚝 솟았다. → 뒤에는 산이 우뚝 솟아 있다.

잠깐! '있다'의 상태적 용법에 주의하세요.

뒤에는 산이 우뚝 솟았다. → 뒤에는 산이 우뚝 솟아 있다.
철수도 거기 앉았다. → 철수는 거기 앉아 있다.
인수는 철수 뒤에 섰다. → 인수는 철수 뒤에 서 있다.
앞바다에는 배 한 척이 떴다. → 앞바다에는 배 한 척이 떠 있다.

정리하기▮ 위의 문형은 보조 형용사 '있다'가 보조적 연결 어미 '-아/어' 아래서 '상태'의 뜻을 나타냄을 보이는 것이다.
(보기) -아/어 있다.

<연습 1> 다음 문장에 보조 동사 '있다'를 넣어 문장을 만들어 보세요.

(보기) 인수는 저기 앉았다. → 인수는 저기 앉아 있다.

1. 벌써 해가 떴다. →
2. 인수는 누웠다. →
3. 창순이는 의자에 앉았다. →
4. 극장에 사람이 가득 찼다. →
5. 교실이 텅텅 비었습니다. →

단원마무리

이 단원에서는 보조 형용사가 쓰이지 않은 문형과 보조 형용사가 쓰인 문형을 비교해서 제시함으로써 보조 형용사의 용법을 살펴보았다.

1. 아래 문장에 (   ) 속에 제시한 보조 형용사를 넣어 문장을 만들어 보세요.

(1) 그 종이도 좋다. (못하다) →

(2) 이 사람은 훌륭해. (못하다) →

(3) 이 전등은 밝다. (않다) →

(4) 나는 너에게 지지 않겠다. (싶다) →

2. 아래 밑줄 그은 보조 형용사의 의미를 적어 보세요.

(1) 올챙이는 낮잠을 자나 봅니다. (   )

(2) 아 참! 듣고 보니 그렇기도 하군. (   )

(3) 나 저 공 가지고 싶어요. (   )

3. 아래 보조 형용사의 문형에 해당하는 문장을 지어 보세요.

(1) -지 않습니다. →

(2) -지 못합니다. →

(3) -기도 합니다. →

第38과 별이 잘 보여요.
—사동문과 피동문—

이 단원은 사동사가 쓰인 사동문과 피동사가 쓰인 피동문의 문형에 대해 연습해 보는 단원이다. 사동사는 문장의 주체가 자기 스스로 행하지 않고 남에게 그 행동이나 동작을 하게 함을 나타내는 동사이고, 피동사는 남의 행동을 입어서 행하여지는 동작을 나타내는 동사이다.

☝ 주목하기

사동 접사	-이-, -히-, -리-, -기-, -우-, -구-, -추-
피동 접사	-이-, -히-, -리-, -기-

(1) 아기가 젖을 먹는다. → 어머니가 아기에게 젖을 먹인다.
(2) 팽이가 돌고 있다. → 아이들이 팽이를 돌리고 있다.
(3) 엄마가 아기를 안는다. → 아기가 엄마 품에 안긴다.

기본 문장 ❶

타동문에서 바뀐 사동문

아기가 젖을 먹는다. → 어머니가 아기에게 젖을 먹인다.

> **잠깐!** 주어가 간접 목적어가 되고 동사에 접미사 '-이다' 등이 첨가됨에 주의하세요.
>
> 아기가 젖을 먹는다. → 어머니가 아기에게 젖을 먹인다.
> 학생이 책을 읽더라. → 선생님이 학생에게 책을 읽히더라.
> 아이들이 국기를 들었다. → 그가 아이들에게 국기를 들리었다.
> 그가 이 일을 맡았다. → 내가 이 일을 그에게 맡기었다.
> 짐꾼이 짐을 지더라. → 그이가 짐꾼에게 짐을 지우더라.

알아보기

접미사 '-이다'는 '먹다, 녹다' 등의 말 다음에(먹이다, 녹이다), '-히다'는 '앉다, 읽다' 등의 말 다음에(앉히다, 읽히다), '-리다'는 '들다, 울다, 살다' 등의 말 다음에(들리다, 울리다, 살리다), '우'는 'ㅣ우'로도 쓰이고 '지다, 쓰다' 다음에 붙는다(지우다, 씌우다). 어떠한 말에 어떠한 접미사가 붙느냐 하는 것은 일률적으로 규칙화할 수 없으므로 사전을 보고 확인할 수밖에 없다.

> **정리하기 ▌** 위의 문형은 주동의 문장을 무엇을 누구에게 행하는 사동의 문장으로 바꾼 것이다. 따라서 주동사를 만드는 규칙은 다음과 같다.
> 1. 주어는 간접 목적어가 된다(아기가 → 아기에게).
> 2. 목적어는 그대로 둔다(젖을 → 젖을).
> 3. 주어는 문장의 내용에 맞는 것을 임의로 설정한다(어머니가).
> 4. 주동사에 사동의 접미사를 붙인다(먹는다 → 먹인다).

<연습 1> 아래 주동문을 사동문으로 고쳐 써 보세요.

(보기) 학생들이 모자를 쓴다. → 선생님이 학생들에게 모자를 씌운다.

1. 아기가 젖을 물고 있다. →

2. 동생이 옷을 입는다. →

3. 소가 풀을 뜯습니다. →
4. 아기가 과자를 먹는다. →
5. 시우는 책을 열심히 읽고 있다. →

기본 문장 ❷

자동문에서 바뀐 사동문

팽이가 돌고 있다. → 아이들이 팽이를 돌리고 있다.

> **잠깐!** 주어가 목적어가 되고, 접미사 '-리다' 등이 첨가됨에 주의하세요.
>
> 팽이가 돌고 있다. → 아이들이 팽이를 돌리고 있다.
> 토끼가 죽는다. → 사냥꾼이 토끼를 죽인다.
> 이름이 남는다. → 사람은 이름을 남긴다.
> 얼음이 녹았다. → 햇볕이 얼음을 녹였다.

알아보기

위의 분형에 쓰인 접미사의 용법은 앞에서 나온 것과 같다.

정리하기 ▌ 위의 문형은 자동사로 쓰인 주동의 문장을 사동으로 바꾼 것이다. 앞의 문형과는 달리 자동사를 사동사로 바꾸었으므로 간접 목적어가 필요 없고 단지 주동의 주어가 사동에서는 목적어가 되고 사동의 주어는 문장의 내용에 따라 결정하면 된다.

<연습 1> 아래 주동문을 사동문으로 바꾸어 써 보세요.

(보기) 아기가 웃습니다. → 오빠가 아기를 웃깁니다.

1. 동생이 자리에서 일어난다. →
2. 아기가 방석 위에 앉는다. →
3. 그 애는 살았다. →
4. 손님이 앉더라. →
5. 종이가 탑니다. → .

기본 문장 ❸

피동문

엄마가 아기를 안는다. → 아기가 엄마 품에 안긴다.

> **잠깐!** 주어가 간접 목적어가 되고 목적어가 주어로 되면 접미사가 첨가됨에 주의하세요.
>
> 엄마가 아기를 안는다. → 아기가 엄마 품에 안긴다.
> 우리는 큰 고기를 잡았다. → 큰 고기가 (우리에게) 잡히었다.
> 개가 아이를 물었다. → 아이가 개에게 물리었다.
> 나는 별을 잘 본다. → 나의 눈에 별이 잘 보인다.

알아보기

위의 문형에 쓰인 접미사의 용법은 기본 문장 ❶의 접미사의 용법과 같다.

정리하기 ▌ 위의 문형은 능동의 문장을 피동문으로 바꾼 것이다. 능동을 피동으로 만드는 규칙은 다음과 같다.
1. 주어가 간접 목적어로 바뀐다(엄마가 → 엄마 품에).
2. 목적어는 주어로 바뀐다(아기를 → 아기가).
3. 능동문의 동사에는 피동의 접미사를 붙인다(안는다 → 안긴다).
4. 간접 목적어는 생략됨이 보통이다(큰 고기가 (우리에게) 잡히었다).

<연습 1> 아래의 능동문을 피동문으로 바꾸어 보세요.

(보기) 나는 저 산을 본다. → 저 산이 나에게 보인다.

1. 오늘은 고기를 잘 낚는다. →
2. 소가 풀을 뜯어 먹는다. →
3. 사냥꾼이 호랑이를 잡는다. →
4. 나는 실을 감고 있다. →
5. 우리는 그 애를 쫓아내었다. →

단원마무리

이 단원에서는 주동문을 사동문으로, 능동문을 피동문으로 고치는 것을 살펴보았다.

1. 다음의 능동문을 피동문으로, 주동문을 사동문으로 만들어 보세요.

(1) 매가 꿩을 쫓는다. →

(2) 아기가 인형을 안았다. →

(3) 그릇이 비었다. →

(4) 아기가 걸상에 앉았습니다. →

(5) 아기가 젖을 먹는다. →

2. 아래 문장의 밑줄 그은 동사가 사동사와 피동사 중 무엇인지 써 보세요.

(1) 누구의 입에선지도 모르게 할머니의 넋이 꽃이 되었다고 할미꽃이라고 부르게 되어 나물 바구니에 <u>담기기도</u> 하고 여자 아이들의 귀함도 받게 되었습니다.
( )

(2) 링컨은 고양이라도 <u>웃길</u> 수 있을 거야. ( )

(3) 우리 학급 신문도 다른 반에 <u>돌리기로</u> 했습니다. ( )

(4) 우승한 사람들에게는 월계수 잎으로 만든 관을 <u>씌워</u> 주었습니다.
( )

(5) 가을의 전령사가 그 서늘한 목소리로 노염에 지친 심신을 <u>식혀</u> 주고 있다.
( )

제39과 중요 문형 연습

이 단원은 제19과부터 제38과에서 다루었던 중요한 문형을 연습하는 단원이다.

1. 동네 사람들이 다 모였다. (온) → 온 동네 사람들이 다 모였다.

(1) 고생을 다 했다. (갖은) →

(2) 그는 책을 다 가지고 있다. (온갖) →

(3) 사람은 누구냐? (다음) →

2. 종이 두 장을 가져오너라. (여럿) → 종이 여러 장을 가져오너라.

(1) 사과 열 개를 먹었다. (스물) →

(2) 배 아홉 개를 가져가거라. (열하나) →

(3) 백지 한 장이 필요하다. (셋) →

3. 여자들이 밥을 짓는다. → 밥을 짓는 여자들.

(1) 사냥꾼이 토끼를 잡는다. →

(2) 비가 내린다. →

(3) 아기가 웃는다. →

4. 돈이 많다. (벌었다) → 번 돈이 많다.

(1) 사람이 너무 적다. (일하였다) →

(2) 시간이 많다. (걸었다) →

(3) 터가 많다. (집을 지으리라) →

5. 얼굴은 귀엽다. (인숙이) → 인숙이의 얼굴은 귀엽다.

(1) 책은 저기 있다. (나) →

(2) 그것은 옷입니다. (저) →

6. 나도 그것을 먹는다. (는, 있다) → 나도 그것을 먹을 수는 있다.

(1) 우리는 거기 간다. (도, 있다) →

(2) 저는 이 강을 건넙니다. (는, 없다) → .

(3) 나도 그것을 먹는다. (가, 있다) →

7. 마음에 드는 좋은 책을 사시오. → 마음에 드는 좋은 것을 사시오.

(1) 내가 할 일이 너무 많다. →

(2) 저기 보이는 산이 한라산이다. →

(3) 네가 하던 일은 남에게 맡기지 마라 →

8. 그런 곳이 또 어디 있나? → 그런 데가 또 어디 있나?

(1) 그분은 다른 동네로 이사하셨습니다. →

(2) 쌀은 우리나라 어떤 곳에나 다 납니다. →

(3) 또 다른 곳에 가려고 하느냐? →

9. 저 혼자 왔습니다. → 저 혼자 왔을 뿐입니다.

(1) 나는 밥도 먹고, 신문도 읽습니다. →

(2) 나는 자네만 믿었네. →

(3) 우리가 보고 싶은 것은 이것이다. →

10. 우리는 떠나지 못했다. (바람이 불었다) → 바람이 불었기 때문에 우리는 떠나지 못했다.

(1) 밥을 많이 먹지 못했다. (반찬이 없었다) →

(2) 공부를 할 수가 없습니다. (너무 떠들다) →

(3) 그곳은 우물이 말랐다고 해요. (비가 오지 않았다) →

11. 수업이 벌써 끝났다. → 수업이 벌써 끝난 듯하다.

(1) 살을 에는 무서운 추위도 물러선 지 오래다. →

(2) 오후에는 비가 오겠다. →

(3) 이제 겨울이 왔다. →

12. 철수는 중학교에 합격했다. (원했다) → 철수는 원한 대로 중학교에 합격했다.

(1) 먹어 두어라. (준다) →

(2) 살아 보면 무슨 수가 생기겠지. (산다) →

(3) 따라 읽어라. (내가 읽는다) →

13. 그는 교실에 들어왔다. (신을 신었다) → 그는 신을 신은 채로 교실에 들어왔다.

(1) 형은 외출했다. (모자도 쓰지 않았다) →

(2) 철수는 교실에 들어왔다. (모자를 썼다) →

(3) 그는 노래를 부른다. (웃음을 머금었다) →

14. 나는 텔레비전을 살 정도로 넉넉하지 않다. → 나는 텔레비전을 살 만큼 넉넉지 않다.

(1) 술을 그 정도로 먹을 정도로 위장이 튼튼치 않다. →

(2) 출전할 정도로 운동은 못한다. →

(3) 내가 공부는 못하지만 너 정도는 할 수 있다. →

15. 나도 어제 여기 왔다. → 나도 어제 여기를 올 뻔했다.

(1) 나도 차에 치였다. →

(2) 이번 화재에 우리 집도 탔다. →

(3) 그분의 명성은 영구히 사라졌다. →

16. 그는 어찌할 방법을 모른다. → 그는 어찌할 줄을 모른다.

(1) 나는 그가 집을 나간 것으로 알았다. →

(2) 그는 책을 읽을 방법을 모른다. →

(3) 우리는 간밤에 비가 온 것으로 알았다. →

(4) 그가 없는 것도 모르고 괜히 왔다. →

17. 떠들어서 잠을 못 잤다. → 떠드는 바람(통)에 잠을 못 잤다.

(1) 시끄러워서 공부를 못 했다. →

(2) 화를 내서 한마디도 할 수 없었지요? →

(3) 비가 와서 집에서 낮잠만 잤다. →

18. 꼭 사흘이 되어 또 만났다. → 사흘 만에 또 만났다.

(1) 꼭 칠년이다. →

(2) 얼마가 되어서 만나는 것인가? →

(3) 그가 떠나고 나서 꼭 사흘이 되어 돌아왔다. →

19. 줄리앙도 왔지. (벌써) → 줄리앙도 벌써 왔지.

(1) 나는 네가 보고 싶었다. (무척) →

(2) 오늘은 날씨가 덥소. (매우) →

(3) 비가 내리고 있다. (온종일) →

(4) 놀러 오너라. (또) →

(5) 네가 그런 소리를 했니? (왜) →

20. 그는 몹시 바쁘다. (뛰어간다) → 그는 몹시 바삐 뛰어간다.

(1) 그는 요새 한가하다. (지내고 있다) →

(2) 사람들이 많다. (모였다) →

(3) 그들은 매우 다정하다. (이야기한다) →

21. 이 책을 보아라. (읽다) → 이 책을 읽어 보아라.

(1) 냇물이 퍽 보인다. (흐리다) →

(2) 이 책을 잘 두어라. (받아) →

(3) 사람이 보인다. (정직하다) →

22. 꽃이 피었다. (아름답다) → 꽃이 아름답게 피었다.

(1) 그는 되었다. (훌륭하다) →

(2) 이 옷은 헐어서 되었습니다. (입지 못하게) →

(3) 마음을 항상 가져라. (바르다) →

23. 물을 주어 보아라. (소) → 소에게 물을 주어라.

(1) 이 연필은 줄 것이다. (시우) →

(2) 이것도 달라. (나) →

(3) 편지를 써라. (언니) →

24. 할아버지한테 말씀드렸습니다. → 할아버지께 말씀드렸습니다.

(1) 이분한테 말씀드릴까요? →

(2) 이것은 이모님한테 전해 드려라. →

(3) 아버님에게 드리는 글월. →

25. 가 보라고 했지. (철수) → 철수더러 가 보라고 했지.

(1) 가라고 했니? (누구) →

(2) 의사가 직접 오라고 했다. (나) →

(3) 언니가 물을 떠 오라고 했다. (인순이) →

26. 너는 무얼 했지? (거기) → 너는 거기서 무얼 했지?

(1) 저는 고기를 잡았습니다. (연못) →

(2) 사람들이 해수욕을 하고 있습니다. (바다) →

(3) 코끼리를 구경했지요. (동물원) →

27. 이 지하철은 출발했지요. (동대문) → 이 지하철은 동대문에서 출발했지요.

(1) 저는 늦게 깼습니다. (잠) →

(2) 흘러내리는 물은 낙동강이 된다고 합니다. (지리산) →

(3) 달이 떠오릅니다. (동산) →

28. 수원까지는 몇 킬로미터나 되느냐? (서울) → 서울에서 수원까지는 몇 킬로미터나 되느냐?

(1) 아홉 시까지 두 시간이나 쉬었습니다. (일곱 시) →

(2) 종로 5가까지는 버스를 타겠어요. (인사동) →

(3) 여기까지가 우리 집터다. (거기) →

29. 사람들이 몰려다닌다. (산, 바다) → 사람들이 산으로 바다로 몰려다닌다.

(1) 어서 가거라. (저리) →

(2) 아버지는 어제 떠났습니다. (서울) →

(3) 다른 데 들르지 말고 곧장 가거라. (집) →

30. 단추를 만든다. (쇠) → 쇠로(써) 단추를 만든다.

(1) 밥을 짓는다. (쌀) →

(2) 빵을 만든다. (밀가루와 버터) →

(3) 담을 쌓았다. (벽돌) →

31. 비가 금방 변했다. (눈) → 비가 금방 눈으로 변했다.

(1) 요 며칠 사이에 우리 집터가 되었다. (도로) →

(2) 갯벌이 변했다. (옥토) →

(3) 작은 산들이 전부 변했다. (밭) →

32. 노력해라. (흐르는 냇물) → 흐르는 냇물처럼 노력해라.

(1) 그는 조카들을 기르고 있다. (친자식) →

(2) 저애는 뛰어나지는 못해. (언니) →

33. 배가 맛있다. (사과) → 배가 사과보다 더 맛있다.

(1) 뒷산이 높다. (앞산) →

(2) 낙동강은 길다. (한강) →

(3) 대추가 더 좋다. (곶감) →

34. 마음이 곧기가 같다. (대나무) → 마음이 곧기가 대나무와 같다.

(1) 내 생각은 같다. (너) →

(2) 이 방은 크기가 다르다. (저 방) →

(3) 나의 사정은 다르다. (너) →

35. 기차가 달린다. (질풍) → 기차가 질풍같이 달린다.

(1) 공부를 잘하는 학생은 처음 보았다. (인수) →

(2) 비가 퍼붓고 있다. (억수) →

(3) 책상이 반들반들하다. (거울) →

36. 아버지 : 철수야, 이리 오너라. → 아버지는 철수에게 이리 오라고 말씀하셨다.

(1) 어머니 : 너(지영이)도 부엌 설거지를 하려무나. →

(2) 아저씨 : 범진아, 요 다음에 네게 장난감을 사 주마. →

(3) 현수 : 아버지, 학교에 다녀오겠습니다. →

37. 먹어 보지 않은 것이 없다. (과일) → 과일치고 먹어 보지 않은 것이 없다.

(1) 안 써 본 것이 없다. (우리나라 연필) →

(2) 좋지 않은 것이 있더냐. (내 물건) →

(3) 안 읽은 책이 없다. (우리나라 명작) →

38. 날고 있다, 나비가 → 나비가 날고 있다.

(1) 빨리, 걸었다, 시우도 →

(2) 픽, 높이, 솟있다, 산이 →

(3) 길도, 아는, 물어 가거라 →

(4) 다, 같이, 읽자, 열심히, 명작을 →

(5) 펄펄, 날고 있다, 나비가 →

(6) 너무, 잠을, 나는, 많이 잤다 →

39. 너희도 가 보아라. → 너희들도 가 보아라.

(1) 저희도 곧 가겠습니다. →

(2) 빨리 밥 먹고 나오너라. →

(3) 우리도 저렇게 해도 괜찮으냐? →

(4) 그런 책들은 읽지 말도록 해라. →

(5) 부지런히 공부하고 놀아라. →

(6) 떠들지 말고 공부부터 해라. →

(7) 다들 식사하셨어요? →

(8) 모두 여기 모여라. →

40. 물이 맑다. (-지 않다) → 물이 맑지 않다.

(1) 이 연못은 깊다. (-지 않다) →

(2) 먹을 만한 음식이 많다. (-지 않다) →

(3) 한국의 기후가 온화하다. (-기는 하다) →

(4) 나도 서울에 가겠다. (싶다) →

(5) 저기가 서울대학교다. (-ㄴ가 보다) →

(6) 내 앞에는 동생이 앉았다. (-아 있다) →

41. 개가 아이를 물었다. → 아이가 개에게 물리었다.

(1) 나는 어젯밤 별똥별을 잘 보았다. →

(2) 어제는 고기를 잘 낚았다. →

(3) 우리는 저 놈을 쫓아내었지요. →

제3부

매우 복잡한 문장(기본 문장의 결합)

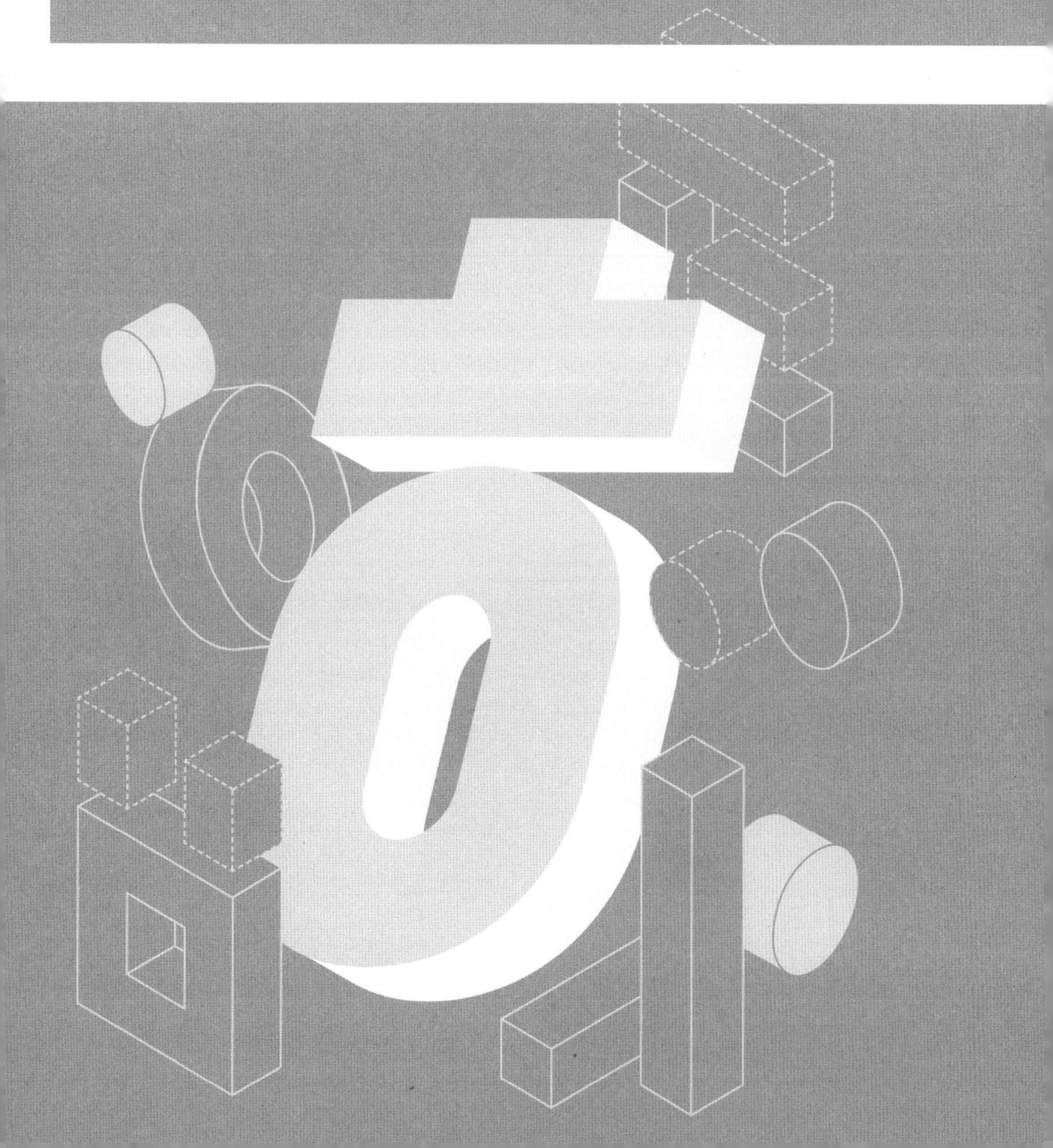

제40과 물은 맑고 산은 푸르다.
—대등적 복합문 I—

이 단원은 대등적 연결 어미 '-고', '-(으)며', '-(으)면서', '-자'를 연습하는 단원이다. 대등적 연결 어미란 의미적으로 대등한 두 절(節)을 이어 주는 연결 어미를 말한다.

☝ 주목하기

대등적 연결 어미	
나열	-고, -(으)며
동시	-(으)면서, -자

(1) 그는 밥을 먹고 나는 책을 본다.
(2) 밥을 먹으며 책을 보며 이야기를 듣는다.
(3) 비가 오면서 별이 난다.
(4) 까마귀 날자 배 떨어진다.

기본 문장 ❶

'-고'가 쓰인 이어진 문장

그는 밥을 먹고 나는 책을 본다.

잠깐! '-고'의 대등적 용법에 주의하세요.

그는 밥을 먹[고] 나는 책을 본다.
나는 춤추[고] 벌은 노래한다.
물은 맑[고] 산은 푸르다.
산도 좋[고] 물도 좋다.
이것은 책이[고] 저것은 공책이다.
제비꽃은 화려한 꽃도 아니요 지극히 작[고] 빈약한 꽃이다.

알아보기

1. 두 개의 문장을 잇는 데는 보통 '-고'를 쓰나, 서술격 조사 '이다'나 '아니다' 다음에는 어미 '-요'도 쓰인다.

- **예: 이것은 말이요, 그것은 강아지요, 저것은 소다.**

2. 위의 문장은 접속 부사 '그리고'로 이어진 두 문장이 어미 '-고'에 의해서 결합되었다고 할 수 있다.

- **예: 그는 밥을 먹는다 + 그리고 나는 책을 본다 → 그는 밥을 먹고 나는 책을 본다.**

정리하기 ▌ 위의 문형은 두 개의 문장을 대등적 연결 어미 '-고'를 사용하여 대등하게 결합하여 이어진 문장을 만든 것이다.
(보기) (그는 밥을 먹[는다] → [고]) + 나는 책을 본다. → 그는 밥을 먹고 나는 책을 본다.

참고 ▌ '-고'는 두 개의 문장을 연결하는 데만 쓰이지 않는다. 단어와 단어를 결합하여 구를 만드는 일을 한다.
(보기) 꽃과 잎이 곱[고] 아름답다. 가을은 외롭[고] 서글픈 계절이다.
한국의 하늘과 강물은 맑[고] 아름답다.

<연습 1> 아래의 문장이나 단어를 '-고'를 사용하여 연결하세요.

(보기) 비행기는 빠릅니다. 자동차는 느립니다. → 비행기는 빠르고 자동차는 느립니다.

1. 콩 심은 데 콩 난다. 팥 심은 데 팥 난다.[1] (한국 속담)

____

2. 밤말은 쥐가 듣는다. 낮말은 새가 듣는다.[2] (한국 속담)

____

3. 너는 산으로 간다. 나는 바다로 간다.

____

4. 비는 온다. 바람은 분다. 날씨는 춥다.

____

5. 범진이와 지영이는 글을 읽는다. 나와 언니는 글씨를 쓴다.

____

6. 너도 가야 한다. 나도 가야 한다.

____

<연습 2> 아래의 두 문장을 (보기)와 같이 연결하세요.

(보기) 이 만년필은 싸다. 그리고 이 만년필은 좋다. → 이 만년필은 싸고 좋다.

1. 되로 준다. 그리고 말로 받는다.[3] (한국 속담)

____

2. 세월은 흘러만 간다. 그리고 돌아오지는 않는다.

____

3. 여름에는 비가 많이 온다. 그리고 덥다.

____

1) 모든 일은 근본에 따라 거기에 걸맞은 결과가 나타나는 것임을 비유적으로 이르는 말
2) 아무도 안 듣는 데서라도 말조심해야 한다는 말. 아무리 비밀히 한 말이라도 반드시 남의 귀에 들어가게 된다는 말.
3) 조금 주고 그 대가로 몇 곱절이나 많이 받는 경우를 비유적으로 이르는 말.
(같은 속담) 한 되 주고 한 섬 받는다.

4. 가루는 칠수록 고와진다. 그리고 말은 할수록 거칠어진다. (한국 속담)[4]

____

5. 자지 마세요. 그리고 공부하세요.

____

기본 문장 ❷

'-(으)며'가 쓰인 이어진 문장

밥을 먹으며 책을 보며 이야기를 듣는다.

> **잠깐!** '-(으)며'의 대등적 용법에 주의하세요.
>
> 밥을 먹[으며] 책을 보[며] 이야기를 듣는다.
> 이윽고 기차가 기적을 울리[며] 산모퉁이를 돌아갔습니다.
> 하늘도 맑으[며] 물도 맑다.
> 산은 높고 아름다[우며] 물은 깊고 맑다.
> 김 군은 공부 잘하는 학생이[며] 박 군은 얌전한 학생이다.

알아보기

1. '-며'는 받침 없는 말 다음 쓰이고 '-으며'는 받침 있는 말 다음에 쓰인다.

- **예: 보며, 울리며, 학생이며; 먹으며, 맑으며**

2. '아름다우며'는 '아름답다'의 '아름답'에 있는 'ㅂ(비읍)'이 'ㅂ 불규칙 활용[5]'을 해서 만들어진 것이다.

---

4) 가루는 체에 칠수록 고와지지만 말은 길어질수록 시비가 붙을 수 있고 마침내는 말다툼까지 가게 되니 말을 삼가라는 뜻.

5) 어간의 마지막인 'ㅂ'이 '아'나 '아'로 시작되는 어미 앞에서 '오'로, '어'나 '어'로 시작되는 어미 및 매개 모음을 요구하는 어미 앞에서는 '우'로 변하는 활용을 말한다. '와', '워', '우니'의 형태로 결합되어 나타나며, '돕-+-아→도와', '굽-+-어→구워', '아름답-+-(으)니→아름다우니' 등이 있다.

정리하기▐ 위의 문형은 두 개 이상의 문장을 연결 어미 '-(으)며'를 이용하며 대등하게 결합하여 복문을 만든 것이다. '나열'의 의미를 갖는 '-고'는 과거 시제를 나타내는 어미 '-았/었-'과 함께 쓰이는 데 특별한 제약이 없다. 그러나 '나열'의 의미를 갖는 '-(으)며'는 과거를 나타낼 때 다음과 같이 '-았/었-'을 쓰는 것이 일반적이다.

(보기) 스칼렛은 노래를 부르고 빌리는 춤을 추었다.(o)
스칼렛은 노래를 불렀고 빌리는 춤을 추었다.(o)
스칼렛은 노래를 부르며 빌리는 춤을 추었다.(x)
스칼렛은 노래를 불렀으며 빌리는 춤을 추었다.(o)

또한 말을 할 때는 일반적으로 '-(으)며'를 잘 사용하지 않고 주로 '-고'를 사용한다. 글에서 여러 문장을 나열할 때는 '-고', '-(으)며'를 번갈아 쓴다.

(보기) 스칼렛은 영국 사람이고, 빌리는 미국 사람이며, 지영이는 한국 사람이다.
(보기) (밥을 먹[는다] ← [으며]) + (책을 보[ㄴ다] → [며]) + 이야기를 듣는다.
→ 밥을 먹으며 책을 보며 이야기를 듣는다.

참고▐ '-(으)며'도 '-고'와 같이 두 개의 단어를 잇기도 한다.
(보기) 일하[며] 노래 부른다.

'-(으)며'는 두 가지 이상의 움직임이나 사태 따위가 동시에 겸하여 있음을 나타내는 연결 어미로 쓰이기도 한다. 이러한 경우 '-면서'로 바꿀 수 있다.

(보기) 그는 학생이[며] 연구자이다. = 그는 학생이면서 연구자이다.

<연습 1> 다음 문장을 '-(으)며'를 사용하여 연결하세요.

(보기) 저 별은 누구의 별이냐. 내 별 또한 어느 게냐?
→ 저 별은 누구의 별이며 내 별 또한 어느 게냐?

1. 심청은 눈물로 하직했다. 심청은 아버지를 간절히 부탁했다.

____

2. 갑자기 달이 검은 구름 속으로 들어갔다. 회오리바람이 일어났다.

____

3. 나는 이 그림을 쳐다보았다. 나는 멍하니 시간을 보내고는 하였다.

____

4. 스칼렛은 코스모스를 어루만졌다. 스칼렛은 그윽한 향기를 맡아 보곤 하였다.

____

5. 기차가 기적을 울렸다. 기차가 산모퉁이를 돌아갔다.

____

기본 문장 ❸

'-(으)면서'가 쓰인 이어진 문장

비가 오면서 별이 난다.

잠깐! '-(으)면서'의 대등적 용법에 주의하세요.

> 비가 오[면서] 볕이 난다.
> 울[면서] 겨자를 먹는다.[6]
> 밥을 먹[으면서] 신문을 본다.
> 상쾌한 아침 공기를 마시[면서] 산길을 걸었다.

알아보기

'-면서'는 받침 없는 말이나 'ㄹ' 다음에 쓰이고 '-으면서'는 받침 있는 말 다음에 쓰인다.

- **예: 오면서, 울면서, 마시면서; 먹으면서**

정리하기 ▌ 위의 문형은 동작이 동시에 일어남을 의미하는 연결 어미 '-(으)면서'를 사용하여 두 문장을 대등하게 결합하여 대등적으로 이어진 문장을 만든 것이다.
(보기) (비가 오[ㄴ다] → [면서]) + 볕이 난다. → 비가 오면서 볕이 난다.

참고 ▌ '-(으)면서'는 동사뿐 아니라 형용사 어간에도 쓰인다.
(보기) 희[면서] 멀건 것을 희멀겋다 한다.

---

6) '울며 겨자 먹기'는 맵다고 울면서도 겨자를 먹는다는 뜻으로, 싫은 일을 억지로 마지못하여 함을 비유적으로 이르는 말이다.

<연습 1> 다음에 두 문장을 '-(으)면서'를 사용하여 연결하세요.

(보기) 간다 간다 한다. 아이 셋 낳고 간다.[7] (한국 속담)

→ 간다 간다 하면서 아이 셋 낳고 간다.

1. 휴대폰을 본다. 길을 걷는 것은 매우 위험하다.

____

2. 그들은 길을 걷는다. 노래를 부른다.

____

3. 마음이 이유 없이 서글퍼진다. 눈시울에 눈물이 고인다.

____

4. 가지도 못한다. 뛰려 한다.

____

5. 그분은 쌀을 한 섬 보내 주셨다. 앞으로도 자주 들러 달라고 했다.

____

7) 1. 그만두겠다고 늘 말은 하면서도 정작 그만두지 못하고 질질 끄는 경우를 비유적으로 이르는 말.
2. 어떤 일을 하겠다고 늘 말을 하면서도 실행하지 못함을 비유적으로 이르는 말.

기본 문장 ❹

'-자'가 쓰인 이어진 문장

까마귀 날자 배 떨어진다.(한국 속담)[8]

> **잠깐!** '-자'의 대등적 용법에 주의하세요.
>
> 까마귀 날자 배 떨어진다.
> 봄이 오자 곧 꽃이 피기 시작한다.
> 밥을 먹자 배가 아프오.
> 해가 떨어지자 바람이 불었다.
> 날이 따뜻해지자 비가 온다.

정리하기 ▌ 위의 문형은 동작이 이제 막 끝나고 다른 움직임이 계속 따라오는 것을 의미하는 연결 어미 '-자'를 사용하여 대등적으로 이어진 문장을 만든 것이다.
(보기) (까마귀 날느다 → 자) + 배 떨어진다. → 까마귀 날자 배 떨어진다.

<연습 1> 다음 두 문장을 '-자'를 사용하여 연결하세요.

(보기) 그는 나를 보았다. 그는 손을 흔들어 인사를 하였다.

→ 그는 나를 보자 손을 흔들어 인사를 하였다.

1. 내가 역에 도착하였다. 기차는 떠났다.

____

2. 대문을 나섰다. 빗방울이 떨어졌다.

____

3. 소년은 개울가에서 소녀를 보았다. 소년은 그가 범진이의 동생이라는 것을 알았다.

____

4. 군사가 관창의 몸을 풀어 주었다. 그는 샘물을 손으로 떠서 마셨다.

____

8) 아무 관계없이 한 일이 공교롭게도 때가 같아 어떤 관계가 있는 것처럼 의심을 받게 됨을 비유적으로 이르는 말.

단원마무리

이 단원에서는 대등적인 의미를 가진 어미를 사용하여 문장을 연결하는 방법을 살펴보았다.

1. 다음에 문형에 맞는 문장을 하나씩 만들어 보세요.

(1) 동사에 '-고'가 사용된 문장

____

(2) 형용사에 '-고'가 사용된 문장

____

(3) 서술격 조사에 '-고'가 사용된 문장

____

(4) 동사에 '-(으)며'가 사용된 문장

____

(5) 형용사에 '-(으)며'가 사용된 문장

____

(6) 서술격 조사에 '-(으)며'가 사용된 문장

____

(7) 동사에 '-(으)면서'가 사용된 문장

____

(8) 동사에 '-자'가 사용된 문장

____

(9) 서술격 조사에 '-자'가 사용된 문장

____

제41과 바람이 불다 비가 오다 해요.
—대등적 복합문 II—

이 단원은 대등적 연결 어미(반복형) '-(으)락-(으)락', '-거나 -거나', '-다가 -다가', '-든지 -든지', '-거나 -거나', '-느니 -느니'를 연습하는 단원이다. 한 번 쓰일 때와 달리 연결 어미가 반복적으로 쓰여 특별한 뜻을 생성하기도 한다.

☝ 주목하기

대등적 연결 어미	-(으)락-(으)락, -거나 -거나, -다가 -다가, -든지 -든지, -거나 -거나, -느니 -느니

(1) 날마다 그 사람이 오락가락합니다.[1)]
(2) 남이야 잠을 자거나 일을 하거나 당신이 무슨 상관이 있소.
(3) 바람이 불다가 비가 오다가 한다.
(4) 가든지 오든지 마음대로 하세요.
(5) 주거니 받거니 이야기가 끝이 없다.
(6) 죽느니 사느니 야단이다.

1) 1. 계속해서 왔다 갔다 하다.
예) 그는 병원 앞에서 오락가락하며 담배를 피우고 있었다.
2. ① 생각이나 정신이 있다 없다 하다.
예) 한쪽 팔다리를 전혀 못 쓰고 정신도 오락가락해요.
② 비나 눈이 내렸다 그쳤다 하다.
예) 종일토록 보슬비가 오락가락한다.

▪ 기본 문장 ❶

'-(으)락-(으)락'이 쓰인 문장

날마다 그 사람이 오락가락합니다.

> **잠깐!** '-(으)락-(으)락'의 대등적 용법에 주의하세요.
>
> 날마다 그 사람이 오[락]가[락]합니다.
> 아이들이 들[락]날[락]하니 시끄러워 못살겠다.
> 거리가 멀어서 부르는 소리가 들리[락]말[락]한다.
> 얼굴이 붉으[락]푸르[락]한다.
> 스칼렛은 계단에 앉아서 종이를 접으[락]펴[락]하고 있다.

▪ 알아보기

1. '-락'은 받침 없는 용언의 어간, 'ㄹ' 받침인 용언의 어간 뒤에 쓰이고, '-으락'은 'ㄹ'을 제외한 받침 있는 용언 어간 뒤에 쓰인다.

- **예: 오락, 가락, 희락; 붉으락, 접으락**

2. '-ㄹ락', '-을락'은 주로 '-(으)ㄹ락 말락' 구성으로 쓰일 때 '거의 그렇게 되려는 모양'을 의미한다. '-ㄹ락'은 받침 없는 동사 어간, 'ㄹ' 받침인 동사 어간 또는 어미 '-(으)시-' 뒤에 붙고, '-을락'은 'ㄹ'을 제외한 받침 있는 동사 어간이나 어미 '-았/었-' 뒤에 붙는다.

- **예: 그녀는 한 스물이나 될락 말락 하는 나이로 보였다.**
  그는 그 대학에 붙을락 말락 하는 간당간당한 점수로 원서를 냈다.

정리하기 ▌ '-(으)락-(으)락하다' 구성은 뜻이 상대되는 두 동작이나 상태가 번갈아 되풀이됨을 나타낼 때 쓰인다. '-(으)ㄹ락 말락'은 거의 그렇게 되려는 모양을 나타낼 때 쓰인다.
(보기) 들락날락하다/오락가락하다/오르락내리락하다
고개를 넘자 파도 소리가 들릴락 말락 하였다.

<연습 1> 다음 밑줄 그은 말에 '-(으)락'을 넣어 문장을 만드세요.

(보기) 진달래가 필 듯 말 듯하다. → 진달래가 필락 말락 한다.

1. 산꼭대기의 깃발이 보일 듯 말 듯 하다.

____

2. 시우의 키가 소나무 가지에 닿을 듯 말 듯 하다.

____

3. 갈매기들만 왔다 갔다 하는구나.

____

4. 밥이 끓을 듯 말 듯 하는구나.

____

5. 나뭇잎이 떨어질 듯 말 듯하고 있다.

____

기본 문장 ❷

'-거나~-거나'가 쓰인 문장

남이야 잠을 자거나 일을 하거나 당신이 무슨 상관이 있소.

잠깐! '-거나~-거나'의 대등적 용법에 주의하세요.

남이야 잠을 자[거나] 일을 하[거나] 당신이 무슨 상관이 있소.
남이야 가[거나] 오[거나] 상관 마시오.
잘하[거나] 못하[거나] 내버려 두시오.
쓰[거나] 달[거나] 어머니가 해주는 대로 먹어라.
값이 싸[거나] 비싸[거나] 사둡시다.
영웅이[거나] 거지(이)[거나] 사람이기는 일반이다.

정리하기 ▮ 위의 문형은 대상들 중에서 어느 것이든 선택될 수 있음을 나타내는 어미 '-거나'에 의하여 두 용언이 대등하게 결합됨을 보이는 것이다. 그러므로 반드시 '-거나~-거나'로 나타낸다.
(보기) 가거나 오거나

<연습 1> 다음 문장을 '-거나~-거나'를 사용하여 연결하세요.

(보기) 옷 색깔이 희다. 검다. 상관없다. → 옷 색깔이 희거나 검거나 상관없다.

1. 누가 온다. 간다. 아는 체 하지 말라.

____

2. 그것이 적다. 많다. 받아 두어라.

____

3. 그것이 붓이다. 연필이다. 상관하지 않겠다.

____

4. 그것은 만져 본다. 두드려 본다. 분명히 돌이다.

____

5. 그것이 밥이다. 죽이다. 가리지 않고 먹겠다.

____

기본 문장 ❸

'-다가~-다가'가 쓰인 문장

바람이 불다가 비가 오다가 한다.

잠깐! '-다가~-다가'의 대등적 용법에 주의하세요.

바람이 불[다가] 비가 오[다가] 한다.
밥을 먹[다가] 물을 마시[다가] 한다.
나는 잡지를 읽었[다] 라디오를 들었[다] 했다.
내가 했[다] 그분이 했[다] 하지요.
밥을 먹[다가] 떡을 먹었어요.
늘 사이가 좋[다가] 그만 싸움을 했다.
지금까지는 조교이[다가] 이제 강사가 되었다.

알아보기

'-다가'가 줄어 '-다'로도 쓰인다.

- 예: 읽었다가 → 읽었다

정리하기 ▮ '-다가'는 어떤 동작이나 상태 따위가 중단되고 다른 동작이나 상태로 바뀜을 나타내는 연결 어미, 어떤 일을 하는 과정이 다른 일이 이루어지는 원인이나 근거 따위가 됨을 나타내는 연결 어미이다. '-다가'는 반복하여 쓰이면 두 가지 이상의 사실이 번갈아 일어남을 나타낸다.
(보기) 바람이 불다가 비가 오다가 한다.

<연습 1> 다음 두 문장을 '-다가'를 사용하여 연결하세요.

(보기) 버스를 탔다. 지하철을 탔다. → 버스를 탔다가 지하철을 탔다가 했다.

1. 빌리는 밥을 먹는다. 죽을 먹는다.

____

2. 사과를 먹는다. 배를 먹는다.

____

3. 내가 했다. 그분이 했다.

____

4. 가는 토끼 잡으려 한다. 잡은 토끼를 놓친다.

____

5. 승지는 도서관으로 공부하러 갔습니다. 지금 집으로 돌아오는 길입니다.

____

▪기본 문장 ❹

'-든지~-든지'가 쓰인 문장

가든지 오든지 마음대로 하세요.

> **잠깐!** '-든지~-든지'의 대등적 용법에 주의하세요.
>
> 가든지 오든지 마음대로 하세요.
> 밥을 먹든지 죽을 먹든지 마음대로 하십시오.
> 값이 싸든 비싸든 사 둡시다.
> 이번에는 윷이든지 걸이든지 상관없다.

▪알아보기

'-든지'가 줄면 '-든'으로 된다.

- **예: 싸든지 → 싸든**

정리하기▮ 위의 문형은 가리지 않는 뜻을 나타내는 '-든지'를 사용하여 두 문장을 결합한 것이다. 따라서 반드시 '-든지~-든지'로 반복되어 쓰인다.

<연습 1> 다음 두 문장을 '-든지~-든지'를 사용하여 연결하세요.

(보기) 그가 가다. 내버려 둬. → <u>그가 가든지 말든지 내버려 둬</u>.

1. 그가 좋은 사람이다. 나는 그를 채용하겠다.

____

2. 가다. 태도는 분명해 해야 한다.

____

3. 굶다. 같이 살자.

____

4. 뱉는다. 삼킨다. 마음대로 하세요.

____

5. 옷을 입는다. 벗는다. 마음대로 하세요.

____

▪ 기본 문장 ❺

'-거니~-거니'가 쓰인 문장

주거니 받거니 이야기가 끝이 없다.

잠깐! '-거니~-거니'의 대등적 용법에 주의하세요.

주거니 받거니 이야기가 끝이 없다.
그들은 가거니 오거니 다정도 하다.
지거니 이기거니 그들은 오랫동안 싸웠다.

정리하기 ▌ 위의 문형은 동작의 반복을 의미하는 '-거니'를 사용하여 두 문장을 대등하게 연결한 것이다. '-거니~-거니'로 쓰면 대립되는 두 동작이나 상태가 되풀이됨을 나타낸다.
(보기) 주거니 받거니

<연습 1> 다음에 문장을 '-거니~-거니'를 넣어 사용하여 연결하세요.

(보기) 살다. 한바탕 싸웠다. → 살거니 안 살거니 한바탕 싸웠다.

1. 잡다. 밀다. 높은 산에 올랐다.

____

2. 주다. 받다. 술잔을 비웠다.

____

3. 주다. 받다. 이야기를 많이 했다.

____

▪ 기본 문장 ❻
'-느니~-느니'가 쓰인 문장

죽느니 사느니 야단이다.

> **잠깐!** '-느니~-느니'의 대등적 용법에 주의하세요.
>
> 죽느니 사느니 야단이다.
> 가느니 안 가느니 승강이를 한다.
> 이기느니 지느니 서로 열을 올린다.
> 먹느니 굶느니 아우성이다.

정리하기 ▌ 위의 문형은 이렇게 한다 하기도 하고 저렇게 한다 하기도 함을 나타내는 '-느니'를 사용하여 문장을 대등하게 연결할 때 쓴다. 반드시 '-느니~-느니'로 쓰인다.
(보기) 죽느니 사느니

<연습 1> 다음 문장을 '-느니'를 사용하여 연결하세요.

(보기) 쉰다. 일한다. 싸움을 벌이고 있다. → 쉬느니 일하느니 싸움을 벌이고 있다.

1. 술잔을 권한다. 받는다. 야단이다.

____

2. 여행을 간다. 안 간다. 말을 주고받고 있다.

____

3. 비가 온다. 안 온다. 내기를 하고 있다.

____

4. 물건을 산다. 안 산다. 한참 동안 수선을 피운다.

____

단원 마무리

이 단원에서는 '-(으)락', '-거나', '-다가', '-든지', '-거니', '-느니' 연결 어미가 반복적으로 사용되는 경우에 대해 살펴보았다.

1. 다음의 문형에 해당하는 문장을 하나씩 만들어 보세요.

(1) -락~-락

____

(2) -거나~-거나

____

(3) -다가~-다가

____

(4) -든지~-든지

____

(5) -거니~-거니

____

(6) -느니~-느니

____

제42과 편지를 써서 부쳤어요.

—종속적 복합문(설명)—

이 단원은 종속적 연결 어미 '-아서/어서', '-고서', '-는데', '-더니'를 연습하는 단원이다. 종속적 연결 어미는 앞의 문장을 뒤의 문장에 종속적(從屬的)으로 이어 주는 어미를 말한다.

☝ 주목하기

종속적 연결 어미(설명)	-아서/어서, -고서, -는데/(으)ㄴ데, -더니

(1) 어머니를 따라서 외가로 갔다.
(2) 누구를 믿고서 여기를 왔느냐.
(3) 비가 오는데 어디 가세요?
(4) 바람이 불더니 비가 온다.

기본 문장 ❶

'-아서/어서'가 쓰인 종속적으로 이어진 문장

어머니를 따라서 외가로 갔다.

> **잠깐!** '-아서/어서'의 용법에 주의하세요.
>
> 어머니를 따라서(따르[어서]) 외가로 갔다.
> 무를 씹[어서] 먹었다.
> 꽃을 꺾[어서] 병에 꽂았다.
> 고기를 낚[아서] 집으로 가져가더라.
> 꽃씨를 받[아] 잘 간수하였다.

알아보기

'-아서/어서'는 '서'가 생략되어 '-아/어'로 쓰이기도 한다.

- **예: 받아서, 이기어서 → 받아, 이기어**

> **정리하기 ▮** 위의 문형은 시간적 선후 관계를 나타낼 때 쓰인다. 반드시 동사 다음에만 쓰인다.
> (보기) (어머니를 따르[었다] → [어서]) + 외가로 갔다. → 어머니를 따라서 외가로 갔다.

<연습 1> 다음 두 문장을 '-아서/어서'를 사용하여 연결하세요.

(보기) 의자에 앉아라. 책을 읽어라. → 의자에 앉아서 책을 읽어라.

1. 편지를 썼습니다. 부쳤습니다.

____

2. 꽃 한 송이를 들여다보고 앉는다. 나는 일어설 줄 모르고 있다.

____

3. 어머니는 밥솥을 씻었다. 쌀을 안쳤다.

____

4. 개같이 번다. 정승같이 먹는다.[1] (한국 속담)

____

5. 나는 벼랑길로 내려갔다. 산삼을 찾았다.

____

<연습 2> 다음 두 문장을 '-아/어'를 사용하여 연결하세요.

(보기) 소년은 조약돌을 집었다. 주머니에 넣었다.

→ <u>소년은 조약돌을 집어 주머니에 넣었다.</u>

1. 열 번 찍는다. 안 넘어가는 나무 없다.[2] (한국 속담)

____

2. 화랑도의 정신을 살립니다. 죽을 따름입니다.

____

3. 편지를 쓰다. 누나에게 보냈다.

____

4. 관창은 말에서 떨어졌다. 적에게 잡히고 말았다.

____

---

1) 돈을 벌 때는 천한 일이라도 하면서 벌고 쓸 때는 떳떳하고 보람 있게 씀을 비유적으로 이르는 말.
(같은 속담) 개같이 벌어서 정승같이 산다.

2) 아무리 뜻이 굳은 사람이라도 여러 번 권하거나 꾀고 달래면 결국은 마음이 변한다는 말.

기본 문장 ❷

'-고서'가 쓰인 종속적으로 이어진 문장

누구를 믿고서 여기를 왔느냐?

잠깐! '-고서'의 용법에 주의하세요.

누구를 믿고서 여기를 왔느냐?
잠을 한숨 자고서 갑시다.
아침을 먹고서 왔어요.
이 일을 끝내고서 가겠어요.
너를 믿고 나는 여기를 왔다.
문을 열고 안에 누가 있는지 살펴보자.

알아보기

'-고서'의 '서'가 줄어서 '-고'로도 쓰인다.

- **예: 믿고서, 열고서 → 믿고, 열고**

정리하기 ▌ 위의 문형은 앞뒤 절의 두 사태 간에 계기적인 관계가 있음을 나타낼 때 사용한다. 완료적인 뜻을 표시하므로 동사에만 붙는다.
(보기) (누구를 믿었다 → 고서) + 여기를 왔느냐. → 누구를 믿고서 여기를 왔느냐.

<연습 1> 다음 두 문장을 '-고서'를 사용하여 연결하세요.

(보기) 담배를 피우겠어요. 일하겠어요. → 담배를 피우고서 일하겠어요.

1. 공부했어요. 집으로 돌아왔어요.

____

2. 세수하세요. 아침을 잡수세요.

____

3. 불국사를 보았다. 곧 석굴암을 향하여 걸음을 옮겼다.

____

4. 숙제를 다 했다. 밖에 나가 놀았다.

____

5. 이 책부터 읽겠다. 그 책을 읽겠다.

____

<연습 2> 다음 문장을 '-고'를 사용하여 연결하세요.

(보기) 소 잃는다. 외양간 고친다. → 소 잃고 외양간 고친다.[3] (한국 속담)

1. 그분한테 부탁했다. 집에 돌아갔다.

____

2. 동생은 세수를 한다. 밥을 먹는다.

____

3. 냉수 먹는다. 이 쑤신다.[4] (한국 속담)

____

4. 눈 가린다. 아웅한다.[5] (한국 속담)

____

5. 되로 준다. 말로 받는다.[6] (한국 속담)

____

3) 소를 도둑맞은 다음에서야 빈 외양간의 허물어진 데를 고치느라 수선을 떤다는 뜻으로, 일이 이미 잘못된 뒤에는 손을 써도 소용이 없음을 비꼬는 말.

4) 잘 먹은 체하며 이를 쑤신다는 뜻으로, 실속은 없으면서 무엇이 있는 체함을 이르는 말.

5) 얕은수로 남을 속이려 한다는 말, 실제로 보람도 없을 일을 공연히 형식적으로 하는 체하며 부질없는 짓을 함을 비유적으로 이르는 말.

6) 조금 주고 그 대가로 몇 곱절이나 많이 받는 경우를 비유적으로 이르는 말.

기본 문장 ❸

'-는데'가 쓰인 종속적으로 이어진 문장

비가 오는데 어디 가세요?

> **잠깐!** '-는데'의 용법에 주의하세요.
>
> 비가 오는데 어디 가세요?
> 봄은 갔다가 다시 오는데 임은 왜 못 오실까?
> 밥을 먹는데 손님이 오셨다.
> 봄은 벌써 왔는데 왜 꽃이 안 필까?
> 날씨가 추운데(춥은데) 어떻게 오셨어요.
> 내일이 시험인데(이ㄴ데) 도무지 잠이 안 와.

알아보기

'-는데'는 동사나 '-았/었-, -겠-' 다음에 쓰이고, '-(으)ㄴ데'는 형용사나 서술격 조사 다음에 쓰인다.

- **예: 오는데, 왔는데, 가겠는데, 추운데(춥은데 x), 시험날인데**

정리하기 ▌ 위의 문형은 뒤 절에서 어떤 일을 설명하거나 묻거나 시키거나 제안하기 위하여 그 대상과 상관되는 상황을 미리 말할 때에 쓴다.
(보기) (비가 오ㄴ다 → 는데) + 어디 가세요? → 비가 오는데 어디 가세요?

<연습 1> 다음에 두 문장을 '-는데'를 사용하여 연결하세요.

(보기) 옥에도 티가 있다고 한다. 이 도자기는 흠집이 하나도 없구나.

→ 옥에도 티가 있다고 하는데 이 도자기는 흠집이 하나도 없구나.

1. 떡 줄 놈은 꿈도 안 꾼다. 김칫국부터 마신다.[7] (한국 속담)

____

7) 해 줄 사람은 생각지도 않는데 미리부터 다 된 일로 알고 행동한다는 말.

2. 아궁이에 불을 때지 않았다. 굴뚝에서 연기가 날 까닭이야 있겠는가?

____

3. 옷 벗은 나뭇가지에는 잎이 피지 않았다. 길가 마른 잔디 속에 꽃이 피었다.

____

4. 음력 8월 15일은 추석이라고 한다. 한국 사람들은 이날을 즐거운 명절의 하나로 지켜 내려오고 있다.

____

5. 약을 많이 먹었다. 병이 낫지 않는다.

____

<연습 2> 다음 두 문장을 '-(으)ㄴ데'를 사용하여 연결하세요.

(보기) 날씨가 좋다. 놀러 갑시다. → 날씨가 좋은데 놀러 갑시다.

1. 그이는 얼굴이 좋다. 마음씨도 아름답다.

____

2. 날씨가 몹시 덥다. 어디를 가려고 하세요?

____

3. 달이 밝다. 기다리는 사람은 오지 않는다.

____

4. 바람이 시원하다. 밖에서 산책이나 합시다.

____

5. 고추장이 맵다. 왜 자꾸 먹느냐?

____

기본 문장 ❹

'-더니'가 쓰인 종속적으로 이어진 문장

바람이 불더니 비가 온다.

잠깐! '-더니'의 용법에 주의하세요.

바람이 불더니 비가 온다.
검은 구름이 모여들더니 소나기가 왔다.
꽃이 늦게 피기 시작하더니 지금은 들판 가득 피었다.
그 아버지가 어질더니 자식들도 착하다.
어제는 학생이더니 오늘은 선생이 되었다.

정리하기 ▌ 위의 문형은 지나간 일을 회상할 때 쓴다. 과거의 사태나 행동에 뒤이어 일어난 상황을 이어 줄 때, 지금의 사실이 과거의 경험으로 알았던 사실과 다름을 나타낼 때 사용한다.
(보기) (바람이 불더라 → 더니) + 비가 온다. → 바람이 불더니 비가 온다.

<연습 1> 다음 두 문장을 '-더니'를 사용하여 연결하세요.

(보기) 비가 온다. 금방 날씨가 갠다. → 비가 오더니 금방 날씨가 갠다.

1. 그는 매우 부지런하더라. 결국 성공을 했구나.

____

2. 어제는 비가 오더라. 오늘은 눈이 온다.

____

3. 갈 때에는 빠르더라. 올 때에는 느리더라.

____

4. 날씨가 아침에는 춥더라. 낮에는 따뜻하다.

____

5. 어제는 기운이 없었다. 오늘은 기운이 넘치는구나.

____

단원마무리

이 단원에서는 연결 어미가 종속적으로 이어진 문장을 만드는 법을 살펴보았다.

1. 다음에 문형에 해당하는 문장을 만들어 보세요.

(1) -아서/어서 ________________

(2) -아/어 ________________

(3) -고서 ________________

(4) -고 ________________

(5) -는데 ________________

(6) -(으)ㄴ데 ________________

(7) -더니 ________________

제43과 밥을 먹으니 배가 부르다.
—종속적 복합문(원인)—

이 단원은 두 문장이 '원인'에 의해 종속적으로 이어진 문장에 대한 것이다. '원인'의 의미를 나타내는 연결 어미에는 '-(으)니', '-(으)므로', '-아서/어서', '-기에' 등이 있다.

☝ 주목하기

종속적 연결 어미(원인)	-(으)니, -(으)므로, -아서/어서, -기에

(1) 밥을 먹으니 배가 부르다.
(2) 그는 글을 잘 쓰므로 이 일을 맡겨도 된다.
(3) 감기가 들어서 가지 못했다.
(4) 비가 오기에 그만 돌아왔어요.

기본 문장 ❶

'-(으)니'에 의한 종속적 연결 어미

밥을 먹으니 배가 부르다.

> **잠깐!** '-(으)니'의 용법에 주의하세요.
>
> 밥을 먹[으니] 배가 부르다.
> 봄이 [오니] 꽃이 핀다.
> 비가 개었[으니] 빨리 떠나자.
> 이것은 네 것[이니] 네가 가져라.
> 부지런히 일하[니까] 남들이 칭찬한다.

알아보기

1. 'ㄹ'을 제외한 받침 있는 용언 다음에는 '-으니'를 쓰고, 서술격 조사 '이다', 'ㄹ' 받침인 용언, 받침이 없는 말 다음에는 '-니'를 쓴다.

- **예: 먹으니, 개었으니, 높으니; 것이니, 오니, 되니까, 일하니까**

2. '-니'는 '-니까'로도 쓰인다.[1)]
3. 위의 문장은 접속 부사 '그러니, 그러니까'로 이어진 두 문장이 연결 어미 '-(으)니, -(으)니까'에 의해서 결합된 것이다.

- **예: 봄이 온다 + 그러니 꽃이 핀다 → 봄이 오니 꽃이 핀다.**

정리하기 ▌ 위의 문형은 원인(原因)을 의미하는 '-(으)니'가 뒤에 오는 주절의 문장을 수식하여 두 문장을 결합한 것이다.
(보기) (밥을 먹는다 → 으니) + 배가 부르다. → 밥을 먹으니 배가 부르다.

---

1) 이와 달리 '-(으)니'와 '-(으)니까'를 같은 각각 독립된 연결 어미로 다루기도 한다. 동일한 의미로 본다면 다음 (가) 문장이 어색한 이유를 설명할 수 없기 때문이다.
가. ?배가 고프니, 집에 갔을지도 모른다.
나. 배가 고프니까, 집에 갔을지도 모른다.

<연습 1> 아래 두 문장을 '-(으)니'로 결합하여 한 문장으로 만들어 보세요.

(보기) 가을이 된다. 날씨가 차다. → 겨울이 되니 날씨가 차다.

1. 이것은 너무 크다. 작은 것으로 바꾸어 주시오.

2. 그는 착한 학생이다. 잘 도와주자.

3. 밤이 되었다. 동쪽 하늘에 둥근 달이 떠올랐다.

<연습 2> 다음 두 문장을 '-(으)니까'로 결합하여 한 문장으로 만들어 보세요.

(보기) 밖에 나갔어요. 비가 오고 있었어요. → 밖에 나가니까 비가 오고 있었어요.

1. 이 물은 맑다. 먹어도 좋다.

2. 봄이 온다. 새도 우는구나.

3. 그는 그런 사람이 아니다. 일을 맡길 수 있다.

<연습 3> 아래 두 문장을 (보기)와 같이 만들어 보세요.

(보기) 서울역에 나갔다. 그러니 기차는 벌써 떠났더라.

→ 서울역에 나가니 기차는 벌써 떠났더라.

1. 달이 밝다. 그러니 일이 잘 된다.

2. 불을 끄고 자리에 눕는다. 그러니 창문에 별들이 더욱 빛나 보인다.

3. 교실에 들어갔다. 그러니까 벌써 수업이 시작되었다.

4. 저 꽃을 본다. 그러니까 친구 생각이 난다.

▪ 기본 문장 ❷

'-(으)므로'에 의한 종속적으로 이어진 문장

그는 글을 잘 쓰므로 이 일을 맡겨도 된다.

> **잠깐!** '-(으)므로'의 용법에 주의하세요.
>
> 그는 글을 잘 쓰[므로] 이 일을 맡겨도 된다.
> 그분이 나를 못 가게 막[으므로] 결국 못 갔어요.
> 그 강물이 깊[으므로] 우리는 배를 타고 건넜다.
> 모자가 좀 작[으므로] 우리는 바꿔 달라고 했다.
> 그는 고집이 센 사람[이므로] 어쩔 수 없었소.

▪ 알아보기

1. 'ㄹ'을 제외한 받침 있는 용언 다음에는 '-으므로'를 쓰고, 서술격 조사 '이다', 'ㄹ' 받침인 용언, 받침이 없는 말 다음에는 '-므로'를 쓴다.

• **예: 막으므로, 깊으므로, 작으므로; 사람이므로, 쓰므로**

2. 위의 문장은 접속 부사 '그러므로'로 이어진 두 문장이 어미 '-(으)므로'에 의해서 결합된 것이다.

• **예: 그는 글을 잘 쓴다 + 그러므로 이 일을 맡겨도 된다**

→ 그는 글을 잘 쓰므로 이 일을 맡겨도 된다.

> **정리하기 ▌** 위의 문형은 원인을 의미하는 '-(으)므로'가 뒤에 오는 주절의 문장을 수식하여 두 문장을 결합한 것이다. '-(으)니'에 비하여 다소 문어적인 편이다.
> (보기) (그는 글을 잘 쓰ㄴ다 → 므로) + 이 일을 맡겨도 된다.
> → 그는 글을 잘 쓰므로 이 일을 맡겨도 된다.

<연습 1> 아래 두 문장을 '-(으)므로'로 결합하여 한 문장으로 만들어 보세요.

(보기) 배가 아프다. 학교에 가지 않았다.

→ 배가 아프므로 학교에 가지 않았다.

1. 비가 온다. 갈 수 없다.

___

2. 물이 차갑다. 발을 씻지 않았다.

___

3. 그는 그런 사람이다. 나는 상대를 하지 않았다.

___

4. 날마다 약을 먹는다. 병이 빨리 나았다.

___

5. 그 사람은 정직하다. 그 일을 맡길 수 있다.

___

기본 문장 ❸

'-아서/어서'에 의한 종속적으로 이어진 문장

감기가 들어서 가지 못했다.

> **잠깐!** '원인'의 의미인 '-아서/어서'의 용법에 주의하세요.
>
> 감기가 들[어서] 가지 못했다.
> 비가 와서(오[아서]) 하루 종일 집에 있었다.
> 사람이 없[어서] 공부하지 않았다.
> 할 일이 많[아서] 집에 있겠어요.
> 처음이[어서] 아직 서투르다.
> 오늘은 일요일이[라서] 사람이 많군요.

알아보기

1. 모음 'ㅏ, ㅗ'로 끝나는 용언 다음에는 '-아서', '하'로 끝나는 용언 다음에는 '-여서', 이외의 모음으로 끝나는 용언 다음에는 '-어서'를 쓴다. 또한 '-아서/어

서'는 '-았/었/였-'이나 '-겠-'과 함께 쓰이지 못한다.

- **예: *감기가 <u>들었어서</u> 가지 못했다. → 감기가 <u>들어서</u> 가지 못했다.**

2. 서술격 조사 다음에는 '-어서'를 쓰는 것이 보편적이지만, '-(이)라서'를 쓰는 경우도 있다. 또한 '-(이)라서'의 '서'는 생략할 수도 있다.

- **예: 일요일<u>이라서</u> → 일요일<u>이라</u>**

3. 위의 문장은 접속부사 '그래서'로 이어진 두 문장이 '-아/어서'에 의해서 결합된 것이다.

- **예: 감기가 들었다 + 그래서 가지 못했다 → 감기가 들어서 가지 못했다.**

정리하기 ▌ 위의 문형은 원인을 의미하는 '-아서/어서'가 뒤에 오는 주절의 의미를 수식하여 두 문장을 결합한 것이다. '-(으)므로'보다 다소 구어적(口語的)인 편이다.
(보기) (감기가 들었다 → 어서) + 가지 못했다. → 감기가 들어서 가지 못했다.
또한 '-아서/어서'가 동사에 사용되면 시간적 선후 관계로써 지속의 의미를 표시하기도 한다(제42과 기본 문장 ❶ 참조).

<연습 1> 다음 두 문장을 '-아서/어서'로 결합하여 한 문장으로 만들어 보세요.

(보기) 비가 왔다. 외출하지 않았다. → <u>비가 와서 외출하지 않았다</u>.

1. 이런 따뜻한 정이 있다. 겨울은 춥지 않다.

____

2. 그것이 좋지 않다. 사고 싶지 않다.

____

3. 머리가 아팠다. 숙제를 하지 않았다.

____

4. 밥을 많이 먹었다. 운동을 못했다.

____

5. 돈이 없었다. 그 책을 사지 못했다.

____

<연습 2> 아래 두 문장을 (보기)와 같이 만들어 보세요.

(보기) 눈이 온다. 그래서 기분이 좋다. → 눈이 와서 기분이 좋다.

1. 피곤하다. 그래서 일찍 자야겠다.

____

2. 인수는 기뻤다. 그래서 어쩔 줄을 몰라 했다.

____

3. 종이가 얇다. 그래서 쓰지 못하였다.

____

4. 돈이 없었다. 그래서 버스를 타지 못하고 걸어왔어요.

____

5. 홍수가 났다. 그래서 이재민이 생겼다.

____

▪ 기본 문장 ❹

'-기에'에 의한 종속적으로 이어진 문장

비가 오기에 그만 돌아왔어요.

> **잠깐!** '-기에'의 용법에 주의하세요.
>
> 비가 오[기에] 그만 돌아왔어요.
> 경치가 하도 좋[기에] 사진을 찍었다.
> 네가 누구이[기에] 그리 야단인가.

▪ 알아보기

'-기에'는 명사형 어미 '-기'에 조사 '에'가 붙어서 이루어진 연결 어미이다.

정리하기 ▮ '-기에'는 원인의 의미를 지닌 연결 어미로 두 문장을 종속적으로 이어 주는 역할을 한다. 그런데 '-기에'는 다소 구어적인 편이다.

<연습 1> 아래 두 문장을 '-기에'로 결합하여 한 문장으로 만들어 보세요.

(보기) 날씨가 춥다. 문을 닫았다. → 날씨가 춥기에 문을 닫았다.

1. 봄날이 하도 좋다. 꽃구경을 갔다.

____

2. 향기가 좋은 꽃이다. 한 송이 샀다.

____

3. 그가 묻는다. 대답해 주었다.

____

단원마무리

이 단원에서는 원인을 의미하는 연결 어미 '-(으)니, -(으)므로, -아서/어서, -기에' 등을 사용하여 종속적으로 이어진 문장을 만드는 것을 살펴보았다.

1. 다음 문형에 해당하는 문장을 써 보세요.

(1) -(으)니 ______________________________

(2) -(으)니까 ______________________________

(3) -아서/어서(동사) ______________________________

(4) -아서/어서(형용사) ______________________________

(5) -기에 ______________________________

제44과 봄이 오면 꽃이 핀다.
—종속적 복합문(가정)—

이 단원은 두 문장이 '가정'에 의해 종속적으로 이어진 문장에 대한 것이다. '가정'의 의미를 나타내는 연결 어미에는 '-(으)면', '-(으)ㄹ 것 같으면', '-거든', '-던들' 등이 있다.

☝ 주목하기

종속적 연결 어미(가정)	-(으)면, -(으)ㄹ 것 같으면, -거든, -던들

(1) 봄이 오면 꽃이 핀다.
(2) 누구든지 칭찬을 받을 것 같으면 좋아한다.
(3) 우등상을 받기를 원하거든 열심히 공부를 해라.
(4) 거기서 조금만 지체하였던들 큰일 날 뻔했소.

기본 문장 ❶

'-(으)면'에 의한 종속적으로 이어진 문장

봄이 오면 꽃이 핀다.

잠깐! '-(으)면'의 가정적 용법에 주의하세요.

> 봄이 오면 꽃이 핀다.
> 아이가 울면 배가 고픈 것이다.
> 물이 깊으면 고기가 모인다.
> 정직한 학생이면 그 일을 맡기겠다.

알아보기

서술격 조사 '이다', 'ㄹ' 받침인 용언, 받침이 없는 말 다음에는 '-면'을 쓰고, 'ㄹ'을 제외한 받침 있는 용언 다음에는 '-으면'을 쓴다.

- **예: 학생이면, 울면, 오면, 크면; 깊으면**

정리하기 ▌ 위의 문형은 가정적인 조건을 의미하는 '-(으)면'이 뒤에 오는 주절의 문장을 수식하여 두 문장을 결합한 것이다.
(보기) (봄이 오ㄴ다 → 면) + 꽃이 핀다. → 봄이 오면 꽃이 핀다.

<연습 1> 다음 두 문장을 '-(으)면'을 사용하여 한 문장으로 만들어 보세요.

(보기) 말만 잘한다. 천냥 빚도 갚는다. (속담)[1] → <u>말만 잘하면 천 냥 빚도 갚는다</u>.

1. 자꾸 읽는다. 알게 된다.

____

2. 지금 밥을 먹는다. 오늘은 또 안 먹겠다.

____

1) 말만 잘하면 어려운 일이나 불가능한 일도 해결할 수 있는 말.

3. 물이 맑다. 그림자가 잘 비친다.

____

4. 내가 (만약) 학생이다. 그런 짓을 하지 않겠다.

____

5. 가을이 된다. 나는 거의 매일 공원에서 낙엽을 밟는다.

____

기본 문장 ❷

'-(으)ㄹ 것 같으면'에 의한 종속적으로 이어진 문장

누구든지 칭찬을 받을 것 같으면 좋아한다.

> **잠깐!** '-(으)ㄹ 것 같으면'의 가정적 용법에 주의하세요.
>
> 누구든지 칭찬을 받을 것 같으면 좋아한다.
> 용기가 없을 것 같으면 큰일을 시작하기가 어렵다.

정리하기 ▌ '-(으)ㄹ 것 같으면'은 '-(으)면'의 관용적 형식이다.

<연습 1> 다음 두 문장을 '-(으)ㄹ 것 같으면'으로 결합하여 한 문장으로 만들어 보세요.

(보기) 사람이 적다. 가지 않겠다. → 사람이 적을 것 같으면 가지 않겠다.

1. 날씨가 맑다. 산책하기 좋겠어요.

____

2. 열정이 부족하다. 시작한 일을 이루지 못한다.

____

기본 문장 ❸

'-거든'에 의한 종속적으로 이어진 문장

우등상을 받기를 원하거든 열심히 공부해라.

잠깐! '-거든'의 가정적 용법에 주의하세요.

우등상을 받기를 원하거든 공부를 열심히 해라.
그분을 만나거든 꼭 안부를 전해주시오.
그 신이 발에 맞거든 신으시오.
그 모자가 크거든 다른 것으로 바꾸시오.

정리하기 ▌ 위의 문형은 가정적인 조건을 의미하는 '-거든'의 연결 어미가 뒤에 오는 주절의 문장을 수식하여 두 문장을 결합하는 것이다. '-(으)면'에 비해서 약간 가정의 의미를 강조할 수 있다. 주절에는 명령의 어미가 반드시 쓰인다.
(보기) (우등상을 받기를 원하ㄴ다 → 거든) + 공부를 열심히 해라.
→ 우등상을 받기를 원하거든 열심히 공부해라.

<연습 1> 아래 두 문장을 '-거든'을 사용하여 한 문장으로 만들어 보세요.

(보기) 비가 온다. 나가지 말아라. → 비가 오거든 나가지 말아라.

1. 네가 정직한 사람이다. 이리 와서 일해라.

____

2. 네가 사람이 아니다. 그런 짓을 해라.

____

3. 내가 간다. 너도 가.

____

4. 그 집에 간다. 꼭 안부를 전해라.

____

기본 문장 ❹

'-던들'에 의한 종속적으로 이어진 문장

조금만 지체하였던들 큰일 날 뻔했소.

> **잠깐!** '-던들'의 가정적 용법에 주의하세요.
>
> 조금만 지체하였[던들] 큰일 날 뻔했소.
> 나도 갔[던들] 좋았을 걸.
> 나도 공부만 부지런히 했[던들] 시험에 떨어질 리가 있나?
> 내가 그 자리에 있었[던들] 그런 일은 안 일어났을 거야.

알아보기

'-던들'은 '-었으면'의 뜻을 나타내는 연결 어미로, 반드시 과거의 '-았/었-'과 함께 쓰인다.

- **예: 갔던들, 있었던들, 지체하였던들, 했던들**

> **정리하기** ▌ 위의 문형은 지난 일에 대하여 사실이 아닌 가정을 하는 연결 어미 '-던들'이 뒤에 오는 주절의 문장을 수식하여 두 문장을 결합하는 것이다.
> (보기) (거기서 조금만 지체하였다 → 였던들) + 큰일 날 뻔 했소.
> → 거기서 조금만 지체하였던들 큰일 날 뻔했소.

<연습 1> 아래 두 문장을 '-던들'로 결합하여 한 문장으로 만들어 보세요.

(보기) 그가 왔다. 일이 잘 되었을 것이다. → 그가 왔던들 일이 잘 되었을 것이다.

1. 자네가 없었다. 내가 실수할 뻔했다.

____

2. 날씨가 개었다. 등산을 했을 것이다.

____

3. 개가 짖지 않았다. 도둑을 맞았을 것이다.

____

단원마무리

이 단원에서는 가정적인 조건을 의미하는 연결 어미 '-(으)면, -(으)ㄹ 것 같으면, -거든, -던들' 등에 의하여 종속적으로 이어진 문장을 만드는 것을 살펴보았다.

1. 아래 문형에 맞는 문장을 써 보세요.

(1) -(으)면(동사) ______________________________

(2) -(으)면(형용사) ______________________________

(3) -(으)면(서술격 조사) ______________________________

(4) -(으)ㄹ 것 같으면 ______________________________

(5) -거든(동사) ______________________________

(6) -거든(형용사) ______________________________

(7) -던들 ______________________________

제45과 아무리 읽어도 이해가 안 된다.
—종속적 복합문(양보) I—

이 단원은 양보의 의미를 나타내는 연결 어미에 의해 연결된 종속적으로 이어진 문장의 문형을 연습하는 단원이다. 양보의 의미를 가지는 종속적 연결 어미에는 '-아도/어도, -더라도, -(으)ㄹ지라도, -(으)나, -(으)나마'가 있다.

☝ 주목하기

종속적 연결 어미(양보)	-아도/어도, -더라도, -(으)ㄹ지라도, -(으)나, -(으)나마

(1) 아무리 먹어도 배가 부르지 않다.
(2) 비를 맞더라도 가야 하겠다.
(3) 후회를 할지라도 할 말은 다 하겠다.
(4) 봄은 오나 임은 아니 오네.
(5) 맛은 좋지 못하나마 드셔 보세요.

기본 문장 ❶

'-아도/어도'가 쓰인 종속적으로 이어진 문장

아무리 먹어도 배가 부르지 않아.

> **잠깐!** '-아도/어도'의 양보적 용법에 주의하세요.
>
> 아무리 먹어도 배가 안 불러.
> 비가 와도(오아도) 나는 떠나겠네.
> 그분이 가도(가아도) 저는 가지 않겠어요.
> 물이 맑아도 바닥이 잘 보이지 않는다.
> 이 방은 아무리 깨끗해도(깨끗하여도) 쓰고 싶지 않아.

알아보기

1. 모음 'ㅏ, ㅗ'로 끝나는 용언 다음에는 '-아도', '하'로 끝나는 용언 다음에는 '-여도', 이외의 모음으로 끝나는 용언 다음에는 '-어도'를 쓴다.

- **예: 먹어도, 와도(오아도), 가도(가아도), 맑아도, 깨끗해도(깨끗하여도)**

2. '-라도'는 서술격 조사 '이다' 다음에 쓰인다.

- **예: 학생이라도**

정리하기 ▮ 위의 문형은 사실을 가정하는 양보적 용법의 '-아도/어도'가 뒤에 오는 주절의 문장을 수식하여 두 문장을 결합하는 것이다.
(보기) (암만 먹는다 → 어도)+배가 부르지 않아. → 암만 먹어도 배가 부르지 않아.

<연습 1> 아래 두 문장을 '-아도/어도'로 결합하여 한 문장으로 만들어 보세요.

(보기) 구슬이 서 말이다. 꿰어야 보배다. → 구슬이 서 말이라도 꿰어야 보배다.

1. 키는 작다. 힘은 세다.

____

2. 겉은 검다. 마음은 희다.

____

3. 그것이 다 금덩어리다. 나는 싫다.

____

4. 너 아니다. 그 일을 할 사람이 있다.

____

기본 문장 ❷

'-더라도'가 쓰인 종속적으로 이어진 문장

비를 맞더라도 가야 하겠다.

> **잠깐!** '-더라도'의 양보적 용법에 주의하세요.
>
> 비를 맞더라도 가야 하겠다.
> 얼굴만 보더라도 알 수 있을 게야.
> 산이 아무리 높더라도 올라가려고 한다.
> 그것이 무엇이더라도 나는 먹겠다.

알아보기

'-더라도'는 '-아도/어도'와 의미가 유사하지만, 더 강한 뜻으로 사용된다.

정리하기 ▌ 위의 문형은 '-아도/어도'보다 더 가상적인 양보의 뜻을 나타내는 '-더라도'를 사용하여 뒤에 오는 주절의 문장을 수식하여 두 문장을 결합하는 것이다.
(보기) (비를 맞는다 → 더라도) + 가야 하겠다. → 비를 맞더라도 가야 하겠다.

<연습 1> 아래 두 문장을 '-더라도'로 결합하여 한 문장으로 만들어 보세요.

(보기) 비가 온다. 가야 한다. → 비가 오더라도 가야 한다.

1. 네가 (아무리) 애쓴다. 그 일이 잘되기는 어려울 걸.

____

2. 시냇물이 맑다. 마시지는 말아라.

____

3. 네가 (설혹) 훌륭한 사람이다. 내가 무엇으로 그것을 믿을 수 있겠느냐?

____

4. 배가 아프다. 학교에 가야 한다.

____

기본 문장 ❸

'-(으)ㄹ지라도'가 쓰인 종속적으로 이어진 문장

후회를 할지라도 할 말은 다 하겠다.

잠깐! '-(으)ㄹ지라도'의 용법에 주의하세요.

할지라도(후회하ㄹ지라도) 할 말은 다 하겠다.
제 아무리 재주가 있을지라도 부지런해야 한다.
힘은 약할지라도(약하ㄹ지라도) 마음은 단단해야 한다.
아무리 영웅일지라도(이ㄹ지라도) 때를 만나야 한다.

알아보기

'-ㄹ지라도'는 받침 없는 말이나 'ㄹ' 받침 다음에 쓰이고, '-을지라도'는 받침 있는 말 다음에 쓰인다.

- **예: 갈지라도, 약할지라도, 일지라도, 울지라도; 있을지라도**

정리하기 ▌ 위의 문형은 장래의 일을 가정하는 양보적 용법의 '-(으)ㄹ지라도'를 사용하여 뒤에 오는 주절의 문장을 수식하여 두 문장을 결합하는 것이다.
(보기) (삼수갑산을 가ㄴ다 → ㄹ지라도) + 할 말은 다 하겠다.
→ 삼수갑산을 갈지라도 할 말은 다 하겠다.

<연습 1> 다음 두 문장을 '-(으)ㄹ지라도'로 결합하여 한 문장으로 만들어 보세요.

(보기) 그가 아무리 힘이 세다. 이 바위는 못 들 것이다.

→ <u>그가 아무리 힘이 셀지라도 이 바위는 못 들 것이다</u>.

1. 네가 거기 간다. 그분을 설득시킬 수 없다.

____

2. 돈이 많다. 쓸 데 없어.

____

3. 태산이 높다. 하늘 아래 산이다.

____

4. (아무리) 궁금하다. 뒤를 돌아보면 안 돼.

____

▪ 기본 문장 ❹

'-(으)나'가 쓰인 종속적으로 이어진 문장

봄은 오나 임은 아니 오네.

잠깐! '-(으)나'의 양보적 용법에 주의하세요.

봄은 오[나] 임은 아니 오네.
밥은 먹[으나] 배는 안 부르다.
속은 다[르나] 겉은 같다.
학생은 학생[이나] 학생 같지 않다.

▪ 알아보기

'-나'는 받침 없는 말이나 'ㄹ' 받침 다음에 쓰이고, '-으나'는 받침 있는 말 다음에 쓰인다.

- **예: 오나, 이나; 먹으나, 같으나**

정리하기 ▮ 위의 문형은 뒷말의 내용이 앞의 말의 내용에 미치지 아니함을 양보적으로 나타내는 '-(으)나'를 사용하여 뒤에 오는 주절의 문장을 수식하여 두 문장을 결합하는 것이다.
(보기) (봄은 오[ㄴ다] → [나]) + 임은 아니 오네. → 봄은 오나 임은 아니 오네.

<연습 1> 아래 두 문장을 '-(으)나'로 결합하여 한 문장으로 만들어 보세요.

(보기) 인생의 수명은 백 년도 가지 못한다. 예술의 수명은 영구히 간다.

→ <u>인생의 수명은 백 년도 가지 못하나 예술의 수명은 영구히 간다.</u>

1. 그분은 프랑스어를 공부했다. 나는 영어를 공부했다.

____

2. 산은 푸르다. 시냇물은 맑지 못하다.

____

3. 한국어는 어렵다. 공부를 해야 합니다.

____

▪ 기본 문장 ❺

'-(으)나마'가 쓰인 종속적으로 이어진 문장

맛은 좋지 못하나마 드셔 보세요.

> **잠깐!** '-(으)나마'의 양보적 용법에 주의하세요.
>
> 맛은 좋지 못하나마 드셔 보세요.
> 가기는 가나마 무슨 소용이 있는지요?
> 반찬은 없으나마 많이 드십시오.
> 떡은 먹으나마 소화를 할지 의문이오.

▪ 알아보기

'-나마'는 받침이 없는 말이나 'ㄹ' 받침 다음에 쓰이고, '-으나마'는 받침 있는 말 다음에 쓰인다.

- **예: 못하나마, 가나마; 없으나마, 먹으나마**

> **정리하기 ▌** 위의 문형은 만족하지 아니함을 참고 아쉬운 대로 함을 의미하는 '-(으)나마'를 사용하여 뒤에 오는 주절의 문장을 수식하여 두 문장을 결합하는 것이다.
> (보기) (맛은 좋지 못하다 → 나마) + 드셔 보세요. → 맛은 좋지 못하나마 드셔 보세요.

<연습 1> 아래의 두 문장을 '-(으)나마'로 결합하여 한 문장으로 만들어 보세요.

1. 진급은 했다. 따라갈지 의문이다.

____

2. 날씨가 좋지 못하다. 떠나겠네.

____

3. 부족하다. 최선을 다하겠습니다.

____

단원마무리

이 단원에서는 양보적인 의미를 나타내는 종속적 연결 어미 '-아도/어도, -더라도, -(으)ㄹ지라도, -(으)나, -(으)나마'를 사용하여 종속적으로 이어진 문장을 만드는 법을 살펴보았다.

1. 아래 문형에 해당하는 문장을 만들어 보세요.

(1) -아도/어도 ______________________

(2) -더라도 ______________________

(3) -(으)ㄹ지라도 ______________________

(4) -(으)나 ______________________

(5) -(으)나마 ______________________

제46과 날이 좋지마는 갈 곳이 없다.
—종속적 복합문(양보) II—

이 단원은 양보의 의미를 나타내는 연결 어미에 의해 연결된 종속적으로 이어진 문장의 문형을 연습하는 단원이다. 양보의 의미를 가지는 종속적 연결 어미에는 '-지마는, -건마는, -거니와, -(으)려니와, -(으)ㄴ들, -(으)ㄹ지언정, -(으)ㄹ망정'이 있다.

☝ 주목하기

종속적 연결 어미(양보)	-지마는, -건마는, -거니와, -(으)려니와, -(으)ㄴ들, -(으)ㄹ지언정, -(으)ㄹ망정

(1) 바람은 불지마는 비는 안 온다.
(2) 할 말은 다 하였건마는 발길이 떨어지지 않는다.
(3) 너는 가거니와 우리들은 어떻게 할까?
(4) 그때도 또 오려니와 이번에도 천천히 쉬어 가시오.
(5) 어머니가 아무리 말한들 철수는 듣지 않을 거예요.
(6) 차라리 지혜를 다툴지언정 힘을 다투지는 않겠다.
(7) 몸은 작을망정 이상은 원대하다.

기본 문장 ❶

'-지마는'이 쓰인 종속적으로 이어진 문장

바람은 불지마는 비는 안 온다.

> **잠깐!** '-지마는'의 양보적 용법에 주의하세요.
>
> 바람을 불[지마는] 비는 안 온다.
> 얼음은 단단하[지마는] 물보다 가볍다.
> 나도 그것을 보았[지마는] 마음에 들지가 않았어요.
> 밥은 밥이[지마는] 못 먹는 밥이 무엇이지요?
> 거기도 수영장이[지만] 여기만 못해.

알아보기

'-지마는'은 '-지만'으로 줄어 쓰이기도 한다. '-지만'은 주로 구어에서, '-지마는'은 주로 문어에서 자주 쓴다.

- **예: 수영장이지마는 → 수영장이지만**

> **정리하기 ▌** 위의 문형은 앞뒤의 말이 서로 다를 때 앞말을 시인하면서 뒷말에 의문이나 불가능을 양보적으로 표시하는 '-지마는'을 사용하여, 뒤에 오는 주절의 문장을 수식하여 두 문장을 결합하는 것이다.
> (보기) (바람은 불[ㄴ다] → [지마는]) + 비는 안 온다. → 바람은 불지마는 비는 안 온다.

<연습 1> 다음 두 문장을 '-지마는'으로 결합하여 한 문장으로 만들어 보세요.

(보기) 참외 맛도 좋다. 수박 맛이 참 훌륭하다. → 참외 맛도 좋지마는 수박 맛도 참 훌륭하다.

1. 비가 그쳤다. 가서는 안 된다.

____

2. 그것도 맛있는 과일이다. 나는 먹지 않겠다.

____

3. 달이 밝다. 나는 아무 데도 안 나갔다.

____

4. 봄은 왔다. 꽃이 피지 않는다.

____

기본 문장 ❷

'-건마는'이 쓰인 종속적으로 이어진 문장

할 말은 다 하였건마는 발길이 떨어지지 않는다.

> **잠깐!** '-건마는'의 양보적 용법에 주의하세요.
>
> 할 말은 다 하였건마는 발길이 떨어지지 않는다.
> 비는 무심히 내리건마는 나의 수심만 도울 뿐이다.
> 겉은 사람이건만 속은 짐승이다.

알아보기

'-건마는'은 '-건만'으로 줄여서 쓰이기도 한다.

- **예: 사람이건마는 → 사람이건만**

정리하기 ▌ 위의 문형은 앞의 일과 뒤의 일이 서로 일치되지 아니함을 양보적으로 나타내는 '-건마는'을 사용하여 뒤에 오는 주절의 문장을 결합하는 것이다.

(보기) (할 말은 다 하였다 → 건마는) + 발길이 돌아서지 않았다.

→ 할 말은 다 하였건마는 발길이 돌아서지 않았다.

<연습 1> 아래 두 문장을 '-건마는'으로 결합하여 한 문장으로 만들어 보세요.

(보기) 학교는 꽤 크다. 좋은 학생이 모여 들지 않는다.

→ 학교는 꽤 크건마는 좋은 학생이 모여 들지 않는다.

1. 산은 꽤 높다. 나무 한 그루 없다.

____

2. 쓸 데 없는 이야기다. 자꾸 떠들고 있다.

____

3. 머리는 좋다. 몸이 약한 것이 큰 흠이다.

____

4. 바다는 넓다. 배 한 척 보이지 않는다.

____

5. 경치는 좋다. 사람들이 찾아오지 않는다.

____

기본 문장 ❸

'-거니와'가 쓰인 종속적으로 이어진 문장

너는 가거니와 우리들은 어떻게 할까?

> **잠깐!** '-거니와'의 양보적 용법에 주의하세요.
>
> 너는 가거니와 우리들은 어떻게 할까?
> 나는 부득이 가거니와 너조차 왜 가려느냐?
> 그것은 내 책이거니와 이것은 누구의 책이냐?
> 달도 밝거니와 경치도 더욱 좋다.

알아보기

'-거니와'는 다소 예스러운 표현이다.

정리하기 ▌ 위의 문형은 이미 있는 사실을 인정하고, 뒤의 사실을 덧붙여 양보적으로 표시하는 '-거니와'를 사용하여 뒤에 오는 주절의 문장을 수식하여 두 문장을 결합하는 것이다.
(보기) (너는 가ㄴ다 → 거니와) + 우리들은 어떻게 할까? → 너는 가거니와 우리들은 어떻게 할까?

<연습 1> 다음 두 문장을 '-거니와'로 결합하여 한 문장으로 만들어 보세요.

(보기) 불국사도 좋다. 석굴암이 더 훌륭하다. → 불국사도 좋거니와 석굴암이 더 훌륭하다.

1. 그 학생은 운동도 잘 한다. 그 학생은 공부도 잘한다.

   ____

2. 벚꽃이 만발한 여의도도 좋다. 강바람이 부는 한강은 더욱 좋다.

   ____

3. 가을은 외롭고 쓸쓸한 계절이라 말했다. 마음이 쓸쓸해진다는 것은 마음이 착해진다는 뜻이기도 하다.

   ____

기본 문장 ❹

'-(으)려니와'가 쓰인 종속적으로 이어진 문장

그때도 또 오려니와 이번에도 천천히 쉬어 가시오.

> **잠깐!** '-(으)려니와'의 양보적 용법에 주의하세요.
>
> 그때도 또 오[려니와] 이번에도 천천히 쉬어 가시오.
> 겉은 검으[려니와] 속조차 검겠느냐?
> 그것은 모란이[려니와] 저것은 또 무엇인가?

알아보기

'-려니와'는 '이다'의 어간, 받침 없는 용언의 어간, 'ㄹ' 받침인 용언의 어간 또는 어미 '-(으)시-' 다음에 쓰이고 '-으려니와'는 'ㄹ'을 제외한 받침 있는 용언의 어간 뒤나 어미 '-았/었-' 다음에 쓰인다.

- **예: 오려니와, 이려니와, 되려니와; 검으려니와**

> **정리하기 ▌** 위의 문형은 '-거니와' 같이 장래의 일을 말하는 '-(으)려니와'를 사용하여 뒤에 오는 주절의 문장을 수식하여 두 문장을 결합하는 것이다.
> (보기) (그때도 또 오[ㄴ다] → [려니와]) + 이번에도 천천히 쉬어 가시오.
> → 그때도 또 오려니와 이번에도 천천히 쉬어 가시오.

<연습 1> 아래 두 문장을 '-(으)려니와'로 결합하여 한 문장으로 만들어 보세요.

(보기) 이것은 연필이다. 또 저것은 무엇이냐? → 이것은 연필이려니와 또 저것은 무엇이냐?

1. 슬픔도 고통도 모르고 자라난 사람은 행복하다고는 할 것이다. 값있는 삶을 모르는 법이다.

____

2. 산도 높다. 경치가 매우 아름답다.

____

3. 여기는 경복궁이다. 저기는 또 어디냐?

____

▪ 기본 문장 ❺

'-(으)ㄴ들'이 쓰인 종속적으로 이어진 문장

어머니가 아무리 말한들 철수는 듣지 않을 거예요.

> **잠깐!** '-(으)ㄴ들'의 양보적 용법에 주의하세요.
>
> 어머니가 아무리 말한들(말하ㄴ들) 철수는 듣지 않을 거예요.
> 자리에 누운들(눕은들) 잠이 오겠는가?
> 제가 힘이 센들(세ㄴ들) 얼마나 세겠나?
> 내가 이 자리에 앉은들 누가 뭐라고 하겠느냐?

▪ 알아보기

'-ㄴ들'은 받침 없는 말이나 'ㄹ' 받침 다음에 쓰이고, '-은들'은 받침 있는 말 다음에 쓰인다.

- **예: 간들, 센들; 누운들(눕은들), 앉은들**

> **정리하기 ▮** 위의 문형은 양보와 반문을 겸하여 '-라 할지라도 어찌'의 뜻을 나타내는 '-(으)ㄴ들'을 사용하여 뒤에 오는 주절의 문장을 수식하여 두 문장을 결합하는 것이다.
> (보기) 어머니가 (아무리) 말하ㄴ다 → ㄴ들 + 철수는 듣지 않을 거예요.
> → 어머니가 아무리 말한들 철수는 듣지 않을 거예요.

<연습 1> 다음 두 문장을 '-(으)ㄴ들'로 결합하여 한 문장으로 만들어 보세요.

(보기) 선생님이 가신다. 일이 잘 되겠습니까? → <u>선생님이 가신들 일이 잘 되겠습니까</u>?

1. 간다고 한다. 아주 가겠느냐?

____

2. 돈이 많다. 얼마나 많겠나?

____

3. 겉이 검다. 속조차 검겠느냐?

____

기본 문장 ❻

'-(으)ㄹ지언정'이 쓰인 종속적으로 이어진 문장

차라리 지혜를 다툴지언정 힘을 다투지는 않겠다.

> **잠깐!** '-(으)ㄹ지언정'의 양보적 용법에 주의하세요.
>
> 차라리 지혜를 다투ㄹ지언정 힘을 다투지 않겠다.
> 산은 높을지언정 볼만한 것이 별로 없다.
> 작은 정원일지언정(이ㄹ지언정) 귀한 꽃들이 많다.
> 밥을 하루 굶을지언정 그 사람을 하루라도 안 보고는 못 살겠다.

알아보기

'-ㄹ지언정'은 받침 없는 말이나 'ㄹ' 받침 다음에 쓰이고, '-을지언정'은 'ㄹ'을 제외한 받침 있는 용언의 어간이나 어미 '-았/었-' 다음에 쓰인다.

- **예: 다툴지언정, (정원)일지언정, 높을지언정, 굶을지언정**

정리하기 ▮ 위의 문형은 반대되는 두 가지 일 가운데서 한 가지만 시인함을 양보적으로 나타내는 '-ㄹ지언정/을지언정'을 사용하여 뒤에 오는 주절의 문장을 수식하여 두 문장을 결합하는 것이다.
(보기) (차라리 지혜를 다투겠다 → ㄹ지언정) + 힘을 다투지는 않겠다.
→ 차라리 지혜를 다툴지언정 힘을 다투지는 않겠다.

<연습 1> 다음 두 문장을 '-(으)ㄹ지언정'으로 결합하여 한 문장으로 만들어 보세요.

(보기) 차라리 굶는다. 너한테 구걸을 하지는 않겠다.

→ <u>차라리 굶을지언정 너한테 구걸을 하지는 않겠다.</u>

1. 차라리 뱀의 머리 되겠다. 용의 꼬리는 되지 않겠다.

____

2. 이 김치는 너무 짜다. 싱겁지 않다.

____

▪기본 문장 ❼

'-(으)ㄹ망정'이 쓰인 종속적으로 이어진 문장

몸은 작을망정 이상은 원대하다.

> **잠깐!** '-(으)ㄹ망정'의 양보적 용법에 주의하세요.
>
> 몸은 작을망정 이상은 원대하다.
> 몸은 약할망정(약하ㄹ망정) 마음은 굳다.
> 낡은 옷일망정(이ㄹ망정) 깨끗이 입어라.

▪알아보기

'-ㄹ망정'은 받침 없는 말이나 'ㄹ' 받침 다음에 쓰이고, '-을망정'은 'ㄹ'을 제외한 받침 있는 용언의 어간이나 어미 '-았/었-' 다음에 쓰인다.

- **예: 약할망정, (낡은 옷)일망정; 작을망정**

> **정리하기 ▮** 위의 문형은 어떤 일이 소극적인에도 불구하고 그에 관련된 다른 일이 적극적임을 강조함을 의미하는 '-(으)ㄹ망정'으로써 뒤에 오는 주절의 문장을 수식하여 두 문장을 결합하는 것이다.
>
> (보기) (내가 죽는다 → 을망정) + 너한테 구걸은 하지 않겠다.
> → 내가 죽을망정 너한테 구걸을 하지 않겠다.

<연습 1> 다음 두 문장을 '-(으)ㄹ망정'으로 결합하여 한 문장으로 만들어 보세요.

(보기) 살림도 가난하다. 평화로운 가정이다. → 살림은 가난할망정 평화로운 가정이다.

1. 이 산은 작다. 풍치가 좋소.

____

2. 그분이 (아무리) 위대한 학자다. 적어도 그 의견에는 찬성할 수 없다.

____

단원마무리

이 단원에서는 양보적인 의미를 나타내는 종속적 연결 어미 '-지마는, -건마는, -거니와, -(으)려니와, -(으)ㄴ들, -(으)ㄹ지언정, -(으)ㄹ망정'을 사용하여 종속적으로 이어진 문장을 만드는 법을 살펴보았다.

1. 다음 제시한 문형을 사용하여 문장을 만들어 보세요.

(1) -지마는 ______________________________

(2) -건마는 ______________________________

(3) -거니와 ______________________________

(4) -(으)려니와 ______________________________

(5) -(으)ㄴ들 ______________________________

(6) -(으)ㄹ지언정 ______________________________

(7) -(으)ㄹ망정 ______________________________

第47과 밤 한시가 되도록 공부를 하였습니다.
—종속적 복합문(더욱, 목적)—

이 단원은 종속적 연결 어미를 이용하여 종속적으로 이어진 문장을 만드는 것을 연습하는 단원이다. 종속적 연결 어미 중에서도 '목적'이나 '정도'를 나타내는 '-도록', '더욱'을 나타내는 '-(으)ㄹ뿐더러, -(으)ㄹ수록', '목적'을 나타내는 '-(으)러, -고자, -(으)려고'를 살펴본다.

☝ 주목하기

종속적 연결 어미(더욱, 목적)	'-도록'(목적, 정도), '-(으)ㄹ뿐더러'(더욱), '-(으)ㄹ수록'(더욱), '-(으)러'(목적), '-고자'(목적), '-(으)려고'(목적)

(1) 밤 한시가 되도록 공부를 하였습니다.
(2) 비가 많이 올뿐더러 바람도 몹시 부오.
(3) 설탕을 많이 넣을수록 맛이 난다.
(4) 너를 보러 나는 이곳에 왔다.
(5) 먼 길을 떠나고자 채비를 차렸다.
(6) 나는 글씨를 쓰려고 종이와 붓을 사왔다.

기본 문장 ❶

'-도록'에 의한 종속적으로 이어진 문장

밤 한시가 되도록 공부를 하였습니다.

> **잠깐!** '-도록'의 용법에 주의하세요.
>
> 밤 한시가 되도록 공부를 하였습니다.
> 밤이 새도록 책을 읽었다.
> 기차 시간이 늦지 않도록 일찍 일어났다.
> 아이들이 울지 않도록 먹을 것을 주세요.
> 아무도 듣지 못하도록 작은 소리로 말씀해 주세요.

알아보기

1. 연결 어미 '-도록'은 앞에 오는 말이 뒤에 오는 말에 대한 목적이나 결과, 방식, 정도임을 나타낸다.
2. '-도록'은 두 문장뿐만 아니라 단어를 접속하기도 한다.

- **예: 그분은 여기 오지 않도록 합시다.**

정리하기 ▌ 위의 문형은 '목적'이나 '정도'를 나타내는 '-도록'이 뒤에 오는 주절의 문장을 수식하여 두 문장을 결합한 것이다.
(보기) (밤 한시가 되ㄴ다 → 도록) + 공부를 하였습니다. → 밤 한시가 되도록 공부를 하였습니다.

<연습 1> 다음 두 문장을 '-도록'으로 결합하여 한 문장으로 만들어 보세요.

(보기) 배가 부르다. 많이 먹어두어라. → 배가 부르도록 많이 먹어두어라.

1. 해가 뜬다. 그분은 오지 않아요.

____

2. 혀가 닳는다. 나는 그에게 타일렀다.

____

3. 침이 마른다. 그는 승지를 칭찬했다.

____

4. 건강을 유지할 수 있다. 꾸준히 운동해야 한다.

____

5. 검은 머리 파뿌리 된다. 행복하게 사십시오.

____

기본 문장 ❷

'-(으)ㄹ뿐더러'에 의한 종속적으로 이어진 문장

비가 많이 올뿐더러 바람도 많이 부오.

> **잠깐!** '-(으)ㄹ뿐더러'의 용법에 주의하세요.
>
> 비가 많이 올뿐더러(오ㄹ뿐더러) 바람도 몹시 부오.
> 밥도 많이 먹을뿐더러 영양제까지 먹고 있네.
> 그 애는 얼굴도 예쁠뿐더러(예쁘ㄹ뿐더러) 성격도 착하다.
> 그가 우등생일뿐더러(이ㄹ뿐더러) 운동도 잘한다.

알아보기

1. 연결 어미 '-(으)ㄹ뿐더러'는 그것만으로 끝나지 않고 그밖에 '더욱' 다른 일이 있음을 나타낸다.
2. '-ㄹ뿐더러'는 받침 없는 말 다음에 쓰이고, '-을뿐더러'는 받침 있는 말 다음에 쓰인다.

- **예: 올뿐더러, 예쁠뿐더러; 먹을뿐더러**

> **정리하기 ▌** 위의 문형은 '더욱'을 나타내는 '-(으)ㄹ뿐더러'가 뒤에 오는 주절의 문장을 수식하여 두 문장을 결합한 것이다.
> (보기) (비가 많이 온ㄴ다 → ㄹ뿐더러) + 바람도 몹시 부오. → 비가 많이 올뿐더러 바람도 몹시 부오.

<연습 1> 다음 두 문장을 '-(으)ㄹ뿐더러'로 결합하여 한 문장으로 만들어 보세요.

(보기) 종로에는 자동차도 많이 다닌다. 사람들도 많아요.

→ 종로에는 자동차도 많이 다닐뿐더러 사람들도 많아요.

1. 줄리앙은 마음씨도 좋다. 한국어 실력도 우수하다.

____

2. 그 정원에는 꽃도 많이 피었다. 나무도 울창하다.

____

3. 범진이는 키가 크다. 힘도 세다.

____

4. 달이 밝다. 바람도 시원하다.

____

기본 문장 ❸

'-(으)ㄹ수록'에 의한 종속적으로 이어진 문장

설탕을 많이 넣을수록 맛이 난다.

> **잠깐!** '-(으)ㄹ수록'의 용법에 주의하세요.
>
> 설탕을 많이 넣[을수록] 맛이 난다.
> 날씨가 추워질수록(지[ㄹ수록]) 정신이 상쾌해진다.
> 자리가 높[을수록] 겸손해야 한다.
> 이상이 높[을수록] 현실을 살펴야 한다.
> 부자일수록(이[ㄹ수록]) 교만해서는 안 된다.

알아보기

1. 연결 어미 '-(으)ㄹ수록'은 어떤 일이 더해감을 따라 다른 일이 정비례나 반비례로 '더욱' 더하여짐을 의미한다.
2. '-ㄹ수록'은 받침 없는 말 다음에 쓰이고, '-을수록'은 받침 있는 말 다음에 쓰인다. 다만 'ㄹ' 받침 다음에는 '-수록'만 붙이면 된다.

• **예: 추워질수록, (부자)일수록; 먹을수록, 높을수록**

정리하기▌ 위의 문형은 '더욱' 더하여짐을 의미하는 '-(으)ㄹ수록'이 뒤에 오는 주절의 문장을 수식하여 두 문장을 결합한 것이다.
(보기) (설탕을 많이 넣는다 → 을수록) + 맛이 난다. → 설탕을 많이 넣을수록 맛이 난다.

<연습 1> 다음 두 문장을 '-(으)ㄹ수록'으로 결합하여 한 문장으로 만들어 보세요.

(보기) 북은 친다. 소리가 난다. (속담)[2] → 북은 칠수록 소리가 난다.

1. 일은 급하다. 천천히 해야 한다.

____

2. 뿌리가 깊다. 바람에 흔들리지 않는다.

____

3. 간다. 태산이다. (속담)[3]

____

4. 벼는 익다. 고개를 숙인다. (속담)[4]

____

5. 물은 깊다. 소리가 없다.

____

---

2) 북은 힘을 주어 세게 치면 칠수록 요란한 소리가 난다는 뜻으로, 다투면 다툴수록 그만큼 손해만 커짐을 비유적으로 이르는 말.
3) 갈수록 더욱 어려운 지경에 처하게 되는 경우를 비유적으로 이르는 말.
4) 교양이 있고 수양을 쌓은 사람일수록 겸손하고 남 앞에서 자기를 내세우려 하지 않는다는 것을 비유적으로 이르는 말.

▪기본 문장 ❹

'-(으)러'에 의한 종속적으로 이어진 문장

너를 보러 나는 이곳에 왔다.

> **잠깐!** '-(으)러'의 용법에 주의하세요.
>
> 너를 보러 나는 이곳에 왔다.
> 꽃구경하러 여의도로 가자.
> 사자는 먹을 것을 찾으러 이리저리 다녔다.
> 언니는 밥 먹으러 집으로 들어왔다.

▪알아보기

1. 연결 어미 '-(으)러'는 '가다, 오다, 다니다' 등과 같은 동작의 목적을 나타낸다.
2. '-러'는 받침 없는 말과 'ㄹ' 받침 다음에 쓰이고, '-으러'는 받침 있는 말 다음에 쓰인다.

• **예: 보러, 구경하러, 놀러; 찾으러, 먹으러**

정리하기 ▌ 위의 문형은 '목적'을 나타내는 '-(으)러'가 뒤에 오는 주절의 문장을 수식하여 두 문장을 결합한 것이다.
(보기) (너를 보다 → 러) + 나는 이곳에 왔다. → 너를 보러 나는 이곳에 왔다.

<연습 1> 다음 두 문장을 '-(으)러'로 결합하여 한 문장으로 만들어 보세요.

(보기) 운동한다. 여기 왔다. → 운동하러 여기 왔다.

1. 나는 공부한다. 멀고 먼 이곳에 왔다.

____

2. 벌들은 꽃을 찾는다. 사방으로 날아다닌다.

____

3. 그분은 음식점을 찾는다. 여기저기 다니고 있다.

____

4. 술이나 한잔 마신다. 갑시다.

____

5. 공책 두 권을 산다. 문구점에 가야겠다.

____

기본 문장 ❺

'-고자'에 의한 종속적으로 이어진 문장

먼 길을 떠나고자 채비를 차렸다.

> **잠깐!** '-고자'의 용법에 주의하세요.
>
> 먼 길을 떠나[고자] 채비를 차렸다.
> 공부를 계속하[고자] 학비를 준비했다.
> 나는 내년 봄에 미국으로 가[고자] 한다.
> 여행을 가[고자] 하나 여비가 없다.

알아보기

1. 연결 어미 '-고자'는 목적, 의도, 희망 등을 표시한다.
2. '-고자'는 두 문장뿐만 아니라 단어를 접속하기도 한다.

- **예: 나는 내년 봄에 미국으로 가고자 한다.**

정리하기 ▌ 위의 문형은 목적, 의도 등을 표시하는 '-고자'가 뒤에 오는 주절의 문장을 수식하여 두 문장을 결합한 것이다.
(보기) (먼 길을 떠나[ㄴ다] → [고자]) + 채비를 차렸다. → 먼 길을 떠나고자 채비를 차렸다.

<연습 1> 다음 두 문장을 '-고자'로 결합하여 한 문장으로 만들어 보세요.

(보기) 한국어를 연구한다. 한국에 유학 왔습니다.

→ 한국어를 연구하고자 한국에 유학 왔습니다.

1. 헤엄을 친다. 바다로 갔다.

____

2. 바람을 쐬다. 밖으로 나갔다.

____

3. 영화관에 간다. 옷을 입고 있다.

____

4. 친구한테 준다. 이 책을 샀습니다.

____

5. 내일 아침에 일찍 일어난다. 오늘 일찍 갑니다.

____

기본 문장 ❻

'-(으)려고'에 의한 종속적으로 이어진 문장

나는 글씨를 쓰려고 종이와 붓을 사왔다.

잠깐! '-(으)려고'의 용법에 주의하세요.

나는 글씨를 쓰[려고] 종이와 붓을 사왔다.
그분을 만나[려고] 교실에 갔다.
영화관에 가[려고] 옷을 갈아입었습니다.
글씨를 쓰[려고] 한다.

알아보기

1. 연결 어미 '-(으)려고'는 연결 어미 '-고자'와 같이 의도나 목적을 표시한다.
2. '-려고'는 받침 없는 말 과 'ㄹ' 받침 다음에 쓰이고, '-으려고'는 받침 있는 말 다음에 쓰인다.

• **예: 쓰려고, 만나려고, 울려고; 먹으려고**

3. '-(으)려고'는 '-(으)려'로도 쓰인다.

• **예: 쓰려고 → 쓰려**

4. '-(으)려고'는 '-고자'에 비해 다소 구어적인 상황에서 많이 쓰인다.

정리하기 ▌ 위의 문형은 '-고자'와 같이 '목적'이나 '의도'를 나타내는 '-(으)려고'가 뒤에 오는 주절의 문장을 수식하여 두 문장을 결합한 것이다.

(보기) 나는 글씨를 쓰려고 종이와 붓을 사왔다.

← (나는 글씨를 쓰ㄴ다 → 려고) + 종이와 붓을 사왔다.

<연습 1> 다음 두 문장을 '-(으)려고'로 결합하여 한 문장으로 만들어 보세요.

(보기) 범진이는 밥을 짓는다. 쌀을 씻는다. → 범진이는 밥을 지으려고 쌀을 씻는다.

1. 꽃이 핀다. 봉오리를 맺었다.

____

2. 독일에 간다. 독일어를 공부한다.

____

3. 쇼핑을 하다. 동대문에 왔습니다.

____

4. 무엇을 한다. 여기에 왔니?

____

5. 관광을 하다. 제주도에 갑니다.

____

단원마무리

이 단원에서는 '더욱'이나 '목적'의 의미를 표시하는 연결 어미 '-도록', '-(으)ㄹ뿐더러', '-(으)ㄹ수록', '-(으)러', '-고자', '-(으)려고' 등을 사용하여 종속적으로 이어진 문장을 만드는 것을 살펴보았다.

1. 다음 제시한 어미를 이용하여 종속적으로 이어진 문장을 만들어 보세요.

(1) -도록 ______________________

(2) -(으)ㄹ뿐더러 ______________________

(3) -(으)ㄹ수록 ______________________

(4) -(으)러 ______________________

(5) -고자 ______________________

(6) -(으)려고 ______________________

(7) -(으)러 ______________________

第48과 당신도 잘 아시다시피 요즈음은 일이 잘되어 갑니다.

—종속적 복합문(같음, 의문, 필요조건)—

이 단원은 종속적 연결 어미를 이용하여 종속적으로 이어진 문장을 만드는 것을 연습하는 단원이다. 종속적 연결 어미 중에서도 같음을 나타내는 '-다시피, -듯이', 의문을 나타내는 '-(으)ㄴ/는지, -(으)ㄹ지', 필요조건을 나타내는 '-아야/어야'를 살펴본다.

☝ 주목하기

종속적 연결 어미 (같음, 의심, 필요)	'-다시피'(같음), '-듯이'(거의 같음), '-(으)ㄴ/는지'(막연한 의문), '-(으)ㄹ지'(추측 의문), '-아야/어야'(필요조건)

(1) 당신도 잘 아시다시피 요즈음은 일이 잘되어 갑니다.
(2) 네가 생각하듯이 그것이 간단한 문제는 아니다.
(3) 그가 무엇을 먹는지 보고 오너라.
(4) 그분이 승낙하실지 저로서는 모르겠습니다.
(5) 밥을 먹어야 일을 하겠소.

기본 문장 ❶

'-다시피'에 의한 종속적으로 이어진 문장

당신도 잘 아시다시피 요즈음 일이 잘되어 갑니다.

> **잠깐!** '-다시피'의 용법에 주의하세요.
>
> 당신도 잘 아시[다시피] 요즈음 일이 잘되어 갑니다.
> 보시[다시피] 그분은 우리의 의견에 찬성하지 않소.
> 위장병이 고질이 되[다시피] 되었습니다.
> 학교가 폐쇄되[다시피] 되겠지요.

알아보기

연결 어미 '-다시피'는 청자가 이미 알고 있는 것과 같음을 나타내거나 그 동작에 가깝게 함을 표시한다.

정리하기 ▌ 위의 문형은 그 동작의 사실과 마찬가지임을 표시하는 '-다시피'가 뒤에 오는 주절의 문장을 수식하여 두 문장을 결합한 것이다.
(보기) (당신도 잘 아시[ㅂ니다] → [다시피]) + 요즈음 일이 잘되어 갑니다.
→ 당신도 잘 아시다시피 요즈음 일이 잘되어 갑니다.

<연습 1> 다음 두 문장을 '-다시피'로 결합하여 한 문장으로 만들어 보세요.

(보기) 너도 보았다. 그 그림은 훌륭하다. → 너도 보았다시피 그 그림은 아주 훌륭하다.

1. 네가 본다. 이 꽃이 매우 붉다.

____

2. 당신도 안다. 저 사람은 신뢰할 만한 사람이다.

____

3. 그 책을 외우다. 읽었지요.

____

▪ 기본 문장 ❷

'-듯이'에 의한 종속적으로 이어진 문장

네가 생각하듯이 그것이 간단한 문제는 아니다.

> **잠깐!** '-듯이'의 용법에 주의하세요.
>
> 네가 생각하[듯이] 그것이 간단한 문제는 아니다.
> 눈물이 비오[듯이] 쏟아진다.
> 구름에 달 가[듯이] 가는 나그네.
> 도마뱀의 허리가 도막나[듯] 튀어 달아났다.

▪ 알아보기

1. 연결 어미 '-듯이'는 뒤에 오는 말이 앞에 오는 말과 거의 비슷함을 나타낸다. '-듯이'는 '-듯'으로도 쓰인다.

• **예: 도막나듯이 → 도막나듯**

2. '-듯이'가 위와 같이 어간 아래 직접 붙지 않고 관형사형 다음에 쓰이면 의존 명사로 처리된다(제24과 기본 문장 ❶을 참조하세요).
3. '-듯이'는 '-다시피'에 비해 보편적으로 사용된다.

> **정리하기 ▌** 위의 문형은 그 말의 내용과 거의 같음을 의미하는 '-듯이'가 뒤에 오는 주절의 문장을 수식하여 두 문장을 결합한 것이다.
> (보기) (네가 생각한[ㄴ다] → [듯이]) + 그것이 간단한 문제는 아니다.
> → 네가 생각하듯이 그것이 간단한 문제는 아니다.

<연습 1> 다음 두 문장을 '-듯이'로 결합하여 한 문장으로 만들어 보세요.

(보기) 구렁이 담 넘어간다. 한다. (속담) → 구렁이 담 넘어가듯이 한다.

1. 너도 안다(알ㄴ다). 그는 훌륭한 사람이다.

____

2. 밤이 깊어지면 다시 아침이 온다. 어려운 일도 시간이 흐르면 지나간다.

____

3. 많은 사람들이 얘기하다. 시우는 덤벙거리는 성격이다.

____

4. 돌다리도 두드려 보고 건너라는 말이 있다. 매사에 신중해야 한다.

____

5. 나는 사계절 중에서 가을을 가장 사랑한다. 꽃도 가을꽃을 좋아한다.

____

기본 문장 ❸

'-(으)ㄴ/는지'에 의한 종속적으로 이어진 문장

그가 무엇을 먹는지 보고 오너라.

> **잠깐!** '-(으)ㄴ/는지'의 용법에 주의하세요.
>
> 그가 무엇을 먹[는지] 보고 오너라.
> 그가 어디로 가[는지] 물어보자.
> 선생님이 아직 계시[는지] 모르겠다.
> 그것이 얼마나 좋[은지] 나는 모른다.
> 이것이 무엇인지(이[ㄴ지]) 알아 맞혀 보아라.

알아보기

1. 연결 어미 '-(으)ㄴ/는지'는 막연한 의문이 있는 채로 그것을 뒤 절의 사실이나 판단과 관련시키는 데 사용한다.
2. '-는지'는 동사나 '았, 겠' 다음에 쓰이고, '-(으)ㄴ지'는 서술격 조사 '이다' 다음에 쓰인다.

- **예: 먹는지, 먹었는지, 먹겠는지; 좋은지, 무엇인지**

> **정리하기 ▌** 위의 문형은 막연한 의문을 나타내는 '-(으)ㄴ/는지'가 뒤에 오는 주절의 문장을 수식하여 두 문장을 결합한 것이다.
> (보기) (그가 무엇을 먹[는다] → [는지]) + 보고 오너라. → 그가 무엇을 먹는지 보고 오너라.

<연습 1> 다음 두 문장을 '-는지'나 '-(으)ㄴ지'로 결합하여 한 문장으로 만들어 보세요.

(보기) 밖을 내다보던 소년이 무엇을 생각했다. 수수밭 쪽으로 달려간다.

→ 밖을 내다보던 소년이 무엇을 생각했는지 수수밭 쪽으로 달려간다.

1. 그가 어제 무엇을 했다. 나는 전혀 모르고 있다.

____

2. 그분이 아직도 살아 계신다. 행방이 묘연합니다.

____

3. 그것이 무엇이다. 너는 아느냐?

____

4. 지영이는 배가 고팠다. 음식이 나오자마자 허겁지겁 먹었다.

____

5. 식당에 자리가 비었다. 가 보고 올게요.

____

기본 문장 ❹

'-(으)ㄹ지'에 의한 종속적으로 이어진 문장

그분이 승낙하실지 저로서는 모르겠습니다.

잠깐! '-(으)ㄹ지'의 용법에 주의하세요.

그분이 승낙하실지(하시ㄹ지) 저로서는 모르겠습니다.
내일은 날씨가 갤지(개ㄹ지) 의문이다.
그분이 이것을 받을지 알 수 없네.
누구 키가 더 클지(크ㄹ지) 대어 보아야 알겠다.
장차 올 일이 무슨 일일지(이ㄹ지) 짐작을 못하겠다.

알아보기

1. 연결 어미 '-(으)ㄹ지'는 추측에 대한 막연한 의문이 있는 채로 그것을 뒤 절의

사실이나 판단과 관련시키는 데 사용한다.

2. '-을지'는 받침 있는 말 다음에 쓰이고, '-ㄹ지'는 받침 없는 말과 'ㄹ' 받침 다음에 쓰인다.

• **예: 받을지, 먹을지, 승낙하실지, 갤지, 클지, (이)ㄹ지, 날지**

정리하기▮ 위의 문형은 추측으로 의문을 나타내는 '-(으)ㄹ지'가 뒤에 오는 주절의 문장을 수식하여 두 문장을 결합한 것이다.
(보기) 그분이 승낙하실지 저로서는 모르겠습니다.
← (그분이 승낙하시[ㄴ다] → [ㄹ지]) + 저로서는 모르겠습니다.

<연습 1> 다음 두 문장을 '-(으)ㄹ지'로 결합하여 한 문장으로 만들어 보세요.

(보기) 내일은 비가 온다. 모르겠다. → 내일은 비가 올지 모르겠다.

1. 그가 내일 떠난다. 아직 모르겠습니다.

____

2. 내일은 눈이 온다. 비가 온다. 알 수가 없다.

____

3. 누구의 힘이 더 세다. 예측할 수가 없다.

____

4. 그가 과연 적임자이다. 신중히 생각해야 한다.

____

5. 이 식당이 과연 소문만큼 맛있을지 먹어 보도록 하겠다.

____

▪ 기본 문장 ❺

'-아야/어야'에 의한 종속적으로 이어진 문장

밥을 먹어야 일을 하겠소.

> **잠깐!** '-아야/어야'의 용법에 주의하세요.
>
> 밥을 먹[어야] 일을 하겠소.
> 그분이 가야(가[아야]) 저도 가겠소.
> 물이 깊[어야] 고기가 모인다.
> 내일은 따뜻한 날이[어야] 길 걷기가 좋을 텐데.
> 네가 좋은 사람이[라야] 채용할 수 있다.

▪ 알아보기

1. 연결 이미 '-이야/이야'는 앞에 오는 말이 뒤에 오는 말에 대한 필수적인 조건임을 나타낸다.
2. '-아야'는 양성모음 다음에 쓰이고, '-어야'는 음성모음 다음에 쓰이며, '-라야'는 서술격 소사 '이나' 나음에 쓰이는 섯이 원칙이나 '-어야'도 바꾸어 쓰이기도 한다.

- **예: 가야(가아야); 먹어야, 깊어야; 이라야, 이어야**

> **정리하기 ▌** 위의 문형은 어떤 조건이 꼭 필요함을 의미하는 '-아야/어야'가 뒤에 오는 문장을 수식하여 두 문장을 결합한 것이다.
> (보기) (밥을 먹[는다] → [어야]) + 일을 하겠소. → 밥을 먹어야 일을 하겠소.

<연습 1> 다음 두 문장을 '-아야/어야'로 결합하여 한 문장으로 만들어 보세요.

(보기) 밥을 먹는다. 일을 하겠다. → 밥을 먹어야 일을 하겠다.

1. 날씨가 따뜻하다. 꽃이 잘 핀다.

____

2. 그분이 그것을 산다. 나도 사겠다.

____

3. 그것이 좋은 책이다. 나는 읽겠다.

____

4. 날씨가 좋다. 여행을 할 텐데…….

____

5. 열심히 공부한다. 한국어를 빨리 배울 수 있다.

____

단원마무리

이 단원에서는 '같음, 의심, 필요조건'을 의미하는 연결 어미 '-다시피', '-듯이', '-(으)ㄴ/는지', '-(으)ㄹ지', '-아야/어야' 등을 사용하여 종속적으로 이어진 문장을 만드는 것을 살펴보았다.

1. 다음 제시한 어미를 이용하여 종속적으로 이어진 문장을 만들어 보세요.

(1) -다시피 ______________________________

(2) -듯이 ______________________________

(3) -는지 ______________________________

(4) -(으)ㄴ지 ______________________________

(5) -(으)ㄹ지 ______________________________

(6) -어야 ______________________________

(7) -아야 ______________________________

(8) -라야 ______________________________

제49과 나는 비가 오기를 기다린다.
—내포적 복합문—

이 단원은 안은문장에 대해 연습하는 단원이다. 안은문장은 한 절이 다른 절을 문장 성분의 일부로서 안고 있는 문장으로 명사절을 가진 안은문장, 관형사절을 가진 안은문장, 부사절을 가진 안은문장, 서술절을 가진 안은문장 등이 있다.

☝ 주목하기

명사형 전성 어미	-기, -(으)ㅁ
관형사형 전성 어미	-(으)ㄴ, -는, -(으)ㄹ, -던
부사형 전성 어미	-아서/어서, -게, -이

(1) 농부들이 비가 오기를 기다린다.
(2) 그는 힘이 셈을 자랑한다.
(3) 향기가 짙은 꽃이 장미이다.
(4) 백합은 향기가 은은해서 좋다.
(5) 토끼는 앞발이 짧다.

▪ 기본 문장 ❶

'-기'로 된 명사절을 가진 안은문장[1)]

농부들이 비가 오기를 기다린다.

> **잠깐!** 어미 '-기'로 된 명사절이 안겨 있음에 주의하세요.
>
> 농부들이 [비가 오기]를 기다린다.
> [그 젊은 사람이 미련하기]가 곰과 같구나.
> [향기 좋기]가 유자보다 낫다.
> [겨울이 춥기]가 예사이다.
> 어린애가 [밥 먹기]를 배운다.
> 보기 좋은 떡이 [먹기]도 좋다.

▪ 알아보기

'-기'는 동사나 형용사를 명사처럼 만들어 주는 어미다. '-기'가 붙어서 된 말은 완전히 명사로 전성된 것이 아니고 임시적으로 명사 노릇을 하는 것이다. 즉 '-기'는 명사형 어미다. 이는 앞에서 본 관형사형(제19과 기본 문장 ❶~❺를 참조하세요.)과 더불어 '전성 어미'라고 한다.

- **예: 오기('오다'의 명사형), 좋기('좋다'의 명사형)**

> **정리하기 ▌** 1. 위의 문형은 명사절을 가진 안은문장이다.
> (보기) 농부들이 + (비가 오[ㄴ다] → [기])를 기다린다. → 농부들이 비가 오기를 기다린다.
> 2. '-기'는 반드시 주어의 서술어만으로 쓰이지는 않는다. 주어 없이 목적어를 서술할 수도 있고 단순한 용언의 명사형으로 쓰이기도 한다.
> (보기) 밥 먹기(밥을 먹기) → 목적어의 서술어, 먹기 → '먹다'의 명사형

1) 절이 명사화되어 문장 성분의 일부로서 쓰이게 되면 그 절을 명사절이라고 부른다.

<연습 1> 아래 문장의 밑줄 그은 부분에 괄호 속에 제시한 문장을 명사절로 바꾸어 넣어 문장을 완성해 보세요.

(보기) ____________가 대낮과 같다. (달이 밝다) → 달이 밝기가 대낮과 같다.

1. 그것은 ______________와 같다. (누워서 떡 먹는다)
2. 나는 ______________를 바란다. (강아지가 건강하다)
3. ______________ 전에 나가야 합니다. (기차가 도착한다)
4. ______________ 전에 혼자서 한국어를 공부했어요. (내가 한국에 온다)

<연습 2> 아래 밑줄 그은 부분에 괄호 속의 말을 명사형으로 만들어 문장을 완성해 보세요.

(보기) 받기보다 _________를 더하여라. (주다) → 받기보다 주기를 더하여라.

1. 그분은 ______________를 좋아해요. (공부하다)
2. 버스를 ______________가 매우 어려워요. (타다)
3. ______________ 전에 이것을 잡수십시오. (주무신다)
4. 대학에 ______________ 전에 한국어부터 배워야지요. (간다)
5. 돈이 ______________ 때문에 좋지 않았어요. (없었다)

▪ 기본 문장 ❷

'-(으)ㅁ'으로 된 명사절을 가진 안은문장

그는 힘이 셈을 자랑한다.

잠깐! 어미 '-(으)ㅁ'으로 된 명사절이 안겨 있음에 주의하세요.

> 그는 [힘이 셈]을 자랑한다.
> [용기가 적음]이 그분의 단점이다.
> [벗과 벗이 서로 믿음]은 아름다운 덕이다.
> 너는 [집이 가난함]을 슬퍼하지 말아라.
> [내가 너를 미워함]이 아니다.
> 그 후 오 년 뒤에야 사실[임]이 밝혀졌다.
> 아침마다 [운동함]은 건강에 좋다.

▪ 알아보기

1. '-음'은 받침 있는 말 아래 쓰이고, '-ㅁ'은 받침 없는 말과 'ㄹ' 받침 아래 쓰인다.

• **예: 적음, 믿음, 욺, 삶, 앎; 셈, 가난함**

2. '-(으)ㅁ'은 앞의 '-기'와 같이 용언을 명사와 같이 만들어 주는 명사형 전성 어미다. '-기'는 '미정적', '-(으)ㅁ'은 '기정적'인 의미를 갖는 경향이 있다.[2)]

정리하기 ▌ 1. 위의 문형은 명사절을 가진 안은문장이다.
(보기) 그는 (힘이 세[다]→ㅁ)을 자랑한다. → 그는 힘이 셈을 자랑한다.
2. '-(으)ㅁ'도, '-기'와 같이 주어의 서술어만으로 쓰이지 않고 단순한 용언의 명사형으로 쓰인다.
(보기) 사실임, 운동함

---

2) '미정적'은 '아직 정하지 못함'을 뜻하고, '기정적'은 '이미 결정되어 있음'을 뜻한다.

<연습 1> 다음 밑줄 친 부분에 괄호 속에 제시한 문장을 명사절로 바꾸어 넣어 문장을 완성해 보세요.

(보기) __________ 은 건강에 해롭다. (밥을 너무 빨리 먹는다)

→ 밥을 너무 빨리 먹음은 건강에 해롭다.

1. 습한 날씨가 ____________과 같다. (비가 온다)
2. 그가 ____________은 세상이 다 아는 바이다. (범인이 아니다)
3. 나는 ____________을 알았다. (그가 돌아왔다)
4. ____________이 거울과 같다. (마음이 맑다)
5. ____________이 어때? (너도 노래한다)

<연습 2> 아래 밑줄 그은 부분에 괄호 속의 말을 명사형으로 만들어 문장을 완성해 보세요.

(보기) 해가 져 가니 빨리 __________이 좋다. (걷다) → 해가 져 가니 빨리 걸음이 좋다.

1. 날이 어두우니 ____________이 좋겠다. (가다)
2. 마음의 ____________이 얼음과 같다. (투명하다)
3. 내가 ____________을 느꼈다. (완쾌했다)
4. 큰 체함은 ____________이 아니다. (크다)
5. 작은 글씨를 오래 ____________으로 인해서 눈이 나빠졌다. (보다)

기본 문장 ❸

관형사절을 가진 안은문장[3)]

향기가 짙은 꽃이 장미이다.

> **잠깐!** 관형사절이 안겨 있음에 주의하세요.
>
> 향기가 짙은 꽃이 매화이다.
> 경치가 좋은 곳이 또 어디 있느냐?
> 그는 인격이 훌륭한 분을 찾고 있다.
> 맛이 있는 음식을 많이 먹고 싶습니다.

알아보기

관형사절은 어미 '-(으)ㄴ', '-는', '-(으)ㄹ', '-던'에 의해 만들어진다. 관형사형 어미는 결합 어간이 동사인지 형용사인지에 따라 구별되어 사용된다. 동사에서는 현재를 나타내기 위해 '-는'을 쓰고, 형용사에서는 '-(으)ㄴ'을 쓴다.

> **정리하기 ▮** 위의 문형은 관형절이 안겨 체언을 수식하는 복합문을 만드는 것이다.
> (보기) (향기가 짙다 → 은) + 꽃이 매화이다. → 향기가 짙은 꽃이 매화이다.

<연습 1> 아래 괄호 안의 문장을 관형사절로 만들어 밑줄 그은 말 앞에 놓아 보세요.

(보기) 나라가 부럽다. (나무가 많다) → 나무가 많은 나라가 부럽다.

1. 우리나라는 예로부터 곳으로 알려져 있다. (금이 많이 난다)

____

2. 핀란드는 경치가 아름답다고 한다. (호수가 많다)

____

3. 너는 딴 생각을 하지 말아라. (책을 읽는다)

____

3) 절이 관형사화되어 관형어로서 쓰이게 되면 그 절을 관형사절이라고 부른다.

4. 나는 그분을 존경한다. (인격이 훌륭하다)

____

5. 우리는 언덕 위로 올라갔다. (바다가 보인다)

____

기본 문장 ❹

부사절을 가진 안은문장[4)]

백합은 향기가 은은해서 좋다.

> **잠깐!** 부사절이 안겨 있음에 주의하세요.
>
> 백합은 [향기가 은은해서] 좋다.
> 이 집은 [앞이 트이어] 시원하다.
> 꽃이 [향기가 좋게] 핀다.
> [배(가) 없이] 건너기가 어렵다.

알아보기

'없이'의 '이'는 보통 형용사를 부사로 만들어 주는 접미사이다(제26과 기본 문장 ❷를 참조하세요.). 그러나 '없다' 아래에 쓰이면 주어를 서술하는 보조적 연결 어미의 역할을 한다.

- **예: 배(가) 없이**

> **정리하기** ▌ 위의 문형은 부사절이 안겨 용언을 수식하는 복합문을 만든 것이다.
> (보기) 백합은 향기가 은은해서 좋다. ← 매화는 (향기가 은은하[다] → [여]) + 좋다.

4) 절이 부사화되어 부사어로서 쓰이게 되면 그 절을 부사절이라고 부른다.

<연습 1> 아래 괄호 속에 제시한 문장을 부사절로 만들어 밑줄 그은 서술어 앞에 놓아 보세요.

(보기) 무궁화가 피었다. (빛이 곱다) → 무궁화가 빛이 곱게 피었다.

1. 그 음식은 보인다. (맛이 있다)→
2. 한국은 좋다. (물이 맑다)→
3. 너는 공부를 해? (책도 없다)→
4. 우리는 잘 수 없다. (돈 없다)→

기본 문장 ❺

서술절을 가진 안은문장

토끼는 앞발이 짧다.

잠깐! 서술절이 안겨 있음에 주의하세요.

토끼는 앞발이 짧다.
오늘은 달이 밝다.
코끼리는 코가 길다.
대구는 사과가 유명하다.

알아보기

한국어에서는 주어가 둘 이상 있는 듯이 보이는 문장이 있다. 이를 흔히 '이중 주어문'이라고 한다. 즉, 서술절을 안은문장은 '토끼가 앞발이 짧다'를 '[토끼가 [앞발이 짧다]]'의 구조를 지닌 것으로 설명하는 것이다.

정리하기 ▌ 위의 문형은 서술절을 안은문장이다.

<연습 1> 다음 두 문장을 결합시켜 문장을 만들어 보세요.

(보기) 이 연필은 불편하다. 쓰기가 불편하다. → 이 연필은 쓰기가 불편하다.

1. 황새는 길다. 다리가 길다.

____

2. 나는 아프다. 이마가 아프다.

____

3. 오늘은 상쾌하다. 기분이 상쾌하다.

____

4. 시우는 튼튼하다. 몸도 튼튼하다.

____

5. 이 선생님은 훌륭하다. 인격이 훌륭하다.

____

단원마무리

이 단원에서는 명사절, 관형사절, 부사절, 서술절을 가진 안은문장에 대해 알아보았다.

1. 아래 문형에 해당하는 문장을 하나씩 만들어 보세요.

(1) '-기'로 된 명사절을 가진 안은문장

____

(2) '-음'으로 된 명사절을 가진 안은문장

____

(3) '-는'으로 된 관형사절을 가진 안은문장

____

(4) '-(으)ㄴ'으로 된 관형사절을 가진 안은문장

____

(5) '-아(어)'로 된 부사절을 가진 안은문장

____

(6) '-이'로 된 부사절을 가진 안은문장

____

제50과 봄이 오면 꽃이 피고 여름이 오면 나무가 무성하다.

—대등적 혼합문—

이 단원은 종속적으로 이어진 문장, 대등적으로 이어진 문장, 안은문장이 다시 대등적으로 연결된 문형에 대해 연습하는 단원이다. 주로 연결 어미 '-고', '-(으)며' 등에 의해 대등적으로 이어진다.

☝ 주목하기

대등적 연결 어미	-고, -(으)며

(1) 봄이 오면 온갖 꽃이 피고 여름이 오면 모든 나무가 무성하다.
(2) 봄에는 날씨가 따뜻하고, 바람이 포근하며, 가을에는 하늘이 맑고 날이 맑다.
(3) 새는 날개가 있고 고기는 지느러미가 있다.
(4) 몸이 튼튼하고 용기가 있는 사람은 군인이 되기에 적당하고 재주가 있고 학구열이 많은 사람은 학자가 되기에 알맞다.

▪ 기본 문장 ❶

종속적으로 이어진 문장이 다시 대등적으로 연결된 것

봄이 오면 온갖 꽃이 피고 여름이 오면 모든 나무가 무성하다.

> **잠깐!** 종속적으로 이어진 문장이 대등적인 어미에 의해 결합되었음에 주의하세요.
>
> 봄이 오(면) 온갖 꽃이 피고 여름이 되(면) 모든 나무가 무성하다.
> 꽃이 피(면) 마음이 즐겁고 새가 울(면) 마음이 가볍다.
> 독한 약이 입에는 쓰(나) 병에는 이로우며 충성된 말이 귀에는 거슬리(나) 행실에는 이롭다.

▪ 알아보기

위의 문형은 각각 연결 어미 '-(으)면'에 의해 종속적으로 이어진 문장을 대등적 연결 어미 '-고'를 사용하여 결합한 것이다.

- **예: (봄이 오(면) 온갖 꽃이 피[ㄴ다] → [고]) + 여름이 되(면) 모든 나무가 무성하다.**
  → 봄이 오면 온갖 꽃이 피고 여름이 되면 모든 나무가 무성하다.

> **정리하기 ▮** 위의 문형은 종속적으로 이어진 문장이 대등적인 어미 '-고, -(으)며' 등에 의해 결합되어 대등적으로 연결된 문장이 된 것이다.

<연습 1> 아래의 종속적으로 이어진 문장을 대등적인 어미로써 이어 보세요.

1. 하늘이 높으니 해와 달이 밝다. 땅이 두터우니 풀과 나무가 자란다.

____

2. 서울에 봄이 오면 진달래가 만발한다. 한라산에 가을이 오면 단풍이 아름답다.

____

3. 산이 높으면 나무가 많다. 물이 깊으면 고기가 많이 모인다.

____

4. 학교에 가면 선생님 말씀이 옳다. 집에 가면 부모님 말씀이 옳다.

____

5. 돈은 많으나 쓸 줄을 모른다. 학식은 높으나 전수할 줄 모른다.

기본 문장 ❷

대등적으로 이어진 문장이 다시 대등적으로 연결된 것

봄에는 날씨가 따뜻하고 바람이 포근하며, 가을에는 하늘이 맑고 날이 맑다.

> **잠깐!** 대등적으로 이어진 문장이 대등적인 어미에 의해 결합되었음에 주의하세요.
>
> 봄에는 날씨가 따뜻하(고) 바람이 포근하[며] 가을에는 하늘이 맑(고) 날이 맑다.
> 봄에는 버들이 푸르(고) 꽃이 붉으[며] 가을에는 벼가 누르(고) 단풍이 곱다.
> 산에는 진달래가 붉(고) 솔잎이 푸르[며] 강에는 물이 맑(고) 고기가 많다.

알아보기

위의 문형은 각각 연결 어미 '-고'에 의해 대등적으로 이어진 문장을 대등적 연결 어미 '-(으)며'를 사용하여 결합한 것이다.

- **예: (봄에는 날씨가 따뜻하(고) 바람이 포근하[다] → [며]) + 가을에는 하늘이 맑(고) 날이 맑다.**

  → 봄에는 날씨가 따뜻하고 바람이 포근하며 가을에는 하늘이 맑고 날이 맑다.

> **정리하기** ▌ 위의 문형은 대등적으로 이어진 문장이 대등적인 어미 '-(으)며'에 의해 결합되어 대등적으로 연결된 문장이 된 것이다.

<연습 1> 다음 두 대등적으로 이어진 문장을 대등적인 어미로써 이어 보세요.

1. 하늘이 개면서 무지개가 생긴다. 비가 오면서 천둥이 친다.

---

2. 바람이 불자 비가 온다. 구름이 끼자 눈이 온다.

---

3. 범진이는 밥을 먹으면서 신문을 본다. 승지는 공부를 하면서 노래를 부른다.

____

4. 가을에는 날씨가 시원하고 단풍이 든다. 겨울에는 날씨가 춥고 얼음이 언다.

____

▪ 기본 문장 ❸

안은문장이 다시 대등적으로 연결된 것

새는 날개가 있고 고기는 지느러미가 있다.

> **잠깐!** 안은문장이 대등적인 어미에 의해 결합되었음에 주의하세요.
>
> 새는 날개가 있[고] 고기는 지느러미가 있다.
> 그 사람은 미련하기가 곰과 같[고] 저 사람은 교활하기가 여우와 같다.
> 어떤 이는 봄이 화창함을 좋아하[고] 어떤 이는 가을이 쾌청함을 좋아한다.
> [꽃이 피는] 봄날이 지나가[고] 잎이 푸른 여름이 다가온다.

▪ 알아보기

위의 문형은 각각의 안은문장을 대등적 연결 어미 '-고'를 사용하여 결합한 것이다.(제49과를 참고하세요.)

- **예: (새는 날개가 있[다] → [고]) + 고기는 지느러미가 있다.**

정리하기 ▌ 위의 문형은 용언절, 체언절, 관형절 등을 가진 안은문장이 대등적인 어미 '-고' 등에 의해 대등적으로 연결된 문장이 된 것이다.

<연습 1> 아래의 두 안은문장을 대등적인 어미로써 이어 보세요.

1. 농부들은 비가 오기를 기다린다. 어부들은 태풍이 그치기를 바란다.

____

2. 마음이 맑음은 거울과 같다. 마음이 곧음은 송죽과 같다.

____

3. 재산이 많은 사람도 불행할 수 있다. 집이 가난한 사람도 행복할 수 있다.

____

4. 책이 적은 사람도 공부를 할 수 있다. 책이 많은 사람도 공부를 안 할 수 있다.

____

5. 용기가 있는 사람도 있어야 한다. 머리가 탁월한 사람도 있어야 한다.

____

기본 문장 ❹

대등적인 안은문장이 다시 대등적으로 연결된 것

몸이 튼튼하고 용기가 있는 사람은 군인이 되기에 적당하고 재주가 있고 학구열이 많은 사람은 학자가 되기에 알맞다.

> **잠깐!** 대등적인 안은문장이 대등적인 어미에 의해 결합되었음에 주의하세요.
>
> 몸이 튼튼하(고) 용기가 있는 사람은 군인이 되기에 적당하[고] 재주가 있(고) 학구열이 많은 사람은 학자가 되기에 알맞다.
> 뿌리가 깊(고) 잎이 많은 나무는 열매가 많이 열[고] 땅이 기름지(고) 국민이 부지런한 나라는 행복하게 살 수 있다.

알아보기

위의 문형은 대등적으로 이어진 관형절을 안은문장을 대등적 연결 어미 '-고'를 사용하여 결합한 것이다.

- **예: (몸이 튼튼하(고) 용기가 있는 사람은 군인이 되기에 적합하[다] → [고]) + 재주가 있(고) 학구열이 많은 사람은 학자가 되기에 적합하다. → 몸이 튼튼하고 용기가 있는 사람은 군인이 되기에 적당하고 재주가 있고 학구열이 많은 사람은 학자가 되기에 알맞다.**

정리하기 ▌ 위의 문형은 대등적인 복합문을 가진 안은문장이 대등적인 어미 '-고'에 의해 대등적으로 연결된 것이다.

<연습 1> 아래의 대등적인 안은문장을 대등적인 어미로써 이어 보세요.

1. 빌리는 키가 크고 성격이 쾌활하다. 시우는 키가 작고 성격이 순하다.

 ____

2. 지영이는 경치 좋고 인심 좋은 윗마을에 산다. 승지는 산 높고 물 맑은 아랫마을에 산다.

 ____

3. 나는 책상도 없고 가방도 없이 공부했다. 너는 운동화도 없고 유니폼도 없이 운동했다.

 ____

단원마무리

이 단원에서는 종속적인 복합문, 대등적인 복합문, 안은문장을 결합시켜 대등적으로 연결된 문장을 만드는 방법에 대해 알아보았다.

1. 다음 문형에 해당하는 문장을 만들어 보세요.

(1) -(으)면~-고~-(으)면~-다.

____

(2) -(으)니~-고~-(으)니~-다.

____

(3) -고~-며~-고~-다.

____

(4) -(으)면서~-고~-(으)면서~-다.

____

(5) -자~-고~-자~-다.

____

(6) 서술절을 가진 안은문장을 각각 대등적으로 연결한 것

____

(7) 명사절을 가진 안은문장을 각각 대등적으로 연결한 것

____

(8) 관형사절을 가진 안은문장을 각각 대등적으로 연결한 것

____

(9) 부사절을 가진 안은문장을 각각 대등적으로 연결한 것

____

제51과 꽃도 피고 새도 우는 봄이 좋아요.
—종속적인 혼합문—

이 단원은 이어진 문장, 안은문장이 다시 종속적으로 연결된 문형에 대해 연습하는 단원이다.

☝ 주목하기

종속적 연결 어미	-고, -건마는, -지마는, -지만, -(으)면, -(으)니, -(으)며

(1) 꽃이 피고 새가 노래하고 물은 흘러도 나의 가슴에는 봄이 아직 찾아오지 않았다.
(2) 겨울이 오면 눈이 내리고 얼음이 언다.
(3) 향기가 맑음이 중요하지만 꽃의 빛깔도 아름다워야 한다.
(4) 달이 매우 밝으니 배가 떠나감을 잘 볼 수 있다.
(5) 돈이 많음도 좋지마는 친구가 많음이 더욱 좋다.
(6) 날씨가 따뜻하고 바람도 산들산들한 봄철도 좋지마는 하늘이 맑고 달이 밝은 가을철은 더욱 아름답다.
(7) 재주도 있고 몸도 튼튼하고 열성도 대단하였지만 그는 돈이 없었다.
(8) 의지가 굳은 저 사람은 일을 성취하지마는 다만 몸이 약한 것이 걱정이며 재산이 넉넉하지 못함이 걱정이다.

기본 문장 ❶

대등적으로 이어진 문장이 다시 종속적으로 연결된 것 I

꽃이 피고 새가 노래하고 물은 흘러도 나의 가슴에는 봄이 아직 찾아오지 않았다.

> **잠깐!** 대등적으로 이어진 문장이 종속절의 어미에 의해 뒤의 문장에 결합되었음에 주의하세요.
>
> 꽃이 피(고) 새가 노래하(고) 물은 흘러도(흐르[어도]) 나의 가슴에는 봄이 아직 찾아오지 않았다.
> 꽃이 피(고) 새는 울[지마는] 날씨는 아직 차갑다.
> 들도 좋(고) 산도 좋[지마는] 바다가 더욱 좋다.

알아보기

1. 위의 문형은 각각 연결 어미 '-고'에 의해 대등적으로 이어진 문장을 종속적 연결 어미 '-(으)면'을 사용하여 결합한 것이다.
2. 어미 '-지마는'은 어떤 사실이나 내용을 시인하면서 그에 반대되는 내용을 말하거나 조건을 붙여 말할 때에 쓰는 연결 어미이다.

> **정리하기 ▌** 위의 문형은 종속절의 대등적으로 이어진 문장이 종속적인 어미에 의해 뒤의 주절의 문장에 결합되어 종속적으로 연결된 문장이 됨을 보인 것이다.
> (보기) (꽃이 피(고) 새가 노래하(고) 물은 흐르[ㄴ다] → [어도]) + 나의 가슴에는 봄이 아직 찾아오지 않았다. → 꽃이 피고 새가 노래하고 물은 흘러도 나의 가슴에는 봄이 아직 찾아오지 않았다.

<연습 1> 다음 앞에 나온 대등적으로 이어진 문장을 종속적인 어미로써 뒤의 문장과 이어 보세요.

1. 봄은 사람의 기분을 들뜨게 하고 여름은 사람의 활동을 게으르게 하고 겨울은 사람의 마음을 가라앉게 한다. 가을만은 사람의 생각을 깨끗하게 하는 것이다.

____

____

2. 연필도 있고 공책도 있다. 어찌 글씨를 쓰지 않느냐.

기본 문장 ❷

대등적으로 이어진 문장이 다시 종속적으로 연결된 것 II

겨울이 오면 눈이 내리고 얼음이 언다.

> **잠깐!** 앞의 문장이 종속적인 어미에 의하여 뒤의 대등적으로 이어진 문장에 결합되었음에 주의하세요.
>
> 겨울이 오[면] 눈이 내리(고) 얼음이 언다.
> 비가 오[니] 연못에는 물이 가득하(고) 나무에는 잎이 푸르다.
> 국토가 넓[으면] 자원도 풍부하(고) 인구도 많다.

알아보기

위의 문형은 각각 연결 어미 '-고'에 의해 대등적으로 이어진 문장을 종속적 연결 어미 '-(으)면', '-(으)니'를 사용하여 결합한 것이다.

정리하기 ▮ 위의 문형은 주절의 대등적으로 이어진 문장이 종속적인 어미에 의하여 앞에 오는 종속절의 문장과 결합되어 종속적으로 연결된 문장이 됨을 보이는 것이다.
(보기) (겨울이 오[ㄴ다] → [면]) + 눈이 내리고 얼음이 언다. → 겨울이 오면 눈이 내리고 얼음이 언다.

<연습 1> 다음 앞의 문장을 종속적인 어미로써 뒤의 대등적으로 이어진 문장과 이어 보세요.

1. 산에 나무가 많다. 경치도 좋고 홍수도 예방할 수 있다.

---

2. 경주에 갔다. 석가탑과 다보탑도 보고 석굴암도 보고 해돋이도 구경하였다.

---

3. 집 밖으로 나갔다. 아이들은 연을 날리고 있었고 고양이들은 담을 넘고 있었다.

____

기본 문장 ❸

안은문장이 다시 종속적으로 연결된 것 I

향기가 맑음이 중요하지만 꽃의 빛깔도 아름다워야 한다.

잠깐! 앞의 안은문장이 종속적인 어미에 의해 뒤의 문장에 결합되었음에 주의하세요.

향기가 맑음이 중요하지만 꽃의 빛깔도 아름다워야 한다.
버스를 타기가 어려우면(어렵으면) 기차로 가겠습니다.
돈이 많음이 좋지마는 걱정도 따라 많다.
보기가 좋은 떡이 많지마는 입에 맞지 않다.

알아보기

위의 문형은 각각의 안은문장을 종속적 연결 어미 '-지만', '-(으)면', '-지마는'을 사용하여 결합한 것이다.

정리하기 ▌ 위의 문형은 안은문장이 종속적인 어미에 의해서 뒤에 오는 주절의 문장과 결합되어 종속적으로 연결된 문장이 된 것이다.
(보기) (향기가 맑음이 중요하다 → 지마는) + 꽃의 빛깔도 아름다워야 한다.
→ 향기가 맑음이 중요하지만 꽃의 빛깔도 아름다워야 한다.

<연습 1> 아래 안은문장을 종속적인 어미를 이용하여 뒤의 주절의 문장과 이어 보세요.

1. 벗과 벗이 서로 믿음은 아름다운 덕이다. 친구를 잘 사귀도록 해라.

____

2. 달이 밝은 밤이 된다. 나는 산책하기를 잊지 않는다.

____

3. 밥을 너무 빨리 먹으면 건강에 해롭다. 천천히 잘 씹어 먹도록 해라.

____

기본 문장 ❹

안은문장이 다시 종속적으로 연결된 것 Ⅱ

달이 매우 밝으니 배가 떠나감을 잘 볼 수 있다.

> **잠깐!** 앞의 문장이 종속적인 어미에 의해 뒤의 안은문장과 결합됨에 주의하세요.
>
> 달이 매우 밝[으니] 배가 떠나감을 잘 볼 수 있다.
> 봄이 오[니] 향기 높은 매화가 뒤뜰에 피는구나.
> 아침밥을 먹기는 했[지만] 배가 고픔을 참을 수 없다.
> 바다가 넓기는 해도(하[여도]) 해수욕을 하기에 적당하지 않을 것 같다.

알아보기

위의 문형은 안은문장을 종속적 연결 어미 '-(으)니', '-지만', '-여도'를 사용하여 결합한 것이다.

정리하기 ▌ 위의 문형은 앞의 종속적인 문장이 종속적인 어미에 의해 뒤에 오는 안은문장과 결합되어 종속적으로 연결된 것이 되는 법을 보인 것이다.
(보기) 달이 매우 밝으니 배가 떠나감을 잘 볼 수 있다.
← (달이 매우 밝[다] → [으니]) + 배가 떠나감을 잘 볼 수 있다.

<연습 1> 아래의 종속절의 문장을 종속적인 어미에 의해 뒤에 오는 안은문장과 이어 보세요.

1. 방에 들어섰다. 아이들은 쉴 틈도 없이 공부를 하고 있었다.

____

2. 날씨가 너무 덥다. 교실 안에서 공부를 하기가 좋지 않다.

____

3. 눈이 온다. 잎이 떨어진 가지에는 눈꽃이 가득히 달렸다.

▪ 기본 문장 ❺

두 개의 안은문장이 다시 종속적으로 이어진 것

돈이 많음도 좋지마는 친구가 많음이 더욱 좋다.

> **잠깐!** 두 개의 안은문장이 종속적인 어미에 의해 결합되었음에 주의하세요.
>
> 돈이 많음도 좋지마는 친구가 많음이 더욱 좋다.
> 바람이 부드러운 봄날이 오니 빛깔이 고운 진달래도 피는구나.
> 해마다 날씨가 무더운 여름철이 되면 나이가 젊은 사람들이 산으로 바다로 떠난다.

▪ 알아보기

위의 문형은 두 개의 안은문장이 종속적인 어미 '-지마는', '-(으)니', '-(으)면'에 의해 결합된 것을 보인 것이다.

> **정리하기 ▮** 위의 문형은 앞뒤의 두 안은문장이 종속적인 어미에 의해 결합되어 다시 종속적으로 이어진 것을 보이는 것이다.
> (보기) (돈이 많음도 좋다 → 지마는) + 친구가 많음이 더욱 좋다.
> → 돈이 많음도 좋지마는 친구가 많음이 더욱 좋다.

<연습 1> 아래 두 안은문장을 종속적인 어미를 이용해서 결합하세요.

1. 공부를 잘함도 좋다. 몸이 튼튼함이 더 좋다.

---

2. 누워서 떡 먹기도 어렵다. 누워서 물 마시기는 더 어렵다.

---

3. 아지랑이가 아른거리는 봄이 온다. 바구니를 낀 처녀들이 밖으로 나간다.

▪ 기본 문장 ❻

대등적으로 안은문장이 종속적으로 연결된 것

날씨가 따뜻하고 바람이 산들산들한 봄철도 좋지마는 하늘이 맑고 달이 밝은 가을철은 더욱 아름답다.

> **잠깐!** 대등적인 복합문을 대등적으로 이어진 문장을 가진 두 개의 안은문장이 종속적인 어미에 의해 결합되었음에 주의하세요.
>
> 날씨가 따뜻하(고) 바람이 산들산들한 봄철도 좋[지마는] 하늘이 맑(고) 달이 밝은 가을철은 더욱 아름답다.
> 백마강이 흐르(고) 부소산이 솟아 있는 부여도 좋[지마는] 다보탑이 있(고) 석굴암이 있는 경주가 더 마음에 든다.
> 헤엄도 치(고) 매미도 잡는 여름철도 좋[거니와] 썰매도 타(고) 눈싸움도 하는 겨울철이 더 낫지 않느냐?

▪ 알아보기

위의 문형은 대등적으로 이어진 문장을 가진 두 개의 안은문장이 종속적 연결 어미 '-고'에 의해 연결된 것을 보인 것이다.

> **정리하기 ▌** 위의 문형은 대등적으로 이어진 문장을 가진 두 개의 안은문장이 종속적인 어미에 의해 결합되어 다시 종속적으로 연결되는 되는 법을 보인 것이다.
> (보기) (날씨가 따뜻하(고) 바람이 산들산들한 봄철도 좋[다] → [지마는]) + (하늘이 맑(고) 달이 밝은 가을철은 더욱 아름답다)
> → 날씨가 따뜻하(고) 바람이 산들산들한 봄철도 좋지마는 하늘이 맑고 달이 밝은 가을철은 더욱 아름답다.

<연습 1> 아래의 두 안은문장을 종속적인 어미로써 이어 보세요.

1. 평야가 많고 날씨가 따뜻한 남쪽 지방도 아름답다. 산이 많고 날씨가 추운 북쪽 지방이 더 마음에 들어요.

___

2. 활기가 없고 용기가 부족한 시우는 소용이 없다. 패기가 있고 성격이 명랑한 범진이를 데려오너라.

____

3. 규모가 웅대하고 터가 넓은 경복궁이 싫다. 규모가 작고 뜰이 아늑한 창덕궁으로 가 보자.

____

기본 문장 ❼

대등적으로 이어진 문장과 안은문장이 이어져서 다시 종속적으로 연결된 것

재주도 있고 몸도 튼튼하고 열성도 대단하였지만 그는 돈이 없었다.

> **잠깐!** 앞의 대등적으로 이어진 문장이 종속적인 어미에 의해 뒤의 안은문장과 결합되었음에 주의하세요.
>
> 재주도 있(고) 몸도 튼튼하(고) 열성도 대단하였지만 그는 돈이 없었다.
> 집터도 넓(고) 전망도 좋으니 쓸모가 있는 집을 한 채 짓고 싶었다.
> 재산도 많고 재주도 있지마는 그는 노력이 부족하였다.

알아보기

위의 문형은 대등적으로 이어진 문장이 종속적인 어미 '-지만', '-(으)니'에 의해 안은문장과 결합하여 다시 종속적으로 연결된 것이다.

> **정리하기** ▌ 위의 문형은 앞에 오는 대등적으로 이어진 문장을 종속적인 어미로써 뒤에 오는 안은문장과 결합하여 다시 종속적으로 연결된 것을 만드는 법을 보인 것이다.
> (보기) (재주도 있(고) 몸도 튼튼하(고) 열성도 대단하였다 → 지마는) + 그는 돈이 없었다.
> → 재주도 있고 몸도 튼튼하고 열성도 대단하였지마는 그는 돈이 없었다.

<연습 1> 아래의 대등적으로 이어진 문장과 안은문장을 이어 보세요.

1. 달도 밝고 바람도 시원하다. 오늘은 산책할 시간이 없다.

____

2. 성적도 우수하고 노력도 많이 한다. 그는 몸이 튼튼하지 못하다.

____

3. 오랜만에 만났고 또 할 이야기가 많다. 달이 밝은 이 밤을 헛되이 보내지 말자.

____

기본 문장 ❽

안은문장과 대등적으로 이어진 문장이 이어져서 다시 종속적으로 연결된 것

의지가 굳은 저 사람은 일을 성취하지마는 다만 몸이 약한 것이 걱정이며 재산이 넉넉하지 못함이 걱정이다.

잠깐! 앞에 오는 안은문장이 종속적인 어미에 의해 뒤에 오는 대등적으로 이어진 문장과 결합되었음에 주의하세요.

의지가 굳은 저 사람은 일을 성취하[지마는] 다만 몸이 약한 것이 걱정이(며) 재산이 넉넉하지 못함이 걱정이다.
단풍이 드는 가을이 오[니] 뜰 앞의 국화도 피(고) 서리마저 내린다.
날씨가 따뜻한 봄날이 오[면] 산에는 진달래가 피(고) 들에는 종달새가 지저귄다.

알아보기

위의 문형은 안은문장이 종속적인 어미 '-지마는', '-(으)니', '-(으)면'에 의해 뒤에 오는 대등적으로 이어진 문장과 결합된 것이다.

정리하기 ▌ 위의 문형은 앞에 오는 안은문장이 종속적인 어미에 의해 뒤에 오는 대등적으로 이어진 문장과 결합되어 다시 종속적으로 연결된 것을 보인 것이다.

(보기) (의지가 굳은 저 사람은 일을 성취하ㄴ다 → 지마는) + 다만 몸이 약한 것이 걱정이(며) 재산이 넉넉하지 못함이 걱정이다.

→ 의지가 굳은 저 사람은 일을 성취하지마는 다만 몸이 약한 것이 걱정이며 재산이 넉넉하지 못함이 걱정이다.

<연습 1> 아래의 안은문장과 대등적으로 이어진 문장을 종속적인 어미로써 이어 보세요.

1. 대지가 넓은 데가 좋다. 공기가 맑고 전망이 좋은 데가 더욱 마음에 든다.

___

2. 그는 돈이 없다. 몸도 튼튼하고 학구열이 보통이 아니다.

___

3. 눈이 내리는 겨울이 되었다. 사람들은 주머니에 손을 꽂고 걸어가고, 버스는 체인을 감고 운행한다.

___

___

단원마무리

이 단원에서는 대등적으로 이어진 문장, 안은문장이 서로 결합되어 다시 종속적으로 연결된 문장을 만드는 방법에 대해 알아보았다.

1. 다음 문형에 해당하는 문장을 만들어 보세요.

(1) ~고 ~(으)니 ~다

____

(2) ~(으)면 ~고 ~다

____

(3) 앞의 안은문장이 종속적인 어미에 의해 뒤의 문장과 다시 결합된 것.

____

(4) 앞의 문장이 종속적인 어미에 의해 뒤의 안은문장과 다시 결합된 것.

____

(5) 두 개의 안은문장이 종속적인 어미에 의해 다시 결합된 것.

____

(6) 대등적으로 이어진 문장을 가진 두 개의 안은문장이 종속적인 어미에 의하여 다시 결합된 것.

____

(7) 앞의 대등적으로 이어진 문장이 종속적인 어미에 의하여 뒤의 안은문장과 다시 결합된 것.

____

(8) 앞에 오는 안은문장이 종속적인 어미에 의해 뒤에 오는 대등적으로 이어진 문장과 다시 결합된 것.

____

第52과 꽃이 피고 새가 노래할 날이 멀지 않다.
—내포적인 혼합문—

이 단원은 이어진 문장, 안은문장이 다시 더 큰 안은문장으로 연결된 문형에 대해 연습하는 단원이다.

☝ 주목하기

종속적 연결 어미	-(으)나, -어/아도, -고

(1) 꽃이 피고 새가 노래할 날이 멀지 않다.
(2) 몸은 그리 튼튼해 보이지 않으나 머리는 유달리 좋은 사람이 있었다.
(3) 달빛이 미친 강물 위에 배를 저어 가는 뱃사공이 부르는 맑은 노랫소리가 처량하게 들려온다.
(4) 돈이 많고 재주가 있고 몸이 튼튼하더라도 성의와 노력이 없는 사람은 학업을 성취할 희망이 없다.

기본 문장 ❶

대등적으로 이어진 문장으로 된 관형절이 안은문장이 된 것

꽃이 피고 새가 노래할 날이 멀지 않다.

> **잠깐!** 앞에 대등적으로 이어진 문장으로 된 관형절이 안겼음에 주의하세요.
>
> 꽃이 피(고) 새가 노래할 날이 멀지 않다.
> 국화가 피(고) 낙엽이 떨어지는 가을철이 다가왔다.
> 나비가 춤추(고) 벌이 노래하는 장다리 밭이 더 좋겠다.
> 하늘도 맑(으며) 물도 맑은 이런 데를 두고 어디를 찾아 헤맸는가?

정리하기▐ 위의 문형은 대등적으로 이어진 문장으로 된 관형절이 안겨 다시 더 큰 안은문장이 되는 법을 보인 것이다.

(보기) (꽃이 피(고) 새가 노래하[ㄴ다] → [는]) + 날이 멀지 아니하다.

→ 꽃이 피고 새가 노래하는 날이 멀지 아니하다.

<연습 1> 아래 괄호 안의 대등적으로 이어진 문장을 관형절로 바꾸어 밑줄 그은 말 앞에 놓아 보세요.

1. 사실을 너는 아는가? (세월은 흘러만 가고 돌아오지는 않는다)

____

2. 줄을 너는 알고 있느냐? (비행기는 빠르고 자동차는 느리다)

____

3. 지방은 곡식이 잘 자란다. (날씨가 따뜻하고 땅이 기름지다)

____

▪기본 문장 ❷

종속적으로 이어진 문장으로 된 관형절이 더 큰 안은문장이 된 것

몸은 그리 튼튼해 보이지 않으나 머리는 유달리 좋은 사람이 있었다.

> **잠깐!** 종속적으로 이어진 문장으로 된 관형절이 안겼음에 주의하세요.
>
> 몸은 그리 튼튼해 보이지 않(으나) 머리는 유달리 좋은 사람이 있었다.
> 얼굴은 희(어도) 마음씨는 고약한 사람이 많다.
> 공책은 있(으나) 교과서는 없는 학생은 손을 드시오.

정리하기▐ 위의 문형은 종속적으로 이어진 문장으로 된 관형절이 안겨 안은문장이 됨을 보인 것이다.
(보기) (몸은 그리 튼튼해 보이지 않(으나) 머리는 유달리 좋[다] → [은]) + 사람이 있었다.
→ 몸은 그리 튼튼해 보이지 않으나 머리는 유달리 좋은 사람이 있었다.

<연습 1> 아래 괄호 안의 종속적으로 이어진 문장을 관형절로 바꾸어 밑줄 그은 말 앞에 놓아 보세요.

1. 사람이 많습니다. (돈은 많아도 시간이 없는)

____

2. 줄은 아십니까? (동생은 얌전하나 형은 불량하다)

____

3. 가정도 많이 보았다. (집은 가난하지마는 서로가 화목하게 지낸다)

____

기본 문장 ❸

다시 더 큰 안은문장이 된 것

달빛이 비친 강물 위에 배를 저어 가는 뱃사공이 부르는 맑은 노랫소리가 처량하게 들려온다.

잠깐! 관형절 속에 또 관형절이 안겼음에 주의하세요.

(달빛이 비친) 강물 위에 배를 저어 가는 (뱃사공이 부르는) 맑은 노랫소리가 처량하게 들려온다.
(날씨가 따뜻한) 봄날에 꽃이 피는 모습은 아주 볼 만한 광경이라 할 것이다.

정리하기 ▌ 위의 문형은 관형절 속에 또 관형절이 안겨 더 큰 안은문장이 됨을 보이는 것이다.
(보기) {(달빛이 비치ㄴ다 → ㄴ) + 강물 위에 배를 저어 가는(뱃사공이 부르ㄴ다 → 는)} + 맑은 노랫소리가 처량하게 들려온다.
→ 달빛이 비친 강물 위에 배를 띄워 가는 뱃사공이 부르는 맑은 노랫소리가 처량하게 들려온다.

<연습 1> 아래 괄호 안의 문장을 관형절로 바꾸어 밑줄 그은 관형절 앞에 놓아 보세요.

1. 언덕에는 키가 큰 두 신사가 바다를 바라보고 서 있다. (시원한 바람이 분다)

____

2. 가을철에 국화가 피는 모습은 매우 아름답게 보일 것이다. (서리가 내린다)

____

3. 산에 홍수가 나는 일이란 생각조차 할 수 없다. (나무가 많다)

____

▪기본 문장 ❹

대등적 관형절이 더 큰 안은문장이 된 것

돈이 많고 재주가 있고 몸이 튼튼하더라도 성의와 노력이 없는 사람은 학업을 성취할 희망이 없다.

> **잠깐!** 대등문을 가진 종속적으로 이어진 문장으로 된 관형절이 안겼음에 주의하세요.
>
> 돈이 많(고) 재주가 있(고) 몸이 튼튼하(더라도) 성의와 노력이 없는 사람은 학업을 성취할 희망이 없다.
> 자원이 풍부하(고) 국토가 비옥하(더라도) 국민이 성실하지 못한 국가는 흥성하기가 어렵다.
> 집이 크(고) 돈이 많(지마는) 식구들이 화목하게 지내지 못하는 가정은 그만큼 불행하다고 할 것이다.

정리하기▮ 위의 문형은 대등문을 가진 종속적으로 이어진 문장으로 된 관형절이 안겨 다시 더 큰 안은문장이 됨을 보인 것이다.

(보기) (돈이 많(고) 재주가 있(고) 몸이 튼튼하[다] → [더라도]) + (성의와 노력이 없[다] → [는])} + 사람은 학업을 성취할 희망이 없다.

→ 돈이 많고 재주가 있고 몸이 튼튼하더라도 성의와 노력이 없는 사람은 학업을 성취할 희망이 없다.

<연습 1> 아래의 대등문을 가진 종속적으로 이어진 문장을 관형절로 바꾸어 밑줄 그은 말 앞에 놓아 보세요.

1. 책은 우리에게 아무런 교훈을 주지 못할 것이다.
   (종이가 좋고 표지가 훌륭하더라도 내용이 충실하지 못하다)

   ____

   ____

2. 마을은 살기에 적당하지 못할 것이다.
   (산수가 아름답고 부자가 많다 하더라도 인심이 후하지 못하다)

   ____

   ____

3. 민족은 망하고 말 것이다.

(두뇌가 명석하고 뛰어난 재능이 있다 할지라도 서로가 협동을 하지 않는다)

단원마무리

이 단원에서는 대등적으로 이어진 문장, 종속적으로 이어진 문장, 안은문장이 서로 결합하여 다시 더 큰 안은문장이 되는 법을 알아보았다.

1. 다음 문형에 해당하는 문장을 만들어 보세요.

(1) 대등적으로 이어진 문장으로 된 관형절이 안겨 안은문장이 된 것.

(2) 종속적으로 이어진 문장으로 된 관형절이 안겨 안은문장이 된 것.

(3) 관형절 속에 또 관형절이 안겨 안은문장이 된 것.

(4) 대등적인 문장을 가진 종속적으로 이어진 문장으로 된 관형절이 안겨 안긴 문장이 된 것.

제53과 자, 공부하자!

—관용구문 I—

이 단원은 서로 호응 관계를 이루며 관용적으로 사용되는 문형에 대해 공부하는 단원이다.

주목하기

부사 관용 표현	바야흐로~ ~ㄹ것이다, 결코 ~ ~없다/아니다, 반드시/부디/제발~ ~명령형
의문사 관용 표현	무엇~ ~니?, 누가~ ~까?, 어떻게~ ~ㄹ까?
조사 관용 표현	라고~ ~냐?, ~도 ~없다, ~밖에 ~ 모른다, ~치고 ~없다

(1) 바야흐로 싸움이 벌어질 것이다.
(2) 그 사람이 결코 그럴 리가 없다.
(3) 부디 조심하게.
(4) 너는 무엇을 먹었니?

▪ 기본 문장 ❶

미래적인 관용구 문형

바야흐로 싸움이 벌어질 것이다.

잠깐! '바야흐로'와 '-ㄹ 것이다' 등이 호응됨에 주의하세요.

바야흐로 싸움이 벌어질 것이다.
날씨는 바야흐로 소나기가 퍼부을 것 같다.
바야흐로 저녁노을이 불타고 사그라질 것이다.

정리하기 ▌ 위의 문형은 부사 '바야흐로'가 미래적인 '-ㄹ 것이다' 등과 호응하여 현재를 중심으로 장래의 행동이 일어날 것임을 표시하는 관용구문이다.
(보기) 바야흐로 ……ㄹ 것이다.

<연습 1> 아래 관용구 문형에 해당하는 문장을 지어 보세요.

1. 바야흐로 ……(으)ㄹ 것이다.

____

2. 바야흐로 ……(으)ㄹ 것 같다.

____

기본 문장 ❷

부정적인 관용구 문형

그 사람이 결코 그럴 리가 없다.

잠깐! '결코' 등과 '없다' 등이 호응됨에 주의하세요.

그 사람이 결코 그럴 리가 없다.
반드시 그런 것은 아니다.
그것을 아는 사람은 하나도 없다.
나는 그것을 하나밖에 모른다.
사람치고 너 같은 놈은 없으리라.

알아보기

1. '결코, 반드시' 등의 부사나 '도, 밖에, 치고' 등의 조사는 부정적인 서술어 '없다, 아니다, 모른다' 등과 호응하여 부정적인 관용구 문형을 만든다.

- **예: 결코 …… 없다. 반드시 …… 아니다.; 도 …… 없다. 밖에 …… 모르다.**

2. 조사 '밖에, 치고'의 용법에 대하여는 제33과 기본 문장 ❺, ❻을 보세요.

정리하기 ▌ 위의 문형은 '심함'을 의미하는 부사 '결코, 반드시'와 조사 '도, 밖에, 치고' 등의 부정적인 서술어 '없다, 아니다, 모른다' 등과 호응하는 관용구 문형을 보인 것이다.

<연습 1> 아래 관용구 문형에 해당하는 문장을 지어 보세요.

1. 결코 …… 없다.

____

2. 반드시 …… 아니다.

____

3. 도 …… 없다.

____

4. 치고 …… 없다.

____

5. 밖에 …… 없다.

____

6. 도저히 …… 못하겠다.

____

기본 문장 ❸

청유나 요청을 나타내는 관용구 문형

부디 조심하게.

> **잠깐!** 청유나 요청을 나타내는 부사나 동사는 명령형과 호응됨에 주의하세요.
>
> 부디 조심하게.
> 제발 참아라.
> 어서 가거라.
> 자, 먹자.
> 원하옵나니, 복을 주소서.
> 청하옵건대, 용서하소서.

알아보기

1. 청유나 요청을 나타내는 부사 '부디, 제발'과 동사 '원하옵나니, 청하옵건대'가 명령법 '-어/아라'나 청유법 '-자'와 호응하여 청유나 요청의 관용구 문형이 된다.
2. '청하옵나니(청하옵건대) ……소서'의 구문은 일반 구어에서는 쓰이는 일이 드물고 기도문이나 서간문 등에만 나타난다.

- **예: 부디 ……게, 자, ……자; 원하옵나니 ……소서**

정리하기 ▌ 위의 문형은 청유나 요청을 나타내는 부사 '부디, 제발, 어서'와 동사 '원하옵나니, 청하옵건대'가 명령법 '-어/아라'나 청유법 '-자'와 호응하는 관용구 문형을 보인 것이다.

기본 문장 ❹

의문을 나타내는 관용구 문형

너는 무엇을 먹었니?

잠깐! 의문사 등과 의문법이 호응됨에 주의하세요.

너는 무엇을 먹었니?
그 방에 누가(누구가) 있습니까?
그 일을 어떻게 할까? (하ㄹ까)
그인들(그이ㄴ들) 별 수 있으랴?
나라고 별 수 있겠느냐?

알아보기

1. 의문사나 반어적인 조사는 의문형 '-니, -까, -랴' 등과 호응하여 의문을 나타내는 관용구 문형을 만든다.
2. 의문사의 용법에 대해서는 제14과를 보세요.

정리하기 ▌ 위의 문형은 의문사나 반어(反語)적인 조사가 의문형 '-니, -까, -랴' 등과 호응하는 관용구 문형을 보인 것이다.
(보기) 무엇 ……니?, ㄴ들 ……랴?

<연습 1> 아래 관용구 문형에 해당하는 문장을 지어 보세요.

1. 어느 분 …… ㅂ니까?

2. 무엇 …… 느냐?

3. 웬(일) …… 는가?

4. 어째서 …… 느냐?

5. (으)ㄴ들 …… 랴?

6. 라고 …… 느냐?

단원마무리

이 단원에서는 서로 호응 관계를 이루며 미래, 부정, 청유, 요청, 의문 등의 의미로 사용되는 관용적으로 사용되는 문형을 살펴보았다.

1. 아래 관용구 문형이 미래, 부정, 청원, 의문의 어디에 속하는지 알아보세요.

(1) 너는 웬일로 왔느냐? (   )

(2) 너한테는 도저히 못 따르겠다. (   )

(3) 그것을 아는 사람은 하나도 없다. (   )

(4) 제발 그 일은 하지 말아라. (   )

(5) 자, 다 같이 당겨 보자. (   )

第54과 비록 나이는 어리지만 지혜가 어른과 같아요.

—관용구문 II—

이 단원은 관용구 문형 중 반어적, 부정적, 가정적 문형을 연습하는 단원이다.

☝ 주목하기

복잡한 관용 표현	도 ~거늘, ~하물며 ~(으)랴, 이 ~는데 ~하물며 ~(으)랴, 은/는 ~-(으)로 것이지, ~은/는 ~말아라, 비록 ~-(으)ㄴ들 ~(으)랴

(1) 개도 주인의 은혜를 알거늘 하물며 사람에 있어서야 말할 필요가 있으랴?
(2) 학생은 공부나 할 것이지 다른 것은 생각지 말아라.
(3) 네가 비록 간들 무슨 수가 있으랴?

기본 문장 ❶

반어적인 관용구 문형

개도 주인의 은혜를 알거늘 하물며 사람에 있어서야 말할 필요가 있으랴?

잠깐! 조사, 연결 어미, 부사, 의문법이 호응됨에 주의하세요.

개도 주인의 은혜를 알거늘 하물며 사람에 있어서야 말할 필요가 있으랴?
국민의 삼대 의무의 하나가 납세인데(이ㄴ데), 그것도 내지 않는 네가 하물며
나라에 대해서 불평을 말할 수 있을 것인가?
짐승도 제 새끼는 귀한 줄 아는데 하물며 사람이 모르랴?

알아보기

1. 조사 '이/가, 은/는, 도', 연결 어미 '-거늘, -(으)ㄴ데/는데', 부사 '하물며', 의문법이 호응하여 반어적인 관용구가 된다.
2. '-거늘'은 까닭이나 원인을 나타내는 연결 어미 또는 앞의 사실을 인정하면서 그와 맞서는 사실을 이어 주는 연결 어미로 쓰이는데 여기서는 후자의 쓰임이다. 맞서는 사실을 이어 줄 때는 흔히 뒤에 의문 형식이 온다.
3. '하물며'는 '그도 그러한데 더욱이. 앞의 사실이 그러하다면 뒤의 사실은 말할 것도 없다는 뜻의 접속 부사'이다.

정리하기 ▌ 위의 문형은 반문하는 문장으로 '짐승도 제 새끼는 귀한 줄 아는데 하물며 사람이 모르랴?'는 곧 '짐승도 자기 새끼는 귀한 것을 안다. 더욱이 사람이 자기 자식 귀한 것을 아는 것은 너무나 당연하다, 말할 것도 없다'라는 뜻이다. 아래와 같은 문장으로 주로 쓰인다.
(보기) 도 …… 거늘, …… 하물며 …… -(으)랴?
이 …… 는데, …… 하물며 …… -(으)랴?

<연습 1> 아래 문형에 해당하는 문장을 만들어 보세요.

1. 도 …… 거늘 …… 하물며 …… (으)랴?

____

2. 가 …… -(으)ㄴ데 …… 하물며 …… (으)ㄴ가.

____

3. 이 …… 는데 …… 하물며 …… (으)랴?

____

기본 문장 ❷

부정적인 관용구 문형

학생은 공부나 할 것이지, 다른 것은 생각지 말아라.

> **잠깐!** 조사, 연결 어미, 부정어가 호응됨에 주의하세요.
>
> 학생은 공부나 할 것이지, 다른 것은 생각지 말아라.
> 너는 공부나 할 것이지, 돈벌이는 못한다.
> 너는 공부나 할 것이지, 다른 것은 상관할 필요는 없다.
> 너는 공부나 할 것이지, 정치에 관여할 것은 아니다.

정리하기 ▌ 위의 문형은 조사 '은/는', 관용적인 연결 어미 '-(으)ㄹ 것이지', 부정어 '말다, 없다, 못하다, 아니다' 등이 호응하여 관용구가 됨을 보인 것이다.
(보기) 은/는 …… -(으)ㄹ 것이지, …… 은/는 …… 말아라.(못한다, 없다, 아니다)

<연습 1> 아래 관용구 문형에 해당하는 문장을 만드세요.

1. 은/는 …… -(으)ㄹ 것이지, …… 은/는 …… 말아라.

____

2. 은/는 …… -(으)ㄹ 것이지, …… 은/는 …… 못 한다.

____

3. 은/는 …… -(으)ㄹ 것이지, …… 은/는 …… 없다.

____

4. 은/는 …… -(으)ㄹ 것이지, …… 은/는 …… 아니다.

____

기본 문장 ❸

가정적인 관용구 문형

네가 비록 간들 무슨 수가 있으랴?

> **잠깐!** 부사, 연결 어미, 의문법 등이 호응됨에 주의하세요.
>
> 비록 네가 간들(가ㄴ들), 무슨 수가 있으랴?
> 설사 당신이 오신들(오시ㄴ들), 별수가 있겠소?
> 가령 당신이 오신다 한들(ㄴ들), 누가 싫다 하리오?

알아보기

1. '비록'은 '아무리 그러하더라도'의 뜻이고 '설사'는 뒤에 오는 '-다 하더라도' 따위와 함께 쓰여 '가정해서 말하여'를 뜻한다. '그런 일은 없겠지만 설사 이번 일이 안된다고 하더라도 너무 실망은 하지 마라'와 같이 주로 부정적인 뜻을 가진 문장에 쓴다. '가령'은 '가정하여 말하여'를 의미한다.
2. 이러한 부사가 '-(으)랴'와 함께 쓰이면 결과적으로 반어의 뜻이 된다. '-(으)랴'는 'ㄹ'을 제외한 받침 있는 용언의 어간이나 어미 '-었-', '-겠-' 뒤에 붙어 해라체에 쓰인다. 사리로 미루어 판단하건대 어찌 그러할 것이냐고 반문하는 뜻을 나타내는 종결 어미다.

정리하기 ▌ 위의 문형은 부사 '비록, 설사, 가령', 양보적인 연결 어미 '-(으)ㄴ들', 의문법 '-(으)랴' 등이 호응하여 가정적인 관용구 문형이 됨을 보인 것이다.
(보기) 비록(설사, 가령) …… -(으)ㄴ들 …… (으)랴

<연습 1> 아래 관용구 문형에 해당하는 문장을 만들어 보세요.

1. 비록(설사, 가령) …… -(으)ㄴ들 …… (으)랴?

____

단원마무리

이 단원에서는 복합문에 나타나는 '반어, 부정, 가정'의 관용구 문형을 살펴보았다.

1. 아래 문장 가운데서 호응 관계에 어긋나는 부분을 찾아서 고쳐 쓰세요.

(1) 만일 비가 오는데 나는 안 가겠다.

___

(2) 혹시나 그가 오면서, 네가 만나라.

___

(3) 비록 나이 어린데 지혜가 어른과 같다.

___

(4) 아무리 힘이 세니, 이 돌은 못 든다.

___

(5) 건장한 어른의 힘으로도 잘 안 되어도 어리고 약한 네 힘으로 감히 하랴.

___

(6) 너는 운동이나 하더라도 딴 생각은 하지 말아라.

___

(7) 설사 네가 말하니, 누가 들으랴?

___

(8) 학생은 공부나 하지, 다른 일은 생각지 말아라.

___

제55과 중요 문형 연습

이 단원은 제40과부터 제54과에서 다루었던 중요한 문형을 연습하는 단원이다.

괄호에 들어갈 적절한 어미를 써 보세요.

1. 흥부는 마음씨가 곱( ) 착한 사람이었( ), 형 놀부는 욕심이 많( ) 심술이 궂은 사람이었습니다.
2. 제비 새끼 한 마리가 장난을 하( ) 높은 제비집에서 떨어진 것이었습니다.
3. 제비들은 인사를 하( ) 마당을 빙 돌고는 남쪽 나라로 날아가 버렸습니다.
4. 제비들도 반가운 듯이 무어라고 지껄이( ) 입에 물었던 것을 떨어뜨렸습니다.
5. 매일같이 귀여운 박이 달리( ) 시작했습니다.
6. 보름달이 떠오르( ) 예쁜 선녀들이 하늘나라에서 내려왔습니다.
7. 나뭇짐 속에 숨( ) 간신히 살아난 사슴은 나무꾼을 보고 수없이 절을 하( ) 고맙다고 감사의 인사를 했습니다.
8. 꽃을 들여다보고 앉( ) 나는 일어설 줄을 모르고 있다.
9. 오늘밤 보름달이 떠오르( ) 이 위에 있는 연못으로 가 보시오.
10. 어젯밤에 많은 보리를 형님 창고에 옮겨 놓( ) 조금도 줄지 않았습니다.
11. 날이 밝( ) 해가 둥실 떠올랐습니다.
12. 형과 아우는 암만 생각하( ) 까닭을 몰랐습니다.

13. 숲속은 고요하( ) 아름다운 나무들로 가득 차 있었다.
14. 무궁화는 몹시 예쁜 꽃이( ) 향기가 짙은 꽃이 아닙니다.
15. 우리는 무궁화 앞에 옷깃을 여미고 앉( ) 그의 높은 뜻과 몸가짐을 배워야 하겠습니다.
16. 들국화는 누가 가꾸지 않( ) 저절로 필 뿐 아니( ), 아무도 돌보지 않는 들판이나 산속에 핀다.
17. 어린 아이가 내 무릎 앞에 편안히 누( ) 낮잠을 자고 있다.
18. 나는 지금 날 저문 도시 어느 거리 모퉁이에 서( ) 어디에선가 들려오는 냉랭한 소리에 귀를 기울인다.
19. 한 사나이가 조그만 나귀를 타( ) 고갯길을 내려가는 그림이었다.
20. 보름달은 여왕과 같은 달이( ), 그믐달은 애인을 잃( ) 쫓겨남을 당한 공주와도 같은 달이다.
21. 내가 만일 여자로 태어날 수 있다 하( ) 그믐달 같은 여자로 태어나고 싶다.
22. 무궁화는 아침에 피었( ) 저녁에 지는 꽃입니다.
23. 이 땅을 물려주( ) 위하여 우리 조상들이 얼마나 많은 피를 흘렸( ) 모른다.
24. 즐거운 놀음으로 한낮이 끝나( ), 저녁이 깊어지기 시작하( ), 사람들은 흡족한 마음으로 꽹과리 소리를 들으며 집으로 돌아간다.
25. 형이 바쁘시( ) 책 한 권 사 보내 주시면 고맙겠습니다.
26. 마을 사람들은 집 주위에 돌담을 쌓( ) 나무를 심( ) 울타리를 친다.
27. 서양의 문명이 한국에 들어오기 시작하( ), 서울은 수없이 많이 변해 왔다.
28. 런던이 가까운 탓( ) 파리의 겨울 날씨도 흐린 날이 더 많은 모양이다.
29. 단군은 왕이 되( ) 나라의 이름을 조선이라 지었다.
30. 왕자를 데리고 가( ) 왕위를 물려주었습니다.
31. 놀부는 아무것도 주지 않고 흥부를 쫓아 버렸( ) 흥부는 아무 불평도 없( ) 집으로 돌아왔습니다.
32. 날개옷을 한 번 입어 보았( ) 좋겠는데…….

부 록

—답안지

☺ 제1과

기본 문장 ①

연습 1. 1. 이것이 텔레비전이냐?
2. 그것이 의자냐?
3. 저것이 책이냐?
4. 그것이 연필이냐?
5. 저것이 창문이다.
6. 이것이 무궁화냐?

연습 2. 1. 그것이 책이다.
2. 저것이 의자다.
3. 이것이 분필이다.
4. 이것이 무궁화다.
5. 저것이 칠판이다.
6. 이것이 공책이다.

기본 문장 ②

연습 1. 1. 이것이 분필입니까?
2. 그것이 연필입니까?
3. 저것이 칼입니까?
4. 그것이 시계입니까?
5. 저것이 지우개입니까?
6. 이것이 무궁화입니까?

연습 2. 1. 이것이 모자입니다.
2. 그것이 옷입니다.
3. 저것이 만년필입니다.
4. 저것이 책상입니다.
5. 이것이 가위입니다.
6. 그것이 교과서입니다.

연습 3. 1. 이것은 칼입니다.
2. 이것은 모자입니까?
3. 저것은 옷입니다.
4. 이것은 연필입니다.
5. 그것은 농구공입니다.
6. 저것은 지우개입니다.

연습 4. 1. 이것이 모자입니다.
2. 그것이 의자입니까?
3. 저것이 무궁화입니다.
4. 그것은 지우개입니까?
5. 저것은 교과서입니다.
6. 저것은 시계입니까?

기본 문장 ③

연습 1. 1. 여기가 극장이야?↗
2. 저기가 운동장이야?↗
3. 저기가 학교야?↗
4. 거기가 정원이야?↗
5. 저기가 교문이야?↗
6. 여기가 식당이야?↗

연습 2. 1. 저기가 화장실이야.↘
2. 저기가 휴게실이야.↘
3. 여기가 교문이야.↘
4. 여기가 바다야.↘
5. 저기가 산이야.↘
6. 거기가 개울이야.↘

연습 3. 1. 저기도 강의실이야?
2. 저기가 복도야.
3. 여기가 정원이야.
4. 거기가 극장이야.
5. 저기가 화장실이야?
6. 여기가 한강이야.

연습 4. 1. 여기는 정원이야.
2. 저기도 바다야.
3. 여기가 복도야.

기본 문장 ④

연습 1. 1. 여기가 경복궁이에요?↗
2. 거기가 창경원이에요?↗
3. 저기가 광화문이에요?↗
4. 여기가 부산이에요?↗
5. 저기가 대구예요?↗

연습 2. 1. 저기가 관악산이에요.↘
2. 저기가 서울대학교예요.↘
3. 저기가 신림동이에요.↘
4. 여기가 언어 교육원이에요.↘
5. 거기가 화장실이에요.↘

연습 3. 1. 여기는 봉은사예요.
2. 저기는 덕수궁이에요?
3. 거기는 경복궁이에요.
4. 여기는 동대문이에요?
5. 저기는 종로예요.
6. 거기는 강남역이에요?

연습 4. 1. 여기는 을지로예요.
2. 저기가 퇴계로예요.
3. 저기는 청계로예요.
4. 여기는 충무로예요.
5. 거기는 율곡로예요.
6. 저기가 올림픽경기장이에요.

단원마무리

문제 1. (1) 저것이 책상이냐?
(2) 여기가 학교입니까?
(3) 그것은 칼이야?
(4) 거기도 화장실이에요?
(5) 그것이 가위야?
(6) 저기는 북한산입니까?

문제 2. (1) 저것은 지우개입니다.
(2) 그것도 사탕입니다.
(3) 여기가 연구소입니다.
(4) 거기는 인사동입니다.
(5) 여기는 남산입니다.

문제 3. (1) 그것도 의자야.
(2) 저것도 책상이야.
(3) 여기는 서울역이야.
(4) 거기는 도서실이야.
(5) 저기가 북한산이야.
(6) 여기가 인왕산이야.

문제 4. (1) 이것이 만년필이에요.
(2) 저것이 태극기예요.
(3) 거기는 정부종합청사예요.
(4) 저기가 청와대예요.
(5) 여기는 우체국이에요.
(6) 저기가 한강이에요.

문제 5. (1) 저기는 잠실이냐?
(2) 여기가 서울입니다.
(3) 거기가 명동입니까?
(4) 여기가 내 고향이야.
(5) 저기가 인사동이에요?

문제 6. (1) (하십시오체) (의문문)
(2) (해요체) (의문문)
(3) (해체) (평서문)
(4) (해요체) (의문문)
(5) (해요체) (평서문)

☺ 제2과

기본 문장 ①

연습 1. 1 하늘이 푸르냐?
2. 책이 많으냐?
3. 물이 맑으냐?
4. 하늘이 흐리냐?
5. 책이 적으냐?

연습 2. 1. 꽃이 많다.
2. 물이 흐리다.
3. 집이 크다.
4. 교실이 넓다.
5. 칠판이 검다.

연습 3. 1. 잎은 푸르다.
2. 얼굴은 희냐?
3. 꽃은 적으냐?
4. 얼굴은 예쁘냐?
5. 강의실은 좁으냐?

연습 4. 1. 물이 많다. 만년필이 많다. 교실이 많다. 잎이 많다. 분필이 많다.
2. 옷이 희다, 손이 희다, 꽃이 희다, 책이 희다, 밥이 희다
3. 강의실이 넓으냐? 운동장이 넓으냐? 방이 넓으냐? 부엌이 넓으냐? 길이 넓으냐?
4. 강물이 푸르다, 산이 푸르다, 잎이 푸르다, 옷이 푸르다, 들이 푸르다.
5. 잎이 붉으냐? 옷이 붉으냐? 빛이 붉으냐? 얼굴이 붉으냐? 책이 붉으냐?
6. 옷이 검다, 얼굴이 검다, 책이 검다, 만년필이 검다, 손이 검다.

기본 문장 ②

연습 1. 1. 바다가 넓습니까?
2. 키가 큽니까?
3. 날씨가 덥습니까?
4. 날씨가 춥습니까?
5. 바람이 시원합니까?

연습 2. 1. 키가 작습니다.
2. 날씨가 춥습니다.
3. 경치가 아름답습니다.
4. 귀가 아픕니다.
5. 코가 예쁩니다.

연습 3. 1. 학교만 큽니다.
2. 다리만 아픕니다.
3. 사과만 많습니다.
4. 이마만 넓습니까?
5. 국어만 어렵습니까?

연습 4. 1. 꽃이 많다.
2. 날씨가 흐리다.
3. 정원이 좁다.
4. 키가 크다.
5. 경치가 좋다.

연습 5. 1. 이마는 아픕니다. 머리는 아픕니다. 귀는 아픕니다. 코는 아픕니다. 이는 아픕니다.
2. 무궁화는 아름답습니까? 진달래는 아름답습니까? 국화는 아름답습니까? 장미는 아름답습니까? 매화는 아름답습니까?
3. 소는 있습니까? 고양이는 있습니까? 개는 있습니까? 의자는 있습니까? 지우개는 있습니까?
4. 나무는 없습니까? 의자는 없습니까? 호랑이는 없습니까? 낙타는 없습니까? 타조는 없습니까?
5. 영어는 어렵습니다. 일어는 어렵습니다. 독어는 어렵습니다. 불어는 어렵습니다. 중국어는 어렵습니다.
6. 숙제는 많습니다. 파리는 많습니다. 자리는 많습니다. 개미는 많습니다. 구두는 많습니다.

기본 문장 ③

연습 1. 1. 정원이 넓어?↗
2. 꽃이 붉어?↗
3. 달이 밝아?↗
4. 방이 넓어?↗

5. 낮이 길어?↗

연습 2. 1. 연필이 적어. ↘

2. 사람이 많아. ↘

3. 운동장이 좁아.↘

4. 방이 어두워. ↘

5. 강물이 깊어. ↘

연습 3. 1. 사람만 많아.

2. 정원만 넓어.

3. 얼굴만 예뻐.

4. 키만 작아.

5. 먼지만 많아.

연습 4. 1. 옷이 검어?

2. 시간이 늦어.

3. 날씨가 좋아.

4. 바다가 깊어.

5. 날씨가 따뜻해?

연습 5. 1. 공책은 많다. 밥은 많다 반찬은 많다. 그릇은 많다. 잎은 많다.

2. 옷은 적어. 물은 적어. 꽃은 적어. 돌은 적어. 잎은 적어.

3. 손은 예쁘다. 눈은 예쁘다. 옷은 예쁘다. 턱은 예쁘다. 입은 예쁘다.

4. 방은 넓다. 부엌은 넓다. 길은 넓다. 화장실은 넓다. 식당은 넓다.

5. 산은 낮다. 책상은 낮다, 칠판은 낮다, 천정은 낮다. 집은 낮다.

6. 한국은 아름답다. 얼굴은 아름답다. 눈은 아름답다. 금강산은 아름답다. 서울은 아름답다.

기본 문장 ④

연습 1. 1. 벚꽃이 예뻐요?↗

2. 장미꽃이 붉어요?↗

3. 진달래가 아름다워요.↘

4. 얼굴이 예뻐요?↗

5. 호수가 좁아요.↘

연습 2. 1. 다리는 짧다.

2. 물은 맑다.

3. 진달래는 아름다워요.

4. 봉선화는 예뻐요.

5. 잎은 많아요.

연습 3. 1. 설악산은 아름다워요.

2. 도로가 넓어요?

3. 경치가 좋아요?

4. 산이 높아요?

5. 돈이 많아요.

연습 4. 1. 영어가 어려워요. 중국어가 어려워요. 일어가 어려워요. 독어가 어려워요. 프랑스어가 어려워요.

2. 지리가 쉬워요. 미술이 쉬워요. 음악이 쉬워요. 수학이 쉬워요. 물리가 쉬워요.

3. 진달래가 아름다워요. 장미가 아름다워요. 국화가 아름다워요. 매화가 아름다워요. 무궁화가 아름다워요.

4. 머리가 아파요. 다리가 아파요. 귀가 아파요. 코가 아파요. 배가 아파요.

5. 종이가 있어요. 구두가 있어요. 휴지가 있어요. 숙제가 있어요. 바다가 있어요.

6. 키가 커요. 운동장이 커요. 방이 커요. 옷이 커요. 머리가 커요.

단원마무리

문제 1. (1) 언덕이 낮으냐?

(2) 강물이 맑으냐?

(3) 꽃이 아름답습니까?

(4) 정원은 넓어?

(5) 머리도 아파요?

문제 2. (1) 먼지도 많아요.

(2) 꽃이 희어요.

(3) 고양이만 있어요.

(4) 국어는 쉬워요.

(5) 서울은 아름다워요.

문제 3. (1) 날씨가 좋으냐?

(2) 국어가 쉽습니다.

(3) 국어는 쉽습니까?

(4) 서울은 아름다워.

(5) 고양이만 있어요?

문제 4. (1) (해체) (평서문)

(2) (해체) (의문문)

(3) (해체) (평서문)

(4) (해요체) (평서문)

문제 5. (1) 우리나라는 산이 많다.

(2) 한강은 물이 맑다.

(3) 나나는 얼굴이 희냐.

(4) 칠판은 빛이 검다.

(5) 지영이는 키만 작습니다.

(6) 오늘은 날씨가 덥습니다.

(7) 나는 다리가 아프다.

(8) 이 집은 정원이 넓어.

(9) 스칼렛은 코가 예쁘다.

(10) 저 사람은 돈도 많습니까?

(11) 빌리는 옷이 깨끗합니다.

(12) 나는 키가 크다.

(13) 달은 모양이 둥글다.

(14) 금은 빛이 노랗다.

☺ 제3과

기본 문장 ①

연습 1. 1. 물이 흐르느냐?
2. 해가 뜨느냐?
3. 날씨가 개느냐?
4. 눈이 내리느냐?
5. 동생이 엎드리느냐?

연습 2. 1. 바람이 분다.
2. 아이가 웃는다.
3. 비가 온다.
4. 동생이 운다.
5. 아이들이 논다.

연습 3. 1. 아기가 웃니?
2. 빌리도 가니?
3. 비가 개니?
4. 토기가 뛰니?
5. 나나만 오니?

기본 문장 ②

연습 1. 1. 시우야, 일어나거라./일어나라.
2. 범진아, 자거라./자라.
3. 승지야, 달리거라./달려라.
4. 철수야, 뛰거라./뛰어라.
5. 지영아, 서거라./서라.

연습 2. 1. 유석이가 온다.
2. 선혜가 간다.
3. 승지가 청소한다.
4. 시우가 공부한다.
5. 우진이가 잔다.

연습 3. 1. 진우부터 일어난다.
2. 선혜부터 가거라.
3. 고은이부터 오너라.
4. 지영이부터 자거라.
5. 유석이부터 뛰어라.

기본 문장 ③

연습 1. 1. 지영아, (같이) 자자.
2. 우영아, (같이) 운동하자.
3. 범진아, (같이) 앉자.
4. 진욱아, (같이) 엎드리자.
5. 승지야, (같이) 놀자.

연습 2. 1. 지영아, (같이) 자자.
2. 영수야, (같이) 일어나자.
3. 고은아, (같이) 앉자.
4. 시우야, (같이) 서자.
5. 선희야, (같이) 걷자.

연습 3. 1. 시우도 (같이) 앉자.
2. 범진이도 (같이) 놀자.
3. 승지도 (같이) 이야기하자.
4. 우영이도 (같이) 남자.
5. 지영이도 (같이) 뛰자.

기본 문장 ④

연습 1. 1. 바람이 불었다.
2. 날씨가 갰다.
3. 나나가 말했다.
4. 구름이 끼었다.
5. 달이 솟았다.

연습 2. 1. 물이 흐른다.
2. 철수는 지금 간다.
3. 꽃이 핀다.
4. 범진이만 남는다.
5. 물이 끓는다.

단원 마무리

문제 1. (1) 비가 오느냐?
(2) 바람이 부느냐?
(3) 해가 돋느냐?
(4) 비행기가 뜨느냐?

문제 2. (1) 지영아, 웃거라./웃어라.
(2) 범진아, 쉬거라./쉬어라.
(3) 우영아, 일해라.

문제 3. (1) 시우야, (같이) 일어서자.
(2) 민영아, (같이) 가자.
(3) 우영아, (같이) 놀자.
(4) 승지야, (같이) 서자.

문제 4. (1) 고은아, 너부터 서거라./서라.
(2) 지영아, 너만 눕거라./누워라.
(3) 승지야, 너도 생각해라.
(4) 범진아, 너는 여기 있거라./있어라.
(5) 선희야, 너부터 말해라.

문제 5. (1) 달이 돋았다.
(2) 해가 졌다.
(3) 바람이 불었다.
(4) 나뭇잎이 흔들렸다.
(5) 진혁이도 도왔다.

문제 6. (1) 승지야, 자거라./자라.
(2) 경주가 운동한다.
(3) 경재만 뛰었다.
(4) 민영이는 누웠느냐?
(5) 그것은 책이었다.
(6) 그것은 책이었느냐?

문제 7. (1) 해요체/명령문
(2) 해라체/명령문
(3) 해라체/명령문
(4) 해라체/명령문
(5) 해라체/명령문
(6) 해라체/청유문
(7) 해라체/의문문

(8) 해라체/의문문

(9) 해라체/의문문

(10) 해라체/의문문

☺ 제4과

기본 문장 ①

연습 1. 1. 비가 많이 내렸습니까?
2. 벌써 눈이 왔습니까?
3. 시냇물이 졸졸 흘러갑니까?
4. 개가 짖었습니까?
5. 강물이 얼었습니까?

연습 2. 1. 꽃이 피었습니다.
2. 잎이 떨어집니다.
3. 얼음이 업니다.
4. 시우도 벌써 떠났습니다.
5. 땀이 납니다.

연습 3. 1. 눈까지 내립니다.
2. 바람까지 붑니다.
3. 동생까지 웃습니다.
4. 앞집 개까지 짖습니다.

기본 문장 ②

연습 1. 1. 누님이 오신다.
2. 형님이 가셨습니다.
3. 선생님이 오셨습니다.
4. 아버지가 가신다.
5. 어머니가 우신다.

연습 2. 1. 누님이 우셨다.
2. 선생님이 말하셨다.
3. 형님이 웃으신다.
4. 고모님이 우신다.
5. 숙모님이 앉으십니다.
6. 사장님이 웃으셨다.

기본 문장 ③

연습 1. 1. 어머니, 들어오십시오.
2. 선생님, 밖으로 나가십시오.
3. 아버지, 자리에 앉으십시오.
4. 아저씨, 일어나십시오.
5. 아주머니, 들어오십시오.

연습 2. 1. 아버지는 가십시오.
아버지도 가십시오.
아버지만 가십시오.
아버지부터 가십시오.
2. 어머니는 오십시오.
어머니도 오십시오.
어머니만 오십시오.
어머니부터 오십시오.
3. 선생님은 앉으십시오.
선생님도 앉으십시오.
선생님만 앉으십시오.
선생님부터 앉으십시오.

기본 문장 ④

연습 1. 1. 아버지, 가십시다.
2. 어머니, 앉으십시다.
3. 선생님, 웃으십시다.
4. 할아버지부터 나가십시다.
5. 할머니만 들어가십시다.

연습 2. 1. 선생님도 어서 들어가십니다.
선생님만 어서 들어가십니다.
선생님부터 어서 들어가십니다.
2. 우리도 다 같이 노래합시다.
우리만 다 같이 노래합시다.
우리부터 다 같이 노래합시다.
3. 아버지도 빨리 일어나십시다.
아버지만 빨리 일어나십시다.
아버지부터 빨리 일어나십시다.

단원마무리

문제 1. (1) 물이 흐릅니다.
(2) 비가 옵니다.
(3) 눈이 옵니다.
(4) 단풍이 듭니다.
(5) 할머니가 웃으셨습니다.

문제 2. (1) 새가 납니까?
(2) 바람이 붑니까?
(3) 시우가 웃습니까?
(4) 밥이 식었습니까?
(5) 옷이 젖었습니까?

문제 3. (1) 어머니가 들어오신다.
(2) 할머니도 오셨습니다.
(3) 아주머니만 가셨습니다.
(4) 아저씨도 뛰셨습니다.
(5) 선생님만 남으셨습니다.

문제 4. (1) 어머니, 웃으십시오.
(2) 아저씨만 일어서십시오.
(3) 할아버지도 나가십시오.
(4) 선생님도 앉으십시오.
(5) 아버지부터 들어오십시오.

문제 5. (1) 할머니도 나가십시다.
(2) 아버지만 올라오십시다.
(3) 최 선생도 내려가십시다.
(4) 이모님, 앉으십시다.
(5) 고모님, 서십시다.

문제 6. (1) 평서문
(2) 평서문
(3) 의문문
(4) 명령문
(5) 청유문
(6) 청유문
(7) 명령문
(8) 명령문

☺ 제5과

기본 문장 ①

연습 1. 1. 이슬이 맺혔어?↗

2. 소나기도 와?↗
3. 구름이 끼어.↘
4. 연기가 나.↘
5. 서리도 내렸어.↘
연습 2. 1. 연기조차 나.
2. 구름조차 끼었어.
3. 이슬조차 맺혔어.
4. 바람조차 불어?
5. 비조차 내려?
연습 3. 1. 바람 붑니다.
2. 비 옵니다.
3. 철수 울어?
4. 어제 눈이 왔어?
5. 소나기 와.
연습 4. 1. 달이 떴어.
2. 동생이 웃어.
3. 아기가 울었어?
4. 해가 졌어?
5. 날이 저물었어.

기본 문장 ②

연습 1. 1. 지영아 누워.↳
2. 언니도 앉아.↳
3. 범진이만 서.↳
4. 오빠도 어서 와.↳
5. 승지는 공부해.↳
연습 2. 1. 줄리앙만 빨리 가.
2. 나나는 공부해.
3. 시우는 놀아.
4. 빌리야 어서 일어서.
5. 승지도 여기 앉아.
연습 3. 1. 시우야, 너는 공부해.
2. 지영아, 너만 일어나.
3. 나나야, 너도 가.
4. 철수야, 너부터 나가.
5. 승지야, 너는 노래해.

기본 문장 ③

연습 1. 1. 언니야, (같이) 누워. ↳
2. 스칼렛, 어서(같이) 일어나. ↳
3. 오빠, (같이) 서. ↳
4. 나나, (같이) 자. ↳
연습 2. 1. 범진아, 같이 놀아.
2. 빌리야, 함께 쉬어.
3. 지영아, 함께 청소해.
4. 승지야, 함께 가.
5. 나나야, 같이 나가.

기본 문장 ④

연습 1. 1. 나는 내일 부산으로 떠나겠다.
2. 내년에는 눈이 많이 오겠다.
3. 내일 비가 내리겠다.
4. 내일 떠나겠느냐?
5. 곧 국이 끓겠다.
연습 2. 1. 지금 우박이 쏟아진다.
2. 지금 가겠습니다.
3. 오늘은 눈이 내린다.
4. 이것이 무엇이에요?
5. 이것은 책이에요.
6. 나는 저것이 더 좋아.

기본 문장 ⑤

연습 1. 1. 거기는 벌써 비가 왔겠느냐?
2. 벌써 해가 떴겠습니다.
3. 아버지는 어제 부산에 도착했겠습니다.
4. 철수도 집에 갔겠어.
5. 비가 그쳤겠어.
6. 벌써 극장에는 사람들이 다 찼겠어.
연습 2. 1. 벌써 해가 떴다.
2. 나나도 아팠다.
3. 그 사이 학생이 늘었습니까?
4. 연필이 부러졌습니다.
5. 의자가 넘어졌다.
연습 3. 1. 벌써 얼음이 녹겠느냐?
2. 인수도 꽤 좋겠다.
3. 지은이는 시험이 떨어지겠습니까?
4. 찌개가 벌써 끓겠다.
5. 빵이 좀 남겠어?

단원마무리

문제 1. (1) 지금 비가 와?
(2) 그래, 바람이 불어?
(3) 게다가 눈도 내려?
(4) 지영이도 지금 공부해?
(5) 범진이만 여기 있어?
(6) 스칼렛도 같이 뛰어?
문제 2. (1) 시우야, 네가 거기 가.
(2) 범진아, 네가 여기 와.
(3) 바둑아, 네가 이리 와.
(4) 승지야, 너는 거기서 놀아.
(5) 나나야, 네가 여기 와.
문제 3. (1) 범진아, (같이) 거기 누워.
(2) 지영아, (같이) 여기 앉아.
(3) 빌리야, (같이) 저기 서.
(4) 바둑아, (같이) 저리 가.
(5) 나나야, (같이) 밖에 나가.
문제 4. (1) 기차가 내일 떠나겠다.
(2) 곧 날이 밝겠다.
(3) 곧 닭이 울겠다.
(4) 내일은 태풍이 불겠다.
(5) 날씨가 흐리겠다.
(6) 얼굴이 붓겠다.
문제 5. (1) 벌써 비가 갰겠다.

(2) 꽃이 피었겠다.
(3) 냇물이 줄었겠다.
(4) 진달래가 졌겠다.
(5) 지영이는 예뻤겠다.
(6) 어제는 날씨가 맑았겠다.

문제 6. (1) 비가 온다.
(2) 학교에 가자.
(3) 학교에 가십시오.
(4) 학교에 가느냐?
(5) 학교에 가시지요?

문제 7. (1) 의문문
(2) 평서문
(3) 명령문
(4) 평서문
(5) 의문문
(6) 청유문
(7) 청유문

☺ 제6과

기본 문장 ①

연습 1. 1. 그분이 나가시오?
2. 저분이 앉으시오?
3. 이분이 서시오?
4. 선생님이 오시오?
5. 어느 분이 가시오?

연습 2. 1. 바람이 부오.
2. 눈이 내리오.
3. 아기가 우오.
4. 나뭇가지가 흔들리오.
5. 하늘이 맑소.
6. 바람이 시원하오.

기본 문장 ②

연습 1. 1. 김 형도 여기 앉으시오.↘
2. 여러분들이 모두 일어서 시오.↘
3. 김 씨도 나가 보오.↘
4. 박 선생이 말씀하시오.↘
5. 김 씨만 먼저 나가오.↘

연습 2. 1. 방으로 들어오시오.
2. 모두들 일어나시오.
3. 어서 이리 오시오.
4. 저기 서시오.
5. 이리 와서 앉으시오.

기본 문장 ③

연습 1. 1. 바람이 많이 불어요?↗
2. 기차가 빨리 달려요? ↗
3. 눈이 제법 내렸어요? ↗
4. 빨래가 말랐어요? ↗
5. 내일은 비가 오겠어요?↗

연습 2. 1. 손님이 오셨어요.
2. 아저씨가 떠나셨어요.
3. 할아버지가 돌아가셨어요.
4. 누님이 오셨어요.
5. 저분이 가셨어요.

연습 3. 1. 번개가 치나요?
2. 천둥이 울리나요?
3. 우박이 쏟아지나요?
4. 비행기가 날아가나요?
5. 서리가 내렸나요?

연습 4. 1. 인수마저 떠났습니다.
2. 옷마저 없어졌습니다.
3. 김 군마저 나갔습니다.
4. 인순이마저 웃었습니다.
5. 돈마저 떨어졌습니다.

연습 5. 1. 누구든지 다 웃습니까?
2. 누구든지 와도 좋습니까?
3. 어느 분이든지 가셔도 좋습니까?
4 누구든지 다 마찬가지입니까?
5. 얼마든지 좋습니까?

기본 문장 ④

연습 1. 1. 할아버지, 주무셔요.
2. 선생님도 가세요.
3. 할머니만 나가셔요.
4. 아저씨부터 들어오세요.
5. 아주머니도 떠나세요.

연습 2. 1. 누님도 여기 앉으세요.
2. 아주머니만 누우세요.
3. 아저씨부터 서세요.
4. 할머니만 거기 앉으세요.
5. 형님도 들어오세요.

연습 3. 1. 할머니는 주무세요.
2. 할아버지는 여기 계세요.
3. 선생님도 가세요.
4 어머니도 앉아 계세요.
5 아저씨도 말씀하세요.

기본 문장 ⑤

연습 1. 1. 선생님 가세요. ↘
2. 고모님도 앉으세요. ↘
3. 이모님만 오세요. ↘
4. 형님부터 먼저 가세요. ↘
5. 아주머니는 여기 계세요. ↘

연습 2. 1. 김 선생님, 같이 가요.
2. 여보, 어서 자요.
3. 추운데 방으로 들어가요.
4. 더운데 밖으로 나가요.
5. 저쪽으로 가 봐요.

단원마무리

문제 1. (1) 저 분이 앉으오?
(2) 선생님이 앉으세요?
(3) 철수가 지금 가오?
(4) 바람이 많이 부오?
(5) 하늘이 맑소?

(6) 날씨가 매우 흐리오?

문제 2. (1) 김 선생이 가시오.

(2) 선생님만 오세요.

(3) 당신만 가요.

(4) 이 선생부터 먼저 들어 가시오.

(5) 김 선생도 이리 오시오.

(6) 여보 빨리 가 보오.

문제 3. (1) 아버지부터 앉으세요.

(2) 아저씨만 서세요.

(3) 형님도 누우세요.

(4) 아버지만 먼저 나가세요.

(5) 형님도 이야기하세요.

(6) 어머니는 저기 앉으세요.

문제 4. (1) 하오체/평서문

(2) 하오체/의문문

(3) 하오체/평서문

(4) 하오체/명령문

하오체/의문문

(5) 하오체/의문문

(6) 해요체/의문문

(7) 해요체/청유문

(8) 해요체/평서문

☺ 제7과

기본 문장 ①

연습 1. 1. 시우는 감을 따느냐?

2. 아버지가 닭을 쫓느냐?

3. 농부가 밭을 가느냐?

4. 언니가 계란을 삶느냐?

5. 아이들이 윷을 노느냐?

연습 2. 1. 아이가 물을 마신다.

2. 동생이 책을 읽는다.

3. 지영이는 얼굴을 씻는다.

4. 김 선생님도 떡을 잡수신다.

5. 범진이는 연필을 깎았다.

연습 3. 1. 아버지가 신문은 읽으신다.

2. 언니가 그림은 그린다.

3. 할아버지가 죽은 잡수신다.

4. 왜 그것은 가져왔니?

5. 아버지가 귤은 좋아하신다.

연습 4. 1. 선생들마다 다 좋다.

2. 학교마다 다 전통을 가지고 있다.

3. 사람들마다 서로 의심을 한다.

4. 학생들마다 각각 의견이 다르다.

5. 여자들마다 다 흰옷을 입고 있다.

연습 5. 1. 나는 손을 씻었다. 나는 발을 씻었다. 나는 쌀을 씻었다. 나는 콩나물을 씻었다.

2. 너는 무슨 신문을 읽었느냐? 너는 무슨 소설을 읽었느냐? 너는 무슨 수필을 읽었느냐? 너는 무슨 잡지를 읽었느냐?

3. 그는 물을 마셨느냐? 그는 국을 마셨느냐? 그는 약을 마셨느냐? 그는 커피를 마셨느냐? 그는 저것을 마셨느냐?

4. 빌리도 밥을 먹었다. 빌리도 점심을 먹었다. 빌리도 송편을 먹었다. 빌리도 아침을 먹었다. 빌리도 저녁을 먹었다.

5. 어머니는 장난감을 사셨다. 어머니는 신발을 사셨다. 어머니는 우산을 사셨다. 어머니는 반찬을 사셨다. 어머니는 그릇을 사셨다.

연습 6. 1. 나나가 위인전은 읽는다.

2. 아버지가 신문은 읽으신다.

3. 동생이 얼굴은 씻는다.

4. 내가 술은 먹는다.

5. 네가 운동은 하느냐?

기본 문장 ②

연습 1. 1. 시우야, 바다를 바라보아라.

2. 승지야, 공부를 해라.

3. 민우야, 배를 먹어라.

4. 지영아, 빨래를 해라.

5. 수미야, 시를 읽어라.

연습 2. 1. 인수야, 너는 다리를 씻어라.

2. 시우야, 너는 머리를 감아라.

3. 나나야, 너는 시조를 외워라.

4. 지영아, 너는 사과를 따라.

5. 수미야, 너는 종이를 접어라.

연습 3. 1. 내가 쇠고기는 먹는다.

2. 네가 돼지는 보았느냐?

3. 내가 토끼는 구경했다.

4. 승지가 사자는 무서워한다.

5. 시우가 호랑이는 보았다.

연습 4. 1. 철수야, 배도 먹어라.

2. 인수야, 공부도 해라.

3. 범진아, 손도 들어라.

4. 민수야, 너는 태극기도 달아라.

5. 지영아, 너는 꽃도 심어라.

기본 문장 ③

연습 1. 1. 인석아, 물을 마시자.

2. 영철아, 밥을 먹자.
3. 지영아, 그림을 그리자.
4. 수정아, 머리를 감자.
5. 인철아, 공부를 하자.

연습 2. 1. 영수야, 밥만 먹자.
2. 수미야, 약만 먹자.
3. 유나야, 글짓기만 하자.
4. 시우야 ,모자만 쓰자.
5. 지윤아, 밥만 짓자.

연습 3. 1. 범진아, 사과부터 깎자.
2. 철민아, 과자부터 먹자.
3. 지영아, 옷부터 빨자.
4. 지윤아, 공부부터 하자.
5. 시우야, 노래부터 부르자.

단원마무리

문제 1. (1) 동생이 과자를 먹느냐?
(2) 아버지가 진지를 잡수시느냐?
(3) 학생들이 책을 읽느냐?
(4) 사람들이 고기를 낚느냐?
(5) 인수가 가위를 가져오느냐?

문제 2. (1) 현수야, 떡을 먹어라.
(2) 인숙아, 마루도 닦아라.
(3) 인철아, 마당도 쓸어라.
(4) 지영아, 유리를 닦아라.

문제 3. (1) 범진아, 줄넘기를 하자.
(2) 인수야, 공을 차자.
(3) 지윤아, 빨래를 하자.
(4) 윤아야, 김 선생님을 만나자.

문제 4. (1) 해라체/평서문
(2) 해라체/평서문
(3) 해라체/의문문
(4) 해라체/의문문
(5) 해라체/의문문
(6) 해라체/명령문
(7) 해라체/명령문
(8) 해라체/청유문
(9) 해라체/청유문
(10) 해라체/청유문

문제 5. (1) 목적격
(2) 주격
(3) 목적격
(4) 목적격
(5) 주격
(6) 목적격
(7) 목적격

☺ 제8과

기본 문장 ①

연습 1. 1. 내일은 비가 오겠는가?
2. 어제는 눈이 왔는가?
3. 지영이도 책을 읽었는가?
4. 벌써 진달래꽃이 피었는가?
5. 아이들이 즐겁게 노는가?

연습 2. 1. 김 군은 밖으로 나갔네.
2. 이 군은 아직 돌아오지 않았네.
3. 손님이 나를 찾아왔네.
4. 날씨가 곧 개겠네.
5. 정 군도 내일 떠나네.

연습 3. 1. 인수는 공부를 하는가?
2. 밥이 다 되었는가?
3. 방학이 끝났는가?
4. 기차가 언제 떠나는가?
5. 누가 나를 찾아왔는가?

연습 4. 1. 네 집 식구는 다 잘 있나?
2. 너는 지금 무엇을 하나?
3. 너도 그 사람을 본 일이 있나?
4. 너만 쉬나?
5. 수업이 시작되었나?

연습 5. 1. 산에는 꽃이 피네.
2. 우리 지영이는 그림도 잘 그리겠네.
3. 학생들이 다 돌아가 버렸네.
4. 날씨가 맑게 개었네.
5. 저기 강이 흐르네.

기본 문장 ②

연습 1. 1. 하늘이 푸르이.
2. 경치가 좋으이.
3. 나도 기분이 나쁘이.
4. 이 옷은 너무 작으이.
5. 그 구두는 너무 검으이.

연습 2. 1. 진달래가 고운가?
2. 배가 고픈가?
3. 집안이 깨끗한가?
4. 날씨가 흐린가?
5. 달이 매우 밝은가?

연습 3. 1. 자네 책은 이것과 같네.
2. 그것은 저것과 다르네.
3. 자네한테 미안하네.
4. 자네를 만나서 매우 기쁘네.
5. 배가 매우 부르네.

기본 문장 ③

연습 1. 1. 저이는 학생일세.
2. 그이는 선생일세.
3. 이이는 의사일세.
4. 그것은 가위일세.
5. 저것은 연필일세.

연습 2. 1. 저것은 연필이 아닌가?
2. 그것은 말인가?
3. 그것은 소인가?

4. 여기는 법원인가?

5. 거기는 도서관인가?

기본 문장 ④

연습 1. 1. 인철이 앉게.

2. 영식이 신문을 읽게.

3. 민수도 거기 가게.

4. 형진이 밖으로 나가게.

5. 지영이부터 들어오게.

연습 2. 1. 자네는 빨리 가게.

2. 자네도 열심히 공부하게.

3. 인철, 어서 이리 오게.

4. 철수, 자네도 나를 믿게.

5. 자네도 그것을 잘 생각해 보게.

연습 3. 1. 인국 군, 밥을 먹게.

2. 성재 군, 영화도 보게.

3. 형진 군, 거기 앉게.

4. 상진 군, 여기 서게.

5. 시우 군, 문을 닫게.

연습 4. 1. 현식, 술을 들게.

2. 주는 것을 받게.

3. 지영, 한번 뛰어 보게.

4. 저기를 잘 밟게.

5. 이것도 한번 들어 보게.

기본 문장 ⑤

연습 1. 1. 인철, 밖에 함께 나가세.

2. 자네도 같이 일하세.

3. 다 같이 술 한 잔 드세.

4. 불국사에 구경가세.

5. 공부를 열심히 해 보세.

단원마무리

문제 1. (1) 선생님은 독서를 좋아하시는가?

(2) 하늘이 매우 맑은가?

(3) 저것은 의자인가?

(4) 거기는 종로인가?

(5) 날씨가 매우 추운가?

문제 2. (1) 인수, 바다를 바라보게.

(2) 경숙, 하늘을 쳐다보게.

(3) 자네들도 오게.

(4) 인식, 책을 덥게.

(5) 형진, 밥을 들게.

문제 3. 정답 생략

☺ 제9과

기본 문장 ①

연습 1. 1. 어머니가 김치를 담급니까?

2. 나무꾼이 나무를 벱니까?

3. 코끼리는 사과도 먹습니까?

4. 아버지가 꽃을 심습니까?

5. 형님은 시계를 사셨습니까?

연습 2. 1. 한국 사람들은 무궁화를 좋아합니다.

2. 아이들이 꽃을 꺾습니까?

3. 소가 풀을 먹습니다.

4. 어머니가 불을 켭니다.

5. 아버지가 불을 끕니다.

기본 문장 ②

연습 1. 1. 선생님, 말씀을 하십시오.

2. 아저씨, 진지를 드십시오.

3. 어머니, 동생부터 찾으십시오.

4. 아주머니, 마당을 쓰십시오.

5. 어머니, 그림을 그리십시오.

연습 2. 1. 할아버지가 주무신다.

2. 아버지가 병이 나셨습니다.

3. 어머니가 진지를 드셨다.

4. 큰아버지는 교회에 가셨다.

연습 3. 1. 인숙이는 글씨부터 잘 씁니다.

2. 범진이는 피리부터 잘 붑니다.

3. 나는 파우스트부터 읽었습니다.

4. 인철이는 싸움부터 잘 합니다.

연습 4. 1. 범진이는 과자부터 다 먹었다.

2. 아버지는 양말부터 벗으셨다.

3. 형님은 내의부터 입으셨다.

4. 내 이름부터 불렀습니다.

5. 아버지는 술부터 잡수셨다.

기본 문장 ③

연습 1. 1. 우리 저기까지 (같이) 걸읍시다.

2. 우리 그것부터 시작합시다.

3. 아버지, 그림도 구경합시다.

4. 어머니, 이야기부터 합시다.

5. 아저씨, 동화책도 삽시다.

연습 2. 1. 심심한데 과자나 먹자.

2. 철수나 오라고 해라.

3. 다 같이 떡이나 먹자.

4. 다른 것을 먹지 말고 밥이나 먹어라.

5. 잠이나 잘 수밖에 없다.

연습 3. 1. 누구든지 보내시오.

2. 무엇이든지 가져오너라.

3. 아무것이나 먹어라.

4. 어떤 데든지 가도 좋다.

5. 어디든지 다 가겠다.

단원마무리

문제 1. (1) 학생들이 책을 읽습니까?

(2) 아버지가 담배는 피우십

니까?

(3) 철수는 농구도 합니까?

(4) 인철이는 꽃을 꺾었습니까?

(5) 형님도 모자를 쓰셨습니까?

문제 2. (1) 아버지, 말씀을 하십시오.

(2) 할아버지, 진지를 잡수십시오.

(3) 큰아버지, 차를 드십시오.

(4) 큰어머니, 떡국도 잡수십시오.

(5) 작은아버지, 누워서 쉬십시오.

문제 3. (1) 우리 바둑을 (같이) 둡시다.

(2) 우리 운동을 (같이) 합시다.

(3) 아버님, 진지 드십시다.

아버님, 진지 드시지요.

(4) 어머님, 텔레비전을 봅시다.

어머님, 텔레비전을 보시지요.

(5) 김 선생님, 이야기를 (같이) 나눕시다.

김 선생님, 이야기를 (같이) 나누시지요.

(6) 정 선생님, 산책을 (같이) 합시다.

정 선생님, 산책을 (같이) 하시지요.

문제 4. (1) 평서문

(2) 평서문

(3) 의문문

(4) 명령문

(5) 명령문

(6) 청유문

(7) 청유문

(8) 청유문

☺ 제10과

기본 문장 ①

연습 1. 1. 나나가 운동화를 신어?↗

2. 스칼렛이 자전거를 타?↗

3. 동생이 과자도 먹었어?↗

4. 아버지가 신문을 읽으셨어?↗

연습 2. 1. 아버지가 동생을 불러.↘

2. 언니가 배만 깎았어.↘

3. 범진이는 축구만 해.↘

4. 지영이는 컴퓨터를 껐어.↘

연습 3. 1. 승지만이 갔다.

2. 보슬비만이 내리고 있다.

3. 하늘만이 푸르다.

4. 니민이 동생을 좋아한다.

5. 시우만이 배를 먹는다.

연습 4. 1. 너만은 가거라.

2. 승지만은 운동을 해.

3. 이 집만은 들어가겠다.

4. 거기만은 가 보아라.

5. 너만은 꼭 부르겠다.

기본 문장 ②

연습 1. 1. 범진아, 동생을 귀여워해.→

2. 승지도 시우를 생각해.→

3. 고은이부터 그림을 그려.→

4. 선희는 손을 씻어.→

연습 2. 1. 우영아, 너도 이 약을 먹어 봐.

2. 재호야, 너만 영어를 배워.

3. 지영아, 노래를 멋있게 불러.

4. 범진아, 그것도 잘 생각해.

5. 시우야, 너는 방을 청소해.

연습 3. 1. 내일 축구나마 잘 해야 할 텐데.

2. 매일 천 원이나마 저금합니다.

3. 밥이나마 많이 먹어라.

4. 김치나마 더 있었으면 좋겠어요.

기본 문장 ③

연습 1. 1. 지영아, (같이) 책도 읽어.↘

2. 범진아, (같이) 영화를 봐(보아).↘

3. 우진아, (같이) 밥을 먹어.↘

4. 시우야, (같이) 세수를 해.↘

연습 2. 1. 우리 함께 산책도 해.

2. 나와 같이 꽃을 심어.

3. 나와 함께 볼펜을 사.

4. 우리 함께 차를 타.

5. 나하고 같이 점심을 먹어.

기본 문장 ④

연습 1. 1. 내가 어제 그것을 두었었습니다.

2. 그도 전에 동의하였어.

3. 나는 옛날에 몸이 튼튼했었다.

4. 작년에 저 나무에 꽃이 피었었다.

연습 2. 1. 봄이 오기 전에 꽃이 피었었겠다.

2. 어제 그 집에 손님이 있었겠다.

3. 그는 어렸을 때 몸이 약하였었겠다.

4. 바람이 불기 전에 잎이 졌었겠습니다.

단원마무리

문제 1. (1) 지영이가 잠을 자?↗

(2) 선희는 국만 먹어?↗

(3) 범진이는 운동도 해?↗
(4) 승지는 책을 사왔어?↗
문제 2. (1) 시우야, 네가 새를 잡아.
(2) 나나야, 너는 종이도 접어.
(3) 범진아, 너는 뜨개질만 해.
(4) 지영아, 너는 피아노를 쳐(치어).
문제 3. (1) 경원아, (같이) 농구도 해. ↘
(2) 우진아, (같이) 꽃을 심어. ↘
(3) 지영아, (같이) 점심을 먹어. ↘
(4) 재인아, (같이) 산책을 해. ↘
문제 4. (1) 평서문
(2) 명령문
(3) 명령문
(4) 의문문
(5) 의문문
(6) 의문문

☺ 제11과

기본 문장 ①

연습 1. 1. 저분이 신문을 읽으시오?↗
2. 그분이 책을 보시오?↗
3. 이분이 낚시를 하시오?↗
4. 당신이 개를 좋아하시오?↗
5. 그분은 내일 떠나시오?↗
연습 2. 1. 나부터가 먼저 그것을 읽어보겠다.
2. 철수부터는 갈 필요는 없다.
3. 당신부터도 잘못한 것이 아니오?
4. 사과부터는 먼저 먹지 말아라.
연습 3. 1. 할아버지께서도 좋다고 하셨습니다.
2. 어머니께서만 가신다고 하셨습니다.
3. 아버지께서는 안 오신다고 하셨다.
4. 작은어머니께서만 밖으로 나가셨습니다.
연습 4. 1. 아버지, 저도 국만은 마시겠습니다.
2. 이것만은 기억해라.
3. 저기만은 바라보아라.
4. 여기만은 밟아라.

기본 문장 ②

연습 1. 1. 조 선생, 책을 읽으오.
2. 형님, 말씀을 하시오.
3. 정 씨, 저것을 보오.
4. 최 선생, 책을 펴시오.
연습 2. 1. 여러분, 모두 깨끗이 청소하시오.
2. 자, 한잔씩 드시오.
3. 그대도 그 책을 한 권 사시오.
4. 당신은 그 일을 해 보사오.

기본 문장 ③

연습 1. 1. 비행기가 하늘을 날아요? ↗
2. 매미가 노래를 불러요?↗
3. 상인들이 물건을 팔아요?↗
4. 시우는 기차를 놓쳤어요?↗
5. 아이들이 줄넘기를 해요?↗
연습 2. 1. 아버지가 담배를 피우세요.
2. 김 선생님이 저를 부르셨어요. (부르시었어요)
3. 아버지가 자전거를 사 주셨어요.(주시었어요)
4. 할머니가 나를 업어 주셨어요.(주시었어요)
연습 3. 1. 인제는 좋아하던 술조차 못 먹게 되었다.
2. 며칠 안 있으면 밥조차 굶게 되겠다.
3. 집도 타 버리고 식구조차 잃었어요.
4. 나는 너조차 못 믿겠다.

기본 문장 ④

연습 1. 1. 할아버지, 옛날이야기를 해 주세요.⟶
2. 어머니, 과자를 사 주세요.⟶
3. 아주머니, 문을 여세요.⟶
4. 할머니, 저를 따라 오세요.⟶
연습 2. 1. 아버지, 신문을 보세요.
2. 어머니도 이야기를 하세요.
3. 아저씨, 저를 믿으세요.
4. 선생님, 우리를 꼭 부르세요.
5. 아저씨, 이 옷을 입으세요.

기본 문장 ⑤

연습 1. 1. 아버지, (같이) 등산을 가요. ↘
2. 어머니, (같이) 노래를 불러요. ↘
3. 할아버지, (같이) 사과를 먹어요. ↘
4. (같이) 서울을 구경해요. ↘
연습 2. 1. 우리 다 함께 찾아봐요.
2. 선생님, 같이 일을 하세요.
3. 아버지, 같이 운동을 하세요.
4. 팥빙수를 먹어요.

단원마무리

문제 1. (1) 저분만 말씀을 하시오?↗
(2) 그분이 책을 사시오?↗
(3) 이분이 사과를 파시오?↗
(4) 아저씨가 글씨를 쓰세요?↗

문제 2. (1) 최 선생은 그것만 사오.↘

(2) 형님부터 이야기를 하세요.↘

(3) 아주머니가 사과를 사세요.↘

(4) 선생님이 글씨를 쓰세요.↘

문제 3. (1) 아버지, (같이) 신문을 보세요.

(2) 아저씨, (같이) 구경을 하세요.

(3) 어머니, (같이) 소설을 읽어요.

문제 4. (1) 해요체/명령문 또는 청유문

(2) 하오체/의문문

(3) 하오체/의문문

(4) 해요체/명령문 또는 청유문

(5) 해요체/청유문

문제 5. (1) 목적격

(2) 주격

(3) 주격

(4) 목적격

(5) 목적격

(6) 목적격

(7) 주격

(8) 목적격

(9) 주격

☺ 제12과

기본 문장 ①

연습 1. 1. 눈이 내리지?↗

2. 비가 오지요?↗

3. 저기가 경복궁이지?↗

4. 날씨가 매우 맑지?↗

5. 오늘은 날씨가 흐리지?↗

연습 2. 1. 오늘은 비가 오지.

2. 저기가 남산이지?

3. 철수도 학교를 갔지.

4. 꽃이 피지요.

연습 3. 1. 후식까지는 먹을 수 있어요.

2. 그것까지는 나도 좋아하고 있어.

3. 이것까지만 다 하고 가요.

4. 나까지도 거기 가야 하나?

기본 문장 ②

연습 1. 1. 범진아, 과일을 먹지.

2. 철수야, 공을 던지지.

3. 선생님, 말씀을 하시지요.

4. 아버지, 나가시지요.

연습 2. 1. 할머니, 빨리 가시지요.

2. 철수야, 어서 오지.

3. 아버지, 여기 앉으시지요.

4. 할아버지, 진지를 잡수시지요.

5. 어머니, 방으로 들어가시지요.

기본 문장 ③

연습 1. 1. 스칼렛도 (같이) 점심 먹지.↘

2. 할아버지, 어서 (같이) 가시지요.↘

3. 나나야, 어서 (같이) 학교에 가지.↘

4. 승지야, 빨리 (같이) 밥을 먹지.↘

연습 2. 1. 선생님, 같이 식사를 하지요.

2. 우진아, 너도 나와 같이 청소를 하지.

3. 시우야, 너만 나와 같이 커피를 마시지.

4. 우리 같이 이야기도 하지.

5. 할머니는 저희들과 여기 계시지요.

단원마무리

문제 1. (1) 지금 비가 오지?↗

(2) 눈이 많이 내렸지요?↗

(3) 어제는 날씨가 매우 흐렸지?↗

문제 2. (1) 어머니도 앉으시지요.

(2) 철수야, 노래를 부르지.

(3) 시우도 오지.

(4) 나나야, 열심히 학교에 다니지.

(5) 범진이도 세수를 깨끗이 하지.

문제 3. (1) 고은아, (같이) 가지.↘

(2) 아버지, (같이) 진지를 잡수시지요.↘

(3) 승지 씨, 영화관에 가시지요.↘

(4) 유진아, (같이) 도서관에 가지.↘

문제 4. (1) 하지체/명령문

(2) 하지체/평서문

(3) 하지체/평서문

(4) 하지체/의문문

(5) 하지요체/명령문

문제 5. (1) 선생님이 오시냐?

(2) 선생님, 편지를 받으십시오.

(3) 선생님, (같이) 가십시다.

(4) 선생님이 글씨를 쓰십니다.

(5) 선생님이 우세요?

문제 6. (1) 내일 비가 오겠다.

(2) 내일 비가 오겠습니까?

(3) 내일 비가 오겠습니다.

문제 7. (1) 무지개가 떴겠습니까?

(2) 승지가 책을 읽었겠어.

(3) 무지개가 떴겠다.

(4) 승지가 책을 읽었겠어요?

(5) 무지개가 떴겠어.
문제 8. (1) 어제 시우가 울었었지요?
(2) 빨래를 했었는가?
(3) 어제 눈이 왔었습니까?
(4) 작년에 능소화가 폈었느냐?

☺ 제13과

기본 문장 ①

연습 1. 1. 저것이 공책이로구나.
2. 이것도 책상이로구나.
3. 여기는 경복궁이로구나.
4. 거기는 덕수궁이로구나.
5. 여기가 한강이로구나.
연습 2. 1. 저것이 성냥이구나.
2. 여기가 병원이구나.
3. 여기는 극장이구나.
4. 여기는 운동장이구나.

기본 문장 ②

연습 1. 1. 영화관에 사람이 적구나.
2. 우물이 흐리구나.
3. 수돗물이 차구나.
4. 여기는 길이 좁구나.
5. 스칼렛은 키가 크구나.
연습 2. 1. 지영이도 옷이 깨끗하군.
2. 가방이 너무 무겁군.
3. 형광등이 너무 흐리군.
4. 오늘은 달이 매우 밝군.

기본 문장 ③

연습 1. 1. 지금 비가 오는구나.
2. 아기가 빵긋 웃는구나.
3. 벌써 일어서는구나.
4. 빌리도 공을 던지는구나.
연습 2. 1. 국이 식는군.
2. 승지는 뜨개질을 하는군.
3. 줄리앙이 그림을 그리는군.
4. 농부들이 벼를 베는군.
5. 아이들이 막 싸우는군.
연습 3. 1. 학생들이 등교를 했구나.
2. 벌써 낙엽이 졌구나.
3. 무궁화가 많이 폈구나.
4. 나나는 혼자서 연필을 깎았구나.
5. 바람이 한바탕 불었구나.
연습 4. 1. 벌써 서리가 내리겠구나.
2. 범진이도 이제 학교에 가겠구나.
3. 우리 동생도 밥을 먹겠구나.
4. 거기도 집을 짓겠구나.
5. 날씨가 풀리겠구나.
연습 5. 1. 칭찬은커녕 꾸중을 들었습니다.
2. 상은커녕 벌을 받았어요.
3. 사람은커녕 짐승도 없다.
4. 하루는커녕 이틀 해도 다 못하겠어요.
5. 열은커녕 하나도 안 준다.
연습 6. 1. 벌써 두 시나 되었다.
2. 다섯 사람이나 다녀갔습니다.
3. 사과를 다섯 개나 먹겠다 합니다.
4. 어떻게 열흘이나 기다려?
5. 앞으로 얼마나 살겠니?

기본 문장 ④

연습 1. 1. 아이구! 산이 높아라.
2. 아이구! 맛도 달아라.
3. 아이구! 반가워라.
4. 아이구! 인생은 외로워라.
5. 아이구! 기뻐라.
연습 2. 1. 아이구! 달도 밝아라.
2. 아이구! 바람도 시원해라.
3. 아이구! 날씨도 따뜻해라.
4. 아이구! 추워라.
5. 아이구! 더워라.

단원마무리

문제 1. (1) 저것은 낫이(로)구나.
(2) 거기는 연못이(로)구나.
(3) 하늘이 푸르구나.
(4) 날씨가 개는구나.
(5) 바람이 부는구나.
(6) 좋구나.
문제 2. (1) 서술격 조사
(2) 형용사
(3) 서술격 조사
(4) 동사
(5) 동사
(6) 형용사
문제 3. (1) 과거
(2) 과거
(3) 현재
(4) 미래
(5) 미래
(6) 현재

☺ 제14과

기본 문장 ①

연습 1. 1. 자네는 무엇을 읽어?
2. 선생님이 누구를 만나셨어요?
3. 그가 무엇을 샀어요?
4. 아버지 어디로 가시지요?
5. 어머님 무엇을 사셨어요?

연습 2. 1. 누구세요?
2. 이 중에서 김 선생님은 어느 분이세요?
3. 무엇을 도와 드릴까요?
4. 어느 것이 더 좋나요?
5. 선생님, 어디 가시나요?
6. 이 커피는 얼마인가요?

기본 문장 ②

연습 1. 1. 범진아, 너 언제 밥 먹었어?
2. 이분이 일을 어떻게(어찌) 하시겠어요?
3. 압록강은 얼마나 깊어요?
4. 선생님은 언제 떠나셔요?
5. 백두산 천지는 얼마나 넓어요?

연습 2. 1. 언제 한국에 왔어요?
2. 경복궁으로 가려면 어떻게 해야 하나요?
3. 어찌 그럴 수 있던 말입니까?
4. 남산타워는 얼마나 높습니까?

기본 문장 ③

연습 1. 1. 어떤 일을 감당하겠어요?
2. 어떤 사람을 보았어요?
3. 어떤 물이 흐르지요 ?
4. 어떤 책을 팔았지요?
5. 어떤 연필이 갖고 싶어?

연습 2. 1. 어떤 색을 좋아해요?
2. 어떠한 방식이 나을 것 같나요?

기본 문장 ④

연습 1. 1. 승지는 언제 갔느냐?
2. 자네는 무엇을 샀는가?
3. 빌리는 언제 한국에 왔습니까?
4. 시우는 무엇을 차고 있습니까?

단원마무리

문제 1. (1) 너는 누구를 만났어?
(2) 선생님도 어디 가셔요?
(3) 너는 어떤 책을 샀지?
(4) 저분은 언제 도착했느냐?
(5) 아버지가 무엇을 사 주시겠습니까?
(6) 어머니는 어디에 가시겠어요?

☺ 제15과

기본 문장 ①

연습 1. 1. 내가 지금 너를 도우리라.
2. 지금 눈이 오리라.
3. 오늘은 하늘이 흐리리라.
4. 그는 틀림없이 학생이리라.
5. 너에게는 그 일이 어려우리라.

연습 2. 1. 오늘은 날씨가 개겠다. 오늘은 날씨가 갤 것이다.
2. 한강에는 눈이 많겠다. 한강에는 눈이 많을 것이다.
3. 저 사람은 도둑이겠다. 저 사람은 도둑일 것이다.
4. 내가 그를 힘껏 돕겠다. 내가 그를 힘껏 도울 것이다.
5. 내일은 날씨가 덥겠다. 내일은 날씨가 더울 것이다.
6. 우리도 저기 한번 가 보겠다. 우리도 저기 한번 가 볼 것이다.

연습 3. 1. 그것은 시계일까.
2. 저 산이 매우 높을까.
3. 내일은 날씨가 맑을까.
4. 금강산은 매우 아름다울까.
5. 압록강은 가장 길까.

연습 4. 1. 그것인들 쉽겠어요?
2. 너인들 시험에 붙으랴?
3. 그대인들 기분이 좋으랴?
4. 우리인들 그것이 좋겠어요?

연습 5. 1. 그것이야(그거야) 버릴 수 없지.
2. 일편단심이야 꺾을 수 없다.
3. 승지야 뭐든 잘하지.

기본 문장 ②

연습 1. 1. 너는 어제 책을 보더라.
2. 너는 목소리가 크더라.
3. 학생은 우등생이더라.
4. 두 분이 이런 말씀을 하십디다.
5. 인수는 어제 저기에 있더라.

연습 2. 1. 금강산은 경치가 아름답습니다.
2. 동해의 바닷물은 매우 맑다.
3. 범진이도 공부하고 있다.
4. 그 지방에는 쌀이 많이 난다.
5. 그 집에는 오늘 도둑이 들었습니다.

기본 문장 ③

연습 1. 1. 내가 가마.
2. 우리는 집을 지키마.
3. 나는 새를 잡으마.
4. 우리도 곧 따라가마.
5. 나만 피리를 부마.

연습 2. 1. 나는 문을 닫겠다.
2. 내가 거기에 가겠다.
3. 그것은 너한테 주겠다.
4. 도착하는 즉시 편지를 부치겠다.
5. 합격 선물로 시계를 사주겠다.

기본 문장 ④

연습 1. 1. 지영아, 네가 가렴.
2. 시우야, 네가 신문을 읽으렴.
3. 줄리앙, 글씨를 쓰렴.
4. 빌리도 여기 한번 오렴.
5. 그것은 나나에게 주렴.

기본 문장 ⑤

연습 1. 1. 큰 아이가 울면 못 쓰니라.
2. 무궁화는 빛깔이 고우니라.
3. 그는 서예가이니라.
4. 겨울에는 날씨가 추우니라.
5. 가을에는 하늘이 맑으니라.

기본 문장 ⑥

연습 1. 1. 시우는 아버지께 빨리 오시라고 말씀드렸다.
2. 어머니께서는 승지에게 빨리 자라고 말씀하셨다.
3. 선생님께서는 스칼렛에게 거기를 한 번 읽어 보라고 하셨다.
4. 아저씨께서는 줄리앙에게 영화관에 가라고 하셨다.
5. 나나는 선생님께 그것을 다시 한번 설명해 달라고 하였다.

단원마무리

문제 1. (1) 여기는 날씨가 덥더라.
(2) 학생들이 의견을 발표합디다.
(3) 여기는 사람이 많으리라.
(4) 그분이 나중에 책을 읽으리라.
(5) 내가 거기 가마.
(6) 너부터 오렴.
(7) 빌리야, 그것만 읽으렴.
(8) 금은 귀하니라.
(9) 봄, 가을에는 날씨가 흐리니라.
(10) 사람은 옳게 살아야 하느니라.

☺ 제16과

기본 문장 ①

연습 1. 1. 시우는 교실에 있다.
2. 나는 집에 있다.
3. 어른들이 의자에 앉아 계신다.
4. 어머니가 부엌에 계신다.
5. 선생님이 교실에 계신다.

기본 문장 ②

연습 1. 1. 지영이는 부엌에 없다.
2. 어머니는 부엌에 계셔요.
3. 학생들은 교실에 없어요.
4. 어른들은 카페에 안 계십니다.
5. 아이들은 운동장에 없습니다.

기본 문장 ③

연습 1. 1. 그분은 어디 계십니까?
2. 또 다른 의견이 있으십니까?
3. 아버지는 수염이 있으십니다.
4. 저분은 댁에 계십니까?
5. 선생님이 저기 와 계십니다.

기본 문장 ④

연습 1. 1. 아버지는 옷이 없으시다.
2. 어머니가 부엌에 안 계시다.
3. 그분은 댁에 안 계십니까?
4. 아저씨는 돈이 없으셔요.
5. 큰어머니는 핸드백이 없으십니다.

단원마무리

문제 1. (1) 선생님이 방에 계시다.
(2) 아버지가 집에 안 계시다.
(3) 동생은 돈이 없다.
(4) 김 선생님만 가족이 없으시다.
(5) 어머니는 부엌에 계십니다.
(6) 학생들은 교실에서 공부하고 있어요.
(7) 동생이 물을 마시고 있어요.
(8) 어머니가 빨래를 하고 계세요.

☺ 제17과

기본 문장 ①

연습 1. 1. 소와 말은 풀을 먹는다.
2. 말과 토끼가 뛴다.
3. 범진이와 지영이만 집으로 갔다.
4. 밥도 반찬도 많다.

연습 2. 1. 종이와 연필이 있다.
2. 거기에 자갈과 모래가 많다.
3. 가위와 풀이 없다.
4. 마트에 과자와 음료수가 없다.
5. 줄리앙과 스칼렛도 울었다.

기본 문장 ②

연습 1. 1. 이것은 붓과 물감이다.

2. 저것은 자와 색연필이다.
3. 저것은 잉크와 펜이다.
4. 거기는 화장실과 목욕탕이다.

연습 2. 1. 그것은 떡과 곶감이다.
2. 거기는 산과 계곡이다.
3. 그것은 국과 밥이에요.
4. 그것은 문형과 발음이다.
5. 내일은 눈 또는 비가 오겠다.

기본 문장 ③

연습 1. 1. 우리는 토끼와 새를 잡았다.
2. 그가 공책과 연필을 가졌다.
3. 나는 가위도 풀도 사겠다.
4. 우리는 과자도 밥도 먹었다.
5. 나는 빌리도 철수도 좋아한다.

연습 2. 1. 승지는 사과와 배를 깎는다.
2. 아버지는 신문과 잡지를 읽으신다.
3. 줄리앙은 양말과 장갑을 샀습니다.
4. 우리는 바다와 호수를 싫어합니다.
5. 그들은 산도 바다도 좋아한다.

기본 문장 ④

연습 1. 1. 총이며 칼이며 많이 쌓여 있다.
2. 기차나 버스가 있을 것이다.
3. 철수하고 영희가 운동한다.
4. 홍차하고 커피가 있습니다.
5. 승지나 시우가 가야 한다.

연습 2. 1. 음료수며 과자며 많이 먹었다.
2. 등산이나 수영이나 열심히 하겠다.
3. 나하고 친구하고 공부해야 한다.
4. 미국 또는 프랑스를 여행할 것이다.

기본 문장 ⑤

연습 1. 1. 컵하고 물을 가져오세요.
2. 떡볶이나 튀김을 먹겠다.
3. 우리는 옷이며 신발을 구경했다.
4. 우리는 구두 혹은 운동화를 사겠다.
5. 그분은 커피랑 토스트를 많이 팔았다.

연습 2. 1. 나는 모자나 신발이나 사겠다.
2. 나는 커피하고 쿠키하고 먹을 것이다.
3. 나는 소설이며 수필이며 많이 읽었다.
4. 나는 기차 혹은 비행기를 탈 것이다.
5. 나는 박물관이랑 미술관을 갔다.
6. 나는 머핀에다 케이크에다 많이 만들었다.

단원마무리

문제 1. (1) 나와 너는 학생이다.
(2) 이것은 의자와 책상이다.
(3) 우리는 배와 사과를 먹었다.
(4) 우리는 버스도 택시도 탄다.
(5) 철수와 영희가 꽃밭을 만듭니다.
(6) 지영이는 할아버지와 할머니께 인사를 하였습니다.

문제 2. (1) 흰 염소와 검은 염소는 다리 위에서 싸웠습니다.
(2) 철수와 영이는 종이배를 가지고 냇가로 갔습니다.
(3) 할아버지와 할머니와 아버지와 어머니가 모두 웃으셨습니다.
(4) 범진이는 새 책과 새 공책을 가방에 넣고 집을 나섰습니다.
(5) 시우는 새 책과 새 공책, 새 필통을 꺼내서 책상 속에 넣었습니다.
(6) 시곗바늘은 낮이나 밤이나 쉬지 않고 돌아갑니다.
(7) 이야기를 글로 쓴 것은 소설이나 동화라고 한다.
(8) 아버지도 어머니도 웃으셨습니다.
(9) 빌리하고 스칼렛하고 공원에 가서 놀았습니다.

☺ 제18과

문제 1. (1) 그것은 공책이냐?
(2) 저것은 연필이냐?
(3) 이것만 의자냐?

문제 2. (1) 이것은 잉크입니까?(잉킵니까?)
(2) 그것도 책입니까?
(3) 저것만 기차입니까?(기찹니까?)

문제 3. (1) 저기는 공원이야?
(2) 여기도 연못이야?
(3) 거기만 학교야?
문제 4. (1) 저기는 체육관이에요?
(2) 저기도 카페예요?
(3) 여기만 정문이에요?
문제 5. (1) 저것은 모자지?
(2) 이것도 옷이지?
(3) 그것만 볼펜이지?
문제 6. (1) 저기는 학교지요?
(2) 여기도 병원이지요?
(3) 저기만 교문이지요?
문제 7. (1) 바다는 넓으냐?
(2) 오늘은 날씨도 흐리냐?
(3) 나나가 키만 작으냐?
문제 8. (1) 잎은 푸릅니까?
(2) 스칼렛은 얼굴만 예쁩니까?
(3) 책이 두껍습니까?
문제 9. (1) 종이는 깨끗해?
(2) 꽃도 예뻐?
(3) 운동장만 넓어?
문제 10. (1) 산이 높아요?
(2) 얼굴도 예뻐요?
(3) 경치만 좋아요?
문제 11. (1) 날씨가 춥지?
(2) 여름은 덥지?
(3) 봄은 따뜻하지?
문제 12. (1) 배가 고프지요?
(2) 귀도 아프지요?
(3) 눈이 어둡지요?
문제 13. (1) 아기가 웃느냐?
(2) 나나도 자느냐?
(3) 철수만 우느냐?

문제 14. (1) 시우야, 네가 공부하거라.
(2) 빌리야, 너도 운동하거라.
(3) 승지야, 너만 가거라.
문제 15. (1) 빌리야, 나하고 (같이) 앉자.
(2) 시우도 나하고 (같이) 공부하자.
(3) 철수만 나하고 (같이) 있자.
문제 16. (1) 아버지, 이리 오십시오.
(2) 할아버지도 저기 계십시오.
(3) 아저씨만 여기 앉으십시오.
문제 17. (1) 아주머니, 저하고 (같이) 서십시다.
(2) 할머니도 저하고 (같이) 웃으십시다.
(3) 어머니만 저하고 (같이) 누우십시다.
문제 18. (1) 나나야, 나와 (같이) 자.
(2) 지영이도 나와 (같이) 가.
(3) 승지만 나와 (같이) 놀아.
문제 19. (1) 시우야, 글씨를 써라.
(2) 빌리야, 줄도 그어라.
(3) 지영아, 물만 마셔라.
문제 20. (1) 지영아, 노래는 불러.
(2) 철수야, 모자도 써.
(3) 범진아, 나나만 생각해.
문제 21. (1) 거기만 교문입니다.
(2) 범진이만 성적이 우수합니다.
(3) 지영이만 신문을 읽습니다.
문제 22. (1) 너부터 이리 오너라.
(2) 시우부터 손을 들어라.
(3) 나나부터 먼저 가거라.
문제 23. (1) 사람이 많다.
(2) 빌리가 앉는다.

(3) 내가 바다를 좋아한다.
문제 24. (1) 나마저 가겠다.
(2) 너마저 오겠느냐.
(3) 시우마저 서라.
문제 25. (1) 사흘이나 지났습니다.
(2) 세 시나 되었습니다.
(3) 얼마나 왔습니까?
문제 26. (1) 된장이나마 있느냐?
(2) 연필이나마 있습니까?
(3) 옷이나마 있어요?
문제 27. (1) 그분인들 인격자야?
(2) 이것인들 훌륭해?
(3) 너인들 거기 갈 수 있어?
문제 28. (1) 아버지가 매일 신문만 읽으신다.
(2) 선생님이 시우만 좋아하신다.
(3) 아버지가 바둑만 두신다.
문제 29. (1) 동생은 밥만 먹는다.
(2) 빌리는 운동만 한다.
(3) 우리는 공책만 샀다.
문제 30. (1) 어머니는 식탁까지 닦으신다.
(2) 아버지는 사과까지 잡수셨다.
(3) 선생님은 이야기까지 해 주셨다.
문제 31. (1) 그 애는 연필마저 잃었다.
(2) 동생은 딸기마저 싫어했다.
(3) 언니는 과일마저 먹지 않았다.
문제 32. (1) 떡이나 먹자.
(2) 신문이나 보자.
(3) 잠이나 잡시다.

문제 33. (1) 누구든지 가셔요.
(2) 무엇이든지 잡수셔요.
(3) 아무든지 가시오.
문제 34. (1) 저것이나마 먹을까?
(2) 밥이나마 더 먹겠어요.
(3) 신문이나마 읽겠어요.
문제 35. (1) 환영은커녕 홀대를 받았다.
(2) 천 원은커녕 백 원도 못 벌었다.
(3) 하루는커녕 이틀도 더 걸리겠다.
문제 36. (1) 오늘 눈이 왔다.
(2) 아까 시우가 갔다.
(3) 나는 아까 밥을 먹었다.
문제 37. (1) 철수는 우등생이었었다.
(2) 재작년에는 눈이 많이 왔었다.
(3) 지난 봄에 형님은 미국에 가셨다.
문제 38. (1) 저기는 사람이 많이 보였겠다.
(2) 그 쥐는 곧 죽었겠다.
(3) 그 사람은 곧 돌아왔겠다.
문제 39. (1) 아저씨도 가셨겠어요.
(2) 어머니는 밥을 지으십니다.
(3) 아주머니는 빨래를 하십니다.

☺ 제19과

기본 문장 ①

연습 1. 1. 새 책이 많다.
2. 여러 사람이 모였다.
3. 어느 신물을 드릴까요.
4. 어떤 학생이 찾아왔어요.
5. 무슨 이야기를 듣고 싶니?
연습 2. 1. 우리는 사과 다섯을 먹었습니다.
2. 헌 신을 신어라.
3. 사람 스물이 모이면 그 일을 할 수 있다.
4. 백지 셋만 주세요.
5. 나는 사과를 열하나를 샀다.
연습 3. 1. 어떤 음식이 먹고 싶니?
2. 무슨 일이 생겼나요?
3. 모든 것은 제 책임입니다.
4. 한 개는 부족합니다.
5. 몇 사람이 웃음을 지어 보였다.
6. 여러 사람의 칭찬에 기분이 좋아졌다.

기본 문장 ②

연습 1. 1. 웃는 아기
2. 노래를 부르는 가수
3. 쏟아지는 우박
4. 공부를 하는 학생
5. 떠나는 기차
연습 2. 1. 흐르는 물이 맑다.
2. 나는 새가 많다.
3. 주는 돈을 받아라.
4. 듣는 사람이 얼마나 되느냐?
5. 사람은 생각하는 갈대다.

기본 문장 ③

연습 1. 1. 시원한 바람
2. 낮은 언덕
3. 넓은 길
4. 높은 산
5. 흐린 날씨
연습 2. 1. 흐린 하늘이 개었다.
2. 붉은 해가 뜬다.
3. 궂은 비가 온다.
4. 흰 눈이 내린다.
5. 밝은 달이 솟았다.
연습 3. 1. 내린 눈
2. 앉은 새
3. 시우가 먹은 사과
4. 범진이가 마신 술
5. 아버지가 사 주신 책
연습 4. 1. 굶은 사람이 많다.
2. 잡은 고기가 있다.
3. 딴 배가 한 광주리다.
4. 저축한 돈이 얼마나 되느냐?
5. 운 사람이 누구냐?

기본 문장 ④

연습 1. 1. 내일은 눈이 내릴 것이다.
2. 그것은 책이 아닐 것이다.
3. 곧 그가 올 것이다.
4. 저것은 연필일 것이다.
5. 인수는 대학에 합격할 것이다.
연습 2. 1. 밥을 먹을 사람이 많다.
2. 볼 책이 적다.
3. 운동을 할 사람은 누구냐?
4. 학교에 입학할 아동들이 얼마 안 된다고 한다.
5. 외국에 유학할 학생들은 어학을 열심히 공부해야 한다.
연습 3. 1. 일반적인 사실
2. 미래
3. 미래
4. 일반적인 사실
5. 일반적인 사실

기본 문장 ⑤

연습 1. 1. 어제 부산으로 가시던 김 선생님
2. 옛날에 고기가 많던 그 연못
3. 아까 찾아왔던 그 여자
4. 우리 집에 들렀던 사람이 너냐?
5. 그때 그를 좋아했던 사람이 나였나?

연습 2. 1. 철수는 먹던 밥을 다 먹었다.
2. 흐리던 날씨가 맑아졌다.
3. 건강하던 그가 갑자기 작고했다.
4. 성적이 우수하던 범진이가 낙제를 했다고 한다.
5. 맑던 날씨가 갑자기 흐려졌다.

단원마무리

문제 1. (1) 부는 바람
(2) 문을 닫는 동생
(3) 예쁜 꽃
(4) 상쾌한 기분
(5) 영화를 구경한 인수

문제 2. (1) 어렵던 한국어가 이제는 쉽다.
(2) 흐리던 날씨가 이제는 개었다.
(3) 오던 비가 이제는 그쳤다.
(4) 어제 핀 꽃이 오늘 떨어졌다.
(5) 전에는 학생이었던 그분이 이제는 선생이 되었다.

문제 3. (1) 풀을 먹는 토끼가 있다.
(2) 그는 평생 모은 돈을 기부했다.
(3) 야구 경기가 없는 날인 월요일에는 잠실이 한산합니다.
(4) 밟을 수 있을 때까지 밟아라!
(5) 그는 가던 길을 멈추고 잠시 돌아봤습니다.
(6) 밝던 그의 표정이 금세 어두워졌다.
(7) 청소년이던 시절이 그립다.

☺ 제20과

기본 문장 ①

연습 1. 1. 토끼의 귀는 쫑긋합니다.
2. 범진이의 몸은 튼튼하다.
3. 아기의 손은 부드럽다.
4. 소의 고기를 쇠고기라고 합니다.
5. 돼지의 고기를 돼지고기라고 합니다.

연습 2. 1. 나의 옷은 어디 있느냐?
2. 너의 생각을 말해라.
3. 제 신부터 사 주세요.

기본 문장 ②

연습 1. 1. 독립국가의 국민인 우리들은 더욱 분발해야 한다.
2. 부자인 우리가 그만한 돈은 낼 수 없겠느냐?
3. 반장인 네가 책임을 져야 할 것이다.
4. 이 방면의 권위자인 그분의 의견을 좇아야 한다.
5. 우리 반의 반장인 시우도 같이 가게 되었다.

연습 2. 1. 얼마 전까지 유치원생이었던 너
2. 옛날에는 한국의 영토였던 만주벌판
3. 마음의 벗인 책
4. 초등학교 때는 우등생이었던 너
5. 한민족이 오래도록 받들어야 할 성군인 세종대왕

기본 문장 ③

연습 1. 1. 제주도의 겨울은 따뜻하다.
2. 하나의 두 배는 둘이다.
3. 학교의 정원에는 꽃이 많다.
4. 온 집안 식구들이 한 자리에 모였다.

기본 문장 ④

연습 1. 1. 이 책의 지은이는 누구인가요?
2. 신라의 수도는 경주다.
3. 인수의 책은 어디 있느냐?
4. 철수의 비행기가 날아갑니다.
5. 병아리는 어미닭의 다리 사이에 숨었다.
6. 병아리의 털은 꼭 노랑솜 같아요.

단원마무리

문제 1. (1) 노력은 성공의 어머니다.
(2) 어머니의 은혜는 바다보다 깊다.
(3) 이것은 너의 연필이다.
(4) 오늘은 승지의 생일날입니다.

(5) 나는 동생의 손목을 꼭 쥐었습니다.

문제 2. (1) 그의 빵을 먹지 마라.
(2) 내 진심을 믿어줘.
(3) 네 말은 이상해.
(4) 그 우산은 제 것입니다.
(5) 이 펜은 누구의 것이니?
(6) 한국의 얼을 알린다.
(7) 책상의 다리가 짧다.

☺ 제21과

기본 문장 ①

연습 1. 1. 우리는 학교에 갈 수가 있다.
2. 나도 그를 잊을 수는 없다.
3. 나도 저것을 잡을 수 있다.

연습 2. 1. 나는 지금 잘 수가 있다.
2. 나는 그것을 먹을 수가 있다.
3. 나는 그것을 칠 수도 있다.
4. 나는 그것을 먹을 수도 있다.
5. 나는 안 갈 수도 없다.

기본 문장 ②

연습 1. 1. 벌써 왔을 리가 있나.
2. 인순이는 올 리도 없다.
3. 아버지가 가셨을 리는 없다.
4. 내일은 비가 올 리가 없다.

연습 2. 1. 이 날씨에 비행기가 뜰 리가 없다.
2. 보지도 않고 담을 리가 있습니까?
3. 그대로 내버려 둘 리 없습니다.
4. 그것을 먹었을 리가 있습니까?

기본 문장 ③

연습 1. 1. 한국의 하늘이 맑다는 것은 두말할 나위도 없다.
2. 그가 착하다는 것은 두말할 나위도 없다.
3. 저분이 선생이라는 사실은 두말할 나위가 있나.
4. 현숙이가 잘못했다는 사실은 두말할 나위도 없다.

연습 2. 1. 한국이 성장하고 있다는 사실에 두말할 나위가 있는가?
2. 그가 결백하다는 사실을 두말할 나위도 없다.
3. 두말할 나위 없이, 그는 최고 수준에 이르렀다.

기본 문장 ④

연습 1. 1. 내가 그를 본 지가 벌써 5년이다.
2. 네가 간 지도 석 달이 되었다.
3. 철수가 도망간 지는 얼마나 되었나?
4. 인혁이가 전학을 온 지 벌써 1년이다.
5. 내가 그이와 헤어진 지 이미 5년이다.

단원마무리

문제 1. (1) 지
(2) 수
(3) 나위
(4) 리
(5) 지
(6) 수
(7) 리

문제 2. 정답 생략

☺ 제22과

기본 문장 ①

연습 1. 1. 저기 있는 책상은 내 것이다.
2. 여기 있는 의자는 네 것이다.
3. 마음에 드는 것을 드시오.
4. 어느 것을 읽겠습니까?
5. 이것을 사겠습니다.

연습 2. 1. 올 것이 왔다.
2. 노는 것이 좋다.
3. 내가 어제 먹은 것이 뭐게?
4. 네 초콜릿이 더 큰 것이다.
5. 보이는 것을 믿는 것이다.
6. 내일도 놀 것이다.

연습 3. 1. 좋을 게 무엇이냐?
2. 그게 틀림없을 게야.
3. 내가 밖으로 나갈 게야.
4. 누가 집을 지킬 게야?

기본 문장 ②

연습 1. 1. 네가 할 바가 무엇이냐?
2. 우리가 할 바가 무엇이냐?
3. 그는 하고자 하는 바를 모른다.
4. 네가 생각하는 바를 말해 보아라.

연습 2. 1. 네가 알 바가 아니다.
2. 어찌할 바를 모른다.
3. 나도 생각한 바다.
4. 나도 아는 바이다.

기본 문장 ③

연습 1. 1. 너를 두고 먼 데로 가려 한다.
2. 선생님은 먼 데로 전근

하셨다.
3. 스칼렛의 집은 우리 집 가까운 데 있다.
4. 이런 데보다 저런 데가 더 낫다.

연습 2. 1. 물을 마시는 데가 어디예요?
2. 나나는 먼 데가 좋대.
3. 가까운 데를 더 좋아합니다.
4. 당신이 갈 데는 어디입니까?
5. 그곳은 내년에 내가 갈 데이다.

기본 문장 ④

연습 1. 1. 너는 부지런한 이를 본받아라.
2. 착한 이는 복을 받는다.
3. 논밭에서 일하는 이를 농부라 한다.
4. 저런 이야말로 인격자라 할만하다.
5. 어떤 이를 찾고 있습니까?

연습 2. 1. 착한 이가 상을 받는다.
2. 학생을 가르치는 이를 선생님이라고 한다.
3. 저기 밥을 먹는 이가 철수입니다.
4. 사장님이 쉬고 있는 이를 부릅니다.
5. 발표를 할 이가 스칼렛입니다.

기본 문장 ⑤

연습 1. 1. 저기 앉아 계신 분이 저의 아버지이십니다.
2. 가시는 이들을 모셔 오십시오.
3. 떠나신 분들이 많다.
4. 여기 계신 분이 저의 삼촌입니다.
5. 책을 읽으시는 저 분은 누굽니까?

연습 2. 1. 어제 저에게 전화를 하신 분이 누구십니까?
2. 할아버지는 가족 중에 키가 가장 큰 분이다.
3. 저기 노래를 부르시는 분이 저의 어머니이십니다.
4. 그는 내가 제일 좋아하는 분이다.

단원마무리

문제 1. (1) 분
(2) 이
(3) 것
(4) 데
(5) 바

문제 2. (1) 목적어
(2) 서술어
(3) 주어
(4) 주어
(5) 서술어
(6) 서술어
(7) 목적어
(8) 주어
(9) 주어
(10) 주어

☺ 제23과

기본 문장 ①

연습 1. 1. 나는 너만 믿을 뿐이다.
2. 나는 떡을 먹을 뿐 아니라 김칫국물도 마신다.
3. 우리 민족이 존경하는 분은 이순신 장군뿐이다.
4. 나의 마음에 드는 것은 이것뿐이다.
5. 나는 영화를 볼 뿐 아니라 당구도 쳤다.

기본 문장 ②

연습 1. 1. 나는 이 책만 읽을 따름이다.
2. 애만 쓸 따름이다.
3. 남에게 좋은 일만 할 따름이다.

연습 2. 1. 열심히 노력할 따름이다.
2. 그는 노래만 할 따름이 아니라 춤도 춘다.

기본 문장 ③

연습 1. 1. 기차가 없기 때문에 버스로 갑시다.
2. 바람이 불기 때문에 날씨가 서늘하다.
3. 비가 왔기 때문에 집에서 쉬었다.

연습 2. 1. 감기 때문에 잠을 못 잤습니다.
2. 너 때문에 괴롭습니다.
3. 담배 연기 때문에 머리가 아프다.
4. 먼지 때문에 공기가 흐리다.

연습 3. 1. 밥을 먹는 것도 힘을 내야 하기 때문이다.
2. 다리가 아프기 때문에 걸을 수 없다.
3. 그가 상을 받은 것은 공

부를 열심히 했기 때문이다.

4. 말을 하지 않는 것은 목이 아프기 때문이다.

기본 문장 ④

연습 1. 1. 나도 이 옷을 입어볼 터이다.
2. 우리도 말할 터이다.
3. 그것이 좋을 터이다.
4. 나도 갈 터이다.
5. 너도 올 터이냐?

연습 2. 1. 나는 밥을 먹을 터이다.
2. 나는 공부를 열심히 할 테다.
3. 그들이 나를 잘 아는 터에 나에게 부탁을 할 수 있겠느냐?
4. 내가 그를 잘 아는 터에 그에게 화를 낼 수 있겠느냐?

단원마무리

문제 1. (1) 터
(2) 때문
(3) 따름
(4) 뿐/따름

문제 2. 정답 생략

☺ 제24과

기본 문장 ①

연습 1. 1. 수업이 벌써 시작될 듯도 하다.
2. 동생이 갈 듯도 하다.
3. 내일은 눈이 올 듯도 하다.
4. 곧 얼음이 얼 듯도 하다.
5. 아저씨는 진지를 잡수셨을 듯도 하다.

연습 2. 1. 그는 사실을 이미 아는 듯도 하다.
2. 영화가 끝난 듯하다.
3. 비가 올 듯 말 듯하다.
4. 그는 먹는 듯 마는 듯 했다.

기본 문장 ②

연습 1. 1. 나나는 숙제를 하지 않았지만 한 체했다.
2. 나는 파리를 쫓는 체 하다가 허리를 구부렸다.
3. 책을 읽는 체 하다가 그만 잠이 들어 버렸다.
4. 술을 먹는 체 하다가 부어 버렸다.
5. 운동을 잘 한 체하나, 사실은 못한다.

연습 2. 1. 그는 잘난 체를 하였다.
2. 그는 나를 아는 체도 하지 않았다.
3. 할이비지는 식사를 히는 체 만 체 하였다.
4. 그는 노래를 잘 하는 체한다.

기본 문장 ③

연습 1. 1. 그는 점잖은 척은 하지만 실은 그렇지 않다.
2. 그의 말은 듣는 척도 하지 마라.
3. 그는 그녀를 매우 잘 아는 척한다.

기본 문장 ④

연습 1. 1. 하고 싶은 대로 해라.
2. 되는 대로 살자.
3. 그가 원하는 대로 되었다.
4. 내가 읽는 대로 따라 읽으시오.
5. 밥을 준 대로 먹어라.

연습 2. 1. 원하는 대로 가져가세요.
2. 들은 대로 말하세요.
3. 법대로 하세요.

기본 문장 ⑤

연습 1. 1. 펜에 잉크가 묻은 채 두지 말라.
2. 책상에 책을 편 채 두지 말라.
3. 그이는 웃옷을 벗은 채 들어왔다.
4. 그는 빗자루를 든 채 밖으로 나갔다.
5. 스칼렛은 양말을 신은 채 뛰어나갔다.

연습 2. 1. 그는 안경을 쓴 채 잠이 들었다.
2. 아픔도 모르는 채 계속 걸었다.
3. 양말을 신은 채로 잠이 들었다.
4. 그가 떠났다는 사실을 모르는 채로 계속 지냈다.

기본 문장 ⑥

연습 1. 1. 나는 그것을 살 만큼 돈이 많지 않다.
2. 스칼렛은 옆에 있는 내가 들을 수 있을 만큼 소리를 내어 울었다.
3. 나도 이제 너에게 보답할 만큼 했다.
4. 우리도 너만큼은 할 수 있다.
5. 그는 산도 무너뜨릴 만큼 힘이 세다.

연습 2. 1. 그것을 살 만큼 돈이 많지 않다.
2. 이제 너에게 보답할 만큼 했다.
3. 나도 너만큼은 할 수 있다.

기본 문장 ⑦

연습 1. 1. 나는 고국으로 떠난 둥 만 둥 했다.
2. 나는 공부를 하는 둥 마는 둥 했다.
3. 양말을 신는 둥 마는 둥 했다.
4. 약을 먹은 둥 만 둥 했다.
5. 노래를 부른 둥 만 둥 했다.

연습 2. 1. 밥을 먹는 둥 마는 둥 수저를 내려놓는다.
2. 얼굴을 본 둥 만 둥 그냥 지나간다.
3. 이야기를 할 둥 말 둥 망설인다.

기본 문장 ⑧

연습 1. 1. 우리는 물에 빠질 뻔했다.
2. 나는 다칠 뻔했다.
3. 나는 시험에 떨어질 뻔했다.
4. 나도 웃을 뻔했다.
5. 책이 찢어질 뻔했다.

기본 문장 ⑨

연습 1. 1. 너는 믿을 만하다.
2. 너야 그 학교에는 충분히 붙을 만하다.
3. 그 사람이야 상을 탈 만하다.
4. 그 영화는 볼 만하다.
5. 그 사람이라면 추천할 만하다.

단원마무리

문제 1. (1) 척
(2) 대로
(3) 만
(4) 뻔
(5) 만
(6) 채로

문제 2. 정답 생략

☺ 제25과

기본 문장 ①

연습 1. 1. 우리는 달 뜨는 줄을 알지 못했다.
2. 그는 어찌할 줄을 모른다.
3. 나는 떡을 먹을 줄을 안다.
4. 그가 간 줄로 알았다.
5. 어린이도 그것을 줄 줄을 알 것이다.

연습 2. 1. 날이 새는 줄을 모르고 공부했다.
2. 술을 마신 줄도 모른다.
3. 술을 마실 줄은 아느냐?
4. 술을 마시는 줄로 알았다.
5. 술을 마신 줄로 알았다.

기본 문장 ②

연습 1. 1. 떠드는 통에 아무 말도 듣지 못했다.
2. 우는 통에 무엇을 들었는지 모르겠다.
3. 떠들썩하는 통해 아무 일도 못했다.
4. 바람이 부는 통에 눈을 뜰 수가 없었다.
5. 그가 우는 통에 나도 따라 울었다.
6. 이야기를 하는 통에 배고픈 것도 잊어버렸다.

기본 문장 ③

연습 1. 1. 우박이 쏟아지는 바람에 걸을 수가 없었다.
2. 야단을 치는 바람에 꼼짝도 못했다.
3. 옷이 찢어지는 바람에 더 참을 수가 없었다.
4. 그분이 웃는 바람에 나도 웃었다.
5. 번개가 치는 바람에 잠을 잘 수가 없었다.
6. 그이가 움직이는 바람에 나도 움직였다.

기본 문장 ④

연습 1. 1. 꼭 삼 년만이로구나.
2. 이틀 만에 그와 헤어졌다.
3. 세 시간 만에 기차가 다닌다.
4. 6년 만에 그이와 다시 만났다.
5. 그가 떠난 지 7년 만에 고향에 돌아갔다.

연습 2. 1. 1년 만에 그분을 다시 만났다.
2. 내가 한국을 떠난 지 1년 만이다.

기본 문장 ⑤

연습 1. 1. 등
2. 등
3. 따위
4. 등
5. 따위
6. 따위

연습 2. 1. 연필, 지우개, 자 등을 필통에 넣었다.
2. 학용품은 연필, 지우개, 자 등이다.

3. 청소하고, 요리하고, 빨래하는 등 집안일을 다 했다.
4. 그 따위를 나한테 주었다.
5. 밭에 상추, 호박, 고추 따위도 심었다.

단원마무리

문제 1. (1) 따위
(2) 만
(3) 통
(4) 바람
(5) 등
(6) 줄

문제 2. 정답 생략

☺ 제26과

기본 문장 ①

연습 1. 1. 설악산은 꽤 높지요.
2. 너는 안 가니?
3. 저는 아침마다 일찍 일어납니다.
4. 이리 오시오.
5. 어서 가시오.
6. 시냇물이 졸졸 흐른다.
7. 그는 아직 오지 않았다.
8. 자주 오너라.
9. 손을 번쩍 드시오.
10. 날씨가 퍽 춥다.

기본 문장 ②

연습 1. 1. 요즈음 비교적 한가히 지내고 있어.
2. 그는 몹시 바삐 뛰어간다.
3. 산이 높이 솟아 있다.
4. 정원을 깨끗이 쓸어라.
5. 자동차가 빨리 달린다.

연습 2. 1. 반듯이 몸을 눕히세요.
2. 나무가 높이 자랐다.
3. 그 문제를 깊이 생각했다.
4. 그는 멀리 도망갔다.
5. 친구와 같이 갑시다.
6. 이쪽으로 가까이 오세요.
7. 천천히 구경해 보세요.
8. 수업 중이니까 조용히 해 주세요.

기본 문장 ③

연습 1. 1. 인수는 공부를 썩 잘 합니다.
2. 기차가 대단히 빨리 달아난다.
3. 그는 아침마다 매우 일찍 일어난다.
4. 너도 어서 이리 오너라.
5. 비행기가 매우 높이 날고 있다.
6. 제가 제일 먼저 갔지요.

기본 문장 ④

연습 1. 1. 저 옷은 아주 헌 옷이다.
2. 저기 우수수 떨어지는 나뭇잎을 보아라.
3. 그분은 매우 건강한 듯 합니다.
4. 운동을 잘 하는 학생이 더 좋다.
5. 저기 콸콸 흐르는 물을 보아라.

기본 문장 ⑤

연습 1. 1. 겨우 이틀 후에 떠났습니다.
2. 내가 언제가 첫째다.
3. 인수네 집 바로 옆에 연못이 있다.
4. 겨우 삼년 만에 졸업했습니다.

기본 문장 ⑥

연습 1. 1. 나는 점심을 조금은 먹었다.
2. 그이가 올는지 꼭은 모른다.
3. 자주는 못 보아도 만나기는 해.
4. 잘도 논다.
5. 자꾸만 눈물이 흘러내렸다.

단원마무리

문제 1. (1) 날씨가 매우 덥다.
(2) 아마 내일쯤 비가 오겠다.
(3) 결코 남을 너무 믿지 말라.
(4) 우리는 매우 오래된 책을 구경했소.
(5) 저희 집 바로 옆이 소방서입니다.
(6) 너무 일찍 일어나지 말아라.
(7) 떠들지 말고 조용히만 해라.

☺ 제27과

기본 문장 ①

연습 1. 1. 저 연필만 써 보아라.
2. 네게 책을 사 주겠다.
3. 나는 이것도 먹어 보겠다.
4. 그 불이 밝아 보인다.
5. 저 연못은 깨끗하여 보인다.

기본 문장 ②

연습 1. 1. 나는 인제 한마디도 못하게 되었습니다.
2. 마음을 항상 깨끗하게 가

져라.

3. 지금 가도 차를 타게 될까?

4. 왜 나를 못하게 하느냐?

5. 하늘이 맑게 개었다.

기본 문장 ③

연습 1. 1. 너는 거기에 가지 말라.

2. 그는 농부지 상인은 아니다.

3. 저 옷은 깨끗하지 못하다.

4. 인수는 운동을 잘하지 못한다.

5. 겨울에도 제주도는 춥지 않다.

6. 쉬지 말고 부지런히 공부하시오.

기본 문장 ④

연습 1. 1. 우리는 걷고 싶다.

2. 어머니가 몹시 보고 싶어요.

3. 나는 꽃밭을 손질하고 있다.

4. 창수도 책을 읽고 있다.

5. 일을 다 해 났다.

6. 방부터 쓸고 나서 같이 놀자.

기본 문장 ⑤

연습 1. 1. 만

2. 만

3. 도

4. 만

단원마무리

문제 1. (1) 써

(2) 나누어

(3) 높게

(4) 얻게

(5) 가고

(6) 내리고

(7) 울지

(8) 하지

☺ 제28과

기본 문장 ①

연습 1. 1. 그 책은 누구에게 줄 것이냐?

2. 개에게 밥을 줘 보렴.

3. 지영아, 오빠에게 편지를 써 보아라.

4. 그 연필은 저에게 주세요.

5. 이 책도 너에게 주겠다.

연습 2. 1. 철수에게는 그것을 주어라.

2. 아저씨에게도 편지를 쓰지 말라.

3. 내게만 말하여라.

4. 그것을 누구에게나 줄 것이냐?

5. 범진이에게도 부탁해라.

기본 문장 ②

연습 1. 1. 그 사람이 나한테 무슨 일이 있나?

2. 제가 철수한테 그 일을 이야기하지요.

3. 그 일은 나한테 물어 보아라.

4. 그것을 누구한테 전할 것이냐?

5. 엄마한테 잘 이야기해 두어라.

기본 문장 ③

연습 1. 1. 이것은 선생님께 드리겠습니다.

2. 그것은 형님께 드릴 것입니다.

3. 어느 분께 보내드릴 것이냐?

4. 저분께 말씀드리려고 합니다.

기본 문장 ④

연습 1. 1. 어느 분더러 오시라고 했니?

2. 철수가 나더러 밥을 먹지 말라고 했다.

3. 너는 누구더러 가라고 했니?

4. 지영이는 나더러 언니라고 한다.

기본 문장 ⑤

연습 1. 1. 책꽂이에 책을 꽂으세요.

2. 커피에 설탕을 넣어라.

3. 다들 9시에 등교하라.

4. 몇 시에 등교합니까?

연습 2. 1. 그것을 어디에다가 쓸 거냐?

2. 하나에다가 둘을 더하면 얼마냐?

3. 그것은 여기에다가 놓아라.

4. 이것은 어디에다가 둡니까?

5. 연못에다가 돌을 던지지 말아라.

기본 문장 ⑥

연습 1. 1. 저는 부산역에서 내렸습니다.

2. 연필은 문방구에서 팝니다.

3. 어디에서 국어를 공부합니까?

4. 도서관에서 공부합니다.

연습 2. 1. 과일은 시장에서도 팝니다.

2. 집에서는 책을 본다.

3. 저 집에서도 노랫소리가 들린다.

4. 북쪽에서도 바람이 분다.

5. 여기서만 헤엄을 칠 수 있다.

단원마무리

문제 1. (1) 에게

(2) 에게

(3) 에/에다가

(4) 에/에다가

(5) 에게/한테/더러

(6) 에게/한테/더러

(7) 에서는

(8) 에서(는)

(9) 께

(10) 에

☺ 제29과

기본 문장 ①

연습 1. 1. 나는 그것을 형님에게서 배웠다.

2. 이 물건은 범진이에게서 얻었다.

3. 너는 그 말을 누구에게서 들었니?

4. 이 책을 지영이에게서 빌렸다.

기본 문장 ②

연습 1. 1. 그것은 어느 분한테서 얻었니?

2. 이것은 어머니한테서 받았습니다.

3. 제가 어제 아버지한테서 들었습니다.

4. 이것은 언니한테서 선물로 받은 것입니다.

5. 이 책은 아버지한테서 받은 것입니다.

연습 2. 1. 그 말은 형님에게서도 들었다.

2. 오빠한테서는 들었다.

3. 그 이야기는 전에 할머니한테서도 들었습니다.

4. 지영이한테서만 선물을 받았다.

기본 문장 ③

연습 1. 1. 이 기차는 부산에서 출발했습니다.

2. 이 노래가 어디에서 들려오느냐?

3. 저는 어젯밤 경주에서 왔습니다.

4. 바다에서 바람이 불어옵니다.

5. 동쪽에서 해가 뜹니다.

연습 2. 1. 이 강은 북쪽에서도 흘러옵니다.

2. 잎이 저 나무에서도 떨어집니다.

3. 저 교실에서만 학생이 나옵니다.

4. 등에서만 땀이 흐릅니다.

기본 문장 ④

연습 1. 1. 남대문에서 광화문까지 걷겠다.

2. 몇 시부터 몇 시까지 기다렸느냐?

3. 경주에서 대전까지는 버스를 타겠다.

4. 서울에서 수원까지는 고속도로를 이용하겠다.

5. 집에서 시장까지는 걸어서 5분 걸린다.

기본 문장 ⑤

연습 1. 1. 이마로부터 땀이 흘러내린다.

2. 이 수화물은 부산으로부터 왔습니다.

3. 바다로부터 시원한 바람이 불어온다.

4. 이 배는 미국으로부터 왔습니다.

5. 그 사과는 대구로부터 운반되었습니다.

단원마무리

문제 1. (1) 에게서

(2) 한테서

(3) 에서

(4) 에서

(5) 에서

(6) 로부터

(7) 부터, 까지

☺ 제30과

기본 문장 ①

연습 1. 1. 너의 잘못은 남에게(로) 돌리지 않는다.

2. 누구에게(로) 가 볼까?

3. 이 상품은 꼭 너에게(로) 돌아갈 것이다.

기본 문장 ②

연습 1. 1. 저는 언니한테(로) 갑니다.

2. 네 허물을 남한테(로) 돌리지 말라.

3. 우선 철수한테(로) 가 보아라.

기본 문장 ③

연습 1. 1. 나는 서울로 간다.

2. 어서 이리로 오너라.

3. 너는 저리로 가거라.

4. 선생님, 지금 어디로 가십니까?

5. 한국으로 유학 오는 사람들이 많습니다.

기본 문장 ④

연습 1. 1. 어머니는 영화관에 가셨다.
2. 나는 지금 한강에 간다.
3. 지금 도서관에 갑니다.
4. 어제는 산에 갔다 왔습니다.
5. 오늘 저녁 차로 부산에 가려고 합니다.

기본 문장 ⑤

연습 1. 1. 나는 부산을 간다.
2. 어째서 여기를 오니.
3. 빨리 저기를 가거라.
4. 어서 여기를 오십시오.
5. 어제 여행을 갔다 왔습니다.

단원마무리

문제 1. (1) 에게(로)
(2) 한테(로)
(3) 에
(4) 으로
(5) 로

☺ 제31과

기본 문장 ①

연습 1. 1. 쌀로 밥을 짓는다.
2. 칼로 나무를 다듬어라.
3. 털로 붓을 만든다.
4. 펜으로 글씨를 써라.

기본 문장 ②

연습 1. 1. 그는 관리로서 청렴하다.
2. 그분은 학자로서 많은 업적을 남겼다.
3. 대학생으로서 그럴 수가 있나?
4. 사람으로서 그런 짓은 못한다.
5. 한국의 대표로서 그가 유엔총회에 참석했다.

기본 문장 ③

연습 1. 1. 어린아이들이 추위에 떨고 있다.
2. 김 군은 오늘 병으로 못 온답니다.
3. 다리가 홍수로 끊어졌다.
4. 어제 내린 눈으로 길이 막혔다.
5. 저는 어제 복통으로 결석했습니다.

기본 문장 ④

연습 1. 1. 그는 선생님이 되었다.
2. 얼음이 물로 바뀌었다.
3. 육지가 바다로 변했다.
4. 그는 후일 큰 부자가 되었다고 합니다.

단원마무리

문제 1. (1) 로
(2) 로
(3) 으로서
(4) 으로
(5) 으로
(6) 가

☺ 제32과

기본 문장 ①

연습 1. 1. 범진이는 소처럼 미련하다.
2. 그분은 친자식처럼 고아들을 돌보고 있다.
3. 오늘 밤은 대낮처럼 매우 밝다.

기본 문장 ②

연습 1. 1. 나도 너만큼 먹을 수 있다.
2. 승지만큼 착한 사람도 보기 힘들어.
3. 나도 그이만큼 안다.
4. 우리도 너희들만큼 뛸 수 있다.
5. 시우도 지영이만큼 공부를 잘 할 수 있다.

기본 문장 ③

연습 1. 1. 뒷마당이 앞마당보다 넓다.
2. 앞산이 뒷산보다 높다.
3. 우리나라는 동쪽이나 북쪽보다 서쪽과 남쪽에 평야가 많다.
4. 배보다 사과가 더 좋다.
5. 나는 저 책보다 이 책이 더 좋다.

기본 문장 ④

연습 1. 1. 내 옷은 네 옷과 다르다.
2. 펜 끝이 바늘과 같다.
3. 늑대는 개와 비슷하다.
4. 이탈리아는 한국과 지형이 비슷하다.

기본 문장 ⑤

연습 1. 1. 나의 키는 철수하고 같다.
2. 이 연필은 저 연필하고 비슷하다.
3. 이 옷은 저 옷하고 유사하다.
4. 내 성격은 네 성격하고 다르다.

기본 문장 ⑥

연습 1. 1. 번개같이 기차가 달린다.
2. 억수같이 비가 퍼붓는다.
3. 산더미같이 쓰레기가 쌓

였다.

4. 거울같이 물이 맑다.

단원마무리

문제 1. (1) 보다

(2) 처럼

(3) 와

(4) 보다

(5) 와

(6) 같이

☺ 제33과

기본 문장 ①

연습 1. 1. 저녁에 정 선생님과 오십시오.

2. 시우와 서점에 다녀오너라.

3. 나와 농구 한 판 하자.

4. 너는 내일 누구와 한라산에 가겠느냐?

5. 범진이는 어머니와 외가에 갔습니다.

기본 문장 ②

연습 1. 1. 어서 줄리앙하고 거기 가 보아라.

2. 나는 너하고 같이 공부하지 않겠다.

3. 동생하고 싸우지 말고 잘 지내도록 해라.

4. 저 사람하고 아직 인사를 못했습니다.

기본 문장 ③

연습 1. 1. 나랑 영화관에 가자.

2. 빌리랑 같이 놀았다.

3. 나는 줄리앙이랑 놀이공원에 가겠다.

기본 문장 ④

연습 1. 1. 어머니는 승지에게도 빨리 가라고 말씀하셨다.

2. 승지는 어머니께 빨리 가겠다고 말했다.

3. 아버지는 범진이에게 지금 무얼 하고 있냐고 물었다.

4. 범진이는 지금 숙제를 하고 있다고 답했다.

기본 문장 ⑤

연습 1. 1. 나는 가진 것이 책밖에 없다.

2. 나는 너에게 만 원밖에 주지 못하겠다.

3. 믿을 사람이 너밖에 또 있느냐?

4. 이 문제를 아는 사람은 그분밖에 없습니다.

기본 문장 ⑥

연습 1. 1. 저 사람은 음식치고 못 먹는 것이 없다.

2. 우리나라의 명승지치고 나는 안 가 본 데가 없다.

3. 이건 디저트치고 맛이 없다.

4. 노래치고 듣지 않은 것이 없다.

단원마무리

문제 1. (1) 와

(2) 랑

(3) 와

(4) 고

(5) 밖에

(6) 치고

☺ 제34과

기본 문장 ①

연습 1. 1. 바람이 분다.

2. 꽃도 핀다.

3. 하늘이 맑다.

4. 진달래도 아름답다.

5. 저기가 남산이다.

기본 문장 ②

연습 1. 1. 너도 잘 생각해 봐라.

2. 몇 사람이 갔느냐.

3. 흐르는 물이 매우 맑다.

4. 이 학생은 참 얌전합니다.

5. 저 자동차는 매우 빨리 달린다.

기본 문장 ③

연습 1. 1. 아이들이 그네를 탄다.

2. 저 책을 읽어 보세요.

3. 어머니가 뜨개질을 하신다.

기본 문장 ④

연습 1. 1. 빨리 와, 범진아.

2. 이렇게 하면 잘되겠구나, 옳지.

3. 그렇게 하지요, 뭐.

연습 2. 1. 그런 일도, 글쎄, 될 수 있을까?

2. 이젠, 옳지, 됐어.

3. 그 말, 승지야, 진짜야?

기본 문장 ⑤

연습 1. 1. 푸르다, 하늘도.

2. 왔구나, 인수도.

3. 맑습니다, 강물도.

4. 오너라, 시우도.

5. 흐리구나, 날씨도.

기본 문장 ⑥

연습 1. 1. 빨리 너도 가거라.

2. 너만큼 나도 할 수 있다.

3. 어디서 저 사람은 왔느냐?

4. 늘 그 사람은 옵니다.

5. 국민으로서 우리는 할 일이 많다.

기본 문장 ⑦

연습 1. 1. 이 책을 철수도 읽어라.

2. 나를 누가 불렀느냐?

3. 다리를 사람들이 건넙니다.

4. 과자를 동생이 먹습니다.

5. 비행기를 아이들이 쳐다봅니다.

기본 문장 ⑧

연습 1. 1. 너무 급히 밥을 먹지 말라.

2. 동생에게 그 책을 주렴.

3. 천천히 걸음을 걸어라.

4. 지영이는 연필로 글씨를 쓴다.

5. 나는 동생에게 장난감을 사 주었다.

단원마무리

문제 1. (1) 벌써 기다리던 봄이 왔구나.

(2) 꽃들이 예쁜 나비들을 서로 부른다.

(3) 저 어린 학생이 누구냐?

(4) 무궁화가 곱게 많이 피었네.

(5) 사람들이 바다로 많이 간다.

(6) 3월은 입학의 달이다.

(7) 파릇파릇 귀여운 새싹들이 돋아난다.

(8) 오늘 날씨가 매우 따뜻하다.

문제 2. (1) 비싸다, 그것은 좀.

(2) 오겠지요, 아마.

(3) 어디서 생겼니? 어제 없던 이런 물건이.

(4) 누가 될까? 대통령이.

(5) 김 군은 아니야, 그럴 사람이.

☺ 제35과

기본 문장 ①

연습 1. 1. 교포들

2. 집들

3. 자동차들

4. 우리들

5. 저희들

기본 문장 ②

연습 1. 1. 그동안 어떻게들 지냈습니까?

2. 모두 너무들 하시네요.

3. 모두 바다로들 산으로들 찾아다닌다.

4. 아이들은 어디들 갔느냐?

기본 문장 ③

연습 1. 1. 점심 식사들을 하셨어요?

2. 저희들은 잠들을 잘 자지 못했어요.

3. 운동들을 열심히 해야 몸이 튼튼해진다.

4. 잘 생각들 해 보아라.

5. 정신들을 똑바로 차려라.

기본 문장 ④

연습 1. 1. 이리 와서들 이야기해 보아라.

2. 숙제부터 하고들 놀아라.

3. 떠들지 말고들 공부해라.

4. 차를 마시면서들 이야기나 하세요.

5. 영화들을 보고 오너라.

연습 2. 1. 다들 이리들 오너라들.

2. 아이들이 놀이터에서들 웃고들 있다들.

3. 다 같이 크게 소리 내어 읽어 보아라들.

단원마무리

문제 1. (1) 학생들이 많이 찾아왔어요.

(2) 저 집에는 개들이 많이 있다.

(3) 이리들 와서 말해라.

(4) 너희들은 어디서들 놀았느냐?

(5) 울지들 말고 진정들 하세요.

(6) 모두 하루 일을 마치고들 집으로 돌아갔다.

(7) 저리들 가서 앉아들 놀아라들.

문제 2. (1) 그 말

(2) 그 말

(3) 그 말

(4) 그 말

(5) 주어

(6) 그 말

(7) 그 말

(8) 주어

(9) 주어

(10) 그 말

☺ 제36과

기본 문장 ①

연습 1. 1. 물이 흐르지 아니한다.

2. 우리는 거기에 가지 못하겠다.

3. 너도 아버지를 따라가지 말거라.

4. 시우는 의자에 앉지 아

니하였다.

5. 너도 물을 마시지 말아라.

기본 문장 ②

연습 1. 1. 나도 취직하게 되었다.

2. 우리는 우연히 만나게 되었지요.

3. 햇볕에 빨래가 말려졌다.

4. 저도 이 대학에 들어가게 될까요.

5. 문이 열려졌다.

기본 문장 ③

연습 1. 1. 오늘 공책을 두 권이나 써 버렸다.

2. 더워서 옷을 벗어 버렸다.

3. 나도 너를 이겨 낼 수 있다.

4. 까마귀 날자 배가 떨어져 버렸다.

5. 마침내 돈을 받아 냈다.

기본 문장 ④

연습 1. 1. 코끼리에게 과자를 주어 보아라.

2. 이 구멍부터 막아 보자.

3. 이곳만 파 보아라.

4. 여기를 디뎌 보아라.

5. 이 떡도 먹어 보아라.

기본 문장 ⑤

연습 1. 1. 너무 많이 먹어 대면 안 돼.

2. 시우는 같은 노래를 자꾸 불러 댄다.

3. 동생하고 싸워 대지 말아라.

4. 그 사람한테 함부로 욕을 해 대지 말라.

5. 여기를 자꾸 밟아 대지 말아라.

기본 문장 ⑥

연습 1. 1. 오늘은 비가 와야 한다.

2. 오후에는 날씨가 개야 한다.

3. 너를 꼭 만나야 하겠다.

4. 나는 밥부터 먹어야 하겠다.

5. 연필과 공책부터 먼저 사야 하겠다.

기본 문장 ⑦

연습 1. 1. 사람은 한 번은 죽기는 한다.

2. 옷을 팔기도 했다.

3. 집을 사기는 했다.

4. 너는 열심히 공부하기도 했다.

5. 나는 웃기는 했다.

기본 문장 ⑧

연습 1. 1. 할아버지를 잘 보살펴 드려라.

2. 나는 학교에서 선생님의 일을 거들어 드렸다.

3. 너를 업어 줄까?

4. 나는 부엌에서 어머니의 일을 도와 드렸다.

5. 내가 철수의 일을 대신해 주었다.

기본 문장 ⑨

연습 1. 1. 우선 받기나 해 두어.

2. 아기를 여기다가 앉혀 놓아라.

3. 과자 두 봉지만 사 두자.

기본 문장 ⑩

연습 1. 1. 이 꽃나무는 점점 커 간다.

2. 달이 점점 밝아 온다.

3. 저기까지 걸어가야 한다.

4. 집에서 학교까지 뛰어왔다.

5. 성적이 점점 향상되어 간다.

기본 문장 ⑪

연습 1. 1. 누가 밥을 먹게 하느냐?

2. 그는 반장이 되게 만들었다.

3. 일이 잘못되게 만들었다.

4. 나는 손을 들게 하였다.

5. 그는 회장이 되게 만들었다.

단원마무리

문제 1. (1) 너는 거기 가지 말거라.

(2) 너도 여기 오지 못한다.

(3) 서두르지 말고 차근차근히 읽어 보아라.

(4) 우리는 서로 돕게 되었다.

(5) 시우는 너무 고함을 질러 댄다.

(6) 우리들은 몸을 튼튼히 해야 한다.

(7) 우리도 거기에 가야 했다.

(8) 나도 책을 읽기는 했다.

(9) 책상 위에 책을 올려놓았다.

(10) 나는 아침 일찍 남산으로 올라갔다.

(11) 누구라도 먹게 하느냐?

문제 2. (1) 봉사

(2) 봉사

(3) 피동

(4) 완료

(5) 보유

(6) 완료

(7) 사동

(8) 당위

(9) 진행

(10) 진행

(11) 시행

문제 3. (1) 나는 그것을 무서워하지 아니한다.
(2) 나는 수영을 하지 못한다.
(3) 그곳에 들어가지 마십시오.
(4) 드라마를 자꾸만 보게 됩니다.
(5) 운동을 하니 점점 건강해집니다.
(6) 우리는 음식을 다 먹어 버렸습니다.
(7) 나는 그 일을 해 내었습니다.
(8) 우리는 외국에 가 보았다.
(9) 규칙을 잘 지켜야 합니다.
(10) 우리도 외국어를 배우기는 해요.
(11) 할머니께 물을 가져다 드렸지요.
(12) 선물을 친구에게 전달해 두었다.
(13) 감기에 걸려 가지고 병원에 갔다.
(14) 동생을 학원에 가게 하였다.
(15) 동생에게 책을 읽어 주었습니다.

☺ 제37과

기본 문장 ①

연습 1. 1. 곶감이 달지 아니하다.
2. 경치가 아름답지 못하다.
3. 사람들이 많지 아니하다.
4. 하늘이 푸르지 않다.
5. 날씨가 흐리지 않다.

기본 문장 ②

연습 1. 1. 실이 무척 길기는 하다.
2. 손가락이 매우 짧기도 하다.
3. 먹을 사람이 적기는 하다.
4. 운동하는 사람이 많기도 하다.
5. 오늘은 날씨가 맑기는 합니다.

기본 문장 ③

연습 1. 1. 동생도 거기 가고 싶다고 했어요.
2. 나도 너를 도와주고 싶다.
3. 한국에 유학을 가고 싶다.
4. 술을 한 잔 마시고 싶다.
5. 담배를 한 대 피우고 싶다.

기본 문장 ④

연습 1. 1. 저기가 우물인가 보다.
2. 저곳도 공원인가 보다.
3. 비가 내리나 보다.
4. 기차가 도착하나 보다.
5. 머리가 아픈가 봅니다.

기본 문장 ⑤

연습 1. 1. 벌써 해가 떠 있다.
2. 인수는 누워 있다.
3. 지영이는 의자에 앉았다.
4. 극장에 사람이 가득 차 있다.
5. 교실이 텅텅 비어 있습니다.

단원마무리

문제 1. (1) 그 종이도 좋지는 못하다.
(2) 이 사람은 훌륭하지 못하다.
(3) 이 전등은 밝지 않다.
(4) 나는 너에게 지지 않고 싶다.

문제 2. (1) 추측
(2) 시인
(3) 욕구

문제 3. (1) 그 산은 높지 않습니다.
(2) 다람쥐는 덫에서 벗어나지 못합니다.
(3) 그 팀은 종종 이기기도 합니다.

☺ 제38과

기본 문장 ①

연습 1. 1. 어머니가 아이에게 젖을 물린다.
2. 형이 동생에게 옷을 입힌다.
3. 소녀가 소에게 풀을 뜯게 한다.
4. 아버지가 아이에게 과자를 먹인다.
5. 선생님께서 시우에게 책을 열심히 읽히고 있다.

기본 문장 ②

연습 1. 1. 형이 동생을 자리에서 일으킵니다.
2. 어머니가 아기를 방석 위에 앉힙니다.
3. 범진이가 그 애를 살렸습니다.
4. 종업원이 손님을 자리로 앉혔습니다.
5. 지영이가 종이를 태웠습니다.

기본 문장 ③

연습 1. 1. 오늘은 고기가 잘 낚인다.
2. 풀이 소에게 뜯어 먹힌다.
3. 호랑이가 사냥꾼에게 잡힌다.
4. 실이 나에게 감기고 있다.
5. 그 애는 우리에게 쫓겨났다.

단원마무리

문제 1. (1) 꿩이 매에게 쫓겼다.

(2) 인형이 아기에게 안겼다.

(3) 그릇을 비웠다.

(4) 아기를 걸상에 앉혔습니다.

(5) 아기에게 젖을 먹인다.

문제 2. (1) 피동사

(2) 사동사

(3) 사동사

(4) 사동사

(5) 피동사

☺ 제39과

문제 1. (1) 갖은 고생을 다 했다.

(2) 그는 온갖 책을 다 가지고 있다.

(3) 다음 사람은 누구냐?

문제 2. (1) 사과 스무 개를 먹었다.

(2) 배 열한 개를 가져가거라.

(3) 백지 세/석 장이 필요하다.

문제 3. (1) 토끼를 잡는 사냥꾼

(2) 내리는 비

(3) 웃는 아기

문제 4. (1) 일한 사람이 너무 적다.

(2) 걸은 시간이 많다.

(3) 집을 지을 터가 많다.

문제 5. (1) 내 책은 저기 있다.

(2) 그것은 제 옷입니다.

문제 6. (1) 우리는 거기에 갈 수도 있다.

(2) 저는 이 강을 건널 수는 없습니다.

(3) 나도 그것을 먹을 수가 있다.

문제 7. (1) 내가 할 것이 너무 많다.

(2) 저기 보이는 것이 한라산이다.

(3) 네가 하던 것은 남에게 맡기지 마라.

문제 8. (1) 그분은 다른 데로 이사하셨습니다.

(2) 쌀은 우리나라 어떤 데나 다 납니다.

(3) 또 다른 데에 가려고 하느냐?

문제 9. (1) 나는 혼자 밥도 먹고, 신문도 읽을 뿐입니다.

(2) 나는 자네만 믿었을 뿐이네.

(3) 우리가 보고 싶은 것은 이것뿐이다.

문제 10. (1) 반찬이 없었기 때문에 밥을 많이 먹지 못했다.

(2) 너무 떠들었기 때문에 공부를 할 수가 없었습니다.

(3) 비가 오지 않았기 때문에 그곳은 우물이 말랐다고 해요.

문제 11. (1) 살을 에는 무서운 추위도 물러선지 오랜 듯하다.

(2) 오후에는 비가 올 듯하다.

(3) 이제 겨울이 온 듯하다.

문제 12. (1) 주는 대로 먹어 두어라.

(2) 사는 대로 살아보면 무슨 수가 생기겠지.

(3) 내가 읽는 대로 따라 읽어라.

문제 13. (1) 형은 모자를 쓰지도 않은 채로 외출했다.

(2) 철수는 모자를 쓴 채로 교실에 들어왔다.

(3) 그는 웃음을 머금은 채로 노래를 부른다.

문제 14. (1) 술을 그 정도로 먹을 만큼 위장이 튼튼치 않다.

(2) 출전할 만큼 운동은 못한다.

(3) 내가 공부를 못하지만 너만큼은 할 수 있다.

문제 15. (1) 나도 차에 치일 뻔했다.

(2) 이번 화재에 우리 집도 탈 뻔했다.

(3) 그분의 명성은 영구히 사라질 뻔했다.

문제 16. (1) 나는 그가 집을 나간 줄로 알았다.

(2) 그는 책을 읽을 줄을 모른다.

(3) 우리는 간밤에 비가 온 줄 알았다.

(4) 그가 없는 줄 모르고 괜히 왔다.

문제 17. (1) 시끄러운 통에 공부를 못 했다.

(2) 화를 내는 통에 한마디도 할 수 없었지요?

(3) 비가 오는 통에 집에서 낮잠만 잤다.

문제 18. (1) 꼭 칠년 만이다.

(2) 얼마 만에 만나는 것인가?

(3) 그가 떠나고 나서 꼭 사흘 만에 돌아왔다.

문제 19. (1) 나는 네가 무척 보고 싶었다.

(2) 오늘은 날씨가 매우 덥소.
(3) 온종일 비가 내리고 있다.
(4) 또 놀러오너라.
(5) 네가 왜 그런 소리를 했니?

문제 20. (1) 그는 요새 한가히 지내고 있다.
(2) 사람들이 많이 모였다.
(3) 그들은 매우 다정히 이야기한다.

문제 21. (1) 냇물이 퍽 흐려 보인다.
(2) 이 책을 잘 받아 두어라.
(3) 사람이 정직하게 보인다.

문제 22. (1) 그는 훌륭하게 되었다.
(2) 이 옷은 헐어서 입지 못하게 되었습니다.
(3) 마음을 항상 바르게 가져라.

문제 23. (1) 이 연필은 시우에게 줄 것이다.
(2) 이것도 내게 달라.
(3) 언니에게 편지를 써라.

문제 24. (1) 이분께 말씀 드릴까요?
(2) 이것은 이모님께 전해 드려라.
(3) 아버님께 드리는 글월.

문제 25. (1) 누구더러 가라고 했니?
(2) 의사가 나더러 직접 오라고 했다.
(3) 언니가 인순이에게 물을 떠 오라고 했다.

문제 26. (1) 저는 연못에서 고기를 잡았습니다.
(2) 사람들이 바다에서 해수욕을 하고 있습니다.
(3) 동물원에서 코끼리를 구경했지요.

문제 27. (1) 저는 잠에서 늦게 깼습니다.
(2) 지리산에서 흘러내리는 물은 낙동강이 된다고 합니다.
(3) 동산에서 달이 떠오릅니다.

문제 28. (1) 일곱 시에서 아홉 시까지 두 시간이나 쉬었습니다.
(2) 인사동에서 종로 5가까지는 버스를 타겠어요.
(3) 거기에서 여기까지가 우리 집터다.

문제 29. (1) 저리로 어서 가거라.
(2) 아버지는 어제 서울로 떠났습니다.
(3) 다른 데 들르지 말고 곧장 집으로 가거라.

문제 30. (1) 쌀로 밥을 짓는다.
(2) 밀가루와 버터로 빵을 만든다.
(3) 벽돌로 담을 쌓았다.

문제 31. (1) 요 며칠 사이에 우리 집터가 도로가 되었다.
(2) 갯벌이 옥토로 변했다.
(3) 작은 산들이 전부 밭으로 변했다.

문제 32. (1) 그는 조카들을 친자식처럼 기르고 있다.
(2) 저애는 언니처럼 뛰어나지는 못해.

문제 33. (1) 뒷산이 앞산보다 높다.
(2) 낙동강이 한강보다 길다.
(3) 대추가 곶감보다 더 좋다.

문제 34. (1) 내 생각은 너와 같다.
(2) 이 방은 저 방과 크기가 다르다.
(3) 나의 사정은 너와 다르다.

문제 35. (1) 인수처럼 공부를 잘하는 학생은 처음 보았다.
(2) 비가 억수같이 퍼붓고 있다.
(3) 책상이 거울같이 반들반들하다.

문제 36. (1) 어머니는 지영이에게도 부엌 설거지를 하라고 말씀하셨다.
(2) 아버지는 범진이에게 다음에 장난감을 사 주겠다고 말씀하셨다.
(3) 현수는 아버지께 학교에 다녀오겠다고 말씀 드렸다.

문제 37. (1) 우리나라 연필치고 안 써본 것이 없다.
(2) 내 물건치고 좋지 않은 것이 있더냐.
(3) 우리나라 명작치고 안 읽은 책이 없다.

문제 38. (1) 시우도 빨리 걸었다.
(2) 산이 퍽 높이 솟았다.
(3) 아는 길도 물어 가거라.
(4) 다 같이 명작을 열심히 읽자.
(5) 나비가 펄펄 날고 있다.
(6) 나는 잠을 너무 많이 잤다.

문제 39. (1) 저희들도 곧 가겠습니다.

(2) 빨리 밥 먹고들 나오너라.
(3) 우리들도 저렇게 해도 괜찮으냐?
(4) 그런 책들은 읽지들 말도록 해라.
(5) 부지런히들 공부하고 놀아라.
(6) 떠들지 말고 공부부터들 해라.
(7) 다들 식사들 하셨어요?
(8) 모두들 여기 모여라.

문제 40. (1) 이 연못은 깊지 않다.
(2) 먹을 만한 음식이 많지 않다.
(3) 한국의 기후가 온화하기는 하다.
(4) 나도 서울에 가고 싶다.
(5) 저기가 서울대학교인가 보나.
(6) 내 앞에는 동생이 앉아 있다.

문제 41. (1) 어젯밤 별똥별이 잘 보였다.
(2). 어제는 고기가 잘 낚였다.
(3) 저 놈은 쫓겨났었지요.

☺ 제40과

기본 문장 ①

연습 1. 1. 콩 심은 데 콩 나고 팥 심은 데 팥 난다.
2. 밤말은 쥐가 듣고 낮말은 새가 듣는다.
3. 너는 산으로 가고 나는 바다로 간다.
4. 비는 오고 바람은 불고 날씨는 춥다.
5. 범진이와 지영이는 글을 읽고, 나와 언니는 글씨를 쓴다.
6. 너도 가야 하고, 나도 가야 한다.

연습 2. 1. 되로 주고 말로 받는다.
2. 세월은 흘러만 가고 돌아오지 않는다.
3. 여름에는 비가 많이 오고 덥다.
4. 가루는 칠수록 고와지고 말은 할수록 거칠어진다.
5. 자지 말고 공부하세요.

기본 문장 ②

연습 1. 1. 심청은 눈물로 하직하며 아버지를 간절히 부탁했다.
2. 갑자기 달이 검은 구름 속으로 들이기며 회오리바람이 일어났다.
3. 나는 이 그림을 쳐다보며 멍하니 시간을 보내고는 하였다.
4. 스칼렛은 코스모스를 어루만지면서 그윽한 향기를 맡아 보곤 하였다.
5. 기차가 기적을 울리면서 산모퉁이를 돌아갔다.

기본 문장 ③

연습 1. 1. 휴대폰을 보면서 길을 걷는 것은 매우 위험하다.
2. 그들은 길을 걸으면서 노래를 부른다.
3. 마음이 이유 없이 서글퍼지면서 눈시울에 눈물이 고인다.
4. 가지도 못하면서 뛰려 한다.
5. 그분은 쌀을 한 섬 보내 주시면서 앞으로도 자주 들러 달라고 했다.

기본 문장 ④

연습 1. 1. 내가 역에 도착하자 기차는 떠났다.
2. 대문을 나서자 빗방울이 떨어졌다.
3. 소년은 개울가에서 소녀를 보자 그가 범진이의 동생이라는 것을 알았다.
4. 군사가 관창의 몸을 풀어 주자 그는 샘물을 손으로 떠서 마셨다.

단원마무리

문제 1. (1) 나도 가고 너도 간다.
(2) 비행기는 빠르고 자동차는 느립니다.
(3) 나는 대학생이고 내 친구는 회사원이다.
(4) 밥을 먹으며 텔레비전을 봅니다.
(5) 남편은 친절하며 부인은 인정이 많다.
(6) 그는 시인이며 교수이다.
(7) 휴대폰을 보면서 길을 걷는 것은 매우 위험하다.
(8) 내가 정류장에 도착하자 버스는 떠났다.
(9) 나는 대학원생이자 변호사이다.

☺ 제41과

기본 문장 ①

연습 1. 1. 산꼭대기의 깃발이 보일락 말락 한다.
2. 시우의 키가 소나무 가지에 닿을락 말락 하다.
3. 갈매기들만 오락가락하는구나.
4. 밥이 끓을락 말락 하는구나.
5. 나뭇잎이 떨어질락 말락 하고 있다.

기본 문장 ②

연습 1. 1. 누가 오거나 가거나 아는 체하지 말라.
2. 그것이 적거나 많거나 받아 두어라.
3. 그것이 붓이거나 연필이거나 상관하지 않겠다.
4. 그것을 만져 보거나 두드려 보거나 분명히 돌이다.
5. 그것이 밥이거나 죽이거나 가리지 않고 먹겠다.

기본 문장 ③

연습 1. 1. 빌리는 밥을 먹다가 죽을 먹다가 한다.
2. 사과를 먹다가 배를 먹다가 한다.
3. 내가 했다가 그분이 했다가 했다.
4. 가는 토끼를 잡으려다가 잡은 토끼를 놓친다.
5. 승지는 도서관으로 공부하러 갔다가 지금 집으로 돌아오는 길입니다.

기본 문장 ④

연습 1. 1. 그가 좋은 사람이든지 아니든지 나는 그를 채용하겠다.
2. 가든지 말든지 태도는 분명히 해야 한다.
3. 굶든지 말든지 같이 살자.
4. 뱉든지 삼키든지 마음대로 하세요.
5. 옷을 입든지 벗든지 마음대로 하세요.

기본 문장 ⑤

연습 1. 1. 잡거니 밀거니 높은 산에 올랐다.
2. 주거니 받거니 술잔을 비웠다.
3. 주거니 받거니 이야기를 많이 했다.

기본 문장 ⑥

연습 1. 1. 술잔을 권하느니 받느니 야단이다.
2. 여행을 가느니 안 가느니 말을 주고받고 있다.
3. 비가 오느니 안 오느니 내기를 하고 있다.
4. 물건을 사느니 안 사느니 한참 동안 수선을 피운다.

단원마무리

문제 1. (1) 나뭇잎이 떨어질락 말락 하고 있다.
(2) 그것이 밥이거나 죽이거나 가리지 않고 먹어라.
(3) 사과를 먹다가 배를 먹다가 한다.
(4) 가든지 말든지 태도는 분명히 해야 한다.
(5) 주거니 받거니 술잔을 비웠다.
(6) 여행을 가느니 마느니 말도 많다.

☺ 제42과

기본 문장 ①

연습 1. 1. 편지를 써서 부쳤습니다.
2. 꽃 한 송이를 들여다보고 앉아서 나는 일어설 줄 모르고 있다.
3. 어머니는 밥솥을 씻어서 쌀을 안쳤다.
4. 개같이 벌어서 정승같이 먹는다.
5. 나는 벼랑길로 내려가서 산삼을 찾았다.

연습 2. 1. 열 번 찍어 안 넘어가는 나무 없다.
2. 화랑도의 정신을 살려 죽을 따름입니다.
3. 편지를 써서 누나에게 보냈다.
4. 관창은 말에서 떨어져 적에게 잡히고 말았다.

기본 문장 ②

연습 1. 1. 공부하고서 집으로 돌아왔어요.
2. 세수하고서 아침을 잡수세요.
3. 불국사를 보고서 곧 석굴암을 향하여 걸음을 옮겼다.
4. 숙제를 다 하고서 밖에 나가 놀았다.

5. 이 책부터 읽고서 그 책을 읽겠다.

연습 2. 1. 그분한테 부탁하고 집에 돌아갔다.

2. 동생은 세수를 하고 밥을 먹는다.

3. 냉수 먹고 이 쑤신다.

4. 눈 가리고 아웅한다.

5. 되로 주고 말로 받는다.

기본 문장 ③

연습 1. 1. 떡 줄 사람은 꿈도 안 꾸는데 김칫국부터 마신다.

2. 아궁이에 불을 때지 않았는데 굴뚝에서 연기가 날 까닭이야 있겠는가?

3. 옷 벗은 나뭇가지에는 잎이 피지 않았는데 길가 마른 잔디 속에 꽃이 피었다.

4. 음력 8월 15일은 추석이라고 하는데 우리 겨레는 이 날을 즐거운 명절의 하나로 지켜 내려오고 있다.

5. 약을 많이 먹었는데 병이 낫지 않는다.

연습 2. 1. 그이는 얼굴이 좋은데 마음씨도 아름답다.

2. 날씨가 몹시 더운데 어디를 가려고 하세요?

3. 닭이 밝은데 기다리는 사람은 오지 않는다.

4. 바람이 시원한데 밖에서 산책이나 합시다.

5. 고추장이 매운데 왜 자꾸 먹느냐?

기본 문장 ④

연습 1. 1. 그는 매우 부지런하더니 결국 성공을 했구나.

2. 어제는 비가 오더니 오늘은 눈이 온다.

3. 갈 때에는 빠르더니 올 때에는 느리더라.

4. 날씨가 아침에는 춥더니 낮에는 따뜻하다.

5. 어제는 기운이 없더니 오늘은 기운이 넘치는구나.

단원마무리

문제 1. (1) 나는 벼랑길로 내려가서 산삼을 찾았다.

(2) 열 번 찍어 안 넘어가는 나무 없다.

(3) 밥부터 다 먹고서 차를 마시겠다.

(4) 동생은 세수를 하고 밥을 먹는다.

(5) 약을 많이 먹었는데 병이 낫지 않는다.

(6) 날씨가 매우 더운데 어디를 가려고 하세요?

(7) 어제는 비가 오더니 오늘은 눈이 온다.

☺ 제43과

기본 문장 ①

연습 1. 1. 이것은 너무 크니 작은 것으로 바꾸어 주시오.

2. 그는 착한 학생이니 잘 도와주자.

3. 밤이 되었으니 동쪽 하늘에 둥근 달이 떠올랐다.

연습 2. 1. 이 물은 맑으니까 먹어도 좋다.

2. 봄이 오니까 새도 우는구나.

3. 그는 그런 사람이 아니니까 일을 맡길 수 있다.

연습 3. 1. 달이 밝으니 일이 잘 된다.

2. 불을 끄고 자리에 누우니 창문에 별들이 더욱 빛나 보인다.

3. 교실에 들어가니까 벌써 수업이 시작되었다.

4. 저 꽃을 보니까 친구 생각이 난다.

기본 문장 ②

연습 1. 1. 비가 오므로 갈 수 없다.

2. 물이 차가우므로 발을 씻지 않았다.

3. 그는 그런 사람이므로 나는 상대를 하지 않았다.

4. 날마다 약을 먹으므로 병이 빨리 나았다.

5. 그 사람은 정직하므로 그 일을 맡길 수 있다.

기본 문장 ③

연습 1. 1. 이런 따뜻한 정이 있어서 겨울은 춥지 않다.

2. 그것이 좋지 않아서 사고 싶지 않다.

3. 머리가 아파서 숙제를 하지 않았다.

4. 밥을 많이 먹어서 운동을 못했다.

5. 돈이 없어서 그 책을 사지

못했다.

연습 2. 1. 피곤해서 일찍 자야겠다.

2. 인수는 기뻐서 어쩔 줄을 몰라 했다.

3. 종이가 얇아서 쓰지 못하였다.

4. 돈이 없어서 버스를 타지 못하고 걸어왔어요.

5. 홍수가 나서 이재민이 생겼다.

기본 문장 ④

연습 1. 1. 봄날이 하도 좋기에 꽃구경을 갔다.

2. 향기가 좋은 꽃이기에 한 송이 샀다.

3. 그가 묻기에 대답해 주었다.

단원마무리

문제 1. (1) 이 옷이 작으니 좀 큰 것으로 바꿔 주세요.

(2) 날씨가 추우니까 옷을 입자.

(3) 편지를 보내줘서 고마워.

(4) 너무 힘들어서 더 이상 걸을 수가 없다.

(5) 눈이 많이 오기에 눈사람을 만들었다.

☺ 제44과

기본 문장 ①

연습 1. 1. 자꾸 읽으면 알게 된다.

2. 지금 밥을 먹으면 오늘은 또 안 먹겠다.

3. 물이 맑으면 그림자 잘 비친다.

4. 내가 (만약) 학생이면 그런 짓을 하지 않겠다.

5. 가을이 되면 나는 거의 매일 공원에서 낙엽을 밟는다.

기본 문장 ②

연습 1. 1. 날씨가 맑으면 산책하기 좋겠어요.

2. 열정이 부족하면 시작한 일을 이루지 못한다.

기본 문장 ③

연습 1. 1. 네가 정직한 사람이거든 이리 와서 일해라.

2. 네가 사람이 아니거든 그런 짓을 해라.

3. 내가 가거든 너도 가라.

4. 그 집에 가거든 꼭 안부를 전해라.

기본 문장 ④

연습 1. 1. 자네가 없었던들 내가 실수할 뻔했다.

2. 날씨가 개었던들 등산을 했을 것이다.

3. 개가 짖지 않았던들 도둑을 맞았을 것이다.

단원마무리

문제 1. (1) 이 차가 고장이 나면 연락해 주세요.

(2) 옷이 작으면 동생한테 줄 것이다.

(3) 성실한 사람이면 믿을 만하다.

(4) 비가 올 것 같으면 나가지 않겠다.

(5) 그 분을 만나거든 안부 좀 전해주세요.

(6) 길이 미끄럽거든 지하철을 타자.

(7) 조금만 더 건강했던들 이만한 일에 쓰러지지 않았을 텐데.

☺ 제45과

기본 문장 ①

연습 1. 1. 키는 작아도 머리는 크다.

2. 겉은 검어도 마음은 희다.

3. 그것이 다 금덩어리라도 나는 싫다.

4. 너 아니어도 그 일을 할 사람이 있다.

기본 문장 ②

연습 1. 1. 네가 (아무리) 애쓰더라도 그 일이 잘 되기는 어려울 걸.

2. 시냇물이 맑더라도 먹지는 말아라.

3. 네가 (설혹) 훌륭한 사람이더라도 내가 무엇으로 그것을 믿을 수 있겠느냐?

4. 배가 아프더라도 학교에 가야 한다.

기본 문장 ③

연습 1. 1. 네가 거기 갈지라도 그분을 설득시킬 수 없다.

2. 돈이 많을지라도 쓸 데 없어.

3. 태산이 높을지라도 하늘 아래 산이다.

4. (아무리) 궁금할지라도 뒤를 돌아보면 안 돼.

기본 문장 ④

연습 1. 1. 그분은 프랑스어를 공부했으나 나는 영어를 공부했다.

2. 산은 푸르나 시냇물은 맑지 못하다.

3. 한국어는 어려우나 공부를 해야 합니다.

기본 문장 ⑤

연습 1. 1. 진급은 했으나마 따라갈지 의문이다.

2. 날씨가 좋지 못하나마 떠나겠네.

3. 부족하나마 최선을 다하겠습니다.

단원마무리

문제 1. (1) 죽어도 집에 들어가지 않겠다.

(2) 기쁘더라도 티 내지 마라.

(3) 길이 험할지라도 포기하지 마라.

(4) 형은 웃었으나 나는 웃지 않았다.

(5) 꽁초나마 있어서 다행이다.

☺ 제46과

기본 문장 ①

연습 1. 1. 비가 그쳤지마는 가서는 안 된다.

2. 그것도 맛있는 과일이지마는 나는 먹지 않겠다.

3. 달이 밝지마는 나는 아무데도 안 나갔다.

4. 봄은 왔지마는 꽃이 피지 않는다.

기본 문장 ②

연습 1. 1. 산은 꽤 높건마는 나무 한 그루 없다.

2. 쓸 데 없는 이야기건마는 자꾸 떠들고 있다.

3. 머리는 좋건마는 몸이 약한 것이 큰 흠이다.

4. 바다는 넓건마는 배 한 척 보이지 않는다.

5. 경치는 좋건마는 사람들이 찾아오지 않는다.

기본 문장 ③

연습 1. 1. 그 학생은 운동도 잘하거니와 그 학생은 공부도 잘한다.

2. 벚꽃이 만발한 여의도도 좋거니와 강바람이 부는 한강은 더욱 좋다.

3. 가을은 외롭고 쓸쓸한 계절이라 말했거니와 마음이 쓸쓸해진다는 것은 마음이 착해진다는 뜻이기도 하다.

기본 문장 ④

연습 1. 1. 슬픔도 고통도 모르고 자라난 사람은 행복하다고는 하려니와 값있는 삶을 모르는 법이다.

2. 산도 높으려니와 경치가 매우 아름답다.

3. 여기는 경복궁이려니와 저기는 또 어디냐?

기본 문장 ⑤

연습 1. 1. 간다고 한들 아주 가겠느냐?

2. 돈이 많은들 얼마나 많겠냐?

3. 겉이 검은들 속조차 검겠느냐?

기본 문장 ⑥

연습 1. 1. 차라리 뱀의 머리가 될지언정 용의 꼬리는 되지 않겠다.

2. 이 김치는 너무 짤지언정 싱겁지는 않다.

기본 문장 ⑦

연습 1. 1. 이 산은 작을망정 풍치가 좋소.

2. 그분이 (아무리) 위대한 학자일망정 적어도 그 의견에는 찬성할 수 없다.

단원마무리

문제 1. (1) 마음이 아프지마는 널 응원하겠다.

(2) 이미 가을이건마는 바람은 불지 않는다.

(3) 비도 오거니와 바람까지 분다

(4) 몸도 아프거니와 일이 잘 풀리지 않는다.

(5) 사람이 아무리 좋은들 그 실수까지 용서해 주지는 않을 것이다.

(6) 나이는 어릴지언정 생각은 깊다.

(7) 고생은 했을망정 희망을 버리지 않았다.

☺ 제47과

기본 문장 ①

연습 1. 1. 해가 뜨도록 그분은 오지 않아요.

2. 혀가 닳도록 나는 그에게 타일렀다.

3. 침이 마르도록 그는 승지를 칭찬했다.

4. 건강을 유지할 수 있도록

꾸준히 운동해야 한다.

5. 검은 머리 파뿌리 되도록 행복하게 사십시오.

기본 문장 ②

연습 1. 1. 줄리앙은 마음씨도 좋을뿐더러 한국어 실력도 우수하다.

2. 그 정원에는 꽃도 많이 피었을뿐더러 나무도 울창하다.

3. 범진이는 키가 클뿐더러 힘도 세다.

4. 닭이 밝을뿐더러 바람도 시원하다.

기본 문장 ③

연습 1. 1. 일은 급할수록 천천히 해야 한다.

2. 뿌리가 깊을수록 바람에 흔들리지 않는다.

3. 갈수록 태산이다.

4. 벼는 익을수록 고개를 숙인다.

5. 물은 깊을수록 소리가 없다.

기본 문장 ④

연습 1. 1. 나는 공부하러 멀고 먼 이곳에 왔다.

2. 벌들은 꽃을 찾으러 사방으로 날아다닌다.

3. 그분은 음식점을 찾으러 여기저기 다니고 있다.

4. 술이나 한잔 마시러 갑시다.

5. 공책 두 권을 사러 문구점에 가야겠다.

기본 문장 ⑤

연습 1. 1. 헤엄을 치고자 바다로 갔다.

2. 바람을 쐬고자 밖으로 나갔다.

3. 영화관에 가고자 옷을 입고 있다.

4. 친구한테 주고자 이 책을 샀습니다.

5. 내일 아침에 일찍 일어나고자 오늘 일찍 갑니다.

기본 문장 ⑥

연습 1. 1. 꽃이 피려고 봉오리를 맺었다.

2. 독일에 가려고 독일어를 공부한다.

3. 쇼핑을 하려고 동대문에 왔습니다.

4. 무엇을 하려고 여기에 왔니?

5. 관광을 하려고 제주도에 갑니다.

단원마무리

문제 1. (1) 아침에 일찍 일어날 수 있도록 알람을 맞췄다.

(2) 한국의 여름은 더울뿐더러 습하기까지 하다.

(3) 공부를 할수록 모르는 것이 많다는 것을 느낀다.

(4) 범진이는 일출을 보러 정동진에 갔다.

(5) 나나는 고국으로 돌아가고자 비행기표를 예매했다.

(6) 승지는 노래를 부르려고 노래방에 갔다.

(7) 빌리는 친구들과 만나러 집을 나섰다.

☺ 제48과

기본 문장 ①

연습 1. 1. 네가 보다시피 이 꽃은 매우 붉다.

2. 당신도 알다시피 저 사람은 신뢰할 만한 사람이다.

3. 그 책을 외우다시피 읽었지요.

기본 문장 ②

연습 1. 1. 너도 알듯이 그는 훌륭한 사람이다.

2. 밤이 깊어지면 다시 아침이 오듯이 어려운 일도 시간이 흐르면 지나간다.

3. 많은 사람들이 얘기하듯이 시우는 덤벙거리는 성격이다.

4. 돌다리도 두드려 보고 건너라는 말이 있듯이, 매사에 신중해야 한다.

5. 나는 사계절 중에서 가을을 가장 사랑하듯이 꽃도 가을꽃을 좋아한다.

기본 문장 ③

연습 1. 1. 그가 어제 무엇을 했는지 나는 전혀 모르고 있다.

2. 그분이 아직도 살아 계신지 행방이 묘연합니다.

3. 그것이 무엇인지 너는 아느냐?

4. 지영이는 배가 고팠는지 음식이 나오자마자 허겁지겁 먹었다.

5. 식당에 자리가 비었는지

가 보고 올게요.

기본 문장 ④

연습 1. 1. 그가 내일 떠날지 아직 모르겠습니다.
2. 내일은 눈이 올지 비가 올지 알 수가 없다.
3. 누구의 힘이 더 셀지 예측할 수가 없다.
4. 그가 과연 적임자일지 신중히 생각해야 한다.
5. 이 식당이 과연 소문만큼 맛있을지 먹어 보도록 하겠다.

기본 문장 ⑤

연습 1. 1. 날씨가 따뜻해야 꽃이 잘 핀다.
2. 그분이 그것을 사야 나도 사겠다.
3. 그것이 좋은 책이어야 나는 읽겠다.
4. 날씨가 좋아야 여행을 할 텐데…….
5. 열심히 공부해야 한국어를 빨리 배울 수 있다.

단원마무리

문제 1. (1) 다들 봤다시피 빌리는 농구를 매우 잘한다.
(2) 엎질러진 물은 주워 담을 수 없듯이 이미 일어나 버린 일은 어쩔 수 없다.
(3) 줄리앙의 한국어 실력이 어땠는지 기억이 잘 안 난다.
(4) 열심히 공부했던 것인지 스칼렛은 좋은 성적을 받았다.
(5) 여행을 어디로 갈지 아직 결정하지 못했다.
(6) 밥을 잘 먹어야 건강하다.
(7) 상대방의 입장이 되어 봐야 진정으로 공감할 수 있다.
(8) 한국에서는 20세 이상이라야 술을 마실 수 있다.

☺ 제49과

기본 문장 ①

연습 1. 1. 누워서 떡 먹기
2. 강아지가 건강하기
3. 기차가 도착하기
4. 내가 한국에 오기

연습 2. 1. 공부하기
2. 타기
3. 주무시기
4. 가기
5. 없기

기본 문장 ②

연습 1. 1. 비가 옴
2. 범인이 아님
3. 그가 돌아왔음
4. 마음이 맑음
5. 너도 노래함

연습 2. 1. 감
2. 투명함
3. 완쾌했음
4. 큼
5. 봄

기본 문장 ③

연습 1. 1. 우리나라는 예로부터 금이 많이 나는 곳으로 알려져 있다.
2. 호수가 많은 핀란드는 경치가 아름답다고 한다.
3. 책을 읽는 너는 딴 생각을 하지 말아라.
4. 나는 인격이 훌륭한 그분을 존경한다.
5. 우리는 바다가 보이는 언덕 위로 올라갔다.

기본 문장 ④

연습 1. 1. 그 음식은 맛이 있게 보인다.
2. 한국은 물이 맑아 좋다.
3. 너는 책도 없이 공부를 해?
4. 우리는 돈 없이 살 수 없다.

기본 문장 ⑤

연습 1. 1. 황새는 다리가 길다.
2. 나는 이마가 아프다.
3. 오늘은 기분이 상쾌하다.
4. 시우는 몸도 튼튼하다.
5. 이 선생님은 인격이 훌륭하다.

단원마무리

문제 1. (1) 나는 부모님이 건강하시기를 원한다.
(2) 그녀는 많이 먹음을 자랑한다.
(3) 한국은 금이 많이 나는 곳으로 알려져 있다.
(4) 책이 많은 사람이 부럽다.
(5) 한국은 경치가 좋아 아름답다.
(6) 우리는 사랑 없이 살 수 없다.

☺ 제50과

기본 문장 ①

연습 1. 1. 하늘이 높으니 해와 달이

밝고 땅이 두터우니 풀과 나무가 자란다.
2. 서울에 봄이 오면 진달래가 만발하고 한라산에 가을이 오면 단풍이 아름답다.
3. 산이 높으면 나무가 많고 물이 깊으면 고기가 많이 모인다.
4. 학교에 가면 선생님 말씀이 옳고 집에 가면 부모님 말씀이 옳다.
5. 돈은 많으나 쓸 줄은 모르고 학식은 높으나 전수할 줄 모른다.

기본 문장 ②

연습 1. 1. 하늘이 개면서 무지개가 생기고 비가 오면서 천둥이 친다.
2. 바람이 불자 비가 오고 구름이 끼자 눈이 온다.
3. 범진이는 밥을 먹으면서 신문을 보고 승지는 공부를 하면서 노래를 부른다.
4. 가을에는 날씨가 시원하고 단풍이 들며 겨울에는 날씨가 춥고 얼음이 언다.

기본 문장 ③

연습 1. 1. 농부들은 비가 오기를 기다리고 어부들은 태풍이 그치기를 바란다.
2. 마음이 맑음은 거울과 같고 마음이 곧음은 송죽과 같다.
3. 재산이 많은 사람도 불행할 수 있고 집이 가난한 사람도 행복할 수 있다.
4. 책이 적은 사람도 공부를 할 수 있고 책이 많은 사람도 공부를 안 할 수 있다.
5. 용기가 있는 사람도 있어야 하고 머리가 탁월한 사람도 있어야 한다.

기본 문장 ④

연습 1. 1. 빌리는 키가 크고 성격이 쾌활하며 시우는 키가 작고 성격이 순하다.
2. 지영이는 경치 좋고 인심 좋은 윗마을에 살며 승지는 산 높고 물 맑은 아랫마을에 산다.
3. 나는 책상도 없고 가방도 없이 공부했으며 너는 운동화도 없고 유니폼도 없이 운동했다.

단원마무리

문제 1. (1) 가을이 오면 단풍이 들고 겨울이 오면 나무가 앙상하다.
(2) 하늘이 맑으니 구름이 없고 하늘이 흐리니 구름이 많다.
(3) 빌리는 말이 많고 친구가 많으며 나나는 말이 없고 친구가 적다.
(4) 범진이는 커피를 마시면서 음악을 듣고 지영이는 노래를 부르면서 춤을 춘다.
(5) 봄이 오자 꽃이 피고 여름이 오자 나무가 무성하다.
(6) 토끼는 앞발이 짧고 코끼리는 코가 길다.
(7) 나는 부모님이 건강하시기를 바라고 가족이 행복하기를 원한다.
(8) 호수가 많은 핀란드는 경치가 아름답고, 정이 많은 한국은 인심이 따뜻하다.
(9) 그 음식은 맛이 있게 보이고, 그 사람은 삶이 행복하게 보인다.

☺ 제51과

기본 문장 ①

연습 1. 1. 봄은 사람의 기분을 들뜨게 하고 여름은 사람의 활동을 게으르게 하고 겨울은 사람의 마음을 가라앉게 하지마는, 가을만은 사람의 생각을 깨끗하게 하는 것이다.
2. 연필도 있고 공책도 있건마는, 어찌 글씨를 쓰지 않느냐.

기본 문장 ②

연습 1. 1. 산에 나무가 많으니 경치도 좋고 홍수도 예방할 수 있다.
2. 경주에 가서 석가탑과 다보탑도 보고 석굴암도 보고 해돋이도 구경하였다.
3. 집밖을 나가니 아이들은 연을 날리고 있었고 고양이들은 담을 넘고 있었다.

기본 문장 ③

연습 1. 1. 벗과 벗이 서로 믿음은 아름다운 덕이니, 친구를 잘 사귀도록 해라.
2. 달이 밝은 밤이 되면 나는 산책하기를 잊지 않는다.

3. 밥을 너무 빨리 먹으면 건강에 해로우니, 천천히 잘 씹어 먹도록 해라.

기본 문장 ④

연습 1. 1. 방에 들어서니 아이들은 쉴 틈도 없이 공부를 하고 있었다.

2. 날씨가 너무 더우니 교실 안에서 공부를 하기가 좋지 않다.

3. 눈이 오니 잎이 떨어진 가지에는 눈꽃이 가득히 달렸다.

기본 문장 ⑤

연습 1. 1. 공부를 잘함도 좋지만, 몸이 튼튼함이 더 좋다.

2. 누워서 떡 먹기도 어렵지만, 누워서 물 마시기는 더 어렵다.

3. 아지랑이가 아른거리는 봄이 오니, 바구니를 낀 처녀들이 밖으로 나간다.

기본 문장 ⑥

연습 1. 1. 평야가 많고 날씨가 따뜻한 남쪽 지방도 아름답지만, 산이 많고 날씨가 추운 북쪽 지방이 더 마음에 들어요.

2. 활기가 없고 용기가 부족한 시우는 소용이 없으니 패기가 있고 성격이 명랑한 범진이를 데려오너라.

3. 규모가 웅대하고 터가 넓은 경복궁이 싫으니, 규모가 작고 뜰이 아늑한 창덕궁으로 가 보자.

기본 문장 ⑦

연습 1. 1. 달도 밝고 바람도 시원하지만, 오늘은 산보할 시간이 없다.

2. 성적도 우수하고 노력도 많이 하지만, 그는 몸이 튼튼하지 못하다.

3. 오랜만에 만났고 또 할 이야기가 많으니, 달이 밝은 이 밤을 헛되이 보내지 말자.

기본 문장 ⑧

연습 1. 1. 대지가 넓은 데가 좋으며, 공기가 맑고 전망이 좋은 데가 더욱 마음에 든다.

2. 그는 돈이 없지만, 몸도 튼튼하고 학구열이 보통이 아니다.

3. 눈이 내리는 겨울이 되자, 사람들은 주머니에 손을 꽂고 걸어가고 버스는 체인을 감고 운행한다.

단원마무리

문제 1. (1) 사과도 있고 배도 있으니, 먹고 싶은 걸 먹는다.

(2) 봄이 오면 산에는 새가 울고 들에는 꽃이 핀다.

(3) 공부를 잘하는 것도 중요하지만, 체력도 튼튼해야 한다.

(4) 눈이 좋으면, 멀리 있는 것을 잘 보는 것도 가능하다.

(5) 크기가 넓음도 중요하지만, 역까지 가까움이 더 중요하다.

(6) 습도가 높고 기온이 높은 여름도 싫지만, 바람이 불고 기온이 낮은 겨울은 더 싫다.

(7) 날씨도 좋고 미세먼지도 없지만, 오늘은 공부를 해야 한다.

(8) 날씨가 따뜻한 봄이 오면, 한강에 가서 자전거도 타고 도시락도 먹자.

☺ 제52과

기본 문장 ①

연습 1. 1. 세월은 흘러만 가고 돌아오지는 않는다는 사실을 너는 아는가?

2. 비행기는 빠르고 자동차는 느린 줄을 너는 알고 있느냐?

3. 날씨가 따뜻하고 땅이 기름진 지방은 곡식이 잘 자란다.

기본 문장 ②

연습 1. 1. 돈은 많아도 시간이 없는 사람이 많습니다.

2. 동생은 얌전하나 형은 불량한 줄은 아십니까?

3. 집은 가난하지마는 서로가 화목하게 지내는 가정도 많이 보았다.

기본 문장 ③

연습 1. 1. 시원한 바람이 부는 언덕에는 키가 큰 두 신사가 바다를 바라보고 서 있다.

2. 서리가 내리는 가을철에 국화가 피는 모습은 매우 아름답게 보일 것이다.

3. 나무가 많은 산에 홍수

가 나는 일이란 생각조차 할 수 없다.

기본 문장 ④

연습 1. 1. 종이가 좋고 표지가 훌륭하더라도 내용이 충실하지 못한 책은 우리에게 아무런 교훈을 주지 못할 것이다.

2. 산수가 아름답고 부자가 많다 하더라도 인심이 후하지 못한 마을은 살기에 적당하지 못할 것이다.

3. 두뇌가 명석하고 뛰어난 재능이 있다 할지라도 서로가 협동을 하지 않는 민족은 망하고 말 것이다.

단원마무리

문제 1. (1) 석촌호수도 있고 놀이공원도 있는 잠실이 더 좋다.

(2) 가격은 비싸지만 성분은 좋지 않은 화장품이 많은 것을 아십니까?

(3) 그토록 열심히 공부한 그가 시험을 망치는 일은 상상하기 힘들다.

(4) 위치가 좋고 서비스가 좋더라도, 맛이 없는 식당은 망하고 말 것이다.

☺ 제53과

기본 문장 ①

연습 1. 1. 바야흐로 커피의 시대가 올 것이다.

2. 바야흐로 아무도 종이책을 읽지 않는 시대가 올 것 같다.

기본 문장 ②

연습 1. 1. 한국은 결코 질 리가 없다.

2. 반드시 먹어야 하는 것은 아니다.

3. 답장을 해 준 사람이 한 명도 없다.

4. 그런 말한 사람 치고 약속을 지킨 사람이 없다.

5. 너 밖에 그날 온 사람이 없다.

6. 도저히 밖에 나가지 못하겠다.

기본 문장 ④

연습 1. 1. 어느 분이 오셨습니까?

2. 무엇을 먹었느냐?

3. 웬일로 연락을 다 하는가?

4. 어째서 말이 없느냐?

5. 그가 그렇게 나온들 별 수 있으랴.

6. 그라고 별 수 있겠느냐?

단원마무리

문제 1. (1) 의문

(2) 부정

(3) 부정

(4) 청유

(5) 요청

☺ 제54과

기본 문장 ①

연습 1. 1. 사냥꾼도 품속으로 날아든 새는 쏘지 않는다 했거늘 하물며 도움을 기대하고 찾아온 저 아이를 쫓아내겠소?

2. 짐승도 제 새끼는 귀한 줄 아는데 하물며 사람은 어떻겠는가.

3. 천으로 만을 대항하기도 어려운 노릇인데, 하물며 만의 네 배인 사만 명이랴.

기본 문장 ②

연습 1. 1. 운동선수는 운동이나 할 것이지 다른 것은 고민하지 말아라.

2. 너는 집에나 있을 것이지 외출은 못 한다.

3. 너는 밥이나 먹을 것이지, 다른 것은 걱정할 필요가 없다.

4. 가수는 노래나 부를 것이지 연기에 도전할 것은 아니다.

기본 문장 ③

연습 1. 1. 비록 1분도 쉬지 않고 달려간다 한들 제때 도착할 수 있으랴?

단원마무리

문제 1. (1) 만일 비가 온다면 나는 안 가겠다.

(2) 혹시나 그가 온다면, 네가 만나라.

(3) 비록 나이는 어리지만 지혜가 어른과 같다.

(4) 아무리 힘이 세다 한들, 이 돌은 못 든다.

(5) 건장한 어른의 힘으로도 잘 안 되는데 어리고 약한 네 힘으로 감히 하랴.

(6) 너는 운동이나 할 것이지 딴 생각은 하지 말아라.

(7) 설사 네가 말을 한들 누가 들으랴?

(8) 학생은 공부나 할 것이지, 다른 일은 생각지 말아라.

☺ 제55과

문제 1. (1) 고/지만/고

(2) 다가

(3) 며

(4) 고는

(5) 기

(6) 자

(7) 어서/며

(8) 아서

(9) 면

(10) 았는데도

(11) 자

(12) 여도

(13) 며

(14) 라거나

(15) 아

(16) 아도/라

(17) 워

(18) 서

(19) 고

(20) 고/고

(21) 면

(22) 다가

(23) 기/는지

(24) 고/면서

(25) 지 않으면

(26) 고/으며

(27) 면서

(28) 에

(29) 자

(30) 서

(31) 데/이

(32) 으면

저자 소개

고영근(高永根)

1936년 경남 진양군(현재 진주시)에서 태어나 서울대학교 국어국문학과와 대학원을 거쳐 같은 대학교 국어국문학과 교수를 역임하였다.(문학박사). 홈볼트 초빙교수로 독일 라이프치히 소재 막스플랑크 진화인류학연구소, 만하임 소재 독일어 연구원, 보훔, 콘스탄츠, 함부르크, 뷔르츠부르크 대학에서 이론문법과 텍스트과학을 연구하였다. 현재 서울대학교 명예교수로 있으며 어학전문 국제학술지 「형태론」의 편집고문과 〈이극로박사 기념사업회〉 회장을 맡고 있다.

- 전자우편(e-mail): komorph@hanmail.net, komorph@snu.ac.kr
- 홈페이지(homepage): http://www.komorph.com

〈짓고 엮은 책〉

우리말 문법, 그 총체적 모습(2018), 한국어와 언어 유형론(2018), 한국어의 시제 서법 동작상(2004/2007 보정판), 중세국어의 시상과 서법(1981/1986 재판/1998 보정판/2011 제4판), 우리말의 총체서술과 문법체계(1993), 국어형태론연구(1989/1999 증보판), 텍스트이론(1999), 텍스트과학(2011), 단어 · 문장 · 텍스트(1995/2004 보정판), 표준 중세 국어 문법론(1997/2009 개정판/2010 제3판/2020 제4판), 역대한국문법의 통합적 연구(2001), 한국의 언어연구(2001), 국어문법의 연구(1983), 민족어의 수호와 발전(2008), 민족어학의 건설과 발전(2011), 한국어문운동과 근대화(1998), 북한의 언어문화(1999), 북한의 문법연구와 문법지식의 응용화(2008), 최현배의 학문과 사상(1995), 통일시대의 語文問題(1994), 표준국어문법론(공저)(1985/1993 개정판/2011 제3판/2014 제4판), 새로 쓴 표준 국어문법론(2019 전면개정판), 북한의 문법연구와 문법교육(공저)(2004), 한국텍스트과학의 제과제(공저)(2001), 문법과 텍스트(공저)(2002), 월인천강지곡의 텍스트분석(공저)(2003), 우리말 문법론(공저)(2008/2018 개정판), 중세어자료강해(공편) (1997), 문법(국정단일 통일 고등학교)(1985, 1992), 주시경의 『국어문법』(공동교감)(1986), 역대한국문법대계 153책(공편)(1977~2015), 우리 언어 문화의 뿌리를 찾아서(어문 수상집)(1996), 우리 언어 문화의 바른 길을 찾아서(어문 수상집)(2020) 등 50여 종

〈수상〉

세종문화상(1996), 일석국어학상(2004), 삼일문화상(2008)

구본관(具本寬)

1966년 경북 월성군(현재 경주시)에서 태어나 서울대학교 국어국문학과와 대학원을 졸업하였으며 서경대학교와 이화여자대학교를 거쳐 현재 서울대학교 사범대학 국어교육과 교수로 재직하고 있다.(문학박사). 우리말의 형태론을 출발점으로 하여 어휘론, 국어사 및 문법 교육과 어휘 교육에 관심을 가지고 연구하고 있으며 인지언어학적인 관점에서의 언어와 인간의 연구에 흥미를 느끼고 있다.

▸ 전자우편(e-mail): bonmorph@snu.ac.kr

〈짓고 엮은 책〉

15세기 국어 파생법에 대한 연구(1998), 국어의 시대별 변천 · 실태 연구 1(공저)(1996), 대학한문(공저)(1997), 언어의 이론과 분석(공저)(2002), 문법과 텍스트(공저)(2002), 국어학 연구 50년(공저)(2002), 한국어 문법론의 연구 현황과 과제(공저)(2003), 남북의 언어와 한국어 교육(공저)(2003), 북한의 문법 연구와 문법 교육(공저)(2004), 우리말 연구 서른아홉 마당(공저)(2005), 외국어로서의 한국어학(공저)(2005), 국어사 연구와 자료(공저)(2007), 어휘 교육론(공저)(2014), 한국어 문법 총론 I(공저)(2015), 한국어 문법 총론 II(공저)(2016), 우리말 문법론(공저)(2008/ 2018 개정판), 한국어 표준 문법(공저)(2018), 한국어학 개론(공저)(2020) 등 20여 종